宁夏大学"提升中西部高校综合实力项目"资助出版

教育部人文社科青年项目
（11YJC770043）

西夏文献研究丛刊

《天盛律令》农业门整理研究

潘洁 著

杜建录 波波娃 主编

上海古籍出版社

总　序

　　西夏在中国，大量的西夏文献收藏在俄罗斯，西夏研究成为中俄两国共同关注的学术领域。为此，2009 年在国家领导人的亲切关怀下，中俄人文合作委员会秘书处（教育部）将"西夏文化研究"列入两国语言年活动项目，由宁夏回族自治区教育厅和宁夏大学承担。在教育部的指导下，宁夏大学西夏学研究院和俄罗斯科学院东方文献研究所签订协议，成立中俄人文合作交流机制下研究机构———中俄西夏学联合研究所，宁夏大学西夏学研究院院长杜建录教授任中方所长，俄罗斯科学院东方文献研究所所长波波娃教授任俄方所长。

　　2010 年 7 月 26 日，我利用中国高等教育学会外国留学生教育管理分会银川学术年会间隙，专门考察了宁夏大学西夏学研究院，该院主持完成的《中国藏西夏文献》《中国藏黑水城汉文文献》《说西夏》等著作，给我留下了深刻的印象。作为中俄人文合作委员会教育合作分委会主席，我高兴地看到，中俄西夏学联合研究每年都有新成果、新亮点。2010 年 10 月中俄西夏学联合研究所在宁夏大学揭牌，2011 年 9 月俄中西夏学联合研究所在俄罗斯科学院东方文献研究所揭牌。连续召开三届西夏学国际学术论坛，一批西夏学中青年骨干赴俄罗斯访问研究。更令人欣慰的是，两国学者不是停留在一般性的往来上，而是围绕西夏法律文献、社会文书、佛教典籍等领域开展实质性的合作研究，相继完成"西夏社会文书研究"、"夏译《孟子》研究"、"天盛律令研究"、"党项西夏碑刻研究"、"西夏《功德宝集偈》跨语言对勘研究"、"黑水城出土汉文文书释录"等课题，陆续出版的《西夏文献研究丛刊》和《黑水城出土汉文社会文书释录》，就是其中的一部分。

　　中俄西夏学联合研究源远流长，上世纪 30 年代，《国立北平图书馆馆刊》刊出西夏文专号，中苏等国西夏学者发表成果，相互酬唱，成为佳话；90 年代以来，中俄两国学者联合整理出版大型文献丛书《俄藏黑水城文献》；进入新世纪，中俄人文合作交流框架下的西夏学合作研究，是在西夏文献整理出版基础上的深入研究，相信在两国政府的支持和两国学者的共同努力下，一定会取得丰硕的成果，为推动中俄全面战略协作伙伴关系的发展做出应有贡献。

中俄人文合作委员会

教育合作分委会中方主席

郝　平

二〇一四年十一月二十六日

目　录

引　言

　　1909 年俄国探险家科兹洛夫从我国内蒙古黑水城掘走大批西夏文献，现藏俄罗斯科学院东方文献研究所。这批西夏文献除大量佛经外，还包括字典、辞书、类书、法律文献以及译自汉文的兵书、类书等。它们极大地丰富了西夏研究资料，拓展了西夏研究领域，为西夏学的形成与发展奠定了基础。

　　上述西夏文献中，《天盛律令》是我国历史上继《宋刑统》之后，又一部公开刊印颁行的王朝法典，也是第一部用少数民族文字印行的法典①。它包括了刑法、诉讼法、行政法、民法、经济法、军事法，全面地反映了西夏社会生活，为研究西夏政治、经济、军事、文化、民族、宗教提供了丰富的资料，备受西夏学界的重视。尤其需要指出的是，《天盛律令》和以刑律为主的《唐律疏议》《宋刑统》不同，它是将中国历史上的律、令、格、式结合起来，有许多制度方面的规定。这些制度方面的规定与操作层面上的社会文书相互印证，大大推动了西夏社会历史研究的深度和广度。

一、研究的范围

　　《天盛律令》影印件在《俄藏黑水城文献》第八、九册中公布。律令按照数字标注卷名，涉及农业的有第十五和第十六卷。第十六卷内容全部亡佚，仅在卷首的《名略》中保留了门和条目的名称，主要为农人管理和地租分成方面的规定。第十五卷主要围绕赋役、土地、农田水利等方面展开，共有十一门，八十六条，包括催缴租门、取闲地门、催租罪功门、租地门、春开渠事门、养草监水门、纳冬草条门、渠水门、桥道门、地水杂事门、纳领谷派遣计量小监门；其中养草监水门和纳冬草条门，内容

---

① 史金波、聂鸿音、白滨译：《天盛改旧新定律令》（简称《天盛律令》）前言，法律出版社 2000 年版。

佚失，仅存条目。各门的条目名称如下：

催缴租门：缴地租法及催促磨勘、不缴租米、缴冬草条椽、交簿册迟、簿册导送迟、磨勘越期、末遗租催促迟、出摊派、笨工行法

取闲地门：闲地现找法及租则减降、已放弃地他人耕种先属者归告

催租罪功门：派催租、纳租依分等功罪、派为提举者、派夫役小监、依番不予水、催租班明另过、官私地属者不知卖

租地门：地角拓展取禾穗、卖地边接聚围、开生地种纳租、节亲主常住地等买纳租、渠落家主劝护

春开渠事门：以亩数夫役日、日毕事不毕、派支头和众、职人聚迟、职人正不来、职管者不派职人及阻拦、放逸职人寻安乐、职人聚日拖延

养草监水门：屋边上养园为种稗、混乱放水、无监给水、夫役头监等斗打、殴打供水者等

纳冬草条门：派捆草者库等催促磨勘入虚杂、在职及职管者等使冬草条烂

渠水门：派巡检渠主过、派渠头、渠破断、派千步监法、势力不依番放水渠破、谓渠垫板应修而不取状、开地开渠、大都督府转运司管职事法、大都督府渠断修理法、大都督府条草椽交法、交条草捆则、夫役人减交椽、充椽草处派库检校敛法

桥道门：损坏桥、修大小桥派监者、小长渠建桥、断道耕种及放水、不建桥断道放水不修巡检等罪、大渠无道处过人缺圮

地水杂事门：砍长渠树不种、斫树剥皮、不植树渠主等罪、抽闸口垫板草损而水断、渠断毁他人地舍、渠水巡检等杂事、渠断取草法、催租者取收据登记、催租大人侵扰、地册依则予凭据交租草、租役草住滞罪、唐徕汉延不为宽深、耕地碱起注销、林场注销、买地不注册、买地另重丈量

纳领谷派遣计量小监门：催促交谷断量法、请粮依年次予、徇情予新粮、粮分用磨勘法、为库房法、粮交接处笨工超月轮值、交粮纳量法、交粮行登记、有耕地为租役总数算校、农溜小甲派法、税户给牌法、地册为板簿、旱地纳租法

本书是对卷十五农业门的对译、注释和考证。本卷第一门《催纳租门》已经在"西夏文献研究丛刊"之一《〈天盛律令〉研究》①一书中发表，这里对译部分不再重复出现，仅将重要的注释迻录至文中该词语首次出现的位置。

---

① 杜建录、波波娃主编：《〈天盛律令〉研究》，上海古籍出版社 2014 年版。

二、研究史的回顾

　　1932 年出版的中国《国立北平图书馆馆刊西夏文专号》上刊载了前苏联著名西夏学家聂历山初步整理的《西夏书籍目录》，第一次将《天盛律令》的消息公诸于世，他在同刊的《西夏语研究小史》中记述："在亚洲博物馆（即后来的东方文献研究所）中有关于西夏法律之官书甚多，中有若干颇为完好，大半则俱属残本。若就现存各本之大小为断，此当属西夏各朝之法典，其中一部分尚存书名，为《天盛年变新民制学》，是可证也。"可以说聂历山是在圣彼得堡西夏文特藏中第一个发现《天盛律令》的人。1963 年，在戈尔芭乔娃和克恰诺夫编订的《西夏文写本和刊本》一书中，首次对《天盛律令》按原书顺序排好卷次、页码，对各编号的叶面尺寸、行、字数，保存情况等作了详细的整理。

　　《天盛律令》的译本有两种：一是俄译本，前苏联专家克恰诺夫将西夏文译为俄文，于 1987～1989 年相继出版了四卷本《西夏法典——天盛年改旧新定律令》，1988 年宁夏社会科学院李仲三先生将克本第二卷由俄文译为中文，出版了《西夏法典——〈天盛年改旧定新律令〉》（1—7 章）。克恰诺夫先生第一次把西夏文《天盛律令》翻译成现代人可以识别的文字，在西夏法律文献翻译史上具有开创性意义，李仲三先生的译本也让我们进一步了解了西夏法律。二是汉译本，据克本所附照片，中国社会科学院专家史金波、聂鸿音、白滨直接汉译，1994 年作为《中国珍稀法典集成》甲编第 5 册出版，题名《西夏天盛律令》。1998 年《俄藏黑水城文献》（第 8、9 册）出版，书中刊布的照片均从俄藏原件中直接拍摄，另补入前苏联未曾刊出的卷首《名略》两卷，以及近年来新识别出的《天盛律令》刻本零叶和写本照片百余帧。史先生等依据此本对 1994 年科学出版社出版的《西夏天盛律令》进行修订，2000 年由法律出版社列入《中华传世法典》出版。汉译本的公开出版，成为研究西夏的重要参考文献，使学人能够更多地利用这部法典，大大推动了相关问题的深入探讨，在国内兴起了西夏学研究热，相继出版了五部对《天盛律令》展开全面研究的专著，有：《西夏天盛律令研究》《法典中的西夏文化——西夏天盛改旧新定律令研究》《西夏法律制度研究——〈天盛改旧新定律令〉初探》《〈天盛律令〉与西夏法制研究》《西夏法律制度研究》①等，从历史、法律或文化角度，全面系统地探讨了西夏制度、法律与社会经济。

《天盛律令》农业门的研究主要集中在赋役、土地、农田水利三个方面。

赋役方面，以汉译本为主要资料来源，或从黑水城出土西夏文租税文书出发，参照汉译本，反映西夏的赋役征收。如《西夏赋役制度》②分赋税和役制两个部分系统阐述了田赋、牲畜税、工商税，兵役、夫役、差役等，并得出结论，西夏的赋役存在地域上的差异，大致牧区按畜产交纳披、甲、马，农区根据田亩缴以农副产品，但无论是牧区还是农区，他们都承担繁重的兵役、夫役、职役。《西夏寺院僧人赋役问题初探》③提出西夏允许寺院土地自由买卖，实行"计亩输赋"的制度，一些僧人和世俗百姓一样，除向国家缴税之外，还要负担兵役、徭役，受寺院役使承担田园务和加工役。《西夏农业租税考——西夏文农业租税文书译释》④考证出黑水城地区以耕地数量的多少缴纳农业税，每亩缴纳粮食地租 1.25 升，杂粮和小麦的比例为 4∶1，秋后统一征收，入库管理，西夏的"佣"和"草"也以耕地亩数承担，农户的租、佣、草账是逐户登记，以"迁溜"为单位统计造册，西夏农户还要负担较重的人口税。

土地方面，利用汉译本和其它汉文文献，分析了西夏的四种土地所有制形式，以及小农土地所有制的形成，所受的剥削等。如《论西夏的土地制度》⑤分析了西夏的土地关系，大致为国家土地所有制、党项贵族大土地占有制、寺院土地占有制和小土地占有制四种形式。《略论西夏的小农土地所有制》⑥阐述了个体小农土地所有制主要通过开垦荒地而形成，所受剥削沉重，个体小农是国家与贵族、地方僧侣地主争夺的对象。

农田水利方面，以汉译本为主要资料来源，分析了春开渠、渠道管理、辅助设施

---

① 王天顺：《西夏天盛律令研究》，甘肃文化出版社 1998 年版；杨积堂：《法典中的西夏文化——西夏〈天盛改旧新定律令〉研究》，法律出版社 2003 年版；姜歆：《西夏法律制度研究——〈天盛改旧新定律令〉初探》，兰州大学出版社 2005 年版；杜建录：《〈天盛律令〉与西夏法制研究》，宁夏人民出版社 2005 年版；陈永胜：《西夏法律制度研究》，民族出版社 2006 年版。

② 杜建录：《西夏赋役制度》，《中国经济史研究》1998 年第 4 期。

③ 崔红芬：《西夏寺院僧人赋役问题初探》，《首都师范大学学报》（社科版）2008 年第 1 期。

④ 史金波：《西夏农业租税考——西夏文农业租税文书译释》，《历史研究》2005 年第 1 期。

⑤ 杜建录：《论西夏的土地》，《中国农史》2000 年第 3 期。

⑥ 李蔚：《略论西夏的小农土地所有制》，《中国经济史研究》2000 年第 2 期。

建设和维护等问题。如《西夏水利制度》①主要介绍了西夏的河渠格局,有干渠、支渠、斗渠,水渠形制与现代相仿,包括闸口、桥道等防护措施,以及严密的渠道管理制度。《西夏水利法初探》②《西夏农田水利的开发与管理》③分析了春开渠、水利管理、渠水的辅助设施建设和维护等。《西夏农田水利开发与管理制度考论》④论述了春开渠事、开渠役夫的调发、修渠草料的征集、水利管理制度等。

上述专著中各章节也有对赋役、土地、水利相关问题的讨论,如《西夏天盛律令研究》第五章为《天盛律令》所反映的经济状况及其相关法规,分析了农田水利法、农业税法、役法等,《〈天盛律令〉与西夏法制研究》第四章、第五章分别为经济法和财政法,讨论了土地与农田水利法、农业税收等相关问题,《西夏法律制度研究》第五章为西夏经济法律制度研究,涉及西夏土地法律制度、农田水利法律制度、赋役法律制度等。

这些成果,解决了律令条文译释和西夏法律、经济史中的许多重要问题,但克恰诺夫先生的俄译本因为文字上的限制,在我国并没有得到充分的运用,李仲三先生的汉译,由俄文翻译而来,使得《天盛律令》的翻译经历了一个从西夏文译成俄文,再转译为汉文的过程,而且至今出版的汉译本也只有前七卷,不能反映西夏法典的全貌。史金波等先生的汉译本为最终的意译,注释有限,学界在使用过程中往往因为不知翻译的依据,而对译文存有疑虑,从而影响了它的利用率和汉译本的价值。以《天盛律令》为基础展开的研究,均直接引用汉译本,一旦译文有所偏差,结论也会受到影响。

三、研究的方法及意义

本书试图运用文献校勘、译释、考证的方法,利用西夏文、汉文文献,以及考古资料,从以下方面展开:

一、校勘。对《俄藏黑水城文献》中《天盛律令》的影印件进行校勘,通过复原、缀合等手段,解决缺字、错位等问题,以提供更为准确、完备的底本。同时依据影印件对汉译本中没有识别的字、词,加以补充。如 39-16 右面《俄藏黑水城文献》影印

---

① 聂鸿音:《西夏水利制度》,《民族研究》1998 年第 6 期。
② 杜建录:《西夏水利法初探》,《青海民族学院学报》(社科版)1999 年第 1 期。
③ 杜建录:《西夏农田水利的开发与管理》,《中国经济史研究》1996 年第 4 期。
④ 景永时:《西夏农田水利开发与管理制度考论》,《宁夏社会科学》2005 年第 6 期。

件和克恰诺夫《天盛律令》第四册第 361 页中"𘟭"以下三个字残缺，汉译本似参照其它图版，译为"判议大小臣僚"，据此补全西夏文"𘟭𗌰𗁬𗌰"。39-28 左面西夏文"𗏵𘔼"，字面作"数卷"，汉译本为"□□"，据影印件补全，意"催促地租者乘马于各自转运司白册数卷盖印"。其中比较有价值的发现就是影印件《催缴租门》中一段关于土地税税额和交纳时间的内容，错置在《春开渠事门》，克恰诺夫先生的四卷本律令中没有影印件，汉译本中没有译文，以致之前的成果中并无涉及。经过缀合、互补后，增加了 9 行，107 字，并补译了汉译本中没有翻译的部分，共 11 行，134 字。

二、对译和考释。针对《天盛律令》译本只有总译，而没有注解考释，以致学界在使用过程中存有疑虑的问题，利用《番汉合时掌中珠》《同音》《文海》《西夏语文学》等辞书，《类林》《孟子》《孙子兵法》等夏译汉籍，《金光明最胜王经》等夏汉合璧佛经，对《天盛律令》农业门进行逐字、逐词的对译和注释。

注释主要包括三个方面：其一，基本确定含义的字、词，说明翻译的依据。如"𗗿𗄈𗄈𗧓"为汉语"大都督府"的音译，分别找出这四个西夏字在《掌中珠》中的汉文对音，"𗗿"在"𗗿𗬺𗣼𗴩"[大恒历院]中的汉字对音为"大"，"𗄈"在"𗷓𗣼𗄈𘒣"[司吏都监]中的汉字对音为"都"，"𗧓"在"𗧓𗤋"[腹肚]、"𗤋𗧓"[斤斧]等词中的汉字对音为"腹"、"斧"，综合上述，可以推断出，"𗗿𗄈𗄈𗧓"的含义为"大都督府"。大都督府为唐代驻灵州的地方最高军事机构，西夏的大都督府受到了唐代灵州大都督府的影响，大致位置仍在灵州附近。

其二，与汉译本有出入的字、词，提供更为合适的译法，并解释其原因。有形近之误译，如汉译本中的"𗦲𗑱"[麻褐]当为"𗦲𘞽"[黄麻]形近之误，"𗏵"意"盐碱"，汉译本译"池"，其西夏文似取"𗏝"，"𗏝"当"𗏵"之误。有依一类语法现象订正，"𘌮𘜶"原译为"黄豆"，二字并无表示"黄"的含义，从字形、字音、字意等方面分析，当与"𘌮𘏚"同为"豌豆"之意。此类情况还有"陈琳"一词，在《类林研究》中前后出现过两次，西夏文写法并不一致，分别是"𗤍𗼃"、"𗤍𘎆"，其西夏字的字形相近，字音相同，从叙述的事情来看，确为同一人。有据文献修改，如"𗾕"字面作"绳索、系缚"，汉译本为"捆"，捆在现代汉语中可作为量词，但这类量词原本都是动词的借用，在唐宋文献中，通常的记载是"束"，即为"束草"，所以当改为"束"。"𗧓𘔼"字面作"夫事"，汉译本以此为解，大量文献证明，出人工服役，称作"夫役"。也有文献中并没有确切的含义与之对应，通过分析资料并结合当时社会背景，进行判断，"𗫉𘔼𘏚"字面作"租事草"，汉译本译"租佣草"，"佣"有出钱雇佣之意，律令中这三个字为土地税，是西夏百姓所要承担的基本义务，没有雇佣一说，另外"佣"通"庸"，唐代"租庸调"中也有"庸"，为役的折纳，输庸代役建立在生产力水平发达、物质资料丰富的基础之上，西夏生产力水平相对较低、物质资料匮乏，直接出人工服役，所以"𗷓𗸲𗷨"中的"𗸲"与"𗹢𗸲"中的"𗸲"都解释为"役"更为恰当。

其三，尚待考证的字、词，标明音、意，及在其他文献中的不同译法，为他人研究提供更多的线索，其含义暂且沿用汉译本，如"𗋽𗌰"[夏蒡]、"𗈁𘜶"[柳条]、"𗰜𗙴"[梦萝]等植物名，"𗇃𗎫"[和众]、"𘗠𘝇"[支头]等官职名等。

从对译和考释的情况来看，汉译本基本反映了《天盛律令》的内容，所以在最终的译文上沿用法律出版社 2000 年版《天盛改旧新定律令》中的成果，仅对个别词语进行了修订，并以页下注的形式说明，以备参考。

三、考论。根据新补充和译释的资料，利用唐、宋、辽、金史，《册府元龟》《续资治通鉴长编》《宋会要》，敦煌吐鲁番出土文书等文献资料，就长期被忽略或者有待进一步深入的问题展开讨论。包括以下几部分内容：

税户家主与农迁溜。农业门中的基层组织，在《天盛律令》中出现的频率很高，但究竟什么是税户家主，史金波先生曾作过精辟的解释，税户家主就是有耕地的纳税农户。通过对税户家主含义的解释、职能的介绍，可知税户家主为土地的所有者，承担地租、税草、夫役等基本赋役。家主是家门的管理者、基层的负责人、宗族与封建政权联系的桥梁。随着封建化进程的加剧，税户家主被编入以地缘为基础的农迁溜，是西夏乡里制度史上的重要变革，其产生背景、经济基础、改革焦点、最终目的等与北魏宗主督护改为三长制有诸多相似之处，为西夏宗法封建制社会的集中体现。

京师与边中。京师、地中、地边、边中经常在《天盛律令》中出现，但边中、地边、地中所指范围并没有明确。本书在考证其含义的同时，辨明它们之间的关系，指出西夏按距离都城的远近划分京师、地中、地边三大区域。京师并非仅为都城所在地，范围包括中兴府、南北二县、五州各地县司。地边即西夏的边界地区。地中是介于京师和地边之间的广大区域。地中、地边统称边中。京师的事务由殿前司、中书、枢密等处理，边中则由经略司或监军司负责。京师、地中、地边与郡、县、州、监军司、堡、寨等结合构成了纵横交错的西夏区划。

租役草。赋役制度为经济史领域的重要问题，而对西夏"租役草"的研究主要取材于汉译本。此次在农业门译释的基础上重新对赋役制度进行诠释，区别于以往。租役草是西夏的基本赋役制度。租为地租,京师地区按土地优劣分五等税额交租,上等田纳粮一斗,次等八升,中等六升,下等五升,末等三升,夏田在七月初一,秋田在九月初一,至十月末交纳完毕,沿袭了唐宋以来实行的两税。役为夫役,承担土木营建和兴修维护渠道等工作,出役夫的天数依土地占有亩数而定,如有急需,可减夫役纳椽。草为税草,大致税额有每亩麦草 0.05 束、粟草 0.2 束和每亩 1 束两种。

仓粮存储管理。西夏大致有两种物资的储存方式,地上仓库和地下窖藏,地上仓库用木料等搭建而成,地下窖藏于坚实干燥处挖掘。农业门中详细记载了地窖挖掘的过程,包括选址干燥、开地如井、火烤窖内、窖底垫草毡、窖顶撒土等,与同时期宋夏交界的陕西以及宋代法律文献《天圣令》中的记载十分近似。仓粮的管理主要包括纳粮入库和执单请谷两部分,有纳租的场景、簸扬使粮食精好、出库予旧不予新、簿册登记规定、官吏徇情的惩处措施等等,在其它文献中少有涉及。

豌豆等农作物考。豌豆、黄麻、红花、蓬子等农作物,它们或在以往文献中翻译有误,或名称被质疑,文中综合多种资料进行考证。麻褐、黄豆改译为黄麻、豌豆,使已被认可的粮食作物和交纳地租品种,发生了变化,大量文献证明,黄麻、豌豆,不仅在西夏时期,而且是唐宋以来西北地区经常种植的作物。红花在西夏文献中常有记载,自张骞出使西域以来,在河西走廊等地广泛种植,主要用于植物染料和入药。蓬子在西夏文献中的译法多样,汉译本中为蓬子,通过《类林研究》《新集锦合辞》等相互印证,肯定了汉译本的译法,并将其与宋人文献中的碱蓬子从属性上区别开来。

上篇 《天盛律令》农业门校勘考释

上篇 《天演论》文本研究

凡　例

　　一、以《俄藏黑水城文献》第八册为底本，卷十五农业门共计 39 页，第一《催缴租门》，已在《〈天盛律令〉研究》中出版，不再重复，本书从 39-6 右，即第六页右面开始录文。

　　二、录文中"□"表示原卷缺字，□里的字，为补充的西夏文及其汉译。

　　三、对译中"〈〉"表示难以用汉字表达的西夏文虚词。

　　四、注释以带［　］的数字表示，只标首见。

　　五、校勘以带（　）的数字表示。

　　六、汉译本为史金波、聂鸿音、白滨译《天盛改旧新定律令》，修订、补充用页下注说明。

　　七、音译词读音来自《掌中珠》汉语对音，其它字词不标注拟音和国际音标。

取闲地门

39-6 右面:

		闲地[1]	取	门					
		闲地	取	门					

一	诸	人	租	地	耕	无力[2]	<>	扔弃[3]	三	年	<>	过	租	役
一	诸	人	租	地	耕	无力	<>	扔弃	三	年	<>	过	租	役

注释:

[1]□□：意"闲地"。

□，意"地"。《掌中珠》中"□□"作"地坤"，"□□"作"大地"，"□□□□"作"更卖田地"①，"□□"作"田畴"②。

□，意"闲"、"空"。西夏文《孟子》中"□□□□，□□□□"意"昼暇取茅，宵闲索绹"③。《类林研究》中"□□□□□"意"空手而归"④。

□□，字面作"地闲"，意"闲地"。闲地包括无力耕种三年不交租役草，以及不属官私之生地等。

[2]□□：意"无力"。

□，意"不"。《掌中珠》中"□□□□"作"不敢不听"，"□□□□"作"不

---

① 《番汉合时掌中珠》（甲种本），《俄藏黑水城文献》第一〇册，上海古籍出版社 1999 年版，第 6、14 页。

② 《番汉合时掌中珠》（乙种本），《俄藏黑水城文献》第一〇册，第 25 页。

③ 彭向前：《西夏文〈孟子〉整理研究》，上海古籍出版社 2012 年版，第 149 页。

④ 史金波、黄振华、聂鸿音：《类林研究》，宁夏人民出版社 1993 年版，第 89 页。

肯招承"[1]，"𗹛𗢳𗍳𘓧"作"苦报无量"[2]。

𗹛，意"做"。《金光明最胜王经》中"𗈪𗣆𘄒𗹛，𗷣𗤻𗇋𗉈"意"所作已毕，舍诸重担"[3]。

𘓧𗹛，字面作"不做"，意"无力"。

[3]𗀁𗵽：意"扔弃"。

𗀁，意"丢弃"。《贞观玉镜将研究》中"𘕤𗤓𗰷𗱸𗱕𗀁𗯭"意"正副统丢失军马"[4]，其中"𗀁𗯭"作"丢失"。

𗵽，意"弃"、"掷"。《金光明最胜王经》中"𗍫𗴂𗀖𗈜𗗟𗀁𗵽"意"终归弃我不知恩"[5]，《类林研究》中"𗤒𘂤𗆧𗱕𗇋𗀁𗵽𗤪𗍫𗀁𗵽"意"取子胥尸沉于江中"[6]，其中"𗀁𗵽"常连用，作"抛弃"、"投掷"等。

汉译本：

　　取闲地门

一诸人无力种租地而弃之，三年已过，租役

39-6 左面：

𗱕[1]	𗈪	𗤓	𗯭	𗿒	𗀁	𗣀	𘓧	𗖠𗣁[2]	𗱸	𗴂	𗷣	𗣆
草	为	者	无	及	官	私	不	有　生	地	有　等	诸	人　实

𘄒[3]	𗀁	𗷨	𗢳	𗤓	𗹛	𗵽	𘕤　𗰷　𗇋[4]	𗣀	𗱸	𗖠	𗯭	𗰷
获	耕	人	曰	者	有	者	转　运　司	<>	告	地	边	接　相

---

① 《番汉合时掌中珠》（乙种本），《俄藏黑水城文献》第一〇册，第 33、34 页。

② 《番汉合时掌中珠》（甲种本），《俄藏黑水城文献》第一〇册，第 19 页。

③ 王静如：《金光明最胜王经卷一夏藏汉合璧考释》，《西夏研究》第二辑，中研院历史语言研究所 1933 年版，第 2 页。

④ 陈炳应：《贞观玉镜将研究》，宁夏人民出版社 1995 年版，第 79 页。

⑤ 王静如：《金光明最胜王经卷十夏藏汉合璧考释》，《西夏研究》第三辑，中研院历史语言研究所 1933 年版，第 330 页。

⑥ 史金波、黄振华、聂鸿音：《类林研究》，第 54 页。

邻近	家主	等	之	当	问	仔细	应	寻求	<>	视	<>

扔弃	有	者	处	明	等	实话	是	则	耕	谕文	当	给

登簿	<>	自	<>	耕	三	年	毕	上	重	人	遣	应	量	苗

根	及	地	边	接	相	等	之	租	法	等	上	应	验	一	亩

之	地	优	劣	<>	依	五	等	租	阶	高	低	何	所	上	是

应	一	种	上	当	征税	地	租	杂	细	纳	<>	明	法	依	<>

纳	令	其	年	内	前	地	册	上	<>	注册	租	役	草	边

注释：

[1]𘝵𘍩𗤶：意"租役草"。

𘝵，意"租"、"税"。《类林研究》中"𗴭𗋽𘝵𗆟𗤻𗦎，𗧓𘍶𗥃𗄊𗴭𗢳𗤜"意"减半年租税，天下百姓皆利"[1]。《过去庄严劫千佛名经》中"𘘄𗊱𘜶𘋥𗪊𘎨𘝵𗬺𗬛"意"或窃没租估偷度关税"[2]。

𘍩，意"事"。《大方广佛华严经普贤行愿品》中"𗣼𘍩𗹦𗤓𘍙𘝵𗆍"意"究竟

---

① 史金波、黄振华、聂鸿音：《类林研究》，第 188 页。

② 王静如：《过去庄严劫千佛名经考释》，《西夏研究》第一辑，中研院历史语言研究所 1932 年版，第 139 页。

佛事示涅槃"①，西夏文《孟子》中"𗼑𗴿𗟲，𗼑𗟲𗟈𗟲𗴿𗴿𗴿"意"公事毕，然后敢治私事"②。除了在文献中直接用"事"，还有其它引申含义。如"务"，《类林研究》中"𗟈𗼑𗴿𗴿"意"以耕种为务"③。如"职"，西夏文《孟子》中"𗖵𗴿𗴿𗴿𗴿□𗼑"意"舜使益[掌]火职"④。如"做事"，《重修护国寺感应塔碑铭》中"𗼑𗴿𗴿𗴿𗴿𗴿𗴿𗴿𗴿𗴿𗴿"意"癸酉四年六月十二日着手造"⑤。

𗼑，意"草"。《掌中珠》中"𗼑𗼑𗴿"作"萱草花"，"𗴿𗼑"作"灯草"⑥。

𗴿𗴿𗼑，字面作"租事草"，意"租役草"。租为地租，役为夫役，草为税草，系西夏的基本赋税。

租与税的区别在于，租专指地租。《说文》曰："租，田赋也。从禾，且声。"税，除当"租"讲，还泛指一切赋税。《说文通训定声·泰部》载："税，税有三：《孟子》'粟米之征'，即《周礼》旅师之锄粟，此田税也；'力役之征'，即《周礼》乡大夫之'辨其可任者……皆征之'，此丁税也；'布缕之征'，即《周礼》太宰之嫔贡，此宅税也。……后世有关税、牙税、契税及芦课、茶课、矿课之类，亦税也。"本句中说的是田赋，取"租"之意。

役，没有脱离"𗴿"的本意"事"，役为服劳力之事，出人工通常称为"役"。本句的"𗴿"包括"𗴿𗴿"[体工]、"𗴿𗴿"[夫役]等。汉译本译作"佣"，有出钱雇佣之意。此处租役草为土地税，是西夏百姓所要承担的基本义务，没有雇佣一说；另外"佣"通"庸"，"庸"为役的折纳，《旧唐书·食货志上》云"若不役，则收其傭，每日绢三尺"，西夏直接出人工服役，"役"更符合文献记载。

[2]𗟈𗴿：意"生地"。

𗴿，意"生"，汉语借词。《掌中珠》中该字标"生"、"甥"、"笙"等音，如死生[𗴿𗴿]、阿舅外甥[𗴿𗴿𗴿𗴿]、笙[𗴿]⑦。

① 苏建文：《西夏文〈大方广佛华严经普贤行愿品〉释文》，宁夏大学硕士研究生论文，2009年，第52页。
② 彭向前：《西夏文〈孟子〉整理研究》，第153页。
③ 史金波、黄振华、聂鸿音：《类研究》，第105页。
④ 彭向前：《西夏文〈孟子〉整理研究》，第158页。
⑤ 罗福成校录：《重修护国寺感应塔碑铭》，《国立北平图书馆馆刊》第四卷第三号《西夏文专号》，北京京华印书局1932年版，第17页。
⑥ 《番汉合时掌中珠》（乙种本），《俄藏黑水城文献》第一〇册，第25、30页。
⑦ 同上，第28、29、35页。

　　[西夏字][西夏字]，字面作"地生"，意"生地"，指未开发的土地。《宋史》载："神宗即位，加（蔡挺）天章阁待制、知渭州。举籍禁兵悉还府，不使有隐占。建勤武堂，五日一训之，偏伍镇鼓之法甚备。储劲卒于行间，遇用奇，则别为一队。甲兵整习，常若寇至，又分义勇为伍，番三千人，参正兵防秋与春，以八月、正月集，四十五日而罢，岁省粟帛、钱缗十三万有奇。括并边生地冒耕田千八百顷，募人佃种，以益边储。"[1]"夏人犯环庆，后复来贺正。（赵）卨请边吏离其心腹，因以招横山之众，此不战而屈人兵也。迁提点陕西刑狱。韩绛宣抚陕西，河东兵西讨，卨为绛言：'大兵过山界，皆砂碛，乏善水草，又亡险隘可以控扼，今切危之。若乘兵威招诱山界人户，处之生地，当先经画山界控扼之地，然后招降。'"[2]

　　[3][西夏字]：意"捕"。

　　[西夏字]，意"捕"、"获"。《类林研究》中"[西夏字][西夏字][西夏字][西夏字][西夏字][西夏字][西夏字]，[西夏字][西夏字][西夏字]"意"弟礼为贼所捕，将欲烹之"。"[西夏字][西夏字][西夏字][西夏字][西夏字][西夏字][西夏字]，[西夏字][西夏字][西夏字][西夏字]"意"大败汉军，被获"[3]。农业门中"[西夏字]"也主要是这两种含义：当表示持有时，多用"获"意，本句以此表示实际获取耕种；当表示被捕时，多用"捕"意，如《渠水门》39-19左面，"[西夏字][西夏字][西夏字][西夏字][西夏字][西夏字][西夏字]"意"若有断抽者时，当捕"。

　　[4][西夏字][西夏字][西夏字]：意"转运司"。

　　[西夏字]，意"运"。《掌中珠》中"[西夏字][西夏字]"作"运土"[4]。

　　[西夏字]，意"治"。《掌中珠》中"[西夏字][西夏字][西夏字][西夏字]"作"恤治民庶"[5]。《金光明最胜王经》中"[西夏字][西夏字][西夏字][西夏字][西夏字]"意"治国以正法"[6]。

　　[西夏字]，意"司"。《掌中珠》中有十余种司属名，如"[西夏字][西夏字][西夏字]"作"经略司"，"[西夏字][西夏字][西夏字]"作"正统司"，"[西夏字][西夏字][西夏字]"作"统军司"，"[西夏字][西夏字][西夏字]"作"殿前司"，"[西夏字][西夏字][西夏字]"作"皇城司"，"[西夏字][西夏字][西夏字]"作"内宿司"，"[西夏字][西夏字][西夏字]"作"巡检司"，"[西夏字][西夏字][西夏字]"作"陈告司"，"[西夏字][西夏字][西夏字]"作"磨勘司"，"[西夏字][西夏字][西夏字]"作"审刑司"，"[西夏字][西夏字][西夏字]"作"大恒历院"，

①　[元]脱脱等：《宋史》卷三二八，中华书局 1990 年版，第 10576 页。
②　同上，第 10684 页。
③　史金波、黄振华、聂鸿音：《类林研究》，第 63、38 页。
④　《番汉合时掌中珠》（乙种本），《俄藏黑水城文献》第一〇册，第 30 页。
⑤　同上，第 33 页。
⑥　王静如：《金光明最胜王经卷八夏藏汉合璧考释》，《西夏研究》第三辑，第 222 页。

"𗥤𗓽"作"农田司","𗋽𗓽"作"群牧司","𗴩𗢳𗓽"作"受纳司","𗧘𗓽𗓽"作"阁门司","𗥤𗱀𗓽"作"监军司"①等。

𗣼𗥤𗓽，字面作"运治司"，意"转运司"。转运司在宋朝诸道（路）皆置，调一道（路）租税以供国家支用，本句"𗣼𗥤𗓽"当为西夏仿宋制设立的机构。

[5]𗴩𗬹：意"邻近"。

𗴩，意"近"。《孙子兵法》中"𗴩𗝠𗴮𗬙𗈁，𗍫𗈁𗙏𗴩𗣼𗤋𗵧"意"高阳二者，止可舍阳而就高"②。

𗬹，意"结合"。《文海》释"𗬹：𗬹𗟻𗵧𗶷；𗬹𗵧𗬹𗗟，𗤒𗪙𗵽𗤋𗰖𗯿"意"结合：交全群右；结合者交也，又族姓之亦谓"③。

𗴩𗬹，意"邻近"。本句"𗑠𗪙𗱀 𗥤𗴩𗬹"，表示"邻近地边相接"。在土地买卖、生地开垦中，因为涉及相邻地界的利益，所以条文规定要询问地边相接之家主。如黑水城出土土地买卖文书《嵬名法宝达卖地契》中标明土地四至也有这方面原因，"……人嵬名法宝达……□举借他人钱债□……□今将祖直泉水……一日一夜，其地东至……□□水细渠高倍陇……道为界，北至园场……□酬定价钱市斗小麦……他人先召有服，房亲后召……□□批退异同为□……初一日立帐目文字人嵬名法[宝达]"④。《卖田地文书》载："南至□□□地为界，西至□□□地为界，北至道□□地为界。右前项田地四至□地一并……□□若典已后或有□中宗亲两府□道端王……房亲父伯兄弟先来已经房……来房以及先□□处书□典卖□乱有□占挤搅，□……□不干钱主事，一面典人同典人等代偿所有典田地□钱依数还纳与钱主，不词。"⑤

[6]𗰖𗢳：意"家主"。

𗰖，意"家"、"宅"、"室"等。《类林研究》中"𗘅𗓉𗰖𗤊，𗜲𗜲𗴴𗵧𗜁𗠝𗥃𗿦𗰖𗰚𗣼𗖻𗴂𗌭"意"灵公生恶，乃阴使锄倪往赵盾家杀之"⑥。《大方广佛华严经普贤行愿品》"𗷰𗰖𗷰𗤋𗤋𗢳𗰜"意"常得出家修净戒"⑦。《金光明最胜王经》"𗰖

① 《番汉合时掌中珠》（乙种本），《俄藏黑水城文献》第一〇册，第32、33页。
② 林英津：《夏译〈孙子兵法〉研究》，中研院历史语言研究所1994年版，第三部分，第103页。
③ 史金波、白滨、黄振华：《文海研究》，中国社会科学出版社1984年版，第470页。
④ 《中国藏西夏文献》第一六册，甘肃人民出版社、敦煌文艺出版社2006年版，第46页。
⑤ 《俄藏黑水城文献》第六册，第323页。
⑥ 史金波、黄振华、聂鸿音：《类林研究》，第38页。
⑦ 《大正新修大藏经》第一〇册，No.293《大方广佛华严经》第四十，东京大正一切经刊行会1934年版。

□□□"意"俱共还家"[1]。《金光明最胜王经》中"□□□□□□"意"了五蕴宅悉皆空"[2]。西夏文《孟子》中"□□□□□□□"意"男子生而愿为之有室"[3]。

□，意"主"。《类林研究》中"□□□□□□，□□□□，□□□□□□□□"意"孟子又名轲，齐国人。自家东边邻舍主人杀猪"[4]。

□□，字面作"家主"，藏文中也有家主一词，对译为"家长、当家男子"[5]。《天盛律令》中的家主既是有耕地的纳税农户，也是家门的负责人、基层的管理者，在监管渠道、维护治安等方面有重要作用。

[7]□□：意"仔细"。

□，意"细"。《金光明最胜王经》中"□□□□□□□"意"微细诸相现行无明"[6]。

□□，二字重叠意"仔细"。《掌中珠》中"□□□□"作"子细取问"[7]。

[8]□□：意"寻求"。

□，意"寻"、"检"。《掌中珠》中"□□□□"作"搜寻文字"，"□□□□"作"案检判凭"[8]。

□，意"寻"。《文海》释"□"，"□□□□□，□□"[9]，以"□"、"□□"、"□"互释，《类林研究》中"□"意"寻"，"□□□□□□□□□□□"意"君但于路中觅得一担猪人时"[10]。所以"□"同"□"、"□"，意"寻"。

□□，二字连用意"寻求"。

[9]□：意"有"、"属"。

□，通常表示所有权，属有。农业门中"□"，意多为"属"，本句"□□□"，指荒弃土地的持有者。

① 王静如：《金光明最胜王经卷九夏藏汉合璧考释》，《西夏研究》第三辑，第304页。
② 王静如：《金光明最胜王经卷五夏藏汉合璧考释》，《西夏研究》第二辑，第238页。
③ 彭向前：《西夏文〈孟子〉整理研究》，第171页。
④ 史金波、黄振华、聂鸿音：《类林研究》，第35页。
⑤ 彭向前：《西夏文〈孟子〉整理研究》，第165页。
⑥ 王静如：《金光明最胜王经卷四夏藏汉合璧考释》，《西夏研究》第二辑，第168页。
⑦ 《番汉合时掌中珠》（乙种本），《俄藏黑水城文献》第一〇册，第34页。
⑧ 同上，第32、33页。
⑨ 《文海宝韵》（甲种本），《俄藏黑水城文献》第七册，上海古籍出版社1997年版，第149页。
⑩ 史金波、黄振华、聂鸿音：《类林研究》，第126页。

[10]□□：意"实话"。

□，意"言"、"语"等。《掌中珠》中"□□□□"作"不肯招承","□□□□"作"听我之言","□□□□"作"大人指挥"[1]，"□□□□"作"我闻此言"[2]。

□，意"亲"、"真"、"实"等。《类林研究》中"□□，□□□□□□"意"比干，纣王亲叔也"，"□□□□□□□□□"意"后与所得真本比较"，"□□□□□□□□□"意"猎时自实不能不杀"[3]。

□□，二字连用意"实话"，《掌中珠》中"□□□□"作"不说实话"[4]。

[11]□□：意"谕文"。

□，意"言"。《现在贤劫千佛名经》中"□□□□□□□□"意"浊心邪视言语嘲调"[5]。

□，意"节"。《掌中珠》中"□□"作"八节","□□"作"时节"[6]，"□□"作"骨节"[7]。

□□，字面作"言节"，汉译本意"谕文"，指官方文书。

[12]□□：意"登簿"。

□，意"高"、"升"、"举"等，表示向上。《掌中珠》中"□□□□"作"因此加官"[8]。《金光明最胜王经》中"□□□□□"意"举声皆大哭"[9]。《六韬·盈虚》中"□□□□"意"尊其位"[10]。《类林研究》中"□□□□□□□□"意"以礼引为宾客而敬之"[11]。

□，意"簿"。《类林研究》中"□□□□□□□□"意"为魏曹操主簿"[12]。

---

① 《番汉合时掌中珠》（乙种本），《俄藏黑水城文献》第一〇册，第 34 页。

② 《番汉合时掌中珠》（甲种本），《俄藏黑水城文献》第一〇册，第 16 页。

③ 史金波、黄振华、聂鸿音：《类林研究》，第 47、94、68 页。

④ 《番汉合时掌中珠》（乙种本），《俄藏黑水城文献》第一〇册，第 34 页。

⑤ 王静如：《现在贤劫千佛名经卷下残卷考释》，《西夏研究》第一辑，第 97 页。

⑥ 《番汉合时掌中珠》（乙种本），《俄藏黑水城文献》第一〇册，第 24 页。

⑦ 《番汉合时掌中珠》（甲种本），《俄藏黑水城文献》第一〇册，第 10 页。

⑧ 《番汉合时掌中珠》（乙种本），《俄藏黑水城文献》第一〇册，第 32 页。

⑨ 王静如：《金光明最胜王经卷十夏汉合璧考释》，《西夏研究》第三辑，第 354 页。

⑩ 贾常业：《西夏文译本〈六韬〉解读》，《西夏研究》2011 年第 2 期，第 63 页。

⑪ 史金波、黄振华、聂鸿音：《类林研究》，第 46 页。

⑫ 同上，第 75 页。

𘟣𘎳，意"登簿"，登记簿册。

[13]𘟣𘈽：意"优劣"。

𘟣，意"好"。《过去庄严劫千佛名经》中"𘈾𘎝𘜒𘟣𘈽𘉻"意"南无好颜色光佛"[1]。

𘈽，意"恶"。《掌中珠》中"𘟙𘈽"作"恶疮"，"𘕿𘈽𘆖𘜝"作"恶言伤人"[2]。

𘟣𘈽，意"优劣"，与《催缴租门》中依照土地优劣分五等纳租相对应。

[14]𘃠𘍞：意"高低"。

𘃠，意"下"。《类林研究》中"𘃠𘀗𘏨，𘓄𘐀𘐆𘋢𘜺"意"下无礼，则何以侍上"[3]。

𘍞，意"高"。《掌中珠》中"𘆖𘜝𘍞𘄒"作"人有高下"[4]。

𘃠𘍞，字面作"下高"。《掌中珠》中"𘃠𘍞"作"高下"[5]。

[15]𘒓𘎳：意"地册"。

𘒓，意"地"。𘎳，意"簿"。

𘒓𘎳，字面作"地簿"，意"地册"。

[16]𘆤𘈯：意"注册"。

𘆤，意"三司"、"皇城"、"准备"、"供给"等。《掌中珠》中"𘆤𘈹"作"三司"，"𘒵𘆤𘆄"作"皇城司"，"𘀤𘜱𘆤𘞅"作"准备食馔"，"𘈸𘎳𘆤𘞅"作"尽皆准备"[6]。《金光明最胜王经》中"𘜺𘀤𘞅𘀤𘀗𘈽𘄴𘘥𘝞𘞬𘉻𘝕𘈻𘆤𘞅"意"供给敷具并衣食，象马车乘及珍财"[7]。

𘈯，意"接"、"取"。《掌中珠》中"𘑲𘖪𘀗𘈯"作"万人取则"，"𘜻𘈯𘙒𘒵"作"接状只关"[8]。

𘆤𘈯，汉译本作"注册"。

① 王静如：《过去庄严劫千佛名经考释》，《西夏研究》第一辑，第 152 页。

② 《番汉合时掌中珠》（乙种本），《俄藏黑水城文献》第一〇册，第 28、33 页。

③ 史金波、黄振华、聂鸿音：《类林研究》，第 52 页。

④ 《番汉合时掌中珠》（乙种本），《俄藏黑水城文献》第一〇册，第 33 页。

⑤ 《番汉合时掌中珠》（甲种本），《俄藏黑水城文献》第一〇册，第 7 页。

⑥ 《番汉合时掌中珠》（乙种本），《俄藏黑水城文献》第一〇册，第 33、35、36 页。

⑦ 王静如：《金光明最胜王经卷十夏藏汉合璧考释》，《西夏研究》第三辑，第 330 页。

⑧ 《番汉合时掌中珠》（乙种本），《俄藏黑水城文献》第一〇册，第 32、34 页。

汉译本：

草^①无为者，及有不属官私之生地等，诸人有曰愿持而种之者，当告转运司，并当问邻界相接地之家主等，仔细推察审视，于弃地主人处明之，是实言则当予耕种谕文，著之簿册而当种之。三年已毕，当再遣人量之，当据苗情及相邻地之租法测度，一亩之地优劣依次应为五等租之高低何等，当为其一种，令依纳地租杂细次第法纳租。该年内于前地册当注册，租役草

39-7 右面：

等	法	依	<>	为	承	令	若	有	者	明	未	扔弃	租 役

						[1]							[2]
草	法	依	为	中	出言掩饰		为	无理	实	获	视	者	亦

			[3]		[4]								
告	者	与	知 晓	说辞		为	者	视	者	贿	有	则	枉 法

[5]													[6]
贪赃	罪	法	及	贿	无	十	三	杖	等	何	所	重	上 决 断

													[7]
又	诸	人	<>	扔弃	有	者	不	明	生 地	等	是	局 分

			[8]										
处	不	告	广博	耕	及	所	告	曰	<>	毕	租	不	纳	又

			[9]									[10]
局 分	处	不过问		为	视	者	地	优	是	贿	取	人 情

---

① 汉译本原作"租佣草"，现改为"租役草"，下同。

𗰖	𗱂	𗰭	𗏁	𗫸	𗋽	𗯨	𗏵	𗰖	𗾖	𗋽	𗎻	𗋽	𗄊	𗄼	𗴂
为	顷	亩	数	减	租	阶	低	为	等	租	役	草	何	<>	逃

𗰖	𗱕	𗏹	𗫻𗫻𗦲 [11]	𗏋	𗫷	𗒐	𗫸	𗦃	𗯼 [12]	𗰖	𗥃𗎫 [13]	𗦲	𗥃𗎫 (1)
为	<>	量	偷 盗	罪	如	一	等	应	退	为	举赏	偷	举赏

注释：

[1] 𗰖𗱂𗄼：意"出言掩饰"。

𗰖，意"语"、"言"。《掌中珠》中"𗰖𗐸𗫻𗱕"作"不说实话"，"𗰖𗋽𗱂𗥃"作"听我之言"，"𗱂𗫻𗰖𗄊"作"我闻此言"①。

𗱂，意"头"。《掌中珠》中"𗱂𗭼"作"头目"，"𗱂𗣓"作"头发"②。

𗄼，意"掩"、"覆"。《金光明最胜王经》中"𗰀𗦀𗦃𗾫𗧍𗫻𗄼"意"有情盲冥贪欲覆"③。

𗰖𗱂𗄼，字面作"语头掩"，汉译本意"出言掩饰"。

[2] 𗏵：意"亦"。

𗏵，关联词，表示"虽"。《类林研究》中"𗊢𗧍𗇋𗋡𗏵，𗦚𗥑𗮔𗫻"意"臣虽愚蒙，犹明知大事"④。句中的"𗏵"，充当两个句子之间的关联词，表示"虽"。

[3] 𗱂𗱂：意"知晓"。

𗱂，意"知"。《文海》释"𗱂：𗰖𗋽𗮔𗫾；𗱂𗆨𗮔𗦚𗮔𗰖𗥑𗰖𗦃𗫻𗌭𗫻𗰬"，意"知：心左知右；知者知闻解做与汉语音相同"⑤。

𗱂𗱂，两个字在《天盛律令》其他门也有出现，如"𗦚𗋽𗄊𗧍𗝵𗫾𗾖𗦚𗄊𗫻𗱂𗱂𗫷𗦚𗎻𗧍𗏁𗫷𗄼𗏹𗰖𗱂"意"执铁箭者不许与内宫局分人悄悄将种种物持取于外"⑥，"𗦚𗏵𗁦𗋽𗦚𗱂𗱂𗤛𗫾𗰖"意"盈能与牧人暗中徇情"⑦。汉译本多将其解

---

① 《番汉合时掌中珠》（甲种本），《俄藏黑水城文献》第一〇册，第16页。

② 同上，第10页。

③ 王静如：《金光明最胜王经卷四夏藏汉合璧考释》，《西夏研究》第二辑，第200页。

④ 史金波、黄振华、聂鸿音：《类林研究》，第59页。

⑤ 史金波、白滨、黄振华：《文海研究》，第414页。

⑥ 史金波、聂鸿音、白滨译注：《天盛改旧新定律令》卷一二《内宫待命等头项门》，第440页。

⑦ 同上，卷一九《牧盈能职事管门》，第596页。

释为"悄悄"或"暗中"。本句察者与告者知晓,含有明知故犯的意思。

[4]𗗙𗰭:意"说辞"。

𗗙,意"语"。𗰭,在影印件中不清楚,意"节"。《掌中珠》中"𗢯𗰭"作"八节","𗢲𗰭"作"时节"①,"𗁹𗰭"作"骨节"②。

汉译本意为"谕文",似将"𗗙𗰭"误为"𗈜𗰭"。本句意"说辞"。

[5]𗋦𗤶𗋲:意"枉法贪赃"。

𗋦,意"戒"、"法"等。《金光明最胜王经》中"𗋦𗋦𗋦𗤳𗆀𗾱𗱕"意"坚持禁戒趣菩提"③。《掌中珠》中"𗋦𗤶𗆀𗥃"作"莫违条法"④。

𗤶,意"使斜"、"曲"。《过去庄严劫千佛名经》中"𗉺𗋲𗤭𗤭𗥃𗾔𗥃𗤶𗤶"意"吞纳奸货考直为曲"⑤。

𗋲,意"欲"、"贪"等。《类林研究》中"𗦛𗫦𗆀𗵉𗤼𗋲𗥼𗌰"意"欲明不失信故也"⑥。《孙子兵法》中"𗗔𗄬𗫦𗥃𗆀𗋲"意"晋人贪利"⑦。

𗋦𗤶𗋲,字面作"法斜贪",意"枉法贪赃"。𗋦𗤶,字面作"法斜"、"法曲",引申为"枉法"。𗋲,字面作"贪",意"贪赃",贪赃即贪污受贿,故《天盛律令》中"𗋲"也作"贿"讲,"𗋲𗫲"与"𗋲𗤽"对应,意"受贿"、"未受贿"。

[6]𗉜𗤓:意"决断"。

𗉜,意"决断"。《掌中珠》中"𗉜𗤌"作"御史"⑧。

𗤓,意"判"、"断"等。《掌中珠》中"𗉯𗤓"作"通判","𗸟𗰖𗤓𗍫"作"案检判凭","𗮯𗄔𗤓𗍫"作"都案判凭","𗵉𗄭𗼷𗤓"作"立便断止"⑨。

𗉜𗤓,为常用词语,意"决断"。《类林研究》中"𗾔𗄪𗉜𗤓𗣼𗂧𗸮𗼃"意"决断政事多施恩惠"⑩。《金光明最胜王经》中"𗤳𗫲𗉜𗤓𗃸"意"治摈当如法"⑪。《过

---

① 《番汉合时掌中珠》(乙种本),《俄藏黑水城文献》第一〇册,第24页。

② 《番汉合时掌中珠》(甲种本),《俄藏黑水城文献》第一〇册,第10页。

③ 王静如:《金光明最胜王经卷五夏藏汉合璧考释》,《西夏研究》第二辑,第240页。

④ 《番汉合时掌中珠》(乙种本),《俄藏黑水城文献》第一〇册,第33页。

⑤ 王静如:《过去庄严劫千佛名经考释》,《西夏研究》第一辑,第139页。

⑥ 史金波、黄振华、聂鸿音:《类林研究》,第35页。

⑦ 林英津:《夏译〈孙子兵法〉研究》,第三部分,第49页。

⑧ 《番汉合时掌中珠》(乙种本),《俄藏黑水城文献》第一〇册,第33页。

⑨ 同上,第33、34、35页。

⑩ 史金波、黄振华、聂鸿音:《类林研究》,第88页。

⑪ 王静如:《金光明最胜王经卷八夏藏汉合璧考释》,《西夏研究》第三辑,第214页。

去庄严劫千佛名经》中"􀀀􀀀􀀀􀀀􀀀"意"南无决断意佛"①。

[7]􀀀􀀀：意"局分"。

􀀀，意"事"、"务"等。《掌中珠》中"􀀀􀀀􀀀􀀀"作"勾管家计"②。西夏文《孟子》中"􀀀􀀀�，􀀀􀀀􀀀􀀀􀀀􀀀"意"公事毕，然后敢治私事"③。《六韬》卷上有"􀀀􀀀"，意"国务"④。

􀀀，意"侍奉"等。《类林研究》中"􀀀􀀀􀀀􀀀􀀀􀀀􀀀􀀀"意"事后母如嫡母"⑤。《金光明最胜王经》中"􀀀􀀀􀀀􀀀􀀀"意"拥护而承事"⑥。

􀀀􀀀，意为"局分"，西夏时期特有的职官名称，主要是基层机构的管事者，具体职权范围很广。《掌中珠》中"􀀀􀀀􀀀􀀀"作"局分大小"，"􀀀􀀀􀀀􀀀"作"指挥局分"⑦。此外，在夏汉对译文献中，"􀀀􀀀"又意"官吏"、"有司"等，《类林研究》中"􀀀􀀀􀀀􀀀􀀀􀀀􀀀􀀀"意"人吏等中罪"⑧。西夏文《孟子》中"􀀀􀀀􀀀􀀀􀀀"意"有司者治之"，"􀀀􀀀􀀀􀀀􀀀􀀀􀀀􀀀􀀀"意"百官有司莫敢不先哀"⑨。

[8]􀀀􀀀：意"广博"。

􀀀，意"宽"、"广"。《文海》释"􀀀：􀀀􀀀􀀀􀀀；􀀀􀀀􀀀􀀀􀀀􀀀，􀀀􀀀，􀀀􀀀􀀀􀀀"，意"宽平：宽左地左；宽者地势宽也，广也，地势之谓"⑩。《新集锦合辞》中"􀀀􀀀􀀀􀀀􀀀􀀀􀀀􀀀􀀀􀀀􀀀􀀀􀀀，􀀀􀀀􀀀􀀀􀀀􀀀􀀀􀀀􀀀􀀀􀀀􀀀􀀀􀀀"⑪，这是一组含义相对的句子，其中"􀀀􀀀􀀀􀀀"与"􀀀􀀀􀀀􀀀"相对，上句意"狭地树中"，下句意为"宽平地内"。"􀀀􀀀"在《文海》中用来解释"􀀀"，为近义词，均表示"宽广"。

􀀀，意"隐藏"、"广"。西夏文《孟子》中"􀀀􀀀􀀀􀀀，􀀀􀀀􀀀􀀀􀀀􀀀􀀀，

① 王静如：《过去庄严劫千佛名经考释》，《西夏研究》第一辑，第144页。
② 《番汉合时掌中珠》（乙种本），《俄藏黑水城文献》第一〇册，第36页。
③ 彭向前：《西夏文〈孟子〉整理研究》，第153页。
④ 贾常业：《西夏文译本〈六韬〉解读》，第64页。
⑤ 史金波、黄振华、聂鸿音：《类林研究》，第62页。
⑥ 王静如：《金光明最胜王经卷十夏藏汉合璧考释》，《西夏研究》第三辑，第388页。
⑦ 《番汉合时掌中珠》（乙种本），《俄藏黑水城文献》第一〇册，第33、34页。
⑧ 史金波、黄振华、聂鸿音：《类林研究》，第86页。
⑨ 彭向前：《西夏文〈孟子〉整理研究》，第138、148页。
⑩ 史金波、白滨、黄振华：《文海研究》，第474页。
⑪ 《新集锦合辞》（甲种本），《俄藏黑水城文献》第一〇册，第338页。

[西夏文]"意"古之君子过也，如日月之食，民皆见之"①，此处"[西夏文]"字面义为"罗眼掩"，对译为"日月之食"的"食"字，其中的"[西夏文]"，有"遮掩"之意。

[西夏文]，字面作"广博"，"[西夏文]"与"[西夏文]"词义近似，为"宽广"，二字组合意"广博"②，本句表示随意耕种。

[9][西夏文]：意"不过问"。

[西夏文]，意"头"。《掌中珠》中"[西夏文]"作"头目"、"[西夏文]"作"头发"③。

[西夏文]，意"举"。《金光明最胜王经》中"[西夏文]"意"即起举手"④。

[西夏文]，字面作"头不举"，意"不过问"。《催租罪功门》中有一个词义相反的词"[西夏文]"，意"提议"。

[10][西夏文]：意"人情"。

[西夏文]，意"情面"。《新集锦合辞》中"[西夏文]"⑤意"虎之情面狐饮酪"。

[西夏文]，意"面"。《金光明最胜王经》中"[西夏文]"意"面貌犹如盛满月"⑥。

[西夏文]，意"人情"。《掌中珠》中"[西夏文]"作"休做人情"⑦。

[11][西夏文]：意"偷盗"。

[西夏文]，意"悄悄"、"暗暗"。《类林研究》中"[西夏文]"意"高祖常与戚夫人密戏"⑧。

[西夏文]，意"盗"。《金光明最胜王经》中"[西夏文]"意"河津险难盗贼时"⑨。

[西夏文]，字面作"悄悄盗"，意"偷盗"。

[12][西夏文]：意"比……减一等"。

① 彭向前：《西夏文〈孟子〉整理研究》，第136页。
②《音同》（甲种本），《俄藏黑水城文献》第七册，上海古籍出版社1997年版，第13页。
③《番汉合时掌中珠》（甲种本），《俄藏黑水城文献》第一〇册，第10页。
④ 王静如：《金光明最胜王经卷十夏藏汉合璧考释》，《西夏研究》第三辑，第338页。
⑤《新集锦合辞》（甲种本），《俄藏黑水城文献》第一〇册，第331页。
⑥ 王静如：《金光明最胜王经卷七夏藏汉合璧考释》，《西夏研究》第三辑，第140页。
⑦《番汉合时掌中珠》（乙种本），《俄藏黑水城文献》第一〇册，第33页。
⑧ 史金波、黄振华、聂鸿音：《类林研究》，第39页。
⑨ 王静如：《金光明最胜王经卷七夏藏汉合璧考释》，《西夏研究》第三辑，第142页。

𗁲，意"如"。《掌中珠》中"𗵹𗁲𗦳𗵹"作"争如自悔"①。

𗵹，意"退"。《金光明最胜王经》中"𗧓𗵹𘂤𗟤𗵹𗤋𗢃𗵦𗀖"意"至不退转一生补处"②。

𗁲𗏇𗄛𗤋𗵹𗎛，字面作"如一等应退为"，意"比……减一等"。其中"𗁲"〔如〕，常用来表示二者的比较，相当于"比"，《金光明最胜王经》中"𗤋𗁲𗧓𗦳"意"倍多于彼"③。

[13]𗼃𗎶：意"举赏"。

𗼃，意"举报"。《天盛律令》中经常出现，如《季校门》"𗼃𗤋"意"所举告言虚"④。

𗎶，意"赏"。《孙子兵法》中"𗧓𗎶𗦳𗎛"意"赏罚必重而不欺"⑤。

𗼃𗎶，意"举赏"。《贞观玉镜将》中"𗼃𗎶𘝞𗤊"意"告者具得"⑥。

校勘：

（1）《天盛律令》影印件（39-7）残缺左面9行文字。

汉译本：

当依边等法承之。若属者明⑦未放弃，依租役草法为之时，有出言掩饰，无理持取，察者与告者明知，而为说辞⑧，察者受贿则以枉法贪赃罪法，未受贿十三杖，从其重者判断。又诸人已弃之，属者未明，是生地等，不告于局分而随意种之，及所告日完毕而不纳租，又局分处不过问，察者见是好地，受贿徇情，减顷亩数，为之减租以避租役草，当计量，比偷盗罪减一等。举赏比举盗赏……

---

① 《番汉合时掌中珠》（甲种本），《俄藏黑水城文献》第一〇册，第19页。
② 王静如：《金光明最胜王经卷三夏藏汉合璧考释》，《西夏研究》第二辑，第94页。
③ 王静如：《金光明最胜王经卷七夏藏汉合璧考释》，《西夏研究》第三辑，第84页。
④ 史金波、聂鸿音、白滨译注：《天盛改旧新定律令》，第240页。
⑤ 林英津：《夏译〈孙子兵法〉研究》，第三部分，第16页。
⑥ 陈炳应：《贞观玉镜将研究》，第92页。
⑦ 汉译本原作"属者□"，现改作"属者"，原有一字"𗀖"不清，意"明"。
⑧ 汉译本原作"察者与告者暗中做谕文"，现改作"察者与告者明知，而为说辞"。

39-8 右面：

𘎨	𘝜	𘎥	𗏝	𗦔	𗤌	𘕿	𗏁	𗣼	𗠋	𗾗	𗂶	𗦀[1]	𗠁
弃	<>	租	役	草	有	者	自	为	纳	不	<>	住 滞	又

𗦳	𗼛	𗏇	𗤒	𗴂	𘂤	𗬻	𘄴	𘆄	𗎫 𗆐[2]	𗏹	𘝞 𘟣	𗤻
三	年	未	过	诸	人	实	获	等	不 许	若	枉 法	时

𗐁	𗾟	𗤋	𗊂	𗐯	𗤓 𗤒[3]	𗰜	𗤋	𗗉			
官	有	罚	马	一	庶 人	十	三	杖			

注释：

[1] 𗦀𗠁：意"住滞"。

𗦀，意"停止"。《文海》中"𗹙𗦳，𗨁𗄻𗠁𗦀𗝠𘞽"①意"做者，做造不停止之谓"。

𗠁，意"停滞"、"遗留"。《金光明最胜王经》中"𗋡𗐁𗣫𗣫𗂶𗂶𗠁𗠁"意"所有业障无复遗余"②。

𗦀𗠁，为常用词语，意"住滞"。《掌中珠》中"𗢳𗢳𗦀𗠁"作"莫要住滞"③。

[2] 𗎫𗆐：意"不许"。

𗎫，意"许"。𗆐，意"无"。

𗎫𗆐，字面作"许无"，意"不许"。《掌中珠》中"𗭾𗮩𗎫𗆐"作"不许流连"④。《孙子兵法》中"𗓽𗵃𗎫，𗎫𗆐"意"请致师，不许"⑤。

[3] 𗤓𗤒：意"庶人"。

𗤓，意"兵"、"士"。《金光明最胜王经》中"𗓽𗤓𗧽𗸐"意"军兵武勇"⑥。

𗤓𗤒，意"庶人"。《类林研究》中"𘟙𗢳𗤓𗤒𗵃𗣿𘞽"意"天子与白衣同"⑦。

① 《文海宝韵》（甲种本），《俄藏黑水城文献》第七册，第 134 页。

② 王静如：《金光明最胜王经卷三夏藏汉合璧考释》，《西夏研究》第二辑，第 88 页。

③ 《番汉合时掌中珠》（乙种本），《俄藏黑水城文献》第一〇册，第 33 页。

④ 同上。

⑤ 林英津：《夏译〈孙子兵法〉研究》，第三部分，第 109 页。

⑥ 王静如：《金光明最胜王经卷十夏藏汉合璧考释》，《西夏研究》第三辑，第 324 页。

⑦ 史金波、黄振华、聂鸿音：《类林研究》，第 42 页。

西夏文《孟子》中"𗪊𘚷𗣼𗤁𗪊𗓨𗣼𗆧"意"自天子达于庶人"[1]。

汉译本：

……弃之，租役草属者自未纳之，住滞，又未逾三年，不许诸人占据。若违律时，有
官罚马一，庶人十三杖。

---

① 彭向前：《西夏文〈孟子〉整理研究》，第 132 页。

催租罪功门

39-8 右面：

		𗷉	𗰔	𗁬	𘃽	𗦎				
		租	催	罪	功	门				

𗥃	𗦎𗵘𗗟[1]	𗷉	𗰔𗹛[2]	𗉛	𗥃𗰏[3]	𗾚𗾚𗾚𗾚[4]	𗗙	𗢳
一	水浇地	租	催促	<>	鸣沙	大都督府	自	京

𗋽[5]	𗢷	𗝰	𗦎	𗷉	𗆟𗟲[6]	𗤓	𗉩𗘍𗊱	𗂸[7]	𗗙𗷉[8]
师	城	内	等	所	有郡县	及	转运司	大人	承旨

𗦎	𗗟	𗷓𗷓[9]	𗉩	𗦆	𗙱	□	□(1)	𗥃	𗷉	𗦎
等	中	每年	一	人	个	□	□	以	<>	遣

𗥃	𗢳	𗷉𗦎[10]	𗉩	𗦎	𗷉𗝰𗉛[11]	𗦎𗷓	𗾚𗾚	𗥃𗉛[12]	𗉩
一	诸	税户	有	地	租种种	地册	上有	各自	有

𗉛	𗷉	𗍥	𗆟𗟲	𗷉𗥃[13]	𗗟	𗥃	𗂸𗂸[14]	𗷉	𗰔𗹛
<>	明	依	郡县	管事	者	等	紧紧	<>	催促

注释：

[1]𗦎𗵘𗗟：意"水浇地"。

　　□，意"穿"。《合编》甲 08.074 中释"□□□□"为"内全穿右"[1]。"□"有"穿"意，"□"构形当取"□"之"穿"意。《类林研究》中"□□□□□□□□□□"意"烧故车轮轴耳"[2]，其中"□"与汉文"轴"相对，故"□"有"贯、穿"之意。

　　□□□，字面作"水穿地"，可解释为"水流地"。

　　[2]□□：意"催促"。

　　□，意"逼"等。《文海》中释"□"，"□□□□□，□□□□□"[3]。其中"□□"也在"□"的释义中，说明"□"与"□"意思相近。

　　□，意"驱"、"逼"等。《类林研究》中"□□□□□"意"驱风而济"[4]。《现在贤劫千佛名经》中"□□□□□□□□□"意"破他梵行逼迫无道"[5]。

　　□□，意"逼迫"，此处说的是交租，意"催促"。

　　[3]□□：汉语"鸣沙"的音译。

　　□，音"名"，《掌中珠》该字标"明"、"面"、"名"等音，如面[□]、面额[□□]、冠冕[□□][6]、明日[□□]、月明[□□]、轩冕[□□]、世间扬名[□□□□]、细面[□□]、争名趋利[□□□□][7]。

　　□，音"沙"，《掌中珠》该字标"沙"、"衫"、"产"音，如土沙[□□][8]、沙狐[□□]、赤沙[□□]、纱窗[□□]、纱罩[□□□]、汗衫[□□]、布衫[□□]、褐衫[□□]、纱[□]、财产无数[□□□□][9]。

　　西夏在鸣沙设军，在今宁夏中宁县鸣沙镇，位于中等司，"中等司：大恒历院、都转运司、陈告司、都磨勘司、审刑司、群牧司、农田司、受纳司、边中监军司、前宫侍司、磨勘军案殿前司上管、鸣沙军、卜算院"[10]。

　　[4]□□□□：汉语"大都督府"的音译。

---

① 韩小忙：《〈同音文海宝韵合编〉整理与研究》，中国社会科学院出版社 2008 年版，第 520 页。
② 史金波、黄振华、聂鸿音：《类林研究》，第 186 页。
③ 《文海宝韵》（甲种本），《俄藏黑水城文献》第七册，第 154 页。
④ 史金波、黄振华、聂鸿音：《类林研究》，第 116 页。
⑤ 王静如：《现在贤劫千佛名经卷下残卷考释》，《西夏研究》第一辑，第 97 页。
⑥ 《番汉合时掌中珠》（甲种本），《俄藏黑水城文献》第一〇册，第 8、10、13 页。
⑦ 《番汉合时掌中珠》（乙种本），《俄藏黑水城文献》第一〇册，第 24、29、32、35、36 页。
⑧ 《番汉合时掌中珠》（甲种本），《俄藏黑水城文献》第一〇册，第 7 页。
⑨ 《番汉合时掌中珠》（乙种本），《俄藏黑水城文献》第一〇册，第 27、30、31、32 页。
⑩ 史金波、聂鸿音、白滨译注：《天盛改旧新定律令》卷一〇《司序行文门》，第 363 页。

□，音"大"。《掌中珠》该字标"袋"、"大"音。如枷袋[□□]、连袋[□□]、大恒历院[□□□□]①。

□，音"都"。《掌中珠》该字标"都"音。如计都星[□□□]②、司吏都监[□□□□]、都案案头[□□□□]、都案判凭[□□□□]③。

□，音"府"。《掌中珠》该字标"腹"、"福"、"父"、"枕"、"斧"、"服"、"伏"、"富"、"缚"音。如腹肚[□□]④、福祸[□□]、孝顺父母[□□□□]、檐枕[□□]、栀枕[□□]、重枕[□□]、平五枕[□□□]、斤斧[□□]、衣服[□□]、伏罪入状[□□□□]、富贵具足[□□□□]、烦恼缠缚[□□□□]⑤。

大都督府为唐廷驻灵州的地方最高军事机构，辖区包括灵、会、盐三州十县，以及安置突厥、回纥等少数民族的冬皋兰、燕山等羁縻州和六胡州，西夏的大都督府受到了唐灵州大都督府的影响，大致位置仍在灵州附近。

[5]□□：意"京师"。

□，意"世"。《掌中珠》"□□□□"作"不晓世事"⑥，"□□□□"作"世间扬名"，"□□"作"世人"⑦。

□，为汉语借词，意"界"。《掌中珠》"□□□□"作"三界流转"⑧。《金光明最胜王经》中"□□□□□□"意"假使三千大千界"⑨。

□□，二字连用常作"世界"讲。《大方广佛华严经普贤行愿品》中"□□□□□□□□□□□□"意"皆有一切世界极微尘数佛"⑩。《真实名经》中"□□□□□□"意"显现三种世界内"⑪。《金光明最胜王经》中"□□□□□□□"

① 《番汉合时掌中珠》（乙种本），《俄藏黑水城文献》第一〇册，第31、32、33页。
② 《番汉合时掌中珠》（甲种本），《俄藏黑水城文献》第一〇册，第5页。
③ 《番汉合时掌中珠》（乙种本），《俄藏黑水城文献》第一〇册，第33、34页。
④ 《番汉合时掌中珠》（甲种本），《俄藏黑水城文献》第一〇册，第10页。
⑤ 《番汉合时掌中珠》（乙种本），《俄藏黑水城文献》第一〇册，第24、29、30、31、35、36页。
⑥ 《番汉合时掌中珠》（甲种本），《俄藏黑水城文献》第一〇册，第16页。
⑦ 《番汉合时掌中珠》（乙种本），《俄藏黑水城文献》第一〇册，第32、36页。
⑧ 同上，第36页。
⑨ 王静如：《金光明最胜王经卷五夏藏汉合璧考释》，《西夏研究》第二辑，第242页。
⑩ 《大方广佛华严经普贤行愿品》，《中国藏西夏文献》第一六册，第327页。
⑪ 林英津：《西夏语译〈真实名经〉注释研究》，中研院语言学研究所2006年版，第93页。

意"周遍三千世界中"①。此外"□□"也可译为"京师",《类林研究》中"□□□□□□"意"后王章就学京师"②。根据上下文意,此处当为"京师"。

[6]□□:意"郡县"。

□,意"郡"。《重修护国寺感应塔碑铭》中"□□,□□□□□"意"凉州,武威郡名也"③。《类林研究》中"□□,□□□□□□"意"严颜,巴郡地方人也"④。

□,为汉语借词,意"县"。《类林研究》中"□□□□□□□"意"河内温县地方人也"⑤。

□□,二字连用意"郡县"。此处"京师城七处郡县"指的是京师管辖下的七个郡县,即"中兴府,南北二县,五州各地县司"⑥。具体为:中兴府是西夏首都兴庆府,后改名为中兴府,为今宁夏回族自治区银川市兴庆区所在地;南北二县指的是治源县和华阳县,地望无从考证;五州各地县司指的是灵武郡、定远县、怀远县、临河县、保静县。

[7]□:意"大人"。

□,意"大"。《掌中珠》中"□□□□"作"亲戚大小","□□□□"作"局分大小"⑦。

□,本句中意"大人",《掌中珠》中"□□□□"作"大人指挥"⑧。

[8]□□:意"承旨"。

□,意"指"等。《掌中珠》中"□□□□"作"尽皆指挥","□□□□"作"指挥局分","□□□□"作"大人指挥"⑨。

□,意"承受"、"取"等。《金光明最胜王经》中"□□□□□□"意"由

① 王静如:《金光明最胜王经卷九夏藏汉合璧考释》,《西夏研究》第三辑,第 234 页。

② 史金波、黄振华、聂鸿音:《类林研究》,第 202 页。

③ 罗福成校录:《重修护国寺感应塔碑铭》,《国立北平图书馆馆刊》第四卷第三号《西夏文专号》,第 13 页。

④ 史金波、黄振华、聂鸿音:《类林研究》,第 46 页。

⑤ 同上,第 93 页。

⑥ 史金波、聂鸿音、白滨译注:《天盛改旧新定律令》卷一四《误殴打争斗门》,第 485 页。

⑦ 《番汉合时掌中珠》(乙种本),《俄藏黑水城文献》第一〇册,第 29、33 页。

⑧ 同上,第 34 页。

⑨ 同上,第 33、34 页。

不见故受众苦"①。《类林研究》中"𗺉𗼇𗄝𗵄"意"楚王迎承"②。《掌中珠》中"𗼇𗵄𗩾𗿦"作"取乐饮酒"③。

𗄝𗵄，二字连用意"承旨"，《掌中珠》中"𗄝𗵄"作"承旨"④。

[9]𗉷𗉷：意"每年"。

𗉷，意"年"。《掌中珠》中"𗊢𗉷"作"来年"，"𗵰𗉷"作"前年"⑤。

𗉷𗉷，二字重叠意"每年"。

[10]𗏵𗥃：意"税户"。

𗏵，意"租"、"税"。《类林研究》中"𗃴𗾝𗏵𗒹𗰖𗌰，𗒼𗪚𗈪𗗙𗫡𗄻𗏵"意"减半年租税，天下百姓皆利"⑥，《过去庄严劫千佛名经》中"𗣼𗩀𗤉𗪺𗓽𗫡𗏵𗫽𗌰"意"或窃没租估偷度关税"⑦。

𗥃，意"门"、"宅"、"户"等。如"门"，《掌中珠》中"𗼒𗥃"作"门帘"⑧、"𗪺𗥃𗒱𗏵"作"演说法门"⑨，《类林研究》中"𗼛𗤻𗼣，𗘢𗴍𗥃𗉺𗄻𗈪"意"时未至，而不进城门"⑩，《大方广佛华严经普贤行愿品》中"𗐓𗐓𗦫𗙟𗤁𗥃𗑗𗊞"意"圆满种种波罗密门"⑪。如"宅"，《掌中珠》中"𗏨𗥃𗋯𗫥"作"畜养家宅"⑫。如"户"，《重修护国寺感应塔碑铭》中"𗼑𗥃𗑱𗤻"意"四户官作"⑬。

𗏵𗥃，二字连用意"税户"，为西夏时期承担租、役、草等赋役的基本单位。西夏的农户承担包括地租、夫役、税草、人口税等在内的多种赋税，租指田赋，税泛指一切赋税，用在此处更为准确。在记录每户粮租、土地、人口、牲畜单位时都用"𗏵

---

① 王静如：《金光明最胜王经卷四夏藏汉合璧考释》，《西夏研究》第二辑，第200页。

② 史金波、黄振华、聂鸿音：《类林研究》，第35页。

③《番汉合时掌中珠》（乙种本），《俄藏黑水城文献》第一〇册，第35页。

④ 同上，第33页。

⑤《番汉合时掌中珠》（甲种本），《俄藏黑水城文献》第一〇册，第6页。

⑥ 史金波、黄振华、聂鸿音：《类林研究》，第188页。

⑦ 王静如：《过去庄严劫千佛名经考释》，《西夏研究》第一辑，第139页。

⑧《番汉合时掌中珠》（乙种本），《俄藏黑水城文献》第一〇册，第30页。

⑨《番汉合时掌中珠》（甲种本），《俄藏黑水城文献》第一〇册，第19页。

⑩ 史金波、黄振华、聂鸿音：《类林研究》，第37页。

⑪《大正新修大藏经》第一〇册，No.293《大方广佛华严经》第四十。

⑫《番汉合时掌中珠》（乙种本），《俄藏黑水城文献》第一〇册，第29页。

⑬ 罗福成校录：《重修护国寺感应塔碑铭》，《国立北平图书馆馆刊》第四卷第三号《西夏文专号》，第19页。

稝”表示一户，如 4808 号农业租税文书“一户罗般若乐　大麦一石一斗五升　麦二斗[八升七合半]”，4067 号文书“一户梁吉祥有册上有十亩地，税一斗二升半”[1]，以及 2007-9 号税账、2161-5 号户租粮账、2868 号户耕地租庸草账、4926 号户口地畜账、4991 号迁溜人口税账[2]等。

[11]𗗝𗗝：意“种种”。

𗗝，意“种”。《金光明最胜王经》中“𗗝𗗝𗡾𗆤，𗆤𗴠𗰖𗸕𗦻𗸕𗤫𗡝𗢭𗐯𗏆”意“种种香气，非但遍此三千大千世界”[3]。

𗗝，意“种”。《重修护国寺感应塔碑铭》中“𗆤𗗝𗣼𗗝𗽻𗊪𗗝𗗝𗋕𗵘𗋕”意“大小头监匠人种种等之官”[4]。《类林研究》中“𗆤𗵘𗴟𗗞，𗊪𗺓𗗝𗗝，𗋕𗋕𗡪𗵄𗰖”意“为儿童时，种种经典，莫不暗记”[5]。其中“𗗝𗗝”二字连用，意为“种种”。

[12]𗃛𗾞：意“各自”。

𗃛，意“自己”。《掌中珠》中“𗃛𗱚𗡪𗸕”作“不累于己”[6]。

𗾞，意“各”、“处”。《金光明最胜王经》中“𗆤𗴠𗷯𗤫𗷽𗊪𗆤𗴤𗾞”意“随是经王所在之处”[7]。

𗃛𗾞，意“各自”。《类林研究》中“𗃛𗾞𗣼𗷽𗵘𗲲𗵘𗴤”意“各自嫁诸侯”[8]。

[13]𗵉𗵣：意“管事”。

𗵣，音“管”，汉语借词，《掌中珠》该字标“官”、“冠”、“罐”、“管”等音。如罐[𗵣]、冠冕[𗵣𗡶]、修行观心[𗱛𗰱𗵣𗊪][9]、天官贵神[𗰂𗵣𗴠𗲲]、鸡冠花[𗰖𗵣𗆤]、冠子[𗵣𗒀]、因此加官[𗊪𗗞𗊦𗵣]、管[𗵣]、勾管家计[𗰏𗵣𗊦𗰖][10]。

𗵉𗵣，二字连用字面作“事管”，意“管事”。

---

① 史金波：《西夏农业租税考——西夏文农业租税文书译释》。
② 《俄藏黑水城文献》第一三册，上海古籍出版社 2007 年版，第 13、41、142~148、315、322~323 页。
③ 王静如：《金光明最胜王经卷六夏藏汉合璧考释》，《西夏研究》第三辑，第 30 页。
④ 罗福成校录：《重修护国寺感应塔碑铭》，《国立北平图书馆馆刊》第四卷第三号《西夏文专号》，第 20 页。
⑤ 史金波、黄振华、聂鸿音：《类林研究》，第 97 页。
⑥ 《番汉合时掌中珠》（乙种本），《俄藏黑水城文献》第一〇册，第 36 页。
⑦ 王静如：《金光明最胜王经卷九夏藏汉合璧考释》，《西夏研究》第三辑，第 242 页。
⑧ 史金波、黄振华、聂鸿音：《类林研究》，第 164 页。
⑨ 《番汉合时掌中珠》（甲种本），《俄藏黑水城文献》第一〇册，第 12、13、19 页。
⑩ 《番汉合时掌中珠》（乙种本），《俄藏黑水城文献》第一〇册，第 22、25、31、32、35、36 页。

[14]𗰴𗰴：意"紧紧"。

𗰴，意"紧"。《掌中珠》中"𗰴𗰴"作"风紧"①。

𗰴𗰴，二字重叠意"紧紧"。

校勘：

（1）此处《天盛律令》影印件中残损不清。

汉译本：

催租罪功门

一催促水浇地租法：自鸣沙、大都督府、京师界内等所属郡、县及转运司大人、承旨
  等，每年当派一人□□。

一诸税户所属种种地租见于地册，依各自所属次第，郡县管事者当紧紧催促，

39-8 左面：

𗰴 𗰴[1]	𗰴	𗰴	𗰴	𗰴	𗰴	𗰴	𗰴 𗰴[2]	𗰴 𗰴	𗰴
日 限	明	上	纳	<>	毕	令	其 中	住 滞	时

𗰴	𗰴	𗰴 𗰴	𗰴	𗰴	𗰴	𗰴	𗰴	𗰴	𗰴	𗰴
地	租	种 种	等	十	分	<>	为	全	纳	半 纳

𗰴	𗰴	𗰴	𗰴	𗰴	𗰴	𗰴	𗰴	𗰴	𗰴	𗰴 𗰴[3]
全	不	纳	等	时	功	罪	所	定	依	实 行

𗰴	𗰴	𗰴	𗰴 𗰴	𗰴	𗰴	𗰴 𗰴	𗰴	𗰴	𗰴	𗰴 𗰴	𗰴
一	等	租	催 促	者	大人	税 户	上	地	租	种 种	日

𗰴[4]	𗰴	𗰴	𗰴	𗰴	𗰴	𗰴	𗰴	𗰴	𗰴	𗰴	𗰴
周	内	何	所	纳	何	未	纳	一	周	毕 上	十 分

---

① 《番汉合时掌中珠》（乙种本），《俄藏黑水城文献》第一〇册，第24页。

▢	▢	▢	▢	▢	▢	▢	▢	▢	▢	▢	▢	▢	▢
<>	为	中	九	分	所	纳	一	分	未	纳	者	罪	不

▢[5]	▢	▢	▢	▢	▢	▢	▢	▢▢▢[6]	▢	▢	▢
治	八	分	纳	二	分	未	纳	六个月	七	分	纳

▢	▢	▢	▢	▢	▢	▢	▢	▢	▢	▢	▢	▢	▢
三	分	未	纳	一	年	六	分	纳	四	分	未	纳	二

▢	▢	▢	▢	▢	▢	▢	▢	▢	▢	▢	▢	▢	▢
年	五	分	纳	五	分	未	纳	三	年	四	分	纳	六

注释：

[1] ▢▢：意"日限"。

▢，意"日"。《掌中珠》中"▢▢"作"一日"，"▢▢"作"二日"①。

▢，意"限"，如《金光明最胜王经》中"▢▢▢▢▢▢▢▢▢▢▢"意"非人有能算知佛之寿量知其齐限"，"▢▢▢▢▢"意"寿量"②。或作为词缀，加在基数词之后，表示次序，如《类林研究》中"▢▢▢▢▢"意"类林第三卷"③。

▢▢，二字连用意"日限"，《掌中珠》中"▢▢"作"日限"④。

[2] ▢▢：意"其中"。

▢，意"此"、"彼"、"其"。《掌中珠》中"▢▢▢▢"作"因此加官"、"▢▢▢▢"作"彼人分析"⑤。《金光明最胜王经》中"▢▢▢▢▢▢▢▢"意"我今为汝略说其事"⑥。

---

① 《番汉合时掌中珠》(乙种本)，《俄藏黑水城文献》第一〇册，第24、25页。
② 王静如：《金光明最胜王经卷一夏汉合璧考释》，《西夏研究》第二辑，第28页。
③ 史金波、黄振华、聂鸿音：《类林研究》，第34页。
④ 《番汉合时掌中珠》(乙种本)，《俄藏黑水城文献》第一〇册，第24页。
⑤ 《番汉合时掌中珠》(甲种本)，《俄藏黑水城文献》第一〇册，第32、34页。
⑥ 王静如：《金光明最胜王经卷一夏汉合璧考释》，《西夏研究》第二辑，第44页。

□，意“中”。《掌中珠》中“□□□□”作“世间扬名”、“□□□□”作“孝经中说”[1]。

□□，意“其中”。西夏文《孟子》中“□□□□ □□□□，□□□……□□，□□□□□□”意“五百年必有王者出，其间必[有名世者。由周]而来，七百有余岁矣”[2]。

[3]□□：意“实行”。

□，意“顺”、“行”等。《掌中珠》中“□□□□”作“孝顺父母”[3]。《孙子兵法》中“□□□□”意“地形坳下”[4]。

□，意“行”、“遣”。《掌中珠》“□□□□”作“立身行道”，“□□□□”作“司吏行遣”[5]。

□□，二字连用意为“实行”。

[4]□：意“周”。

□，常作“圆”、“园”、“院”等。《掌中珠》中“□□”作“工院”，“□□”作“马院”[6]。《重修护国寺感应塔碑铭》中“□□□□□□□”意“昔因圆满识量高”[7]。文中从初一到月末，根据上下文意，□，当引申为“周期”。

[5]□：意“治”。

农业门俄藏图版中表示“治罪”的西夏文有两种：“□”和“□”，除了本句为“□”，其余均为“□”，如 39-11 右面、39-19 右面、39-20 右面、39-20 左面、39-22 右面、39-24 左面等，录文均以图版为准。这种情况在《天盛律令》的多门中都有出现。《夏汉字典》“□”意为“制”，“□”意为“怒”。根据上下文意，均应取“制”意，当治罪讲，意“治”。

[6]□□□：意“六个月”。

---

① 《番汉合时掌中珠》（乙种本），《俄藏黑水城文献》第一○册，第 32、34 页。

② 彭向前：《西夏文〈孟子〉整理研究》，第 143 页。

③ 《番汉合时掌中珠》（乙种本），《俄藏黑水城文献》第一○册，第 29 页。

④ 林英津：《夏译〈孙子兵法〉研究》，第三部分，第 75 页。

⑤ 《番汉合时掌中珠》（乙种本），《俄藏黑水城文献》第一○册，第 32、34 页。

⑥ 同上，第 33 页。

⑦ 罗福成校录：《重修护国寺感应塔碑铭》，《国立北平图书馆馆刊》第四卷第三号《西夏文专号》，第 22 页。

□，意"月"。《掌中珠》中"□□"作"日月"[1]，"□□"作"月德"，"□□"作"月合"，"□□"作"月空"，"□□"作"月杀"，"□□"作"月孛"[2]，"□□"作"年月"，"□□"作"月明"[3]，"□□"作"正月"，"□□"作"腊月"，"□□"作"闰月"[4]。

□，意"月"。西夏文《杂字》中"□□"意"满月"[5]。

□□□，字面作"六月月"，意"六个月"，相似的还有"□□□"[一个月]、"□□□"[三个月]等。

汉译本：

令于所明期限缴纳完毕。其中住滞时，种种地租分为十分，使全纳、部分纳、全不纳等时，功罪依所定实行。

一等催促租之大人，于税户种种地租期限内已纳未纳几何，于全部分为十分，其中九分已纳一分未纳者勿治罪，八分纳二分未纳当徒六个月，七分纳三分未纳徒一年，六分纳四分未纳徒二年，五分纳五分未纳徒三年，四分纳六

39-9 右面：

□	□	□	□	□	□	□	□	□	□	□	□	□	□
分	未	纳	四	年	三	分	纳	七	分	未	纳	五	年

□	□	□	□	□	□	□	□	□	□	□	□	□	□
二	分	纳	八	分	未	纳	六	年	一	分	纳	九	分

□	□	□	□	□	□	□	□	□	□	□	□	□	□
未	纳	八	年	十	分	全	未	纳	十	年	等	<>	获

① 《番汉合时掌中珠》（乙种本），《俄藏黑水城文献》第一〇册，第21页。

② 《番汉合时掌中珠》（甲种本），《俄藏黑水城文献》第一〇册，第4、5页。

③ 《番汉合时掌中珠》（乙种本），《俄藏黑水城文献》第一〇册，第24页。

④ 《番汉合时掌中珠》（甲种本），《俄藏黑水城文献》第一〇册，第6页。

⑤ 李范文、中岛干起：《电脑处理西夏文杂字研究》，日本国立亚非语言文化研究所1997年版，第84页。

若	十	分	全	所	纳	则	一	官	加[1]	五	两	银	杂

锦	上	衣[2]	一	等	赏	当	得						

一	等	租	催	促	者	乘	马[3]	各	自	所	有	税	户	家

主	耕	地	租	不	纳	住	滞	时	乘	马	自	局	分

总[4]	催	促	所	何	时[5]	十	分	<>	为	租	催	促

者	大人	之	罪	节	明	如	三	等	数	应	退	为	决	断

注释：

[1]帨：意"加"。

帨，《夏汉字典》意"高"、"升"、"举"等。《金光明最胜王经》中"秕帨秕緍褛"意"举声皆大哭"①。《六韬·盈虚》中"骸席帨形"意"尊其位"②。《类林研究》中"愿敖瓶匙婧形辕帨"意"以礼引为宾客而敬之"③。帨，在其中分别为"举"、"尊"、"敬"之意，表示向上。《取闲地门》中"帨"与"毷"连用，意为"登"，指"登记簿册"。此处"帨"与"骸"连用，意"加"，当"加官"讲，《掌中珠》中有

----

① 王静如：《金光明最胜王经卷十夏藏汉合璧考释》，《西夏研究》第三辑，第354页。
② 贾常业：《西夏文译本〈六韬〉解读》，第63页。
③ 史金波、黄振华、聂鸿音：《类林研究》，第46页。

"□□□□"，作"因此加官"[1]。

[2]□□□□：意"杂锦上衣"。

□，意"杂"。《过去庄严劫千佛名经考释》中"□□□□□□□□"意"或三宝物混乱杂用"[2]。

□，意"锦"。《掌中珠》中"□□"作"绣锦"[3]。

□，通常作"上"讲。在《现在贤劫千佛名经》中对译为"披"，如"□□□□□"意"身披如来衣"[4]。

□，泛指"衣"。□，常与"□"搭配，如《夏汉字典》中"□□"解释为"氅"[5]，氅指外套或大衣。《贞观玉镜将》中"□□□□"意"大锦上服"[6]，"□□"解释为"上衣"。西夏文《杂字》中"□□"、"□□"、"□□"意"斗篷"、"围裙"、"紧衣"[7]，《西夏物质文化》中"□□"意为"外衣"、"上衣"，"□□"与之对应，意为"内衣"。目前，"□□"没有固定的译法，大致是指上衣或外衣。

□□□□，字面作"杂锦上衣"，这四个字在《天盛律令》中频繁出现，如"□□□□□□□□□□□□□□"[8]，汉译本意"七十人以上至一百人，主管杂锦一块"[9]，"□□"在句中并没有翻译出来，此处暂译"杂锦上衣"。

[3]□□：意"乘马"。

□，意"马"。《掌中珠》中"□□"作"马鞍"，"□□"作"马毡"，"□□"作"马鞭"，"□□"作"马毯"[10]。

□，意"骑"。《类林研究》中"□□□□□□□□□□"意"封曹彪为骠骑将军"[11]。《六韬·军用》中"□□□□"意"败步骑"[12]。

① 《番汉合时掌中珠》（乙种本），《俄藏黑水城文献》第一〇册，第32页。

② 王静如：《过去庄严劫千佛名经考释》，《西夏研究》第一辑，第138页。

③ 《番汉合时掌中珠》（乙种本），《俄藏黑水城文献》第一〇册，第31页。

④ 王静如：《现在贤劫千佛名经卷下残卷考释》，《西夏研究》第一辑，第102页。

⑤ 李范文：《夏汉字典》，中国社会科学出版社1997年版，第1082页。

⑥ 陈炳应：《贞观玉镜将研究》，第97页。

⑦ 李范文、中岛干起：《电脑处理西夏文杂字研究》，第79页。

⑧ 《俄藏黑水城文献》第八册，第108页。

⑨ 史金波、聂鸿音、白滨译注：《天盛改旧新定律令》卷四《边地巡检门》，第205页。

⑩ 《番汉合时掌中珠》（乙种本），《俄藏黑水城文献》第一〇册，第35、36页。

⑪ 史金波、黄振华、聂鸿音：《类林研究》，第112页。

⑫ 贾常业：《西夏文译本〈六韬〉解读》，第73页。

　　▢▢，字面作"马骑"，意"乘马"。

　　[4]▢▢：意"总"。

　　▢，意"一"，《掌中珠》中"▢▢"作"一日"，"▢▢▢▢"作"岂滞一边"[1]，"▢▢▢▢"作"一年二年"，"▢▢▢"作"一个月"，"▢▢"作"一寸"，"▢▢"作"一尺"[2]。

　　▢，意"凡"、"圆"、"院"等。《掌中珠》中"▢▢"作"工院"，"▢▢"作"马院"，"▢▢▢▢"作"凡君子者"[3]，"▢▢▢▢"作"能圆能方"[4]。

　　▢▢，字面作"一圆"，汉译本意"总"。

　　[5]▢▢：意"何时"。

　　▢，意"何时"。《文海》释"▢"，"▢▢▢▢▢，▢▢▢"[5]，句中以"▢"、"▢▢"、"▢▢"互释。《新集锦合辞》中"▢▢"与"▢▢"对应，意"何时"，"▢▢▢▢▢▢▢，▢▢▢▢▢▢▢"[6]意"欲水轻何时尽，虎跃山黑何时休"。"▢"、"▢▢"与其意同，意"何时"。《金光明最胜王经》中"▢▢▢▢，▢▢▢▢，▢▢▢▢，▢▢▢▢"意"是时流水，问树神言，此鱼头数，为有几何"[7]。

汉译本：

　　　　六分未纳徒四年，三分纳七分未纳徒五年，二分纳八分未纳徒六年，一分纳九分未纳徒八年，十分全未纳徒十年。若十分全已纳，则当加一官，获赏银五两、杂锦上衣一件[8]。

　　一等乘马催促租者自处所属税户家主不纳种地租而住滞时，乘马自局分当总催促，到时分为十分，比催促租之大人之罪情当减三等判断。

39-9 左面：

① 《番汉合时掌中珠》（乙种本），《俄藏黑水城文献》第一○册，第24、36页。
② 《番汉合时掌中珠》（甲种本），《俄藏黑水城文献》第一○册，第6、14页。
③ 《番汉合时掌中珠》（乙种本），《俄藏黑水城文献》第一○册，第33、36页。
④ 《番汉合时掌中珠》（甲种本），《俄藏黑水城文献》第一○册，第18页。
⑤ 《文海宝韵》（甲种本），《俄藏黑水城文献》第七册，第158页。
⑥ [西夏]梁养德：《新集锦合辞》（乙种本），《俄藏黑水城文献》第一○册，第330页。
⑦ 王静如：《金光明最胜王经卷九夏藏汉合璧考释》，《西夏研究》第三辑，第288页。
⑧ 汉译本原作"杂锦一匹"，现改作"杂锦上衣一件"。

𱍸	𱊊	𱎃	𱍽	𱎇	𱎈[1]	𱎉	𱎊	𱎋	𱎌	𱎍	𱎎	𱎏	𱎐	𱎑
一	都	转	运	司		大人	承旨	地	租	催 促	中	不	入	所

𱎒	𱎓	𱎔	𱎕	𱎖	𱎗	𱎘	𱎙	𱎚[2]	𱎛	𱎜	𱎝	𱎞	𱎟	𱎠[3]
有	郡	县	内	人	紧	紧	应	指挥	<>	催	促	其	上	提举

𱎡	𱎢	𱎣	𱎤	𱎥	𱎦	𱎧	𱎨	𱎩	𱎪	𱎫	𱎬[4]	𱎭	𱎮	𱎯
为	者	大人	承	旨	中	一	年	内	一	人	个	补	<>	为	令

𱎰	𱎱	𱎲	𱎳	𱎴	𱎵	𱎶	𱎷	𱎸	𱎹	𱎺	𱎻[5]	𱎼	𱎽
若	住	滞	时	前	依	催	促	者	住	滞	之	分	等	罪	承

𱎾	𱎿	𱏀	𱏁	𱏂
<>	明	与	<>	同

𱏃	𱏄	𱏅	𱏆	𱏇	𱏈[6]	𱏉	𱏊	𱏋[7]	𱏌	𱏍	𱏎	𱏏	𱏐	𱏑	𱏒
一	每	年	春	凿	渠	事	大	兴	时	日	有	前	局	分	处	提

𱏓[8]	𱏔	𱏕	𱏖[9]	𱏗	𱏘[10]	𱏙	𱏚	𱏛	𱏜	𱏝	𱏞	𱏟	𱏠
议	为	夫	役	头	监	者	诸	司	及	转	运	司	等	大人

𱏡	𱏢	𱏣[11]	𱏤	𱏥	𱏦[12]	𱏧	𱏨	𱏩	𱏪	𱏫[13]	𱏬	𱏭	𱏮	𱏯
承旨	阁	门	前	内	侍	等	中	及	巡	检	前	内	侍	数

𱏰	𱏱	𱏲	𱏳[14]	𱏴	𱏵	𱏶	𱏷	𱏸	𱏹	𱏺	𱏻	𱏼	𱏽	□
人	等	丞	相	人	眼	前	<>	定	为	人	能	<>	遣	自	□

注释：

　　[1]𱊊𱎃𱍽𱎇𱎈：意"都转运司"。

　　𘝾，意"都"。《掌中珠》中"𘝾𗤃𘎠𗈪"作"都案案头","𘝾𗤃𘕰𗈬"作"都案判凭"①。

　　𗾗，意"院"。《掌中珠》中"𗤟𗾗"作"工院","𗾺𗾗"作"马院"②。

　　𗧊𗣺𗵈，字面作"运治司",意"转运司"。

　　𘝾𗾗𗧊𗣺𗵈，意"都转运司"。与转运司的区别是,都转运司为设在京师的机构。

　　[2]𗅲𗪊：意"指挥"。

　　𗅲，意"旨"、"训"、"指"等。𗪊，意"指挥"。

　　𗅲𗪊，意"指挥",《掌中珠》中"𗓽𗪟𗅲𗪊"作"尽皆指挥","𘊲𗅲𗅲𗪊"作"指挥局分","𗼕𗅲𗪊𘝺"作"大人指挥"③。

　　[3]𗖵𗹙：汉语"提举"的音译。

　　𗖵，音"提"。该字标"地"、"弟"、"笛"、"涕"、"体"、"提"、"狄"等音。如《掌中珠》中地[𗖵]、地程[𗖵𗰔]、兄弟女妹[𗾺𗖵𗼮𗤟]、笛[𗖵]④、唾涕[𘟔𗖵]、身体[𗫂𗖵]、菩提涅盘[𗰖𗖵𗣼𘘏]⑤。《类林研究》中"𗠁𗖵𗤵𗹬𘂤𘝹𗅲"意"北狄为匈奴国也"⑥。

　　𗹙，音"举"。该字标"脚"、"锯"、"镢"、"举"等音。如《掌中珠》中柱脚[𗞞𗹙]、凿锯[𘎁𗹙]、镢枚[𗹙𘓏]⑦、脚根[𗹙𗠁]⑧等。《类林研究》中"𗑶𗴿𘅄𗤵𗴿𗹙𗹬"意"郭文又名文举"⑨。

　　𗖵𗹙，音译"提举"。提举在《天盛律令》中多次出现,为动词,掌管之意,或为职官,提举官之称。如"一守大城者,当使军士、正军、辅主、寨妇等众人依所定聚集而住,城司自己□□当提举。有不聚集时,当催促,应依高低处罪,令其守城"⑩。

① 《番汉合时掌中珠》(乙种本),《俄藏黑水城文献》第一〇册,第33、34页。

② 同上,第33页。

③ 同上,第33、34页。

④ 同上,第21、25、29、35页。

⑤ 《番汉合时掌中珠》(甲种本),《俄藏黑水城文献》第一〇册,第10、19页。

⑥ 史金波、黄振华、聂鸿音：《类林研究》,第105页。

⑦ 《番汉合时掌中珠》(乙种本),《俄藏黑水城文献》第一〇册,第30、32页。

⑧ 《番汉合时掌中珠》(甲种本),《俄藏黑水城文献》第一〇册,第10页。

⑨ 史金波、黄振华、聂鸿音：《类林研究》,第66页。

⑩ 史金波、聂鸿音、白滨译注：《天盛改旧新定律令》卷四《弃守大城门》,第197页。

"京师诸司现拘囚，每十日一番，中书内人、阁门检视中，当使依前述法提举。"①"中等司：大恒历司、都转运司、陈告司、都磨勘司、审刑司、群牧司、农田司、受纳司、边中监军司、前宫侍司、磨勘军案殿前司上管、鸣沙军、卜算院、养贤务、资善务、回夷务、医人院、华阳县、治源县、五原县、京师工院、虎控军、威地军、大通军、宣威军、圣容提举。"②

[4]蕤：意"补"。

蕤，意"补"、"续"、"遍"等。《金光明最胜王经》中"𗹦𗿀𗗿𗗿𗾴𗫡蕤𗢫𗸰"意"至不退转一生补处"③。《类林研究》中"𗼃𗺔蕤𗹦𗗿𗷅𗼄"意"帝不得往，乃止"④，此处"蕤"对译"续"，意"继续"。《十二国》中"𗔭𗫓𗷝𗻡𗆉蕤𗫼𗔼𗈜𗈪"意"与敌人作战三次都失败了"⑤。

本句"𗊢𗏁𗏢蕤𗇋𗢭"中"蕤"意"补"，表示一个人当补充，根据上下文意，汉译本作"大人、承旨中一年内当令一人轮换"。

农业门中"蕤"，还经常作"遍"、"番"讲，如39-10右面有"蕤𗘂𗀔𗎻𗈪𗢭𗟻"，其中"蕤"，有"次序"、"顺序"之意。蕤𗘂，字面作"遍依"，汉译本为"依番"，表示按照次序灌水。

39-16左面一句话中出现了两次"蕤"，"𗋂𗘂𗣼𗣼蕤𗢭𗋈𗎻𗎻，𗹦蕤𗏁𗎻𗢭𗳄"意"当依次每年轮番派遣，不许不续派人"，第一个"蕤"，字面作"遍"、"番"，第二个"蕤"，意"补"、"续"。

[5]𗧃𗣊：意"分等"。

𗧃𗣊，字面作"分阶"，意"分等"。本句是说催促住滞之罪依前分等相同。前分等就是第二条目下"催促租之大人"的等次。九分已纳一分未纳勿治罪，八分纳二分未纳当徒六个月，七分纳三分未纳徒一年，六分纳四分未纳徒二年，五分纳五分未纳徒三年，四分纳六分未纳徒四年，三分纳七分未纳徒五年，二分纳八分未纳徒六年，一分纳九分未纳徒八年，十分全未纳徒十年。若十分全已纳，则当加一官，获赏银五两，杂锦上衣一件。

---

① 史金波、聂鸿音、白滨译注：《天盛改旧新定律令》卷九《行狱杖门》，第337页。
② 同上，第363页。
③ 王静如：《金光明最胜王经卷三夏藏汉合璧考释》，《西夏研究》第二辑，第94页。
④ 史金波、黄振华、聂鸿音：《类林研究》，第57页。
⑤ 索罗宁著、粟瑞雪译：《十二国》，宁夏人民出版社2012年版，第30页。

[6]𗣼𗪮：意"凿渠"。

𗣼，意"渠"。《掌中珠》中"𗣼𗈁"作"渠井"[1]，"𗣼𗷛"作"开渠"[2]。

𗪮，意"凿"。《掌中珠》中"𗈁𗪮"作"凿井"[3]。

𗣼𗪮，意"凿渠"，汉译本为"开渠"。

[7]𗨔：意"兴"。

𗨔，意"起"、"生"、"自"等。《掌中珠》中"𗩻𗴢𗤶𗨔"作"起贪嗔痴"[4]。《类林研究》中"𗋽𗟱𗤞𗨔"意"灵公生恶"[5]。《妙法莲华契经弘传序》中"𗥤𗨔𗦩𗴻"意"自汉至唐"[6]，𗨔……𗴻，二字组合意"自……至"。本句"𗨔"，表示开始，《天盛律令》卷十五中多译"兴"，"𗴻𗨔"意"大兴"。

[8]𗃛𗊂𗫛：意"提议"。

𗃛，意"头"。《掌中珠》中"𗃛𗅲"作"头目"，"𗃛𗵒"作"头发"[7]。

𗊂，为语助词，加在动词前表示说话者期待的动作。

𗫛，意"举"。《金光明最胜王经》中"𗪺𗫵𗑗𗫛"意"即起举手"[8]。

𗃛𗊂𗫛，字面作"头乃举"，《取闲地门》有一个和"𗃛𗊂𗫛"词义相反的词语"𗃛𗱕𗫛"，字面作"头不举"，意"不过问"，此处为"提议"。

[9]𗨳𗸫：意"夫役"。

𗨳，音"夫"。《掌中珠》该字标"腹"、"福"、"父"、"枕"、"斧"、"服"、"伏"、"富"、"缚"音。《催功罪用门》大都督府"𗨰𗱷𗱷𗨳"，该字音"府"。《类林研究》中该字音"夫"，"𗸫𗲽，𗷛𗤙𗭪𗉒，𗥤𗮔𗩾𗨳𗊂𗃛𗨔𗨳𗭪"意"周昌，沛国人也，汉高祖时为御史大夫"，"𗴻𗤙𗸫𗷛𗨳𗸷𗫼𗪺𗨽𗈁"意"使文种往夫差处求和"[9]。

𗸫，意"役"。见《取闲地门》中"𗴤𗸫𗟥"[租役草]条。

---

① 《番汉合时掌中珠》（甲种本），《俄藏黑水城文献》第一〇册，第 7 页。

② 《番汉合时掌中珠》（乙种本），《俄藏黑水城文献》第一〇册，第 25 页。

③ 同上，第 25 页。

④ 同上，第 36 页。

⑤ 史金波、黄振华、聂鸿音：《类林研究》，第 38 页。

⑥ 罗福苌：《妙法莲华契经弘传序释文》，《国立北平图书馆刊》第四卷第三号《西夏文专号》，第 4 页。

⑦ 《番汉合时掌中珠》（甲种本），《俄藏黑水城文献》第一〇册，第 10 页。

⑧ 王静如：《金光明最胜王经卷十夏汉合璧考释》，《西夏研究》第三辑，第 338 页。

⑨ 史金波、黄振华、聂鸿音：《类林研究》，第 39、53 页。

□□，字面作"夫事"，意"夫役"。夫役为服力役。宋大中祥符元年（1008）正月甲戌，"大雪，停汴口、蔡河夫役"[1]。神宗熙宁八年（1075）七月辛叔献言："岁开汴口作生河，侵民田，调夫役。今惟用皆家口，减人夫、物料各以万计，乞减河清一指挥。"[2]

役夫为服力役的人。《西夏书事》卷十曰："遣贺承珍督役夫，北渡河城之，构门阙、宫殿及宗社、籍田，号为兴州，遂定都焉。"[3]

敦煌文书《唐光化三年（900）前后神沙乡令狐贤威状（稿）》（P.3155背）[4]：

1 神沙乡百姓令狐贤威

2 右贤威父祖地壹拾叁亩，请在南沙上灌进

3 渠，北临大河，年年被大河水漂，并入大河，寸

4 畔不贱（见）。昨蒙

5 仆射阿郎给免地税，伏乞与后给免所

6 著地子、布、草、役夫等，伏请　　公凭

7 裁下　　处分。

[10]□□：意"头监"。

《重修护国寺感应塔碑铭》中"□□"意"头监"，"□□□□□□□□□□□"意"大小头监匠人种种等之官"，"□□□□"意"都案头监"[5]。《类林研究》中"□□"意"主簿"、"头监"，"□□□□□□□"意"为魏曹操主簿"，"□□□□□□"意"谓监狱头监曰"，"□□□□□□□□□"意"于小道远见车头监"，"□□□□□□□□□□□□"意"守门监侯赢谓无忌曰"[6]。

[11]□□：意"阁门"。

□，意"礼"、"则"等。《掌中珠》中"□□□□"作"万人取则"，"□□□"

---

① [元]脱脱等：《宋史》卷七，第135页。

② 同上，卷九三，第2324页。

③ [清]吴广成撰、龚世俊等校：《西夏书事校证》卷一〇，甘肃文化出版社1995年版，第120页。

④ 陈国灿：《从敦煌吐鲁番文书看唐五代地子的演变》，《敦煌学史事新证》，甘肃教育出版社2002年版，第292~293页。

⑤ 罗福成校录：《重修护国寺感应塔碑铭》，《国立北平图书馆馆刊》第四卷第三号《西夏文专号》，第20、24页。

⑥ 史金波、黄振华、聂鸿音：《类林研究》，第75、93、97、165页。

作"大恒历院","□□□□"作"君子有礼"①。

□，意"诵"。《掌中珠》中"□□□□"作"璎珞数珠"，"□□□□"作"入定诵咒"②。

□□，意"阁门"。《掌中珠》中"□□□"作"阁门司"③。宋、辽、金均置阁门司，掌朝会、宴享、游幸、供奉、赞相礼仪等事。

[12]□□□：意"前内侍"。

□，意"前"。《掌中珠》中"□□□"作"殿前司"④。《金光明最胜王经》中"□□□□，□□□□"意"三世佛前，一切众生"⑤。

□，意"内"。《掌中珠》中"□□□"作"内宿司"⑥。《类林研究》中"□□，□□□□□"意"董奉，住内宫人也"⑦。

□，意"侍"。《类林研究》中"□□□□□□"意"侍母甚孝"⑧。

□□□，意"前内侍"。汉译本作"前宫侍"，有误。

[13]□□：意"巡检"。

□，意"检查"。《掌中珠》中"□□□"作"巡检司"⑨。

□，意"视察"。西夏文《孟子》中"□□□□"意"朝将视朝"⑩。

□□，《类林研究》中意为"观察"，"□□□□□□□□□□□□"意"令复遣人随二人后秘察"⑪，《天盛律令》多指"巡检"。

[14]□□：意"宰相"。

□，意"谋"、"议"。西夏文《孟子》中"□□□□"意"欲有谋焉"⑫。《金

---

① 《番汉合时掌中珠》（乙种本），《俄藏黑水城文献》第一〇册，第32、33页。
② 同上，第29页。
③ 《番汉合时掌中珠》（甲种本），《俄藏黑水城文献》第一〇册，第33页。
④ 《番汉合时掌中珠》（乙种本），《俄藏黑水城文献》第一〇册，第33页。
⑤ 王静如：《金光明最胜王经卷三夏藏汉合璧考释》，《西夏研究》第二辑，第119页。
⑥ 《番汉合时掌中珠》（乙种本），《俄藏黑水城文献》第一〇册，第33页。
⑦ 史金波、黄振华、聂鸿音：《类林研究》，第128页。
⑧ 同上，第33页。
⑨ 《番汉合时掌中珠》（乙种本），《俄藏黑水城文献》第一〇册，第33页。
⑩ 彭向前：《西夏文〈孟子〉整理研究》，第120页。
⑪ 史金波、黄振华、聂鸿音：《类林研究》，第81页。
⑫ 彭向前：《西夏文〈孟子〉整理研究》，第124页。

光明最胜王经》中"𗱊𗾚𗱤𗾘𗾚"意"兄弟共筹议"[1]。

𗾘，意"判"。《掌中珠》中"𗱊𗾚𗾘𗾚"作"案检判凭"，"𗾘𗾘"作"通判"，"𗾘𗾚𗾘𗾚"作"都案判凭"[2]。

𗾚𗾘，字面作"议判"。《类林研究》中意"上卿"、"丞相"，"𗾚𗾘𗾚𗾘𗾚𗾘𗾚𗾘𗾚𗾘𗾚"意"再封任座为上卿"，"𗾚𗾘𗾚𗾘𗾚𗾘𗾚𗾘𗾚"意"秦王苻主时为大丞相"[3]。

汉译本：

一都转运司大人、承旨勿入催促地租中，当紧紧指挥、催促所属郡县内人。其上为提举者，大人、承旨中一年内当令一人轮换。若住滞时，依前与催促者住滞之分等承罪次第相同。

一每年春开渠大事开始时，有日期，先局分处提议，夫役[4]小监者、诸司及转运司等大人、承旨、内阁、前内侍[5]人等，于宰相面前定之，当派胜任人。

39-10 右面：

𗵵𗵵	𗵵	𗾚𗾚[1]	𗾘	𗾚	𗾚𗾚[2]	𗾚	𗾚𗾚[3]	𗾚𗾚[4]	𗾚	𗾚
局	分	渠	好	好	<>	凿	垫 板	修 盖	坚 固	<> 为

𗵵	𗵵	𗾚	𗾘	𗾚	𗾚	𗾚𗾚[5]	𗾘	𗾚[6]	𗾚	𗾚	𗾚𗾚[7]	𗾚	𗾚
春	事	为	上	自	冬	结 冰	于	至	<>	管	时 节	依	灌

𗵵[8]	𗵵	𗾚	𗾘	𗾚[9]	𗾚	𗾚	𗾚	𗾚	𗾚	𗾚	𗾚	𗾚	𗾚
水	其	人	应	排	若	水	险	眼	心	不	至	等	别 水 排

---

[1] 王静如：《金光明最胜王经卷十夏藏汉合璧考释》，《西夏研究》第三辑，第 352 页。

[2]《番汉合时掌中珠》（乙种本），《俄藏黑水城文献》第一〇册，第 33、34 页。

[3] 史金波、黄振华、聂鸿音：《类林研究》，第 41、58 页。

[4] 汉译本原作"伏事"，现改作"夫役"。

[5] 汉译本原作"前内侍"，现改作"前宫侍"。

							渠水巡检[10]		渠主[11]			
者	人	遣	应	人	<>	遣	渠 水 巡 检		渠 主	等	紧	紧

										枉法			
应	指 挥	番	依	水	<>	灌	为	令	若	枉 法	遍	置	处

										枉法贪赃		
水	不	给	不	番	之	水	给	时	贿	有	则	枉 法 贪 赃	应

									庶人			
算	贿	无	则	官	有	罚	马	一	庶 人	十	三	杖

一	灌	水	为	时	上	诸	人	水	排	者	人	番	依	水	未

给	未	得	人	曰	时	所	管	事	处	<>	告	人	遣	应

注释:

[1] 𗧊𗧊：意"好好"。

𗧊，意"好"。

𗧊𗧊，二字重叠意"好好"、"善"等。《孙子兵法》中"𗧊𗧊𗋂𗏹"意"必善食遣之"[1]。

[2] 𗪚𗗙：汉语"垫板"的音译。

𗪚，音"典"。《掌中珠》该字标"丁"、"爹"、"顶"、"鼎"、"典"等音，如丙丁[𗰖𗪚]、爹爹娘娘[𗪚𗪚𗗨𗗨]、石顶[𘜶𗪚]、鼎[𗪚]、学习圣典[𗼷𗩩𘝶𗪚][2]。

𗗙，音"秤"。𗗙，在《夏汉字典》中音"彼"，意"结合"，为上声重唇音第31

---

① 林英津：《夏译〈孙子兵法〉研究》，第三部分，第82页。

② 《番汉合时掌中珠》（乙种本），《俄藏黑水城文献》第一〇册，第24、29、30、32页。

品韵。𘜔，同为上声重唇音第 31 品韵。𘜔在《掌中珠》标"稗"、"棚"等音，如麻稗[𘝢𘜔]、栋棚堂[𘟏𘜔𘟷][1]。

𘟏𘞀，音译"典稗"，汉译本为"垫板"。

[3]𘟏𘞀：意"修盖"。

𘟏，意"修造"。𘞀，意"修造"。

𘟏𘞀，为常用词语，意"修造"。《掌中珠》中"𘝧𘞬𘟏𘞀"作"修盖寺舍"，"𘟏𘞃𘟏𘞀"作"修造舍屋"[2]。《类林研究》中"𘝲𘞇𘟏𘞀"意"修造船橹"[3]。

[4]𘞀𘞃：意"坚固"。

𘞀，意"坚固"。《文海》释"𘞀：𘝧𘝢𘞬𘝢；𘞀𘞬𘞀𘝧𘞃，𘞀𘝶𘞃，𘞀𘞀𘞃，𘞃𘞬𘝶𘝶𘞃"，意"坚：坚全固下；坚者坚固也，铠甲也，坚固也，不穿之谓也"[4]。

𘞃，意"坚"。《类林研究》中"𘟏𘞬𘞃𘝲𘞃𘝲𘞃𘞃𘞀"意"城中坚守数年"[5]。

𘞀𘞃，意"坚固"。《过去庄严劫千佛名经》中"𘝶𘝶𘞀𘞃𘝶"意"南无坚固佛"[6]。《金光明最胜王经》中"𘞀𘞃𘝧𘞬"意"坚牢地神"[7]。

[5]𘟶𘞢：意"结冰"。

𘟶，意"冰"，《类林研究》中"𘞬𘞃𘞬𘝶𘞢𘝧𘞬，𘝶𘞃𘟶𘞢"意"北门向为冬日，无冰雪"[8]。

𘞢，意"冰"。《新集锦合辞》中"𘞬𘞃𘞃𘞬𘝧𘝨𘞬，𘝧𘞢𘟶𘞬𘝧𘝨𘞬"[9]意"河水已溶心不溶，地冻已解心不解"。

𘟶𘞢，字面作"冰冰"，意"结冰"。

[6]𘟶……𘞬：意"自……至"。

𘟶，意"起"、"生"等。《掌中珠》"𘝧𘞬𘝨𘟶"作"起贪嗔痴"[10]。《类林研究》

① 《番汉合时掌中珠》（乙种本），《俄藏黑水城文献》第一〇册，第 27、30 页。

② 同上，第 29 页。

③ 史金波、黄振华、聂鸿音：《类林研究》，第 66 页。

④ 史金波、白滨、黄振华：《文海研究》，第 454 页。

⑤ 史金波、黄振华、聂鸿音：《类林研究》，第 78 页。

⑥ 王静如：《过去庄严劫千佛名经考释》，《西夏研究》第一辑，第 112 页。

⑦ 王静如：《金光明最胜王经卷八夏藏汉合璧考释》，《西夏研究》第三辑，第 181 页。

⑧ 史金波、黄振华、聂鸿音：《类林研究》，第 105 页。

⑨ 《新集锦合辞》（甲种本），《俄藏黑水城文献》第一〇册，第 332 页。

⑩ 《番汉合时掌中珠》（乙种本），《俄藏黑水城文献》第一〇册，第 36 页。

中"□□□□"意"灵公生恶"①。

□，意"到"、"至"等。《掌中珠》"□□□□"作"立便到来"②。《类林研究》中"□□□□□"意"至西河界"③。

□……□，二字组合意"自……至"。《妙法莲华契经弘传序》中"□□□□"意"自汉至唐"④，"□"前面的文字为起始部分，"□"前面的文字为终止部分。

[7]□□：意"时节"。

□，意"时"。《掌中珠》中"□□"作"时雨"⑤，"□□"作"时节"⑥。《类林研究》中"□□□"意"时未至"⑦。

□，意"节"。《掌中珠》中"□□"作"八节"⑧，"□□"作"骨节"⑨。

□□，意"时节"。《掌中珠》中"□□"作"时节"⑩。

[8]□□：意"灌水"。

□，音"州"。如《掌中珠》中州主[□□]⑪，《重修护国寺感应塔碑铭》中凉州[□□]⑫。

□，意"水"。如《掌中珠》中"□□"作"水星"，"□□"作"水泊"，"□□"作"水涨"，"□□"作"洪水"⑬。

□□，字面作"州水"，汉译本为"灌水"。

[9]□：意"排"。

---

① 史金波、黄振华、聂鸿音：《类林研究》，第38页。

② 《番汉合时掌中珠》（乙种本），《俄藏黑水城文献》第一〇册，第34页。

③ 史金波、黄振华、聂鸿音：《类林研究》，第36页。

④ 罗福苌：《妙法莲华契经弘传序释文》，《国立北平图书馆馆刊》第四卷第三号《西夏文专号》，第4页。

⑤ 《番汉合时掌中珠》（甲种本），《俄藏黑水城文献》第一〇册，第5页。

⑥ 《番汉合时掌中珠》（乙种本），《俄藏黑水城文献》第一〇册，第24页。

⑦ 史金波、黄振华、聂鸿音：《类林研究》，第37页。

⑧ 《番汉合时掌中珠》（乙种本），《俄藏黑水城文献》第一〇册，第24页。

⑨ 《番汉合时掌中珠》（甲种本），《俄藏黑水城文献》第一〇册，第10页。

⑩ 《番汉合时掌中珠》（乙种本），《俄藏黑水城文献》第一〇册，第24页。

⑪ 同上，第33页。

⑫ 罗福成校录：《重修护国寺感应塔碑铭》，《国立北平图书馆馆刊》第四卷第三号《西夏文专号》，第9页。

⑬ 《番汉合时掌中珠》（甲种本），《俄藏黑水城文献》第一〇册，第5、7页。

𘟪，意"行"、"列"，《文海》释："𘟪：𗾕𗵐𘟪𗵐；𘟪𗾕𘟪𗾕，𗾕𘟪，𗾕𘟪𘟪𗵐𘟪𗵐"，意"行列：行左列左；行列者行也，列也，为长排不乱也"[1]。通常直排为行，横排为列，一排即一行，汉译本将"𘟪"引申为"排"。

[10]𗜈𗸁𗮼𗈁：意"渠水巡检"。

𗜈，意"渠"。𗸁，意"水"。

𗮼𗈁，意"巡检"。《掌中珠》中"𗮼𗈁𗀹"作"巡检司"[2]。

𗜈𗸁𗮼𗈁，字面作"渠水巡检"。春开渠自三月一日起至四月十日止，共 40 天。自四月十日至入冬结冰前约五个月为灌水期。灌水期间水利工程的维修、保护及用水分配大致由夫役小监、渠水巡检、渠主、渠头分别负责。渠水巡检、渠主为官府差派的吏员，大都督府至定远县沿诸渠干当有渠水巡检、渠主百五十人。夫役小监负责渠道的维修。渠头相当于斗门长，专司渠口管理及送水工作。渠水巡检巡视较大区域的水利设施，渠主专管某一支渠或某一段干渠，他们的日常任务为"于所属地界当沿线巡行"[3]。

[11]𗜈𗾈：意"渠主"。

𗜈，意"渠"。𗾈，意"主"。

𗜈𗾈，字面作"渠主"。其设置、职能见"渠水巡检"条。

汉译本：

自□局分当好好开渠，修造垫板，使之坚固。事始自春季[4]，至于冬结冰，当管，依时节当置灌水之人。若水险而眼心未至时，应另派排水之人则当派。渠水巡检、渠主等当紧紧指挥，令依番灌水。若违律，应予水处不予水而不应予水处予水时，受贿则算枉法贪赃，未受贿[5]则有官罚马一，庶人十三杖。

一灌水时，诸人排水者为依番予水，曰未得时，当告所管事处，应派人

39-10 左面：

---

① 史金波、白滨、黄振华：《文海研究》，第 479 页。
②《番汉合时掌中珠》（乙种本），《俄藏黑水城文献》第一〇册，第 33 页。
③ 杜建录：《西夏经济史》，中国社会科学出版社 2002 年版，第 128~129 页。
④ 汉译本原作"夏季"，现改为"春季"。
⑤ 汉译本漏译"受贿则算枉法贪赃，未受贿"。

人	<>	遣	行[1]	应	应	行	先	水	排	者	上	罪	有 罪[2]

问	令	应	当	问	令	水	速	当	给	若	水	排	者	上

罪	有 罪	贿	有	人	情	为	不	问	令	时	局 分 大

小	一	律[3]	枉法贪赃	罪	法	依	决	断	贿	无	则	官

有	罚	马	一	庶 人	十	三	杖

一	地	租	催 促	者	一	班[4]	头 监	者	明	别	簿	纳	依

地	租	其	人	<>	催 促	令	别[5]	过	不 许	枉 法	别

过	时	过	者	导 助 者[6]	经	处	局 分 大 小	等	一

律	牧	耕	事	重	持	转 院[7]	罪	阶	明	法	依	决 断

注释：

[1]㐱：意"行"。

□，意"行"。《掌中珠》中"□□□□"作"行道求修"，"□□□□"作"立身行道"，"□□□□"作"行行禀德"，"□□□□"作"依法行遣"，"□□□□"作"司吏行遣"[1]。此处，"□□□□"意"应行则行"，其中"行"与"依法行遣"、"司吏行遣"中"行"字含义相近，表示处置。

[2]□□：意"有罪"。

□，意"过"、"损"、"忌"。《类林研究》中"□□□□"意"慢不为过"，"□□□□"意"无损入箱中"[2]。《金光明最胜王经》中"□□□□□"意"无忌药中王"[3]。

□，意"有"、"在"等，表示附属物体或抽象存在。《掌中珠》中"□□□□"作"踪迹间有"，"□□□□"作"罪在我身"[4]。

□□，字面作"过有"，汉译本为"有罪"。

[3]□□：意"一律"。

□，意"一"。□，意"礼"、"则"等。

□□，意"一样"、"同样"。《类林研究》中"□□□□□□□□□□□□"意"吾之先生中此者如龙也"，"□□□□□□"意"与栾巴同样也"[5]。《金光明最胜王经》中"□□□□□"意"意乐亦然"[6]。《天盛律令》中"□□"为"一律"。

[4]□：汉语"班"的音译。

□，《掌中珠》该字标"板"、"攀"等音，如拍板［□□］、攀胸鞦［□□□］[7]。《类林研究》中该字标"巴"、"班"等音。《类林研究》中"□□□□□□□"意"严颜，巴郡地方人也"，"□□□□□□□"意"班固又名孟坚"[8]。

[5]□：意"别"。

□，意"别"、"另"、"他"等。《现在庄严劫千佛名经》中"□□□□□□□"

---

① 《番汉合时掌中珠》（乙种本），《俄藏黑水城文献》第一〇册，第29、32、33、34页。

② 史金波、黄振华、聂鸿音：《类林研究》，第109、155页。

③ 王静如：《金光明最胜王经卷九夏藏汉合璧考释》，《西夏研究》第三辑，第282页。

④ 《番汉合时掌中珠》（乙种本），《俄藏黑水城文献》第一〇册，第34页。

⑤ 史金波、黄振华、聂鸿音：《类林研究》，第69、116页。

⑥ 王静如：《金光明最胜王经卷十夏藏汉合璧考释》，《西夏研究》第三辑，第380页。

⑦ 《番汉合时掌中珠》（乙种本），《俄藏黑水城文献》第一〇册，第35页。

⑧ 史金波、黄振华、聂鸿音：《类林研究》，第46、95页。

意"南无慧音差别佛"①。《类林研究》中"□□□□□"意"使另置之"②，西夏文《孟子》中"□□"意"他日"③。本句用"□□"，字面作"别过"，意"偏漏"、"跳过"。

[6]□□□：意"导助者"。

□，意"引"、"导"。《类林研究》中"□□□□□"意"从人等劝曰"，"□□□□□□"意"以礼引为宾客而敬之"④。西夏文《孟子》中"□、□□□□□"意"引济、漯而注诸海"⑤。

□，意"助"、"副"、"从"。《金光明最胜王经》中"□□□□"意"共相资助"⑥。西夏文《孟子》中"□□□□□□□□□"意"王使滕大夫王欢为副"，"□□□□"意"逾墙相从"⑦。

□□□，字面作"导从者"，汉译本为"导助者"。

[7]□□：意"转院"。

□，意"换"、"转"。《过去庄严劫千佛名经》中"□□□□"意"或换或贷"⑧。《类林研究》中"□□□□□"作"请交转杀我"⑨。

□，意"院"。《掌中珠》中"□□"作"工院"，"□□"作"马院"⑩。

□□，意"转院"。通常"□"在后面，"□□"中的"□"字在前面。

汉译本：

> 则派人，应行则行。原排水者有罪迹，应问则当问之，当即予水。若排水者有罪迹，受贿徇情而不问之时，局分大小一律依枉法贪赃罪法判断。未受贿则有官罚马一，庶人十三杖。

一催促地租者令一班小监当分别按纳册催促其人地租，不许另过。违律另过时，过者、

---

① 王静如：《现在贤劫千佛名经卷下残卷考释》，《西夏研究》第一辑，第95页。
② 史金波、黄振华、聂鸿音：《类林研究》，第98页。
③ 彭向前：《西夏文〈孟子〉整理研究》，第128页。
④ 史金波、黄振华、聂鸿音：《类林研究》，第34、46页。
⑤ 彭向前：《西夏文〈孟子〉整理研究》，第158页。
⑥ 王静如：《金光明最胜王经卷六夏藏汉合璧考释》，《西夏研究》第三辑，第60页。
⑦ 彭向前：《西夏文〈孟子〉整理研究》，第131、171页。
⑧ 王静如：《过去庄严劫千佛名经考释》，《西夏研究》第一辑，第138页。
⑨ 史金波、黄振华、聂鸿音：《类林研究》，第63页。
⑩ 《番汉合时掌中珠》（乙种本），《俄藏黑水城文献》第一〇册，第33页。

导助者所在局分大小等，一律依执牧农重事转院罪状判断。

39-11 右面：

一	官	私	地	中	治 谷	农 田 监[2]	地 主 人[3]	等	不	知	农 主

人	行 为[4]	广 博	私	依	诸	人	之	卖[5]	为	<>	举	时	地

卖	者	地	量	偷 盗	罪	如	一	等	应	退	为[6]	买 者

地 主 人	明	知	则	从	法	决 断	为卖方传语[7]	写 文

书 者[8]	等	知 觉[9]	贿	有	无	罪	者	偷	物	买	知 觉	贿

有	贿	无	一	一	之	罪	阶	明	法	依	决 断	不	知	则

罪	不	治[10]	举 赏	十	分	中	一	分	当	得	罪	犯[11]	者	上

应	夺	百	缗	不	逾	地	本[12]	上	官	私	孰	之	是	及 价

等	先	有	者	等	之	应	还	为				

注释：

[1]□□：意"治谷"。

□，意"谷"。《掌中珠》中"□□"作"谷雨"，"□□"作"五谷"[1]。

□，意"治"。《掌中珠》中"□□□□"作"恤治民庶"[2]。西夏文《孟子》中"□□□□□"意"治民之道也"[3]。

□□，意"治谷"，为官私田地的负责人之一。

[2]□□：意"农田监"。

□，意"农田"。《掌中珠》中"□□"作"农田司"[4]。

□，意"监"，见"□□"[头监]条。

□□，意"农田监"，与"治谷"同为官私田地的负责人。

[3]□□□：意"地主人"。

□，意"夫"。西夏文《孟子》中"□□□□□"作"无违夫子"[5]。《类林研究》中"□□□□□□□"意"有一女杀夫"[6]。

□，意"妻"。《掌中珠》中"□□□□"作"妻眷男女"，"□□□□"作"索与妻眷"[7]。

□□□，字面作"地夫妻"，汉译本为"地主人"。

[4]□□：意"行为"。

□□，为施动词，在表示主动者（亦即施助者）的成分之后。《类林研究》中"□□□□□□□□□□□□"意"帝姑公主奴白日杀一人"，"□□□□□□□□□□□□"意"吴人暗立祠于江边"[8]。句中"□□□□□□"[帝姑公主奴]、"□□"[吴人]为主动者，"□□"在其后为施动词。

[5]□：意"卖"。

---

① 《番汉合时掌中珠》（甲种本），《俄藏黑水城文献》第一〇册，第5、8页。
② 《番汉合时掌中珠》（乙种本），《俄藏黑水城文献》第一〇册，第33页。
③ 彭向前：《西夏文〈孟子〉整理研究》，第149页。
④ 《番汉合时掌中珠》（乙种本），《俄藏黑水城文献》第一〇册，第33页。
⑤ 彭向前：《西夏文〈孟子〉整理研究》，第169页。
⑥ 史金波、黄振华、聂鸿音：《类林研究》，第81页。
⑦ 《番汉合时掌中珠》（乙种本），《俄藏黑水城文献》第一〇册，第29、36页。
⑧ 史金波、黄振华、聂鸿音：《类林研究》，第41、54页。

　　𘜶，意"卖"，与"𗟲"［买］为反义词。《类林研究》中"𗊧𘜶𗛕𘝾𗜲𗤲𗟲𘓓𗧟𗤙𗥃𗄧"意"他人所卖书诵一遍而不忘"[1]。

　　除了用作"卖"，还有"市"、"价"等相关的含义。《类林研究》中"𗣼𘜺𗤙𗴮𗣤𗤆𘗽𘜶𘝵"意"自诣洛阳地方市药"[2]。西夏文《孟子》中"𘘙𘜶𗤙𗈪"意"则价皆同"[3]。

　　此外"𘜶"还用作"嫁"。《掌中珠》中"𗊧𗤶𘜶𗈲"作"嫁与他人"[4]。西夏语中"卖"、"嫁"同音，西夏人创造文字用同一个字表示，是西夏实行买卖婚姻的真实反映。西夏政府对于买卖婚姻在法律上给予明确的承认，并对嫁女的婚价有明确的规定。《天盛律令》卷第八为婚门内记载了给婚价之法，分三个等级规定了不同的婚价数量和种类[5]。

　　［6］𗟲：意"买"。

　　《掌中珠》中"𘝵𗤶𗍹𗟲"作"更卖田地"[6]。史金波先生在其文章中指出，《掌中珠》虽然在这一词语中将"𗟲"误译为"卖"字，但从该书上下文分析，仍可证明此处译"卖"是不妥当的。此短语出现在《掌中珠》的最后、也是词语最多的部分《人事下》中。第21页"或作活业、畜养家宅、修造舍屋"之后罗列了房舍结构、材料、工具、室内陈设、器皿、用具、服装等词，至26页有"财产无数"以承上启下，其下即前面所提到的四字短语。随后是有关顷亩、农器类词，再后27页是"尽皆了毕、搜寻文字"。此语若为"更卖田地"于前后文义颇感不顺，如译为"更买田地"，前后串联成为"修造舍屋……更买田地……搜寻文字……"，反映了一个人成家立业的几个方面，显得十分顺畅[7]。

　　［7］𘜶𗭴𗏇𗈲：意"为卖方传语"。

　　𗭴，意"贩"。《文海》释"𘜶𗟫𗤧𗴢"，该字的构成为"卖左转全"[8]，其中"𗤧"表示传达，可以理解为传达买卖，意"贩"。

① 史金波、黄振华、聂鸿音：《类林研究》，第95页。
② 同上，第65页。
③ 彭向前：《西夏文〈孟子〉整理研究》，第162页。
④《番汉合时掌中珠》（乙种本），《俄藏黑水城文献》第一〇册，第36页。
⑤ 史金波：《西夏语的"买""卖"和"嫁""娶"》，《民族语文》1995年第4期。
⑥《番汉合时掌中珠》（甲种本），《俄藏黑水城文献》第一〇册，第14页。
⑦ 史金波：《西夏语的"买""卖"和"嫁""娶"》。
⑧ 史金波、白滨、黄振华：《文海研究》，第406页。

􀀀􀀀􀀀􀀀，字面作"卖贩语为"，汉译本意"为卖方传语"。

[8]􀀀􀀀􀀀􀀀：意"写文书者"。

􀀀􀀀，意"文字"。《掌中珠·序言》中"􀀀􀀀􀀀􀀀􀀀􀀀􀀀，􀀀􀀀􀀀􀀀􀀀􀀀􀀀􀀀"意"愚稍学番汉文字，曷敢默而弗言不避惭怍"[1]。

􀀀，意"写"。《类林研究》中"􀀀􀀀􀀀􀀀􀀀􀀀􀀀􀀀􀀀􀀀􀀀"意"曹操乃于器纸盖上书一'合'字"[2]。

􀀀􀀀􀀀􀀀，字面作"文字写者"，意"写文书者"。

[9]􀀀􀀀：意"知觉"。

􀀀，意"知"。《掌中珠》中"􀀀􀀀􀀀􀀀"作"知证分白"，"􀀀􀀀􀀀􀀀"作"令追知证"[3]，"􀀀􀀀􀀀􀀀"作"指示寂知"[4]。《类林研究》中"􀀀􀀀􀀀􀀀􀀀，􀀀􀀀􀀀􀀀"意"臣虽愚蒙，犹明知大事"[5]。

􀀀，意"知"、"觉"。西夏文《孟子》中"􀀀􀀀􀀀􀀀􀀀􀀀"意"百官族人谓知"[6]。《过去庄严千佛名经》中"􀀀􀀀􀀀􀀀"意"不知不觉"[7]。

􀀀􀀀，字面作"知觉"。

[10]􀀀：意"治"。

􀀀，字面作"怒"，汉译本意"治"，农业门俄藏图版中有"􀀀"和"􀀀"表示"治罪"，见"􀀀"〔治〕。

[11]􀀀：意"犯"。

􀀀，意"击"、"触"、"筑"、"犯"等。《类林研究》中"􀀀􀀀􀀀􀀀􀀀􀀀􀀀􀀀"意"荀晞弟犯罪"[8]。

本句"􀀀􀀀􀀀"，字面作"罪犯者"，意"犯罪者"。

[12]􀀀：意"本"。

􀀀，意"本"、"源"、"根"等。《掌中珠》中"􀀀􀀀􀀀􀀀"作"回归本家"，"􀀀

---

① 《番汉合时掌中珠》（乙种本），《俄藏黑水城文献》第一〇册，第20页。

② 史金波、黄振华、聂鸿音：《类林研究》，第75页。

③ 《番汉合时掌中珠》（乙种本），《俄藏黑水城文献》第一〇册，第34页。

④ 《番汉合时掌中珠》（甲种本），《俄藏黑水城文献》第一〇册，第19页。

⑤ 史金波、黄振华、聂鸿音：《类林研究》，第59页。

⑥ 彭向前：《西夏文〈孟子〉整理研究》，第148页。

⑦ 王静如：《过去庄严劫千佛名经考释》，《西夏研究》第一辑，第136页。

⑧ 史金波、黄振华、聂鸿音：《类林研究》，第93页。

"𘃝"作"忘本"①。在"𘃝𗰖𗪙𗗙𗰱𗗙𘜶"[原地官私谁属]中,"𘃝𗰖"指的是地的原来所有者。

汉译本:

一官私地中治谷、农田监、地主人等不知,农主人随意私自卖与诸人而被举时,卖地者计地当比偷盗罪减一等。买者明知地主人,则以从犯法判断。为卖方传语、写文书者等知觉,有无受贿,罪依买盗物知觉有贿无贿之各种罪状法判断。未知,则勿治罪。举赏十分中当得一分,由犯罪者出,勿过百缗。原地官私谁属及价钱等,当还前属者。

---

① 《番汉合时掌中珠》(乙种本),《俄藏黑水城文献》第一〇册,第36页。

租地门

39-11 左面：

		租	地	门						

一	官	私	农	主[1]	先	自	己[2]	顷	亩	何	持	数	依	<>	持	地

沛[3]	田	源	接	中	界	而	渠	土	堆	等	损	为[4]	他	地	中

拓地[5]	为	地	边	接	穗[6]	断	为	等	不	许	若	枉	法

穗	断	为	者	钱	量	偷盗	法	及	他	地	中	拓

地	沛	界	而	损	为	时	何	所	甚	远[7]	<>	拓	数	钱	量

偷盗	罪	如	一	等	应	退	为	举	赏	价	量	十	分

中	一	分	当	得	百	缗	不	逾							

一	诸	人	自	有	私	地	卖	时	所	超[8]	处	当	卖	地	边

注释：

[1] 农主：意"农主"。

农，意"农"、"耕"。《掌中珠》中"农器"作"农器"，"耕牛"作"耕牛"①。

农主，意"农主"。《天盛律令》中经常出现"农主"[农主]、"牧主"[牧主]或"牧农主"[牧农主]。如农主"正军有：官马、剑一柄、弓一张、箭三十枝、枪一枝、囊一、拨子手扣、弦一根、长矛杖一枝。正辅主：弓一张、箭二十枝、拨子手扣全、长矛杖一枝。负担有：弓一张、箭二十枝、拨子手扣全、长矛杖一枝"。牧主"正军有：官马、弓一张、箭六十枝、箭袋、枪一枝、剑一柄、囊一、弦一根、长矛杖一枝、拨子手扣全。正辅主有：弓一张、箭二十枝、长矛杖一枝、拨子手扣全。负担：弓一张、箭二十枝、长矛杖一枝、拨子手扣全"②。农牧主"谋逆已发及未发等之儿子、妻子、子媳、孙及孙媳等，同居不同居一样，而父母、祖父母、兄弟、未嫁女姐妹，此等同居者应连坐，当易地居，使入牧农主中"③。

[2] 自己：意"自己"。

自，意"自"。自己，二字连用意"自己"。《类林研究》中"自杀"意"自杀"④。《金光明最胜王经》中"我等今者，于自己身"意"我等今者，于自己身"⑤。《孙子兵法》中"则诸侯自愿"意"则诸侯自愿"⑥。

[3] 沛：汉语"沛"、"裴"的音译。

---

① 《番汉合时掌中珠》（乙种本），《俄藏黑水城文献》第一○册，第 32 页。
② 史金波、聂鸿音、白滨译注：《天盛改旧新定律令》卷五《军持兵器供给门》，第 225 页。
③ 同上，卷一《谋逆门》，第 111 页。
④ 史金波、黄振华、聂鸿音：《类林研究》，第 36 页。
⑤ 王静如：《金光明最胜王经卷十夏藏汉合璧考释》，《西夏研究》第三辑，第 328 页。
⑥ 林英津：《夏译〈孙子兵法〉研究》，第三部分，第 156 页。

𗾟，音"沛"、"裴"，文献中多用其音。《类林研究》中"𗾟𗸕𗾟𗏴𗥦𗫼"意"周昌，沛国人也"，"𗾟𗾔𗥩𘝶𗱚𗤋𗿒"意"裴潜又名子行"①。此处"𗋽𗾟"，汉译本作"地边角"。

[4]𗦲：意"为"。

这句话比较长，其中以"𗦲"为标记稍作句点，分别是"𗋽𗾟𗫻𗫻𗫼𗤜𗄈𗥩𗄻𗣫𘊝𗐹𗦲"、"𘘦𗋽𗄻𗋽𗣪𗦲"、"𗋽𘕿𗫼𗤜𗫼𗇿𗦲"，意"地边田陇之角落聚渠土而损"、"他人地处拓地"、"断取相邻地禾穗"。

[5]𗋽𗣪：意"拓地"。

𗣪，意"拓展"、"开辟"。《过去庄严劫千佛名经》中"𘝵𗤿𘜶𗣪𗾚"意"南无亲展佛"②。《六韬·农器》中"𗋽𗫻𗣪"意"辟其田野"③。

𗋽𗣪，字面作"地拓"，意"拓地"、"辟地"。

[6]𗄻𗇿：意"穗"。

𗄻，意"穗"。《类林研究》中"𗾟𗾔𘑗𘄒𘓄𗤿𗣺𗄻𘝶𘅁"意"夜梦见殿上有三穗禾"④。

𗄻𗇿，字面作"穗头"，意"穗"。

[7]𘊝：意"远"。

《文海杂类》中释"𘊝：𘙰𗇿𘞌𘐏；𘊝𘞀𘞌𗄈，𗭩𗄈，𘙰𗄈，𗾟𗄈，𗋰𘒏𘗽𗿒𗄈"，意"远走：往头远全；远走者远也，渡超也，渡也，彼方之谓"⑤。《西夏语文学》中"𘚱𗼷𘙰𘊝"意"贼持远去"⑥。本句用"𘊝"，表示拓地的长宽。

[8]𗐹：意"超"。

𗐹，意"特"、"殊"、"倍"、"最"等。《类林研究》中"𘔡𘝵𘚷𗤱𗄈𘒏𘒏，𘊝𘍦𗐹𗄈"意"君能禳灾，一异也"⑦。《金光明最胜王经》中"𗐹𗏴𘑗𘋠𗫼"意"倍

① 史金波、黄振华、聂鸿音：《类林研究》，第39、89页。
② 王静如：《过去庄严劫千佛名经考释》，《西夏研究》第一辑，第142页。
③ 贾常业：《西夏文译本〈六韬〉解读》，第71页。
④ 史金波、黄振华、聂鸿音：《类林研究》，第138页。
⑤ 史金波、白滨、黄振华：《文海研究》，第537页。
⑥ [俄]聂历山：《西夏语文学》，李范文主编《西夏研究》第六辑，中国社会科学出版社2007年版，Ⅱ卷，第188页。
⑦ 史金波、黄振华、聂鸿音：《类林研究》，第85页。

复生忧愁"[①]。《天盛律令》农业门中，"𗑛"字经常出现，多表示超出，如《渠水门》"𗥾𗬩𗄭𗑛𗢳"意"若超派人数"。

本句"𗄭𗑛𗧓𗋒𗳉"，汉译本意"当卖情愿处"。

汉译本：

租地门

一官私农主依先自己所执顷亩数当执，不许于地边田陇之角落聚渠土而损之、于他人地处拓地、断取相邻地禾穗等。若违律断取禾穗者，计钱价，以偷盗法论。于他人地拓地，损坏地边角时，计拓地何长宽、地价钱，当比偷盗罪减一等。举赏计价十分中当得一分，勿过百缗。

一诸人卖自属私地时，当卖情愿处，

39-12 右面：

𗑗	𗪴	𗤁	𗑗	𗥱	𗏹	𗑛	𗢣	𗏹	𗋒	𗦟	𗥾	𗟻	𗦻	𗫸	𗥽
接	相	边	接	我	曰	我	绕	愿	处	不	卖	令	贿	寻	等	不

𗦓	𗫵	𗪿	𗐜	𗺌	𗥾	𗄭	𗠁	𗬜	𗀖	𗤆	𗼃	𗅢	𗇋[1]	𗦬	𗫸
许	枉	法	时	庶	人	十	三	杖	官	有	罚	马	一	<>	取	贿

𗤒	𗡝	𗦇	𗥽									
亦	应	还	为									

𗄭	𗟛	𗥾	𗍫𗁴	𗀗	𗤶	𗍫	𗤦	𗤁	𗀗	𗣼	𗣿	𗪟	𗴊	𗁾 𗍫[2]
一	诸	人	地 册	上	租	地	有	边	上	自	有	树	草	碱 地

𗥤 𗍫[3]	𗍫 𗢭	𗤦	𗟻	𗀔	𗥦 𗍫[4]	𗥽	𗢻	𗺌	𗤙	𗤆	𗀔	𗍫
泽 地	生 地	有	等	开	耕 地	为	者	有	则	应	开	地

[①] 王静如：《金光明最胜王经卷十夏藏汉合璧考释》，《西夏研究》第三辑，第 358 页。

𘚄	𗬩	𗾓	𘚈	𗾝	𗫨	𘓺	𗠝	𗾝	𗫫	𗠍	𘝵	𗥦	𘟬	𘚈
<>	为	<>	耕	一	亩	上	自	一	顷	上	至	开	之	租役

𗏁	𘚈	𗬩	𗾝	𘓽 [5]	𘝵	𘓺	𘚣	𘊻	𗾓	𗾝	𗫫	𘕿	𗡪 [6]	𗥦
草	不	为	旧	地	之	工	增	当	是	一	顷	如	众多	开

𗾿	𗄈	𗾓	𗾝	𗹙	𗓽 [7]	𗂅	𗥦	𗲍 [8]	𗥯	𗰆	𗥦	𗡪	𘂤 𘏨 𘒣	
有	者	一	顷	以	外	超	大	小	何	<>	开	数	转 运 司	

𗾓	𗄈	𘖕	𗼑	𗟲	𘚈	𘞩	𘓺 [9]	𘞩	𗾝	𗫫	𘖕	𘚄	𗏖	𗨁
<>	告	三	年	毕	耕	所	堪	则	一	亩	上	三	升	数杂

注释：

[1]𗫨：助词，表趋向。

《类林研究》中"𘊻𗟲𗫨𗟲𘓺𘂤𘈈𗫨𘝵𗓽"意"宋王告于晋王，请救兵"，"𗰆𗫨𗥦𘝵𘈉𘝜𗥦𗾓𗹙𗡪𗭴𗾓𗫨𘝵𘉹𗩱𗾿𗫨𘝵"意"灵公与孔宁、仪行父取夏姬衣服"①。本句"𗫨"放在"𘝵"前面，表示趋向，"𗫨𘝵"，意"取"。

[2]𗫫𗾝：意"碱地"。

𗫫，汉语借词，音"简"，意"碱"。《类林研究》中"𗫫𗬩𗹙𘓪𗅉𘈈𗾓"意"简雍又名曼和"②。

𗫫𗾝，意"碱地"，指的是盐碱地。汉译本作"池地"，其西夏文似取"𗫫"，"𗫫"当为"𗫫"形近之误。

[3]𘖕𗾝：意"泽地"。

𘖕，意"泽"、"江"。西夏文《孟子》中"𗰆𗤌𘖕𗰩𗳌𘌥𗫇𗉅𘃽"意"益焚山泽，禽兽逃匿"③。《类林研究》中"𗓽𗫨𗟲𘝵𗫨𘖕𗥯𗈟𗰩𗕌𗳖"意"取子胥

---

① 史金波、黄振华、聂鸿音：《类林研究》，第36、50页。

② 同上，第76页。

③ 彭向前：《西夏文〈孟子〉整理研究》，第158页。

尸沉于江中"①。

□□，字面作"泽地"，指的是沼泽地。《孙子兵法》中"□□□□□，□□□"意"绝斥泽，惟亟去无留"②。

[4]□□：意"耕地"。

□，意"农"、"耕"。《掌中珠》中"□□"作"农器"，"□□"作"耕牛"③。《类林研究》"□□□□"意"耕种为务"④。

□□，意"耕地"。耕地是相对于上述"□□"[碱地]、"□□"[泽地]、"□□"[生地]而言。

[5]□□：意"旧地"。

□，意"旧"。西夏文《孟子》中"□□□□，□□□□"意"[周虽]旧[邦]，其命惟新"⑤。

本句"□□"，意"旧地"，指的是没有开垦为耕地的土地。

[6]□□：意"众多"。

□，意"多"、"余"。《金光明最胜王经》中"□□□□"意"多闻聪慧"⑥。《妙法莲花契经弘传序》中"□□□□□□□"意"自汉至唐六百余载"⑦。《类林研究》中"□□□□□□□"意"决断政事多施恩惠"⑧。

□，意"多"。《金光明最胜王经》中"□□□□"意"众所知识"⑨。

□□，二字连用强调数量之多，意"众多"。《金光明最胜王经》中"□□□□"意"多有众鱼"⑩。

[7]□□：意"以外"。

---

① 史金波、黄振华、聂鸿音：《类林研究》，第54页。

② 林英津：《夏译〈孙子兵法〉研究》，第三部分，第68页。

③ 《番汉合时掌中珠》（乙种本），《俄藏黑水城文献》第一〇册，第32页。

④ 史金波、黄振华、聂鸿音：《类林研究》，第105页。

⑤ 彭向前：《西夏文〈孟子〉整理研究》，第152页。

⑥ 王静如：《金光明最胜王经卷五夏藏汉合璧考释》，《西夏研究》第二辑，第228页。

⑦ 罗福苌：《妙法莲花契经弘传序释文》，《国立北平图书馆馆刊》第四卷第三号《西夏文专号》，第4页。

⑧ 史金波、黄振华、聂鸿音：《类林研究》，第88页。

⑨ 王静如：《金光明最胜王经卷一夏藏汉合璧考释》，《西夏研究》第二辑，第4页。

⑩ 王静如：《金光明最胜王经卷九夏藏汉合璧考释》，《西夏研究》第三辑，第288页。

𘟾，为存在动词，如《类林研究》中"𗄭𗡪𘜶𗕍𗕆𗕊𗦴𘟾"意"周文王四友有"[1]。

𗟲𘟾，字面作"不有"，应理解为排除在外。

[8]𗾚𗤒：意"大小"。

𗾚，意"小"、"少"。《掌中珠》中"𗾚𗢳"作"小人"[2]，"𗕪𗾚𘍴𗾚"作"七十者稀"[3]。西夏文《孟子》中"𗤒𗢳𗫨𗤾，𗾚𗣀𗫨𗤾"意"有大人之事，有小民之事"[4]。

𗾚𗤒，字面作"小大"，意"大小"，用来表示所开垦新地的顷亩。

[9]𘎳：意"堪"。

𘎳，意"堪"、"可"。《金光明最胜王经》中"𗂊𗾈𗵳𘎳"意"皆堪受用"[5]。《类林研究》中"𗑱𗑱𘎳𗏆"意"不可种之"[6]。本句"𗑱𗵳𘎳"与"𗑱𗑱𘎳"意思相反，表示"可种"。

汉译本：

不许地边相接者谓"我边接"而强买之、不令卖情愿处及行贿等。违律时庶人十三杖，有官罚马一，所取贿亦当还之。

一诸人地册上之租地边上，有自属树草、碱地[7]、泽地、生地等而开垦为地者，则可开垦为地而种之。开自一亩至一顷，勿为租役草，当以为增旧地之工。有开地多于一顷者，除一顷外，所多开大小数当告转运司。三年毕，堪种之，则一亩纳三升

39-12 左面：

𘎫𘝞[1]	𗣼	𗷭	𗐼	𗰔	𗷭	𗟻	𘜶	𗷶	𗠣	𘞃	𗼃	𗢳	𗥃	𗴜
谷物		纳	役	草	边	等	法	依	<>	为	其	诸	人	一	顷

---

[1] 史金波、黄振华、聂鸿音：《类林研究》，第48页。

[2] 《番汉合时掌中珠》（甲种本），《俄藏黑水城文献》第一〇册，第10页。

[3] 《番汉合时掌中珠》（乙种本），《俄藏黑水城文献》第一〇册，第36页。

[4] 彭向前：《西夏文〈孟子〉整理研究》，第158页。

[5] 王静如：《金光明最胜王经卷八夏藏汉合璧考释》，《西夏研究》第三辑，第182页。

[6] 史金波、黄振华、聂鸿音：《类林研究》，第54页。

[7] 汉译本原作"池地"，现改为"碱地"。

上	至	地	新	开	之	告	举	取状[2]	为	不许	若	枉法

告	举	取状	为	导助者	等	官	有	罚	马	一	庶人

十	三	杖	若	一	顷	如	高上[3]	超	<>	开	边	等	法	依

租役草	逃	为	及	所	告	日	毕	局分	处	不过问

为	察量者[4]	人	租	阶	顷	亩	中	低入高[5]	时	边	等

闲地	则	获	租役草	逃	为	虚杂[6]	入	罪	阶	明	与

同	令	决断

一	和尚[7]	道士[8]	诸	大小官吏[9]	等	官	依	农田司[10]	所	有	耕

注释：

　　[1]𘜶𘋨：意“谷物”。

□，意"谷"、"馔"等。《掌中珠》中"□□□□"作"准备食馔"[1]。

□，意"谷"。《掌中珠》中"□□"作"谷雨"[2]。

□□，二字连用为常用词语，意"斛豆"、"谷物"。《掌中珠》中"□□"作"斛豆"[3]。《重修护国寺感应塔碑铭》中"□□□，□□□□"意"钱千缗，谷千斛"[4]。

[2]□□：意"取状"。

□，意"状"。《掌中珠》中"□□□□"作"接状只关"，"□□□□"作"伏罪入状"，"□□□□"作"诸司告状"[5]。

□，意"取"、"接"。《掌中珠》中"□□□□"作"万人取责"[6]。《金光明最胜王经》中"□□□□□"意"诸根倒取境"[7]。

□□，字面作"状取"，意"取状"。

[3]□□：意"高上"。

□，意"高"。《文海》释"□：□□□□；□□□□□，□□，□□，□□，□□，□□，□□，□□□□□"[8]，意"高：[弥]左高右；此者高上也，高也，上也，上也，高也，高也，高也，不低之谓也"。

□，意"高"。《掌中珠》中"□□"作"高下"[9]。

□□，意"高下"，表示"……以上"。《天盛律令》中经常出现，如《边地巡检门》中"□□□□□□□□□□□□□□□"[10]，汉译本意"查觉七十人以上至一百人来，主管杂锦一块。"[11]

[4]□□□：意"察量者"。

---

① 《番汉合时掌中珠》（乙种本），《俄藏黑水城文献》第一〇册，第35页。

② 《番汉合时掌中珠》（甲种本），《俄藏黑水城文献》第一〇册，第5页。

③ 同上，第8页。

④ 罗福成校录：《重修护国寺感应塔碑铭》，《国立北平图书馆馆刊》第四卷第三号《西夏文专号》，第19页。

⑤ 《番汉合时掌中珠》（乙种本），《俄藏黑水城文献》第一〇册，第34、35页。

⑥ 同上，第32页。

⑦ 王静如：《金光明最胜王经卷九夏藏汉合璧考释》，《西夏研究》第三辑，第280页。

⑧ 《文海宝韵》（甲种本），《俄藏黑水城文献》第七册，第138页。

⑨ 《番汉合时掌中珠》（甲种本），《俄藏黑水城文献》第一〇册，第7页。

⑩ 《俄藏黑水城文献》第八册，第108页。

⑪ 史金波、聂鸿音、白滨译注：《天盛改旧新定律令》卷四《边地巡检门》，第205页。

□，意"看"、"察"。《掌中珠》中"□□□□"作"医人看验"[1]。《类林研究》中"□□□□□□□□□"意"桓公闻后遣人察令掘之"[2]。□，意"计量"。

□□□，意"察量者"，指的是勘察计量垦辟新地顷亩数的人员。

[5] □□□：意"低入高"。

□，意"轻"、"下"等。《金光明最胜王经》中"□□□□"意"轻财重法"[3]。西夏文《孟子》中"□□□□"意"恭俭礼下"[4]。

□，意"加"、"上"等。《掌中珠》中"□□□□"作"因此加官"[5]。《类林研究》中"□□□□□□□□□□□"意"魏郡太守上表说日蚀"[6]。

□，意"入"。《掌中珠》中"□□□□"作"伏罪入状"[7]。

"□"和"□"为一对反义词，□□□，字面作"下上入"或"低高入"，汉译本为"低入高"。

[6] □□：意"虚杂"。

□，音"虚"，汉语借词。《掌中珠》中该字标"虚"等音，如虚空［□□］、虚宿［□□］[8]。

□，意"杂"。《金光明最胜王经》中"□□□□"意"杂彩庄饰"[9]。《重修护国寺感应塔碑铭》中"□□□□□□□"意"罗锦杂巾幡七十对"[10]。

□□，字面作"虚杂"。

[7] □□：意"和尚"。

□，意"和"。《掌中珠》中"□□"作"月和"[11]，"□□□□"作"阴阳和合"，

---

① 《番汉合时掌中珠》（乙种本），《俄藏黑水城文献》第一〇册，第34页。

② 史金波、黄振华、聂鸿音：《类林研究》，第72页。

③ 王静如：《金光明最胜王经卷三夏藏汉合璧考释》，《西夏研究》第二辑，第132页。

④ 彭向前：《西夏文〈孟子〉整理研究》，第149页。

⑤ 《番汉合时掌中珠》（乙种本），《俄藏黑水城文献》第一〇册，第32页。

⑥ 史金波、黄振华、聂鸿音：《类林研究》，第100页。

⑦ 《番汉合时掌中珠》（乙种本），《俄藏黑水城文献》第一〇册，第35页。

⑧ 同上，第21、22页。

⑨ 王静如：《金光明最胜王经卷六夏藏汉合璧考释》，《西夏研究》第三辑，第60页。

⑩ 罗福成校录：《重修护国寺感应塔碑铭》，《国立北平图书馆馆刊》第四卷第三号《西夏文专号》，第19页。

⑪ 《番汉合时掌中珠》（甲种本），《俄藏黑水城文献》第一〇册，第4页。

"𘜶𘝞𘏗𘝐"作"六亲和合"[1]。

𘏗，意"众"。《金光明最胜王经》中"𘏗𘏗𘏗𘏗𘏗"意"众九万八千人"[2]。

𘝐𘏗，字面作"和众"，意"和尚"。《重修护国寺感应塔碑铭》中"𘝐𘏗"意"和尚"[3]。《类林研究》中"𘏗𘏗𘏗𘏗𘝐𘏗𘏗𘏗𘏗𘏗𘏗𘏗"意"西国有胡僧来献经像"[4]。

[8]𘏗𘏗：意"道士"。

𘏗，意"救"、"济"。西夏文《孟子》中"𘏗𘏗𘏗𘏗𘏗"意"疾病相救扶"[5]。《现在贤劫千佛名经》中"𘏗𘏗𘏗𘏗𘏗"意"南无善济佛"[6]。

𘏗，意"法"。《掌中珠》中"𘏗𘏗𘏗𘏗"作"或做佛法"，"𘏗𘏗"作"法鼓"，"𘏗𘏗𘏗𘏗"作"坐司主法"，"𘏗𘏗𘏗𘏗"作"莫违条法"，"𘏗𘏗𘏗𘏗"作"依法行遣"[7]，"𘏗𘏗"作"法报"[8]等等。

𘏗𘏗，字面作"护法"，意"道士"[9]。

[9]𘏗𘏗𘏗𘏗：意"大小臣僚"。

𘏗𘏗，意"宰臣"、"臣僚"。《金光明最胜王经》中"𘏗𘏗𘏗𘏗𘏗𘏗𘏗𘏗𘏗𘏗𘏗𘏗𘏗𘏗𘏗𘏗𘏗𘏗"意"王告臣曰：'汝诣长者家，唤取其子'"[10]，"𘏗𘏗𘏗𘏗𘏗"意"因命诸群臣"[11]。《重修护国寺感应塔碑铭》中"𘏗𘏗"意"宰臣"[12]。

𘏗𘏗，字面作"小大"，意"大小"。

𘏗𘏗𘏗𘏗，字面作"臣僚小大"，意"大小臣僚"。

① 《番汉合时掌中珠》（乙种本），《俄藏黑水城文献》第一〇册，第28、29页。

② 王静如：《金光明最胜王经卷一夏藏汉合璧考释》，《西夏研究》第二辑，第2页。

③ 罗福成校录：《重修护国寺感应塔碑铭》，《国立北平图书馆馆刊》第四卷第三号《西夏文专号》，第24页。

④ 史金波、黄振华、聂鸿音：《类林研究》，第137页。

⑤ 彭向前：《西夏文〈孟子〉整理研究》，第153页。

⑥ 王静如：《现在贤劫千佛名经卷下残卷考释》，《西夏研究》第一辑，第91页。

⑦ 《番汉合时掌中珠》（乙种本），《俄藏黑水城文献》第一〇册，第29、32、33页。

⑧ 《番汉合时掌中珠》（甲种本），《俄藏黑水城文献》第一〇册，第19页。

⑨ 韩小忙：《西夏道教初探》，甘肃文化出版社1998年版，第123页。

⑩ 王静如：《金光明最胜王经卷九夏藏汉合璧考释》，《西夏研究》第三辑，第310页。

⑪ 同上，第354页。

⑫ 罗福成校录：《重修护国寺感应塔碑铭》，《国立北平图书馆馆刊》第四卷第三号《西夏文专号》，第24页。

[10] 𗦻𗸐：意"农田司"。

𗦻，意"农"。西夏文《孟子》中"𗂤𗦻𗐴𗣼𗣼"意"则农有余粟"[1]。

𗦻𗸐，字面作"农司"，《掌中珠》中"𗦻𗸐"作"农田司"[2]。

汉译本：

杂谷物，役草依边等法为之。彼诸人新开至一项之地，不许告举取状。若违律告举取状，导助者等有官罚马一，庶人十三杖。若多开一项以上，依边等法，与逃避租役草同样判断。已告日毕，局分处不过问，察量者之租等级以顷亩低入高时，与边等占据闲地，逃避租役草，入虚杂之罪状同样判断。

一僧人、道士、诸大小臣僚等，因公索求农田司所属耕地

39-13 右面：

𗧢	𗂰	𗧑	𗀭	𗖻	𗋽	𗏹	𗧢[1]	𗰔	𗌺	𗼲	𗾆	𗧢	𗈁	𗪘	𗫔
地	<>	索	及	又	中	内	地	节	亲	主	有	地	等	诸	人

𘀗	𗷗	𘀗	𗾞	𗅫	𗤁	𗪁	𗥃	𗋽	𗰮	𘃡	𗦻𗸐	𗾆	𗆼	𗧢
买	时	买	日	上	自	一	年	周	内	转	运 司	<>	告	地

𗴧	𗅫	𗤋	𗰔	𗾞	𗖻	𗄁	𗤁 𗒹	𗤻	𗣼	𗺯	𗨙[3]	𗤁	𗪁
册	上	<>	注 册	法	依	租 役 草	<>	为	若	匿	一	年

𗵂	𗥃	𗖻	𗆼	𗂤	𗄁 𗤁 𗒹	𗦎	𗈷	𗱤	𗣼	𗤻	𗆼	𗥃	𗱾	𗂭
<>	逾	不	告	则	租 役 草	何	<>	逃	为	数	<>	量	偷

𗂭 𗲲	𘀗	𗖩	𗤁	𗜀	𗱤	𗩈	𗣼	𗄁 𗤁 𗒹	𗤻	𗱤	𗿢[4]	𗤁
盗	罪	如	一	等	应	退	为	租 役 草	数	应	偿	所

---

[1] 彭向前：《西夏文〈孟子〉整理研究》，第 172 页。

[2] 《番汉合时掌中珠》（乙种本），《俄藏黑水城文献》第一〇册，第 33 页。

告	局	分	人	不	过	问	为	者	贿	人	情	有	则	枉	法

贪赃	罪	及	贿	人	情	无	则	典迟法 [5]	依	等	决	断

一	渠	大	水	已 [6]	落	时	所	近	官	私	家	主	<> [7]	告	急 速 [8]

应	劝救 [9]	<>	修	盖 [10]	助	假若 [11]	枉	法	所	告	不	往	时	官

注释:

[1] 𗤋𗅢𗁅：意"中内地"。

𗤋，音"中"。《掌中珠》该字标"中"、"忠"、"钟"等音，如掌中珠[𘆄𗤋𗙴]、仁义忠信[𗙣𗭼𗤋𗉅]、磬钟[𗎥𗤋]等[1]。

𗤋𗅢𗁅，字面作"中内地"，汉译本意"寺院中地"。

[2] 𗉌𗳄𗧓：意"节亲主"。

𗉌，意"节"。《掌中珠》中"𗍫𗉌"作"八节"，"𘏨𗉌"作"时节"[2]，"𗧴𗉌"作"骨节"[3]。

𗳄，意"亲"。《掌中珠》中"𗰖𗳄𗹦𗱈"作"六亲和合"，"𗳄𗳄𗄁𗧓"作"亲戚大小"，"𗇈𗴿𗳄𗳄"作"并诸亲戚"[4]。

𗉌𗳄，字面作"节亲主"。《天盛律令》有专门的一门，为"节亲门"，其中详细记载了各种亲戚关系。史金波先生在《西夏社会》中说，西夏人的亲属以"节"（音"则"）区分辈分高低和亲疏等次。节分同节、节上和节下。节上、节下又依据亲疏远近分为

---

① 《番汉合时掌中珠》（乙种本），《俄藏黑水城文献》第一〇册，第21、29页。

② 同上，第24页。

③ 《番汉合时掌中珠》（甲种本），《俄藏黑水城文献》第一〇册，第10页。

④ 《番汉合时掌中珠》（乙种本），《俄藏黑水城文献》第一〇册，第29、36页。

一节、二节、三节……等。节亲中又可分为族亲、姻亲二种，族亲是本人同族人，姻亲是本族人以婚姻结成的亲戚，《文海》"节"释："骨节页，又节亲兄之谓也"，对"嫡"、"胞亲"、"至亲"的解释都有"父骨亲母肉亲"，证明这种节亲包括族亲和姻亲两类亲属在内①。《天盛律令》中经常出现"节亲"，是因为国家的诸多法律条文中都强调亲属关系在预防犯罪、惩治罪犯中的作用，如犯罪连坐，有官人的亲属犯罪减刑等。

[3]𗏹：意"匿"。

𗏹，意"匿"。《过去庄严劫千佛名经》中"𗏹𗣼𗏹𗣼𗏹𗣼𗣼𗣼𗣼"意"或匿公课输藏隐使役"②。《孙子兵法》中"𗏹𗣼𗏹𗣼"意"晦其迹"③。本句"𗏹"，为"隐匿"，与下文的"𗣼"[逃]相呼应，前者表示隐匿土地不登记，后者为逃避应交纳的租役草。

[4]𗣼：意"偿"。

𗣼，意"报答"。《掌中珠》中"𗣼𗣼"作"法报"，"𗣼𗣼𗣼𗣼"作"苦报无量"④。《天盛律令》中经常出现，本句"𗣼"意"偿"，与"报"都隐含有"还"的意思，表示偿还逃避的租役草。

[5]𗣼𗣼𗣼：意"典迟法"。

𗣼，字面作"典"。《掌中珠》中"𗣼𗣼𗣼𗣼"作"学习圣典"⑤。

𗣼，意"缓"、"慢"。《类林研究》中"𗣼𗣼𗣼𗣼"意"慢不为过"⑥。

𗣼𗣼𗣼，字面作"典迟法"，汉译本为"延误公文法"。

[6]𗣼：意"落"。

𗣼，意"落"。《西夏语文学》中"𗣼𗣼𗣼"意"齿缺落"⑦。《天盛律令》中"𗣼"的译法有"落"、"夺"等，本句表示水落，前文"十分中当得一分"中的"𗣼"，字面为"夺"。

[7]𗣼：意"告"。

① 史金波：《西夏社会》，上海人民出版社 2007 年版，第 239~241 页。

② 王静如：《过去庄严劫千佛名经考释》，《西夏研究》第一辑，第 138 页。

③ 林英津：《夏译〈孙子兵法〉研究》，第三部分，第 15 页。

④ 《番汉合时掌中珠》（甲种本），《俄藏黑水城文献》第一〇册，第 19 页。

⑤ 《番汉合时掌中珠》（乙种本），《俄藏黑水城文献》第一〇册，第 32 页。

⑥ 史金波、黄振华、聂鸿音：《类林研究》，第 109 页。

⑦ [俄]聂历山：《西夏语文学》，李范文主编《西夏研究》第六辑，Ⅰ卷，第 389 页。

𗏛，意"告"、"呼"。《类林研究》中"𗁾𗅆𗣼𗣼𗄻𗏛𗧦𗣜𗡪𗵆𗏇𗅂𗵖𗶷𗏛𗁬𗻧𗦾𗣜𗏛𗏛"意"郭伋乃令主簿将返回日告数小儿"[1]。《金光明最胜王经》中"𗏛𗜈𗼃𗣜，𗡝𗒛𗣜𗏛"意"即入宫中，白夫人曰"[2]。《天盛律令》农业门中的"告"多用西夏文"𗏛"，本句"𗏛"，表示"告知"。

[8]𗠉𗏤：意"急速"。

𗠉，意"速"。西夏文《孟子》中"𗒠𗡪𗓱𗠉𗏤"意"予心犹以为速"[3]。

𗏤，意"急"、"疾"。西夏文《孟子》中"𗒽𗒬𗧖𗖰𗏤𗒛𗭽𗣜𗖄"意"吾未尝闻仕如此急者"[4]。《孙子兵法》中"𗯷𗖰𗏤𗏤"意"疾如风"[5]。

𗠉𗏤，意"急速"。《类林研究》中"𗒛𗮃𗒛𗠉𗴿"意"相煎何太急"[6]。

[9]𗳛𗖃：意"劝救"。

𗳛，意"劝"、"谏"。《类林研究》中"𗱕𗦲𗴸𗵆𗳛"意"从人等劝曰"，"𗧓𗤁𗳛𗫲"意"范蠡谏曰"[7]。

𗖃，意"救"、"济"，见"𗖃𗨗"[道士]条。

𗳛𗖃，意"劝救"、"劝护"。

[10]𗕣：意"助"。

𗕣，意"助"、"资"。《掌中珠》中"𗕣𗤁𗕣𗰗"作"诸天佑助"[8]，"𗕣𗿒𗺉𗗘"作"资粮加行"[9]。本句"𗕣"放在"𗏱𗸟"[修盖]之后，意"协助修治"。

[11]𗧾𗵸：意"假若"。

𗧾，意"假若"。西夏文《孟子》中"𗉮𗤜𗧾𗢳"意"固愿若是也"[10]。

𗵸，意"假若"、"或"。《类林研究》中"𗵔𗵸𗧾𗑗𗿒𗂠𗒠𗑗𗿒𗈪𗴮𗴾"意"则若君国引军与吾国军相敌时"[11]。《过去庄严劫千佛名经考释》中"𗵸𗊰𗤋𗎥𗵆𗨁𗱕

---

① 史金波、黄振华、聂鸿音：《类林研究》，第37页。

② 王静如：《金光明最胜王经卷十夏藏汉合璧考释》，《西夏研究》第三辑，第340页。

③ 彭向前：《西夏文〈孟子〉整理研究》，第141页。

④ 同上，第171页。

⑤ 林英津：《夏译〈孙子兵法〉研究》，第三部分，第17页。

⑥ 史金波、黄振华、聂鸿音：《类林研究》，第156页。

⑦ 同上，第34、59页。

⑧ 《番汉合时掌中珠》（乙种本），《俄藏黑水城文献》第一〇册，第35页。

⑨ 《番汉合时掌中珠》（甲种本），《俄藏黑水城文献》第一〇册，第19页。

⑩ 彭向前：《西夏文〈孟子〉整理研究》，第137页。

⑪ 史金波、黄振华、聂鸿音：《类林研究》，第36页。

繈”意"或三宝物混乱杂用"①。

刻藏，意"假若"。《金光明最胜王经》中"刻藏散豧骸豧豧"意"假使三千大千界"②，"刻藏疆辍疆豸豾綯豸飛綬"意"若有女人愿转女身为男子者"③。

汉译本：

及寺院中地、节亲主所属地等，诸人买时，自买日始一年之内当告转运司，于地册上注册，依法为租役草事。若隐之，逾一年不告，则所避租役草数当计量，应比偷盗罪减一等，租役草数当偿。已告而局分人不过问者，受贿徇情则依枉法贪赃罪判断，未受贿徇情则依延误公文法判断。

一大渠水已落时，附近官私家主当报，当立即劝护，协助修治。倘若违律不往报时，

39-13 左面：

繈	繈	乸	翱	甋辍	豧	散	蘩			
有	罚	马	一	庶人	十	三	杖			

汉译本：

有官罚马一，庶人十三杖。

① 王静如：《过去庄严劫千佛名经考释》，《西夏研究》第一辑，第138页。
② 王静如：《金光明最胜王经卷五夏藏汉合璧考释》，《西夏研究》第二辑，第242页。
③ 王静如：《金光明最胜王经卷三夏藏汉合璧考释》，《西夏研究》第二辑，第96页。

春开渠事门

39-13 左面：

		春	凿渠	事	门				

一	畿内[1]	诸	税户	上	春	凿渠	事	大	兴	者	一	亩	自

十	亩	至	五	日	十	一	亩	自	四	十	亩	至	十	五	日	四

十	一	亩	自	七	十	亩	五	至	二	十	日	七	十	五	亩	高

上	一	百	亩	至	三	十	日	一	百	亩	高	上	一	顷	二	十

亩	至	三	十	五	日	一	顷	二	十	亩	高	上	一	顷	五	十

亩	至	一	整[2]	幅[3]	四	十	日	<>	为	顷	亩	数	依	日	应	算

𗣂 𗣂[4]	𗴺 𗏇	𗣂 𗣂	𦊆	𗲜[5]	𗓽 𦊆	𗟻 𗏇[6]	𗏇 𗲜	𦊆	𗛁 𗲜
先 前	<> 毕	先 前	当	放	其 中	期 满	不 放	时	夫 役

注释：

[1] 𗣂𗏇：意"畿内"。

𗣂，意"沟"。《文海》在解释"𗓽"时，曰"𗓽𗲜𗣂𗏇，𗓽𗣂𗏇，𗣂𗏇，𗓽𗲜𗏇𗟻𗏇"，以"𗣂"、"𗓽"、"𦊆"、"𗓽𗲜"互相解释，《掌中珠》中"𗓽𗣂"作"沟洫"①，所以"𗣂"应该也有"沟"、"洫"的含义。

𗣂𗏇，字面作"沟内"。"沟"字汉语的本义为流水的道，也可引申为护城河。古代城郭周围都会修筑护城河，故有"沟郭"一词，所以"𗣂"也有城郭之意，此处"𗣂𗏇"就表示城内。《天盛律令》中"𗣂"经常出现，前面往往搭配"𗁬𗶘"二字，构成"𗁬𗶘𗣂"，字面作"京师城"。

[2] 𗴺：意"整"。

𗴺，意"正"，汉语借词。《掌中珠》中"𗴺𗟻𗏇"作"正统司"，"𗴺𗏇"作"正听"②。汉译本意"整"，与"𦊆"[幅]合为"整幅"，表示土地的面积。

[3] 𦊆：汉语"幅"的音译。

𦊆，该字标"福"、"腹"、"父"、"枕"、"斧"、"服"、"伏"、"富"、"缚"、"夫"等音。见"𗁬𗲜𗲜𦊆"[大都督府]、"𦊆𗲜"[夫役]条。

把"𦊆"用在土地上，《天盛律令》卷十五中有两处，分别在《催缴租门》和《春开渠事门》。《催缴租门》中译为"块"，"税户家主自己所属地上冬草、条橼等以外，一顷五十亩一块地，麦草七捆，粟草三十捆，捆绳四尺五寸，捆袋内以麦糠三斛入其中"③。《春开渠事门》中译为"幅"，"畿内诸税户上，春开渠事大兴者，自一亩至十亩开五日，自十一亩至四十亩十五日，自四十一亩至七十五亩二十日，七十五亩以上至一百亩三十日，一百亩以上至一顷二十亩三十五日，一顷二十亩以上至一顷五十亩一整幅四十日"④。译为"块"，既不能体现"𦊆"的用法，也不能反映西夏特色。译

---

① 《番汉合时掌中珠》（甲种本），《俄藏黑水城文献》第一〇册，第7页。
② 《番汉合时掌中珠》（乙种本），《俄藏黑水城文献》第一〇册，第33页。
③ 史金波、聂鸿音、白滨译注：《天盛改旧新定律令》卷一五《催缴租门》，第490页。
④ 同上，第496~497页。

为"幅"，较贴合实际，一方面符合西夏文读音，另一方面在汉语上，也有表示土地面积的含义，如"幅员"一词，指的是疆域方圆的面积。

[4]▢▢：意"先前"。

▢，意"先"、"前"。《类林研究》中"▢▢▢▢▢"意"为回报往日楚国"，"▢▢▢▢▢▢▢▢▢▢▢▢"意"吾之先生中此者如龙也"[1]。西夏文《孟子》中"▢▢▢▢"意"前日于齐"[2]。

▢▢，重叠使用意"先前"。

[5]▢：意"放"。

▢，意"遣"、"放"等。西夏文《孟子》中"▢▢▢▢▢▢"意"汤使人问之曰"[3]。《类林研究》中"▢▢▢▢"意"放火烧舍"[4]。《重修护国寺感应塔碑铭》中"▢▢▢▢▢▢▢▢▢▢"对译为"三十八人死应命放五十四人"[5]。

▢，汉译本为"遣"，应改为"放"，文中为春开渠的时间，先完毕先放水。所以"▢"，取放水之意。

[6]▢▢：意"期满"。

▢，意"日"。《掌中珠》中"▢▢"作"日限"[6]。

▢，意"毕"。《掌中珠》中"▢▢"作"毕宿"[7]，"▢▢▢▢"作"尽皆了毕"，"▢▢▢▢"作"设筵已毕"，"▢▢▢▢"作"儿女了毕"[8]。西夏文《孟子》中"▢▢▢，▢▢▢▢▢▢▢"意"公事毕，然后敢治私事"[9]。

▢▢，字面作"日毕"，意为"期满"。

汉译本：

① 史金波、黄振华、聂鸿音：《类林研究》，第36、69页。
② 彭向前：《西夏文〈孟子〉整理研究》，第126页。
③ 同上，第174页。
④ 史金波、黄振华、聂鸿音：《类林研究》，第81页。
⑤ 罗福成校录：《重修护国寺感应塔碑铭》，《国立北平图书馆馆刊》第四卷第三号《西夏文专号》，第20页。
⑥ 《番汉合时掌中珠》（乙种本），《俄藏黑水城文献》第一〇册，第24页。
⑦ 《番汉合时掌中珠》（甲种本），《俄藏黑水城文献》第一〇册，第3页。
⑧ 《番汉合时掌中珠》（乙种本），《俄藏黑水城文献》第一〇册，第32、35、36页。
⑨ 彭向前：《西夏文〈孟子〉整理研究》，第153页。

春开渠事门

一畿内诸税户上，春开渠事大兴者，自一亩至十亩开五日，自十一亩至四十亩十五日，
　　自四十一亩至七十五亩二十日，七十五亩以上至一百亩三十日，一百亩以上至一
　　顷二十亩三十五日，一顷二十亩以上至一顷五十亩一整幅四十日。当依顷亩数计
　　日，先完毕当先放①之。其中期满不放时，夫役

39-14 右面：

头监	官	有	罚	马	一	庶人	十	三	杖

一	每年	春	夫役	大	兴	者	四	十	日	不	逾	事	兴	时

至	来	时	中书[1]	<>	告	有	<>	地	水	渠干[2]	沿[3]	事	为

所	何	有	依	<>	量	四	十	日	上	至	周	内	高低	依

日限	当	给	<>	毕	令	其中	日限	<>	给	不	毕	时

局分	处	<>	告	谕文	当	寻	若	谕文	不	寻	日	逾

令	时	一	日	自	三	日	至	三个月	四	日	自	七	日

---

① 汉译本原作"遣"，现改为"放"。

[西夏文]	[西夏文]	[西夏文]	[西夏文]	[西夏文]	[西夏文]	[西夏文]	[西夏文]	[西夏文]	[西夏文]	[西夏文]	[西夏文]	[西夏文]
至	六个月	七	日	高上	十	日	至	一	年	十	日	高

[西夏文]	[西夏文]	[西夏文]	[西夏文]	[西夏文]			
上	一律	二	年				

注释：

[1] [西夏文]：意"中书"。

"[西夏文]"的西夏文既可用意译也可用音译。如《重修护国寺感应塔碑铭》中"[西夏文]"意"中书"[1]，用的是意译。《类林研究》中"[西夏文]"意"中书侍郎"[2]，用的是音译。《掌中珠》中"[西夏文]"作"中书"，西夏文对音为"[西夏文]"[3]。类似的还有"沉香"。《掌中珠》中"[西夏文]"意"沉香"，西夏文对音为"[西夏文]"[4]。《天盛律令》卷十七《物离库门》记载的二百多种药名中，"沉香"的西夏文写法是"[西夏文]"[5]。

[2] [西夏文]：意"渠干"。

[西夏文]，意"渠"。《掌中珠》中"[西夏文]"作"开渠"[6]。

[西夏文]，意"干"。《文海》中"[西夏文]"意"丁者十干中有与十二支相配也"[7]。

[西夏文]，字面作"渠干"。

[3] [西夏文]：意"沿"。

[西夏文]，意"长"、"遍"等。西夏文《孟子》中"[西夏文]"意"往返齐滕之长路"[8]。《金光明最胜王经》中"[西夏文]"意"长夜轮回受众苦"[9]，"[西夏文]

---

① 罗福成校录：《重修护国寺感应塔碑铭》，《国立北平图书馆馆刊》第四卷第三号《西夏文专号》，第 19 页。

② 史金波、黄振华、聂鸿音：《类林研究》，第 57 页。

③ 《番汉合时掌中珠》（乙种本），《俄藏黑水城文献》第一〇册，第 32 页。

④ 同上，第 29 页。

⑤ 《天盛改旧新定律令》（甲种本），《俄藏黑水城文献》第八册，第 338 页。

⑥ 《番汉合时掌中珠》（乙种本），《俄藏黑水城文献》第一〇册，第 25 页。

⑦ 史金波、白滨、黄振华：《文海研究》，第 411 页。

⑧ 彭向前：《西夏文〈孟子〉整理研究》，第 130 页。

⑨ 王静如：《金光明最胜王经卷五夏藏汉合璧考释》，《西夏研究》第二辑，第 216 页。

薙𦊆妭薙”意“遍体蒙尘土”[1]。汉译本中“薙”意“沿”。

汉译本：

　　小监有官罚马一，庶人十三杖。

一每年春夫役大兴者，勿过四十日。事兴季节到来时当告中书，依所属地沿水渠干应
　　有何事计量，至四十日期间依高低当予之期限，令完毕。其中予之期限而未毕时，
　　当告局分处并寻谕文。若不寻谕文而使逾期时，自一日至三日徒三个月，自四日
　　至七日徒六个月，自七日以上至十日徒一年，十日以上一律徒二年。

39-14 左面：

薙	薙	薙	薙	薙	薙	薙	薙	薙	薙	薙	薙	薙	薙 妭[1]
一	春	凿 渠	事	大	兴	者	二	十	个	人	上	一	和 众

薙	薙 薙[2]	薙	薙 薙[3]	薙	薙	薙	薙	薙	薙 薙	薙	薙
一	支 头	等	职 人	中	应	抽	<>	遣	枉 法	人	数

薙	薙	薙	薙	薙	薙	薙	薙	薙	薙	薙	薙 薙 薙	薙
加	为	遣	时	一	人	十	三	杖	二	人	三 个 月	三

薙	薙 薙 薙	薙	薙	薙 薙	薙 薙	薙	薙	薙	薙	薙
人	六 个 月	四	自	高 上	一 律	一	年	赇	有	则

薙 薙 薙	薙	薙	薙	薙	薙	薙 薙				
枉 法 贪 赃	与	何	所	重	上	决 断				

薙	薙	薙	薙	薙	薙	薙	薙	薙 薙[4]	薙 薙	薙	薙 薙[5]	薙	薙
一	春	凿 渠	事	大	兴	上	体 工	先 前	至	来	<>	经	

---

① 王静如：《金光明最胜王经卷十夏藏汉合璧考释》，《西夏研究》第三辑，第358页。

事	〈〉	为	令	日	数	中	应	算	为	其	中	头	字	〈〉	行

（上表"头字"处原文标注 [6]）

集	日	不	算	三	日	周	内	事	有	者	职	人	不	遣	时

官	有	罚	马	一	庶	人	十	三	杖	假	若	所	遣	顷	亩

（末表"亩"处原文标注 (1)）

注释：

[1] □□：汉语"和众"的音译。

□，音"哈"。西夏文《杂字》中人名"□□□"[①]作"哈施贤"。

□，音"众"。《掌中珠》该字标"中"、"忠"、"钟"等音，如掌中珠［□□□］、仁义忠信［□□□□］、磬钟［□□］、中书［□□］、孝经中说［□□□□］[②]。《重修护国寺感应塔碑铭》中"□"意"众"，"□□□□□□□□□□□"意"感应塔下羌汉二众提举"[③]。

□□，字面作"哈众"，汉译本意"和众"，为春开渠事的负责人，二十人中抽派一人。

[2] □□：汉语"支头"的音译。

□，音"段"。西夏文《杂字》中人名"□□"作"段谭"[④]。

□，音"头"。《掌中珠》该字标"豆"、"头"、"透"等音，如豌豆［□□］、黑豆［□□］、荜豆［□□］、头目［□□］、头发［□□］、透贝［□□］[⑤]、馒头［□□］[⑥]。

□□，字面作"段头"，汉译本意"支头"，与"和众"为同春开渠事的负责人。

[3] □□：意"职人"。

① 《三才杂字》（甲种本），《俄藏黑水城文献》第一〇册，第49页。

② 《番汉合时掌中珠》（乙种本），《俄藏黑水城文献》第一〇册，第21、29、32、34页。

③ 罗福成校录：《重修护国寺感应塔碑铭》，《国立北平图书馆馆刊》第四卷第三号《西夏文专号》，第24页。

④ 李范文、中岛干起：《电脑处理西夏文杂字研究》，第83页。

⑤ 《番汉合时掌中珠》（甲种本），《俄藏黑水城文献》第一〇册，第8、10、14页。

⑥ 《番汉合时掌中珠》（乙种本），《俄藏黑水城文献》第一〇册，第35页。

□，意"职"。西夏文《孟子》中"□□□□□ □□"意"舜使益[掌]火职"[1]。

□□，意"职人"，做事的人。

[4]□□：意"体工"。

□，意"体"。《掌中珠》中"□□"作"体工"[2]。

□，意"工"、"力"。《掌中珠》中"□□□□"作"由此业力"[3]。《类林研究》中"□□□□□□□□□"意"以君威力得还本国"[4]。

□□，汉译本译"笨工"，与"体工"意同，均为从事体力劳动者。

[5]□□：意"来"。

□，意"来"。《类林研究》中"□□□□□□"意"千里而来"[5]。西夏文《孟子》中"□□□"意"以待来年"[6]。

□□，二字重叠意"来"。

[6]□□：意"头字"。

□，又作"□"，意"头"。《掌中珠》中"□□□□"作"出与头子"[7]。

□，意"字"。《类林研究》中"□□□□□□□□□□□□□□□□□"意"'人'、'一'、'口'三字结合成字也"[8]。

□□，字面作"头字"。《宋史》载："宋初，令枢密院给券，谓之'头子'。"[9]

校勘：

（1）此句后亡佚，《俄藏黑水城文献》第八册第 307 页此句下面还有一叶内容，共 18 行，当为《催缴租门》的内容，已调整回原位。

汉译本：

---

[1] 彭向前：《西夏文〈孟子〉整理研究》，第 158 页。

[2] 《番汉合时掌中珠》（乙种本），《俄藏黑水城文献》第一〇册，第 30 页。

[3] 同上，第 36 页。

[4] 史金波、黄振华、聂鸿音：《类林研究》，第 35 页。

[5] 同上，第 37 页。

[6] 彭向前：《西夏文〈孟子〉整理研究》，第 179 页。

[7] 《番汉合时掌中珠》（乙种本），《俄藏黑水城文献》第一〇册，第 34 页。

[8] 史金波、黄振华、聂鸿音：《类林研究》，第 75 页。

[9] [元]脱脱等：《宋史》卷一五四，第 3594 页。

一春挖渠事大兴者，二十人中当抽派一"和众"、"支头"等职人。违律增派人数时，一人十三杖，二人徒三个月，三人徒六个月，自四人以上一律徒一年。受贿则与枉法贪赃罪比较，从重者判断。

一春挖渠事大兴时，笨工预先到来，来当令其受事，当计入日数中。其中已行头字，集日不计，三日以内事属者不派事人时，有官罚马一，庶人十三杖。倘若所遣，顷亩……

渠水门

39-16 右面：

一	大	都	督	府	自	定	远	县[1]	至	诸	渠	干	沿	渠	水	巡

检	渠	主	百	五	十	人	<>	是	先	在	中	抄[2]	开	应	有

亦	抄	应	开	<>[3]	过	有	亦	应	退	其	上	不	足	则	独

诱[4]	事	不	持	中	地	水	行	知	方	应	时	<>	增	数	应

足	此	后[5]	则	渠	水	巡	检	渠	主	过	不	许	若	人	数

超	遣	及	别	过	等	时	过	人	导	助	者	是	处	又	超

遣	人	经	处	局	分	大	小	等	一	律	转	院	罪	阶	明

□	□	□	□					
法	依	决	断					

□	□	□	□	□	□	□	□	□	□	□	□	□	□	□	□	□⁽¹⁾
一	渠	干	沿	水	监	渠	头	遣	所	者	节	亲	判	议	官	吏

注释：

[1] □□□：汉语"定远县"的音译。

□，音"定"。《掌中珠》该字标"铁"、"蝶"、"定"、"甋"、"听"等音，如锡铁[□□]、白甋[□□]①、蝴蝶[□□]、入定诵咒[□□□]、正听[□□]、不敢不听[□□□□]、听我之言[□□□□]、方得心定[□□□□]②。

□，音"远"。《掌中珠》该字标"原"、"园"、"鸳"、"院"、"圆"、"远"、"愿"等音，如泉原[□□]、能圆能方[□□□□]、远离三涂[□□□□]、昔因行愿[□□□□]③、园林[□□]、鸳鸯[□□]、工院[□□]、马院[□□]④。

□□□，音译"定远县"。唐代县名，隶灵州，唐先天二年（713）置定远城，后升为县，属灵州，景福元年（892）改为警州，后晋改置为威肃军。北宋初为定远镇，属灵州，至道年间为威远军，咸平四年（1001）入西夏，后升定州。地望在今宁夏石嘴山市平罗县姚伏镇附近。

[2] □：意"抄"。

□，意"抄"。《同音文海宝韵合编》"□"释"□□□□□□□□"，意"军中正辅集之共名"⑤。抄是西夏军队最小的组织单位，《宋史》、《辽史》中载西夏的一抄由一正军与一负赡组成。《宋史·夏国传》载："其民一家号一帐，男年登十五为丁，率二丁取正军一人。每负赡一人为一抄。负赡者，随军杂役也。四丁为两抄，余号空丁。愿隶正军者，得射他丁为负赡，无则许射正军之疲弱者为之。故壮者皆习战斗，

---

① 《番汉合时掌中珠》（甲种本），《俄藏黑水城文献》第一〇册，第 7、14 页。

② 《番汉合时掌中珠》（乙种本），《俄藏黑水城文献》第一〇册，第 27、29、33、34、36 页。

③ 《番汉合时掌中珠》（甲种本），《俄藏黑水城文献》第一〇册，第 7、18、19 页。

④ 《番汉合时掌中珠》（乙种本），《俄藏黑水城文献》第一〇册，第 25、27、33 页。

⑤ 韩小忙：《〈同音文海宝韵合编〉整理与研究》，第 247 页。

而得正军为多。"①

[3]𗟲：意"过"。

𗟲，意"过"。《类林研究》中"𗟲𗟲𗟲𗟲𗟲𗟲𗟲𗟲𗟲"意"过北方遇徐君"②。西夏文《孟子》中"𗟲𗟲𗟲𗟲𗟲𗟲"意"过宋而见孟子"③。本句表示"超过"。

[4]𗟲𗟲：意"独诱"。

𗟲，意"独"。《文海》中释"𗟲：𗟲𗟲𗟲𗟲；𗟲𗟲𗟲𗟲𗟲"，意"独：一左余右；独者单独也"④。𗟲，意"诱"。

𗟲𗟲，《同音》17B7作"独诱"⑤，西夏军事职官名称。

[5]𗟲𗟲：意"此后"。

𗟲，意"此"。《掌中珠》中"𗟲𗟲𗟲𗟲"作"如此打拷"⑥，"𗟲𗟲𗟲𗟲"作"我闻此言"⑦。

𗟲，意"后"。西夏文《孟子》中"𗟲𗟲𗟲𗟲"意"三年之后"⑧。

𗟲𗟲，字面作"此后"。《掌中珠》中"𗟲𗟲𗟲𗟲"作"此后不为"⑨。《类林研究》中"𗟲𗟲𗟲𗟲𗟲𗟲𗟲𗟲𗟲"意"后可以树叶塞竹筒"⑩。

校勘：

（1）《俄藏黑水城文献》影印件和克恰诺夫《天盛律令》第四册第 361 页中"𗟲"以下三个字残缺，汉译本《天盛律令》译为"判议大小臣僚"，似参照其他版本，据此补充西夏文。

汉译本：

① ［元]脱脱等：《宋史》卷四八六，第 14028 页。

② 史金波、黄振华、聂鸿音：《类林研究》，第 34 页。

③ 彭向前：《西夏文〈孟子〉整理研究》，第 144 页。

④ 史金波、白滨、黄振华：《文海研究》，第 521 页。

⑤ 李范文：《同音研究》，宁夏人民出版社 1986 年版，第 283 页。

⑥ 《番汉合时掌中珠》（乙种本），《俄藏黑水城文献》第一〇册，第 34 页。

⑦ 《番汉合时掌中珠》（甲种本），《俄藏黑水城文献》第一〇册，第 16 页。

⑧ 彭向前：《西夏文〈孟子〉整理研究》，第 161 页。

⑨ 《番汉合时掌中珠》（甲种本），《俄藏黑水城文献》第一〇册，第 17 页。

⑩ 史金波、黄振华、聂鸿音：《类林研究》，第 56 页。

一大都督府至定远县沿诸渠干当为渠水巡检、渠主百五十人。先住中有应分抄亦当①分
　　抄，有已超亦当减。其上未足，则不任独诱职中应知地水行时，增足其数，此后
　　则不许渠水巡检、渠主超。若超派人数及另超等时，为超人引助者处及超派人所
　　验处局分大小等，一律依转院罪状法判断。

一沿渠干察水应派渠头者，节亲、议判臣僚

39-16 左面:

小	大	税	户	家	主	诸	寺	舍[1]	有	及	官	农	主	等	灌

水 户[2]	依 次[3]	每 年[4]	番	为	以	<>	遣	不	补	人	遣

不 许	若	枉 法	时	官	有	罚	马	一	庶 人	十	三

杖	贿	有	则	枉法贪赃	应	算	为

一	诸	渠 干	沿	水	监	渠 头	渠 主	渠水巡检	夫 役	头 监

等	所	有	地	限	渠	者	等	沿[5]	长	<>	行	在	口	应

检	<>	视	<>	牧 监[7]	小 心[8]	<>	为	渠 口[9]	垫 板

_____

① 汉译本原作"富"，现改为"当"。

[10]			[11]									
闸	口	等	弱	修	盖	处	有	处	依	次	局	分	处

							[12]		
速	<>	修	盖	坚	固	<>	为	若	粗	心	为	不

注释:

[1] 緝牏：意"寺舍"。

緝，意"寺"。《类林研究》中"𣏾牏靽緝𡃕"意"中有塔寺"[1]。

牏，意"帐"、"帘"、"室"、"舍"等。《掌中珠》中"𣏾牏牏𧆥"作"楼阁帐库"，"牏𥟇"作"门帘"，"牏𩏗"作"天窗"，"牏𥯤"作"帐毡"，"牏𡂡𢱢𢺲"作"室女长大"[2]。

緝牏，二字连用意"寺舍"，《掌中珠》中"緝牏𧆥𡃕"作"修盖寺舍"[3]。

[2] 𥹫𣏾𥟇：意"灌水户"。

𣏾，意"灌"。《新集锦合辞》中"𦁸𥺿𥦬𣝘𥹫𧻔𣏾𧺹𧻔𣏾"[4]意"河海漫土地，灌溉诸国院"。

𥹫𣏾𥟇，字面作"水灌户"，意"灌水户"。汉译本此处为"□"，据《俄藏黑水城文献》39-16[5]补。

[3] 𥾝𧸶：意"依次"。

𥾝，意"次"、"序"。《金光明最胜王经》"𢳆𥾝"意"复次"[6]。西夏文《孟子》中"𤧘𦎗𥾝𢺲"意"长幼有序"[7]。

𧸶，意"依"。《掌中珠》中"𥬁𧸶𣏾𦌋"作"依法行遣"[8]。

---

[1] 史金波、黄振华、聂鸿音：《类林研究》，第103页。

[2] 《番汉合时掌中珠》（乙种本），《俄藏黑水城文献》第一〇册，第29、30、36页。

[3] 同上，第29页。

[4] 《新集锦合辞》（甲种本），《俄藏黑水城文献》第一〇册，第335页。

[5] 《俄藏黑水城文献》第八册，第308页。

[6] 王静如：《金光明最胜王经卷一夏藏汉合璧考释》，《西夏研究》第二辑，第60页。

[7] 彭向前：《西夏文〈孟子〉整理研究》，第159页。

[8] 《番汉合时掌中珠》（乙种本），《俄藏黑水城文献》第一〇册，第33页。

□□，字面作"次依"，意"依次"。《类林研究》中"□□□"意"依次传"[1]。

[4]□□：意"每年"。

□，意"年"。《掌中珠》中"□□"作"年月"，"□□□□"作"一年二年"[2]。

□□，二字重叠意"每年"。

[5]□：汉语"长"的音译。

□，音"昌"。《掌中珠》该字标"虫"、"重"音，如蛆虫[□□]、重枕[□□][3]、重轻[□□][4]等等。《类林研究》该字标"仲"音，如管仲[□□][5]。《西夏语文学》中该字标"长"音，"□□"意"长安"[6]。本句"□"，音"长"，引申为线。"□□□□"字面作"沿长<>行"，汉译本意"沿线巡行"。

[6]□：意"行"。

□，意"行"等。《掌中珠》中"□□"作"五行"，"□□□"作"巡检司"[7]。《过去庄严劫千佛名经》中"□□□□"意"行住坐卧"[8]。本句"□"，表示"巡行"。

[7]□□：意"牧监"。

□，意"放牧"。《类林研究》中"□□□□□□□□□□"意"出苏武北海处牧羊"[9]。

□，意"监"、"视"。《掌中珠》中"□□□□"作"司吏都监"[10]。《金光明最胜王经》中"□□□□□"意"目视于四方"[11]。

□□，字面作"牧监"，意"检查"。汉译本中"□□□□□□□□□□"意"检视渠口"。

① 史金波、黄振华、聂鸿音：《类林研究》，第75页。
②《番汉合时掌中珠》（乙种本），《俄藏黑水城文献》第一○册，第24、25页。
③ 同上，第27、30页。
④《番汉合时掌中珠》（甲种本），《俄藏黑水城文献》第一○册，第14页。
⑤ 史金波、黄振华、聂鸿音：《类林研究》，第71页。
⑥ [俄]聂历山：《西夏语文学》，李范文主编《西夏研究》第六辑，Ⅰ卷，第552页。
⑦《番汉合时掌中珠》（乙种本），《俄藏黑水城文献》第一○册，第24、33页。
⑧ 王静如：《过去庄严劫千佛名经考释》，《西夏研究》第一辑，第136页。
⑨ 史金波、黄振华、聂鸿音：《类林研究》，第44页。
⑩《番汉合时掌中珠》（乙种本），《俄藏黑水城文献》第一○册，第33页。
⑪ 王静如：《金光明最胜王经卷十夏汉合璧考释》，《西夏研究》第三辑，第358页。

[8]𗿄𗿄：意"小心"。

𗿄，意"心"。《掌中珠》中"𗿄𗿄"作"心命"，"𗿄𗿄𗿄𗿄"作"心不思惟"，"𗿄𗿄𗿄𗿄"作"方得心定"，"𗿄𗿄𗿄𗿄"作"逐物心动"，"𗿄𗿄𗿄𗿄"作"修行观心"①。

𗿄，意"轻"。《掌中珠》中"𗿄𗿄"作"重轻"②。

𗿄𗿄，字面作"心轻"，意"小心"。

[9]𗿄𗿄：意"渠口"。

𗿄，意"渠"，见"𗿄𗿄"[凿渠]条。

𗿄，意"口"，汉语借词。如《掌中珠》中口唇[𗿄𗿄]③。

𗿄𗿄，字面作"渠口"。

[10]𗿄𗿄：意"闸口"。

𗿄，意"垫草"。《文海》释："𗿄：𗿄𗿄𗿄𗿄；𗿄𗿄𗿄𗿄，𗿄𗿄𗿄𗿄𗿄𗿄𗿄𗿄"，意"垫草：围头垫全；垫草者垫草也，井壑渠口垫草之谓"④。

𗿄，意"口"。《掌中珠》中"𗿄𗿄"作"口唇"⑤。《类林研究》中"𗿄𗿄𗿄𗿄𗿄𗿄𗿄𗿄𗿄𗿄𗿄𗿄"意"郭文视其口中有横骨一"⑥。

𗿄𗿄，字面作"垫口"，汉译本意"闸口"。

[11]𗿄：意"弱"。

𗿄，意"弱"、"衰"等。《掌中珠》中"𗿄𗿄"作"荣弱"，"𗿄𗿄𗿄𗿄"作"恃强凌弱"⑦。《金光明最胜王经》中"𗿄𗿄𗿄𗿄𗿄"意"云何身衰坏"⑧。《渠水门》及《桥道门》中的"𗿄"指的是渠口垫板或大小桥等不牢。

[12]𗿄𗿄𗿄：意"粗心"。

𗿄𗿄𗿄，字面作"心轻未"，其中"𗿄𗿄"，意"小心"，"𗿄𗿄𗿄"，意为"不小心"，即"粗心"。

① 《番汉合时掌中珠》（甲种本），《俄藏黑水城文献》第一〇册，第10、16、18、19页。
② 同上，第14页。
③ 同上，第10页。
④ 史金波、白滨、黄振华：《文海研究》，第474页。
⑤ 《番汉合时掌中珠》（甲种本），《俄藏黑水城文献》第一〇册，第10页。
⑥ 史金波、黄振华、聂鸿音：《类林研究》，第67页。
⑦ 《番汉合时掌中珠》（乙种本），《俄藏黑水城文献》第一〇册，第28、33页。
⑧ 王静如：《金光明最胜王经卷九夏藏汉合璧考释》，《西夏研究》第三辑，第274页。

汉译本:

　　大小、税户家主、诸寺庙所属官农主等灌水户,当依次每年轮番派遣,不许不续
　　派人。若违律时有官罚马一,庶人十三杖。受贿则以枉法贪赃论。
一诸沿渠干察水渠头、渠主、渠水巡检、夫役小监等,于所属地界当沿线巡行,检视
　　渠口等,当小心为之。渠口垫板、闸口等有不牢而需修治处,当依次由局分立即
　　修治坚固。若粗心大意不

39-17 右面:

而	緻	絽	翻	綫	駭	茫	燜	靫	秕	瘷	綫	娆
牧	监	弱	有	局	分	处	不	等	修	盖	事	真

燜	穆	齭	毵[1]	毵	耗[2]	潊	緵	綫	纇	後	橄	珧[3]
不	为	渠	破	水	断	时	官	私	家	主	屋	舍

婋	焱	薾	鮵	绪	臔	荕	燃[4]	靫	鞵	蘵	甂[5]	敨
地	苗	谷	物	寺	舍	场	路	等	何	<>	无	及

綫	猫	叚	纎	鞵	蘵	狐	穆	靫	扬	涖[6]	觓	嶂
役	草	体	工	何	<>	使	为	等	一	共	钱	量

鮴	叕	伮	菁	祇								
罪	所	定	决	断								

扬	叕	薂	叕[7]	齭	姒	纃	多[8]	綫	絹	叕	姗	齭	燃
一	等	当	职	渠	头	日	夜	所	无	所	有	渠	口

祇	燜	綖	綫	緵	綨	珈	珈	燜	緻	齭	燃	鞵
上	不	在	事	扔	弃	好	好	不	监	渠	口	破

𗫂	𗋽	𗰛	𗏁	𗒹	𗉣	𘗠	𗾫	𗺧	𘝠 𘞊 𗆀
水	断	时	一	缗	自	五	十	缗	至 三 个 月

𘗠	𗾫	𗺧	𗉼	𗿷	𗏁	𗾔	𘗠	𗾫	𗺧	𘝠 𘞊
五	十	缗	高	上	一	百	五	十	缗	至 六 个

注释:

[1]𗫂𗋽:意"渠破"。

𗋽,意"破"。《孙子兵法》中"𗋽𗪽𗿟𗿷𗼅"意"可破"①。

𗫂𗋽,字面作"渠破"。《渠水门》中"𗋽"、"𗲖"意义相近,39-18右面中"𘘚𗰛𗲖𗋽𗰛"[生出断破时],有"𗋽𗲖"[断破]一词,39-19右面有"𗫂𘘚𗲖𗫂𘘚𗋽"[渠未破水未断]。

[2]𗫂𗋽:意"水断"。

𗋽,意"折"、"割"。《掌中珠》中"𗫂𗋽"作"折花"②。西夏文《孟子》中"𗥢𗋽𗰛𗺋"意"绝长补短"③。

𗫂𗋽,字面作"水断"。

[3]𗏀𘗠:意"屋舍"。

𗏀,意"帐"、"帘"、"室"、"舍"等。𘗠,意"城"、"舍"、"墙"、"州"。《金光明最胜王经》中"𗧈𗏀𗬬𘗠"意"王舍大城"④。《掌中珠》中"𘓏𘗠𗹦𘟠"作"修造舍屋","𘗠𗷙"作"墙圈","𘗠𗾫"作"州主"⑤。

𗏀𘗠,《催缴租门》中"𗨙𗏀𘗠"意"大城",本句汉译本"𗏀𘗠"意"屋舍"。

[4]𗰩𗼅:意"场路"。

𗰩,音"长"。《掌中珠》该字标"长"、"场"音。如长鞠[𗰩𘝠]⑥、碾场[𗤎𗰩]、

---

① 林英津:《夏译〈孙子兵法〉研究》,第三部分,第28页。

② 《番汉合时掌中珠》(乙种本),《俄藏黑水城文献》第一〇册,第35页。

③ 彭向前:《西夏文〈孟子〉整理研究》,第145页。

④ 王静如:《金光明最胜王经卷一夏藏汉合璧考释》,《西夏研究》第二辑,第26页。

⑤ 《番汉合时掌中珠》(乙种本),《俄藏黑水城文献》第一〇册,第29、30、33页。

⑥ 《番汉合时掌中珠》(甲种本),《俄藏黑水城文献》第一〇册,第13页。

长鼓[�便 𗥹]①。

𗥹，音"提"、"底"。《金光明最胜王经》中"𗫶𗆸𗫺𗥹𗥷"意"莫诃提鼻"②，"𗥹𗤶𗫶𗄵𗥹"意"俱苏摩伐底"③。

�便 𗥹，字面作"长提"，汉译本意为"场路"。

[5]𗁦：意"无"。

𗁦，意"无"、"亡"。《类林研究》中"𗥃𗄌𗈪𗁦"意"死者达半"④。本句"𗁦"，表示"损失"。

[6]𗵈𗬨：意"一共"。

𗵈，意"一"，或作动词前缀，或作助词，具有"大、都"等意。本句"𗵈"取"一"之意。

𗬨，作为词缀，放在名词、动词等之后，可以组成不同的含义。

𗵈𗬨，意"一"、"独"、"专"等。《孙子兵法》中"𗗙𗵈𗬨𗤶𗇍，𗤁𗵈𗬨𗤶𗤴"意"恩不可专用，罚不可独任"，"𗵈𗬨𗆸𗏁𗇍𗥹"意"并敌一向"⑤。本句"𗵈𗬨"，表示"一共"、"一并"。

[7]𗆊𗵤：意"当职"。

𗆊，意"续"、"补"、"遍"、"举"，见"𗆊"[遍、补]条。本句"𗆊"，意"续"，表示"任职"。《类林研究》中"𗆊𗗙𗷑"，字面作"续转后"，意"罢任时"，"𗆊𗗙𗤁"，字面作"续转时"，意"迁转时"⑥。

𗵤，作为"𗆊"的词缀，与之构成一个词，字面作"续所"，汉译本意"当职"。

[8]𗈪𗥷：意"日夜"。

𗈪，意"日"。《掌中珠》中"𗈪𗏁"作"白日"，"𗿓𗈪𗁦𗈪"作"今日一日"⑦，"𗿓𗈪"作"今日"⑧。

𗥷，意"夜"。《掌中珠》中"𗥷𗤶𗏴𗤶"作"朝夕趋利"，"𗥷𗤶𗈪𗆸"作"朝

---

① 《番汉合时掌中珠》（乙种本），《俄藏黑水城文献》第一〇册，第32、35页。
② 王静如：《金光明最胜王经卷七夏藏汉合璧考释》，《西夏研究》第三辑，第124页。
③ 王静如：《金光明最胜王经卷九夏藏汉合璧考释》，《西夏研究》第三辑，第304页。
④ 史金波、黄振华、聂鸿音：《类林研究》，第79页。
⑤ 林英津：《夏译〈孙子兵法〉研究》，第三部分，第119、164页。
⑥ 史金波、黄振华、聂鸿音：《类林研究》，第89页。
⑦ 《番汉合时掌中珠》（甲种本），《俄藏黑水城文献》第一〇册，第5、6页。
⑧ 《番汉合时掌中珠》（乙种本），《俄藏黑水城文献》第一〇册，第24页。

夕思念"[1]。

𘝞𗬿,意"日夜"。《类林研究》中"𗴮𘓐𘝞𗬿𗦾𘑽"意"燕军日夜攻城"[2]。

汉译本:

> 细查,有不牢而不告于局分,不为修治之事而渠破水断时,所损失官私家主房舍、地苗、粮食、寺庙、场路等及役草、笨工等一并计价,罪依所定判断。
>
> 一等当职渠头并未无论日夜在所属渠口,放弃职事,不好好监察,渠口破而水断时,损失自一缗至五十缗徒三个月,五十缗以上至一百五十缗徒六个

39-17 左面:

月	一	百	五	十	缗	高	上	五	百	缗	至	一

年	五	百	缗	高	上	千	缗	至	二	年	千	缗

高	上	千	五	百	缗	至	三	年	千	五	百	缗

高	上	二	千	缗	至	四	年	二	千	缗	高	上

二	千	五	百	缗	至	五	年	二	千	五	百	缗

高	上	三	千	缗	至	六	年	三	千	缗	高	上	三	千

---

[1] 《番汉合时掌中珠》(乙种本),《俄藏黑水城文献》第一〇册,第33、36页。

[2] 史金波、黄振华、聂鸿音:《类林研究》,第78页。

伈	䌽	辮	纖	賫	緻	散	姃	伈	䌽	辮	䟺	尾	緆	姃
五	百	缗	至	七	年	三	千	五	百	缗	高	上	四	千

辮	纖	散	緻	緆	姃	辮	䟺	尾	伈	姃	辮	纖	散	桶	緻	伈
缗	至	十	年	四	千	缗	高	上	五	千	缗	至	十	二	年	五

姃	辮	䟺	尾	揚	㢙	蒞 犇[1]	赦	羊	蘵	罷	粼	㪀	揪	纞
千	缗	高	上	一	律	绞 刑	以	当	屠	其	中	人	死	者

注释：

　　[1]蒞犇：意"绞刑"。

　　蒞，意"项"、"颈"。《掌中珠》中"蒞緵"作"项胸"①。《类林研究》中"纖纖蕭辮蒞㹳䟺㸆"意"匈奴以刃临项"②。

　　犇，意"绳"、"缚"。《掌中珠》中"夊犇"作"腰绳"③。《类林研究》中"伈緵食蝻㸆赦犇"意"以五色丝线缚之"④。

　　蒞犇，字面作"项缚"，汉译本意"绞刑"。

汉译本：

　　月，一百五十缗以上至五百缗徒一年，五百缗以上至千缗徒二年，千缗以上至千五百缗徒三年，千五百缗以上至二千缗徒四年，二千缗以上至二千五百缗徒五年，二千五百缗以上至三千缗徒六年，三千缗以上至三千五百缗徒八年，三千五百缗以上至四千缗徒十年，四千缗以上至五千缗徒十二年，五千缗以上一律绞杀。其中人死者，

39-18 右面：

① 《番汉合时掌中珠》（甲种本），《俄藏黑水城文献》第一〇册，第 10 页。
② 史金波、黄振华、聂鸿音：《类林研究》，第 44 页。
③ 《番汉合时掌中珠》（乙种本），《俄藏黑水城文献》第一〇册，第 31 页。
④ 史金波、黄振华、聂鸿音：《类林研究》，第 56 页。

遮掩[1]	人	在	不	知	射箭[2]	投掷[3]	时	以	人

死	之	罪	阶	明	与	同	令	夫役	头监	巡

检	渠主	等	指挥	检校[4]	不	牢	因	渠主

者	渠头	之	从	巡检	渠主	之	从	夫役

头监	巡检	之	从	法	等	依次	罪	应	承

一	等	渠主	局分	所	有	水	干	沿	垫板	闸口

等	弱	处	先前[5]	渠水巡检	处	不	告	生

处	断	破	时	渠头	事	扔弃	渠口	断	与

同	令	决断	渠水巡检	指挥	检校	不

注释:

[1]傲燃：意"遮掩"。

　　◻，意"遮"、"掩"。《金光明最胜王经》中"◻◻◻◻◻"意"能障空中月"[1]。西夏文《孟子》中"◻◻◻◻◻◻◻◻"意"则孝子仁人之掩其亲"[2]。

　　◻，意"掩"，见"◻◻"[广博]条。

　　◻◻，字面作"遮掩"。

　　[2]◻◻：意"射箭"。

　　◻，意"张"。"◻"同"◻"。《掌中珠》中"◻◻"作"张宿"[3]。

　　◻，意"射"。西夏文《孟子》中"□◻◻◻◻◻◻"意"[御]者且羞与射者比"[4]。《孙子兵法》中"◻◻"意"善射"[5]。

　　◻◻，字面作"张射"，汉译本意"射箭"。

　　[3]◻◻：意"投掷"。

　　◻，意"投掷"。《文海》释"◻：◻◻◻◻；◻◻◻◻，◻◻◻，◻◻◻"，意"掷：已左投右；掷者投也，投掷也，投扔也"[6]。句中以"◻"、"◻"、"◻◻"等互相解释，"◻◻"意"投掷"，《类林研究》中"◻◻◻◻◻◻◻"意"投掷南海中矣"[7]，"◻"、"◻"与之字义相近，二字组合，意"投掷"。

　　[4]◻◻：意"检校"。

　　◻，意"口"。《掌中珠》中"◻◻"作"口唇"[8]。

　　◻，意"使"。《金光明最胜王经》中"◻◻◻◻"意"奴婢仆使"[9]。

　　◻◻，字面作"口使"，意"检校"。《孙子兵法》中"◻◻◻◻◻◻◻"意"未能行令"[10]，其中"◻◻"对译为"检校"，林英津先生解释说，《孙子兵法》中的"◻◻"与《目的迦》中的"◻◻◻"，可能系政、军之专名[11]。

① 王静如：《金光明最胜王经卷一夏藏汉合璧考释》，《西夏研究》第二辑，第48页。
② 彭向前：《西夏文〈孟子〉整理研究》，第165页。
③《番汉合时掌中珠》（乙种本），《俄藏黑水城文献》第一〇册，第22页。
④ 彭向前：《西夏文〈孟子〉整理研究》，第167页。
⑤ 林英津：《夏译〈孙子兵法〉研究》，第三部分，第4页。
⑥ 史金波、白滨、黄振华：《文海研究》，第487页。
⑦ 史金波、黄振华、聂鸿音：《类林研究》，第164页。
⑧《番汉合时掌中珠》（甲种本），《俄藏黑水城文献》第一〇册，第10页。
⑨ 王静如：《金光明最胜王经卷九夏藏汉合璧考释》，《西夏研究》第三辑，第266页。
⑩ 林英津：《夏译〈孙子兵法〉研究》，第三部分，第109页。
⑪ 同上，第四部分，第90页。

[5]𗡾𗟲：意"先前"。

𗡾，意"先"、"前"，见"𗡾𗡾"[先前]条。

𗟲，意"久"、"昔"。《金光明最胜王经》中"𗼨𘝴𗟲𗕢𘝵"意"汝久修习"[1]。《类林研究》中"𗼨𘝵𗡾𗟲𗖰𗦊𗏹"意"杨修少有令名"[2]。

𗡾𗟲，意"先前"。《孙子兵法》中"𗡾𗟲𘄄𗫂𗋒𘄄𗙴𗯿"意"预备不可阙也"[3]，其中"𗡾𗟲"对译为"先"。

汉译本：

令与随意于知有人处射箭、投掷等而致人死之罪状相同。夫役小监、巡检、渠主等因指挥检校不善，依渠主为渠头之从犯、巡检为渠主之从犯、巡检为渠主之从犯、夫役小监为巡检之从犯等，依次当承罪。

一等渠主局分所属沿渠干之垫板、闸口等不牢，预先不告于渠水巡检，生处断破时，与渠头放弃职事而致渠口断同样判断。渠水巡检因指挥检校不

39-18 左面：

𗍫	𘜶	𗂧𗼨	𗖰	𗦗	𘉅	𗾞𗣼			
牢	因	渠主	之	从	法	决断			

𘄡	𗏵	𗂧𗼨	𗂧𗦩𘒏𗰖	𗾞	𗾫	𗒀	𗡩𗌦	𘝵𘃜	𘜶
一	等	渠主	渠水巡检	处	所	告	垫板	闸口	弱

𗒭	𗂧𗦩𘒏𗰖	𗰖𗤁𗾫𘕿[1]	𘞦𗦩	𗦊𗌦
曰	渠水巡检	不听其言	急速	局分

𗍫	𗾫	𗒀	𗾫	𘟀	𘞦	𗦩	𗌦	𘗠	𗂧𗦩𘒏𗰖
处	不	告	不	修盖	水	断	时		渠水巡检

---

① 王静如：《金光明最胜王经卷十夏藏汉合璧考释》，《西夏研究》第三辑，第382页。

② 史金波、黄振华、聂鸿音：《类林研究》，第75页。

③ 林英津：《夏译〈孙子兵法〉研究》，第三部分，第57页。

孤	絥	觎 羏	趿 竷	絘	發 縠	旡	慨	誃	縧
之	罪	渠 主	垫 板	弱	局 分	处	不	告	水

羟	絃	繎	祧	羍 祇	縧	騣	羟	綘	杨	级
断	与	同	令	决 断	水	未	断	则	一	年

杨	叐	觎 羏	觎 縧 橌 庞	絘	發	誃	趿 竷	羴 级
一	等	渠 主	渠 水 巡 检	处	所	告	垫 板	闸 口

絃	勁	觎 縧 橌 庞	慨	纁	羦	觎 羏	敝	發
弱	曰	渠 水 巡 检	不	听	为	渠 主	别	局

縠	旡	慨	誃	縧	羦	纗	羕	觎 羏	觎 縧
分	处	不	告	水	断	者	其	渠 主	渠 水

注释:

[1]羕羦慨纁：意“不听其言”。

羕羦慨纁，字面作“其语不听”。下面也有类似的“慨纁羦”，字面作“不听为”，意“不听”。这两条内容前面是相同的，“渠主已告于渠水巡检，曰垫板、闸口不牢，”前者是“渠水巡检不听其言”，后者是“渠水巡检不听”，相比之下后者省略了。

汉译本:

善，以渠主之从犯法判断。

一等渠主已告于渠水巡检，曰垫板、闸口不牢，渠水巡检不听其言，不立即告于
局分，不修治而水断时，渠水巡检之罪与渠水垫板不牢而不告于局分致水断
同样判断。水未断则徒一年。

一等渠主已告于渠水巡检，曰垫板、闸口不牢，渠水巡检不听，渠主不告于他局
分而水断者，渠主比渠水

39-19 右面：

巡检		之	罪	阶	明	如	三	等	应	退	为	渠	未

断	水	未	断	则	渠主	罪	不	治	渠水巡检

官	有	罚	马	一	庶人	十	三	杖

一	等	唐徕[1]	汉延[2]	又	诸	渠	大	等	上	临时[3]	渠

水巡检	渠主	诸	人	等	家主	无理相

恶[4]	决水[5]	垫板	损	为	官	私	有	地	苗	家

主	屋舍	等	水	入[6]	破	有	者	诸	人	<>	举

时	其	决	者	罪	及	举赏	得	有	者	畜	物

偿	修	为	<>	等	随[7]	生	放火[8]	罪	阶	举赏

注释：

[1]䎃䎃：汉语"唐徕"的音译。

䎃，音"堤"。"䎃"与"䎃"、"䎃"、"䎃"、"䎃"、"䎃"音同，同为舌头音平声第三十品韵，《文海》释"䎃：䎃䎃䎃；䎃䎃䎃䎃䎃䎃䎃䎃䎃"①，意"[堤]：唯中[梯]旁；[堤]者地名[堤柯川]之谓也"。

䎃，音"腊"、"老"。《掌中珠》中该字标"腊"、"老"等音，如腊月[䎃䎃]②、老鼠[䎃䎃]、老鸱[䎃䎃]③。

䎃䎃，汉译本意"唐徕"。唐徕渠始于汉朝，唐复浚，与汉延渠同在河西，为流经西夏都城中兴府最大的干渠，也是西夏境内最大的干渠，《西夏书事》卷二十曰："黄河环绕灵州，其古渠五：一秦家渠，一汉伯渠，一艾山渠，一七级渠，一特进渠，与夏州（当为兴州）汉源、唐梁两渠毗连，余支渠数十，相与蓄泄洪水。④"《元史·郭守敬传》明确记载："先是，古渠在中兴者，一名唐来，其长四百里，一名汉延，长二百五十里。它州正渠十，皆长二百里，支渠大小六十八，灌田九万余顷。兵乱以来，废坏淤浅。守敬更立堤堰，皆复其旧。"⑤《嘉靖宁夏新志》卷四载：1264 年秋，"蒙古以中书左丞张文谦行宁夏中兴等路尚书省事……疏兴州古唐来、汉延二渠，及夏、灵、应理、鸣沙四州正渠十，支渠大小共六十八，灌田十万余顷"⑥。无论是《西夏书事》中的"唐梁"，还是《嘉靖宁夏新志》中的"唐来"，指的都是"唐徕渠"。唐徕渠与汉延渠，不仅是西夏时期发挥重要作用的两条主要渠道，而且至今唐徕渠在宁夏地区肩负着农业灌溉的重要作用。

[2]䎃䎃：汉语"汉延"的音译。

䎃，音"汉"。《掌中珠》该字标"汗"、"汉"等音，如汗衫[䎃䎃]⑦、汉萝葡[䎃䎃䎃]⑧。

䎃，音"筵"。《掌中珠》该字标"焰"、"烟"、"燕"、"盐"、"演"、"筵"等音，

---

① 《文海宝韵》（甲种本），《俄藏黑水城文献》第七册，第 138 页。

② 《番汉合时掌中珠》（甲种本），《俄藏黑水城文献》第一〇册，第 6 页。

③ 《番汉合时掌中珠》（乙种本），《俄藏黑水城文献》第一〇册，第 27 页。

④ [清]吴广成撰、龚世俊等校：《西夏书事校证》卷二〇，第 235 页。

⑤ [明]宋濂等：《元史》卷一六四，中华书局 1976 年版，第 3846 页。

⑥ [明]胡汝砺编、管律重修：《嘉靖宁夏新志》卷四，宁夏人民出版社 1982 年版，第 270 页。

⑦ 《番汉合时掌中珠》（乙种本），《俄藏黑水城文献》第一〇册，第 31 页。

⑧ 《番汉合时掌中珠》（甲种本），《俄藏黑水城文献》第一〇册，第 8 页。

如阳焰［􀀀􀀀］、烟云［􀀀􀀀］、燕珠［􀀀􀀀］、盐［􀀀］、演说法门［􀀀􀀀􀀀􀀀􀀀］[1]、燕子［􀀀􀀀］、烟焰［􀀀􀀀］、设筵已毕［􀀀􀀀􀀀􀀀］[2]。

􀀀􀀀，意"汉延"，又名汉渠、汉源渠。汉顺帝永建四年（129）尚书仆射虞诩建议，在朔方一带行屯田，派谒者郭璜"浚渠"，"省内郡费岁一亿计"[3]，《后汉书》中说的这条渠就是汉延渠，《元和郡县图志》卷四《关内道·灵州灵武县》载，汉延渠在灵州灵武"县南五十里"，"从汉渠北流四十余里始为千金大陂，其左右又有胡渠、御史、百家等八渠，溉田五百余顷"[4]。

［3］􀀀􀀀：意"临时"。

􀀀，意"时"。《掌中珠》中"􀀀􀀀"作"时雨"[5]，"􀀀􀀀"作"时节"[6]。

"􀀀"为否定副词，意"不"，与"􀀀"连用，字面作"不时"，意"临时"。

［4］􀀀􀀀􀀀􀀀：意"无理相恶"。

􀀀，汉译本此处为"□"，据《俄藏黑水城文献》39-19[7]补。意"恨"，《金光明最胜王经》中"􀀀􀀀􀀀􀀀􀀀"意"诸天皆忿恨"[8]。

􀀀􀀀，字面作"不应"，汉译本意"无理"。

􀀀􀀀􀀀􀀀，字面作"相恨不应"，意"无理相恶"。

［5］􀀀􀀀：意"决水"。

􀀀，意"决"。《过去庄严劫千佛名经》中"􀀀􀀀􀀀􀀀"意"破决湖池"[9]。《金光明最胜王经》中"􀀀􀀀􀀀􀀀􀀀􀀀􀀀􀀀"意"往决水处以囊盛水"[10]。

􀀀􀀀，字面作"水决"，意"决水"。

［6］􀀀：意"入"。

􀀀，意"持"、"吸"、"入"等。《过去庄严劫千佛名经》中"􀀀􀀀􀀀􀀀"意"不

① 《番汉合时掌中珠》（甲种本），《俄藏黑水城文献》第一〇册，第4、5、7、8、19页。
② 《番汉合时掌中珠》（乙种本），《俄藏黑水城文献》第一〇册，第27、31、35页。
③ ［南朝宋］范晔撰、［唐］李贤注：《后汉书》卷八七，中华书局1983年版，第2893页。
④ ［唐］李吉甫：《元和郡县图志》卷四，中华书局1983年版，第95页。
⑤ 《番汉合时掌中珠》（甲种本），《俄藏黑水城文献》第一〇册，第5页。
⑥ 《番汉合时掌中珠》（乙种本），《俄藏黑水城文献》第一〇册，第24页。
⑦ 《俄藏黑水城文献》第八册，第309页。
⑧ 王静如：《金光明最胜王经卷八夏藏汉合璧考释》，《西夏研究》第三辑，第216页。
⑨ 王静如：《过去庄严劫千佛名经考释》，《西夏研究》第一辑，第132页。
⑩ 王静如：《金光明最胜王经卷九夏藏汉合璧考释》，《西夏研究》第三辑，第294页。

持一文"①。《金光明最胜王经》中"𗰔𗣼𗰔𗰗"意"吸人精气"②。本句"𗰗"，意"入"，"𗤓𗰗𗣼"字面作"水入破"，表示进水损坏。

[7]𗰩：意"随"。

𗰩，意"随意"。《金光明最胜王经》中"𗤱𗣜𗰩𗣟"意"随所愿求"③。

𗰩𗣜𗤛𗤓，字面作"随生烧放"，汉译本意"蓄意放火"。

[8]𗤛𗤓：意"放火"。

𗤛，意"烧"。《类林研究》中"𗝠𗣰𗣳𗤛𗤔𗣦"意"蜀地火起"④。

𗤓，意"遣"、"放"。西夏文《孟子》中"𗰝𗰔𗤓𗤔𗤱𗣭"意"汤使人问之曰"⑤。《类林研究》中"𗰝𗰗𗤖𗤔𗤓"意"（张飞知其忠勇，）乃释之"⑥。

𗤛𗤓，字面作"烧放"，意"焚烧"、"放火"。《过去庄严劫千佛名经》中"𗣤𗤗𗤛𗤓"意"焚烧山野"⑦。《西夏语文学》中"𗤭𗤥𗤛𗤓"意"因风放火"⑧。

汉译本：

　　　　巡检之罪状当减三等。渠未破、水未断，则渠主勿治罪，渠水巡检有官罚马一，庶人十三杖。

　　一等唐徕、汉延及诸大渠等上，渠水巡检、渠主诸人等临时于家主无理相恶，决水，损坏垫板，有官私所属地苗、家主房舍等进水损坏者，诸人告举时，其决者之罪及得举赏、偿修属者畜物法等，与蓄意放火罪之举赏、

39-19 左面：

𗰮	𗣼	𗰄	𗤥	𗰝	𗤓	𗣦	𗰮				
畜	物	偿	<>	明	与	<>	同				

① 王静如：《过去庄严劫千佛名经考释》，《西夏研究》第一辑，第168页。
② 王静如：《金光明最胜王经卷五夏藏汉合璧考释》，《西夏研究》第二辑，第260页。
③ 王静如：《金光明最胜王经卷八夏藏汉合璧考释》，《西夏研究》第三辑，第204页。
④ 史金波、黄振华、聂鸿音：《类林研究》，第115页。
⑤ 彭向前：《西夏文〈孟子〉整理研究》，第174页。
⑥ 史金波、黄振华、聂鸿音：《类林研究》，第46页。
⑦ 王静如：《过去庄严劫千佛名经考释》，《西夏研究》第一辑，第132页。
⑧ ［俄］聂历山：《西夏语文学》，李范文主编《西夏研究》第六辑，II卷，第526页。

					[1]										
一	唐	徕	汉	延	新 渠	诸	渠	大	等	沿	千	如	所	至	界

												[2]	
远	当	明	令	土	堆	<>	置	中	中	石	转	一	样	监

			[3]					[4]				
者	人	之	名 字	<>	写	为	<>	埋	两	上	边	近	租

					[5]									
户	官	私	家	主	地 方	所	至	处	应	时	<>	遣	边	近	家	主

无	者	地	□	所	视	处	家	主	中	<>	遣	自	人	名	刻	计	为

[6]															
自 相	续	<>	为	令	其	上	渠	水	巡	检	渠	主	等	检	应	校

				[7]		[8]		[9]						
所	有	渠	干	渠 背	梁	土	埭 屯	木	草	等	好	好	<>	监

诸	人	断	抽	令	不	许	若	断	抽	者	有	时	<>	捕	局 分

注释：

[1] 新渠：意"新渠"。

新，意"新"。《掌中珠》中"新 苑 ⋯⋯ 新 ⋯⋯"作"此掌中珠者三十七面内更新添十句”，“𘜶𘝀”作“新旧”①。

𘜶𘝀，字面作“渠新”，意“新渠”。新渠即西夏时期著名的昊王渠，为了有别于旧有的唐徕渠和汉延渠，故有此称，昊王渠也称李王渠，这条渠大约是在元昊统治期间（1038~1048）修建的，南北长三百余里，大致位于银川市西，以黄河水为水源，因黄河水含沙量大，所以渠道容易被泥沙淤塞，必须经常维修。明弘治年间，王珣奏请开凿，终因“石坚不可凿，沙深不可浚”，没有能够成功。

[2]𘟙𘎑𘏩𘟚𘟛𘟜：意“中立一碣”。

𘟙，意“中心”。《金光明最胜王经》中“𘏩𘟝𘟙𘎑𘟞𘟟𘟠”意“于坛中心埋大盆”②。

𘟚𘟛，意“石转”。𘟛，汉语借词，如《掌中珠》中三界流转[𘟡𘟢𘟣𘟛]③。《类林研究》中“𘟛𘟤𘎑”意“造砖时”④。

𘟜，意“样”。《西夏语文学》中“𘟥𘟜”意“模样”⑤。《掌中珠》该字标“用”、“鹰”等音，如地用下[𘟦𘟜𘟧]、鹰雕[𘟜𘟨]⑥、自受用佛[𘟩𘟪𘟜𘟫]⑦。

𘟙𘎑𘏩𘟚��12，字面作“中中石转一样”，汉译本意“中立一碣”。

[3]𘟭𘟮：意“名字”。

𘟭，意“名”。《掌中珠》中“𘟯𘎑𘟭𘟰”作“世间扬名”，“𘟭𘟱𘟲𘟳”作“争名趋利”⑧。

𘟮，意“字”。《掌中珠》中“𘟴𘟮𘟵𘟶”作“搜寻文字”，“𘟷𘟮𘟸𘟜”作“出与头子”⑨。

𘟭𘟮，字面作“名字”。

[4]𘟹：汉语“两”的音译。

𘟹，音“凉”、“粮”，汉语借词。《掌中珠》该字标“凉”、“粮”等音，如凉笠[𘟹

① 《番汉合时掌中珠》（甲种本），《俄藏黑水城文献》第一〇册，第4、14页。
② 王静如：《金光明最胜王经卷七夏藏汉合璧考释》，《西夏研究》第三辑，第112页。
③ 《番汉合时掌中珠》（乙种本），《俄藏黑水城文献》第一〇册，第36页。
④ 史金波、黄振华、聂鸿音：《类林研究》，第167页。
⑤ [俄]聂历山：《西夏语文学》，李范文主编《西夏研究》第六辑，Ⅰ卷，第287页。
⑥ 《番汉合时掌中珠》（乙种本），《俄藏黑水城文献》第一〇册，第21、27页。
⑦ 《番汉合时掌中珠》（甲种本），《俄藏黑水城文献》第一〇册，第19页。
⑧ 《番汉合时掌中珠》（乙种本），《俄藏黑水城文献》第一〇册，第32、36页。
⑨ 同上，第32、34页。

□]、资粮加行[□□□□]①。

□□□□□□，字面作"两上边近税户"，汉译本意"两边附近税户"。

[5]□□：意"地方"。

□□，字面作"地院"，意"地方"。《类林研究》中"□□□□□□□□□□□"意"（鲍山又）名文才，京兆地方人也"②。

[6]□□：意"自相"。

□，意"共"。《金光明最胜王经》中"□□□□□□□"意"共授无上菩提记"③。

□□，字面作"自共"，意"自相"。《类林研究》中"□□□□□"意"贼自相谓曰"④。《金光明最胜王经》中"□□□□"意"共相资助"⑤。

[7]□□：意"沿渠"。

□，意"沿"，见"□"[沿]条。□，意"渠"。

□□，字面作"沿渠"，汉译本为"渠背"。

[8]□□：意"梁土"。

□，意"梁"。《金光明最胜王经》中"□□□□□"意"舌黑鼻梁欹"⑥。

□，意"土"。《掌中珠》中"□□"作"土沙"⑦，"□□"作"运土"⑧。

□□，字面作"梁土"，汉译本意"土闸"。

[9]□□：意"垛屯"。

□，意"垫草"。《文海》释"□：□□□□；□□□□，□□□□□□□□□"，意"垫草：围头垫草全；垫草者垫草也，并壅渠口垫草之谓"⑨。□，意"垫草"。句中以"□"解释"□"，并作为"□"的意旁，与之含义相近。

□□，《同音》作"窑棚、巢穴"⑩，意"垛屯"。

---

① 《番汉合时掌中珠》（甲种本），《俄藏黑水城文献》第一〇册，第13、19页。
② 史金波、黄振华、聂鸿音：《类林研究》，第33页。
③ 王静如：《金光明最胜王经卷五夏藏汉合璧考释》，《西夏研究》第二辑，第216页。
④ 史金波、黄振华、聂鸿音：《类林研究》，第63页。
⑤ 王静如：《金光明最胜王经卷六夏藏汉合璧考释》，《西夏研究》第三辑，第60页。
⑥ 王静如：《金光明最胜王经卷九夏藏汉合璧考释》，《西夏研究》第三辑，第282页。
⑦ 《番汉合时掌中珠》（甲种本），《俄藏黑水城文献》第一〇册，第7页。
⑧ 《番汉合时掌中珠》（乙种本），《俄藏黑水城文献》第一〇册，第30页。
⑨ 史金波、白滨、黄振华：《文海研究》，第474页。
⑩ 李范文：《同音研究》，第384页。

汉译本：

偿畜物法相同。

一沿唐徕、汉延、新渠诸大渠等至千步，当明其界，当置土堆，中立一碣，上书监者人之名字而埋之，两边附近税户、官私家主地方所应至处当遣之。无附近家主者，所见地□处家主中当遣之，令其各自记名，自相为续。其上渠水巡检、渠主等当检校，好好审视所属渠干、沿渠、梁土、垛屯①等，不许使诸人断抽之。若有断抽者时，当捕

39-20 右面：

				[1]						[2]	
处	<>	告	罪	律 令	依	决 断	监	者	见	放 松	时

同	令	不	见	者	治	庶 人	十	三	杖	木	草	应	偿

						[3]					
好 好	<>	修	若	监	眼	缺	断	破	时	渠 头	小 心

未	为	渠	断	破	之	罪	阶	明	如	二	等	应	退	为

						[4]				
一	节 亲	丞 相	他	又	位	有 富 贵	人	等	行 为	渠 头

		[5]				[6]					
之	若	打 拷	若	其	畏	势 力	为	以	不	番	水	开	令

---

① 汉译本原作"渠干、渠背、土闸、用草"，现改为"渠干、沿渠、梁土、垛屯"。

渠	断	破	时	畜	物	财	产[7]	地	苗	役	草	何	<>	无	数

钱	量	渠	头	事	扔	弃	好	好	不	监	若	渠	口	破	水

断	钱	阶	依	罪	承	<>	明	与	<>	同	畜	物	财	产	何

注释：

[1] 𗧓𗏇：意"律令"。

𗧓，意"戒"、"法"等。《掌中珠》中"𗧓𗏇𗡲𗵐"作"莫违条法"①。

𗏇，意"习"、"令"等。《掌中珠》中"𗵹𗤒𗗙𗏇"作"学习文业"②。

𗧓𗏇，意"律令"。《类林研究》中"𗧾𗘻𗧓𗏇𗵿"意"断疑事，执律条"③。

[2] 𗖰𗵚：意"放松"。

𗖰，意"松"。《新集锦合辞》中"𘌾𗈛𗝾𗢸𗳒𘆣𗖰"④意"肚子未大松腰带"。

𗵚，意"遣"、"放"等。《类林研究》中"𗤼𗵚𘝯𘉑"意"放火烧舍"⑤。

𗖰𗵚，字面作"松放"，意"放松"。

[3] 𘏞：意"缺"。

𘏞，意"缺"。《西夏语文学》中"𗢸𘏞𗧇𘋩𘊝𘏞𗵿"意"若阙一者"⑥。

𗳒𘟪𘏞，字面作"监眼缺"，汉译本意"疏于监视"。

[4] 𗣼𗵹：意"富贵"。

𗣼，意"贵"。《掌中珠》中"𘝵𘏞𗣼𘑨"作"天一贵神"，"𘝵𗏇𗣼𘑨"作"天

① 《番汉合时掌中珠》（乙种本），《俄藏黑水城文献》第一〇册，第33页。
② 同上，第28页。
③ 史金波、黄振华、聂鸿音：《类林研究》，第80页。
④ 《新集锦合辞》（甲种本），《俄藏黑水城文献》第一〇册，第332页。
⑤ 史金波、黄振华、聂鸿音：《类林研究》，第81页。
⑥ ［俄］聂历山：《西夏语文学》，李范文主编《西夏研究》第六辑，Ⅰ卷，第588页。

官贵神"，"𗼨𗴂"作"贵贱"①。

𗼨，意"富"。《掌中珠》中"𗼨𗴂𗵜𗀔"作"以富为荣"②。

𗼨𗴂，意"富贵"。《掌中珠》中"𗼨𗴂𗴾𗀔"作"富贵具足"③。《类林研究》中"𗴽𗼨𗴂𗫷𗒱"意"今富贵之际"④。

[5]𗈪𗟲：意"打拷"。

𗈪，意"打拷"。𗟲，意"打拷"。

𗈪𗟲，字面作"打拷"。《掌中珠》有"𗈪𗆀𗈪𗟲"作"凌持打拷"，"𗫷𗒱𗈪𗟲"作"如此打拷"⑤。

[6]𗢭𗁅：意"势力"。

𗢭，意"势力"。𗁅，意"力"。《掌中珠》中"𗀔𗁅"作"体工"，"𗫷𗒱𗁅𗴂"作"由此业力"⑥。

𗢭𗁅，字面作"势力"。《金光明最胜王经》中"𗃸𗆫𗑠𗢭𗁅𗑠𗴂"意"无有威光，及以势力"⑦。

[7]𗥃𗧤：意"财产"。

𗥃，意"财产"。𗧤，意"财产"。

𗥃𗧤，字面作"财产"。《掌中珠》有"𗥃𗧤𗅡𗀔"作"财产无数"⑧。

汉译本：

而告管事处，罪依律令判断。监者见而放纵时同之，不见者治罪⑨，庶人十三杖，用草当偿，并好好修治。若疏于监视，粗心而渠断圮时，比渠头粗心大意致渠断破之罪状当减二等。

一节亲、宰相及他有位富贵人等若殴打渠头，令其畏势力而不依次放水，渠断破时，

① 《番汉合时掌中珠》（乙种本），《俄藏黑水城文献》第一〇册，第22、28页。

② 《番汉合时掌中珠》（甲种本），《俄藏黑水城文献》第一〇册，第18页。

③ 《番汉合时掌中珠》（乙种本），《俄藏黑水城文献》第一〇册，第36页。

④ 史金波、黄振华、聂鸿音：《类林研究》，第112页。

⑤ 《番汉合时掌中珠》（乙种本），《俄藏黑水城文献》第一〇册，第34页。

⑥ 同上，第30、36页。

⑦ 王静如：《金光明最胜王经卷六夏藏汉合璧考释》，《西夏研究》第三辑，第38页。

⑧ 《番汉合时掌中珠》（乙种本），《俄藏黑水城文献》第一〇册，第32页。

⑨ 汉译本原作"坐"，现改为"治罪"。

所损失畜物、财产、地苗、役草之数，量其价，与渠头渎职不好好监察，致渠口破水断，依钱数承罪法相同，畜物、财产

39-20 左面：

<>	无	数	二	分	<>	为	一	分	应	偿	为	渠头	渠

口	<>	取	为	我	曰	立	便[1]	所	告	则	罪	不	治	若	赂

人	情	为	管	事	处	不	告	则	无理[2]	水	开	者	罪	如

二	等	应	退	为	又	诸	人	渠头	之	赂	<>	给	不	番

水	<>	索	上	渠	断	时	本罪[3]	渠头	应	承	不	番	水

索	者	从	法	及	渠头	或	<>	睡	或	出行[4]	往	不	在

以后[5]	诸	人	<>	开	上	断	破	者	日	周	内	是	则	本

罪	开	者	应	承	渠头	从	法	决	断	若	日	<>	逾	则

本罪	渠头	应 承

注释:

[1]𘃨𗤒:意"立即"。

𘃨、𗤒,意"立即",组合后,为常用词语,意"立即"。《掌中珠》中"𘃨𗤒𗮄𘘦"作"立便到来"①。《类林研究》中"𘃨𗤒𗢮𗵒𘂝𘐅"意"遂即拔剑自刺"②。

[2]𘊝𗾞:意"无理"。

𘊝𗾞,字面作"不应",汉译本意"无理"。上文"𗵒𗾞",字面义"不应",汉译本也作"无理",见"𗧷𗫂𗵒𗾞"[无理相恶]条。本句"𘊝𗾞𗫂𘊝𗢮",字面义"不应水开者",意"无理放水者",其中"𗫂𘊝",作"放水"讲。

[3]𗤶𘗐:意"本罪"。

𗤶,意"罪"。《掌中珠》中"𗤶𗫡𗨁𗎫"作"罪在我身","𗤶𗵒𘓁𗠣"作"伏罪入状"③。

𘗐,意"体"。《掌中珠》中"𗋽𘗐𗫊"作"人体上"④,"𗕿𘗐"作"身体"⑤。

𗤶𘗐,字面作"罪体",意"本罪",指主要责任,与之对应的"𗴂",为从犯。

[4]𗀜𗼃:意"出行"。

𗀜,意"缘"、"行"。《类林研究》中"𗀜𗌤𗥤𗵒𗥰𗷾𘄡"意"缘者见皆称赞","𘕕𗎫𗀜𗌤𗷪𗏁𘊝𗵒𗁩𗌤𘜶"意"路中行者遗物无取者"⑥。

𗼃,意"驿"、"行"。《掌中珠》中"𗼃𗤒"作"驿马"⑦。西夏文《孟子》中"𗠝𗤒𗼃𗴟𗥤"意"予将有远行"⑧。

𗀜𗼃,字面作"行行",意"出行",汉译本意"远行"。

[5]𗵒𗨁:意"以后"。

𗵒,意"后"。《掌中珠》中"𗵒𘏨𗭜𘎵"作"更卖田地","𗵒𗼑𘎤𗑗"作"并

① 《番汉合时掌中珠》(乙种本),《俄藏黑水城文献》第一〇册,第34页。
② 史金波、黄振华、聂鸿音:《类林研究》,第44页。
③ 《番汉合时掌中珠》(乙种本),《俄藏黑水城文献》第一〇册,第34、35页。
④ 同上,第21页。
⑤ 《番汉合时掌中珠》(甲种本),《俄藏黑水城文献》第一〇册,第10页。
⑥ 史金波、黄振华、聂鸿音:《类林研究》,第62、83页。
⑦ 《番汉合时掌中珠》(甲种本),《俄藏黑水城文献》第一〇册,第4页。
⑧ 彭向前:《西夏文〈孟子〉整理研究》,第126页。

诸亲戚"①。

　　𤘊，意"方"。《掌中珠》"𗼎𤘊𗼎𗾕"作"四方四隅"②。

　　𤗓𤘊，字面作"后方"，意"以后"、"后来"、"然后"。《类林研究》中"𤗓𤘊𗿢𗇋𗵽𗏹𗅆𗏹𦀪𗧓"意"后与所得真本比较"③。西夏文《孟子》中"𗦜𦉴𤗓𤘊𗤛𗬩"意"三宿而后出昼"④。

汉译本：

　　所损失数当偿二分之一。渠头曰"我已取渠口"，立即告奏，则勿治罪。若行贿徇情，不告管事处，则当比无理放水者之罪减二等。又诸人予渠头贿赂，未轮至而索水，若⑤渠断时，本罪由渠头承之，未轮至而索水者以从犯法判断。渠头或睡，或远行不在，然后诸人放水断破者，是日期内则本罪由放水者承之，渠头以从犯法判断。若逾日，则本罪当由渠头承之。

39-21 右面：

𗼑	𗊱	𗄉	𗂰	𗹦	𗊱	𗟲	𗹦	𤘌	𗈁	𗃾 𤕵[1]	𗹦 𗹦[2]	𗊱	𤾙	𗱕	𗏹
一	渠	水	巡	检	渠	主	诸	人	等	告状	诸处	渠	大	沿	垫

𗦜	𗤛	𗟟	𗹦	𗆀	𗅲	𗏁	𗎭 𗖵	𤗓𦇩[3]	𗃾	𤗓	𗈁	𗄴	𗃾
板	弱	修	盖	索	处	曰	局分	司吏	状	不	取	及	状

𤗓	𗈁	𗤁	𗸐	𤗓 𦂅[3]	𗵽	𗏁	𦂅	𤾙	𗈁𗅆	𗏹	𗨁	𤗓	𗤛
<>	取	为	速	不	受	若	所	受	大人	承旨	其	言	不 听

𗊱	𗤛	𗋽	𗶕	𗅆	𗾕	𗦮	𗐾	𗊱 𗄉 𗂰 𗹦	𤾙	𗊱 �1	𗃾
渠	断	破	时	所	<>	碍	处	渠 水 巡 检	处	渠 主	状

---

① 《番汉合时掌中珠》（乙种本），《俄藏黑水城文献》第一〇册，第32、36页。

② 同上，第25页。

③ 史金波、黄振华、聂鸿音：《类林研究》，第94页。

④ 彭向前：《西夏文〈孟子〉整理研究》，第141页。

⑤ 汉译本原作"致"，现改为"若"。

𗾝	𗾚	𗆫	𗟲	𗼷	𗟩	𗂧	𗳩	𗧨	𗼺	𗥍	𗼃	𗂟	𗟩	𗇂	𗆫
告	曰	不	听	为	渠	破	与	同	令	决	断	渠	未	破	则

𗼷	𗟦	𗟵													
六	个	月													

𗸯	𗆊	𗏁	𗼨	𗤌	𗼖	𗶷	𗑗	𗼀	𗫂	𗤒[4]	𗍫	𗟩	𗺓[5]	𗅔
一	诸	人	新	地	<>	开	有	官	私	安	处	渠	掘	处

𗫲	𗆫		𗫺	𗺮	𗧨		𗆊	𗾝	𗼖	𗫂	𗼨	𗂋[6]	𗨟	𗾕	𗑗
有	则		转	运	司		<>	告	官	私	熟	地	有	之	碍

𗆫	𗑗	𗤴	𗤓	𗤏[7]	𗑗	𗆫	𗟩	𗺓	𗆫	𗲎[8]	𗆫	𗑗	𗆫
不	碍	应	分	别	碍	则	渠	拔	不	用	不	碍	则

注释:

[1]𗾔𗾝：意"告状"。

𗾔，意"状"，见"𗾔𗾚"[取状]条。

𗾝，意"告"。《掌中珠》中"𗬩𗾝𗥍"作"陈告司"，"𗾝𗋽𗂧𗦳"作"与告者同"①。

𗾔𗾝，字面作"状告"，意"告状"。

[2]𗆊𗆊：意"诸处"。

𗆊，意"处"，"𗆊𗆊"意"诸处"。《掌中珠》中"𗆊𗆊𗨻𗂋"作"诸处为婚"②。《类林研究》中"𗼷𗟩𗼷𗾚𗼨𗆊𗆊𗬩𗭲𗼷𗥷𗫲𗟩𗭲𗺮𗺮"意"五月五日诸处作角黍之风俗之始"③。

① 《番汉合时掌中珠》（乙种本），《俄藏黑水城文献》第一〇册，第33、34页。
② 同上，第36页。
③ 史金波、黄振华、聂鸿音：《类林研究》，第56页。

[3]◻◻：意"司吏"。

◻，意"司"。《掌中珠》中有十余种司属名，见"◻◻◻"[转运司]条。

◻，意"吏"。《类林研究》中"◻◻◻◻◻"意"吏人复至门"[1]。

◻◻，二字连用意"司吏"。《掌中珠》中"◻◻◻◻"作"司吏都监"，"◻◻◻◻"作"司吏行遣"[2]。

[4]◻：意"受"。

◻，意"经"、"受"。《金光明最胜王经》中"◻◻◻◻◻◻◻"意"若不遂意经三月"[3]。《西夏语文学》中"◻◻◻◻◻"意"备受诸苦毒"[4]。本句中"◻◻◻"[不速受]与"◻◻"[告状]、"◻◻◻"[不取状]、"◻◻◻"[取状]相呼应，意思是告状不取状，或取状不速受理。

[5]◻：意"安"。

◻，意"鞍"、"安"、"利"等。《掌中珠》中"◻◻"作"攀鞍"[5]。《金光明最胜王经》中"◻◻◻◻"意"安隐快乐"[6]。《孙子兵法》中"◻◻◻◻"意"以患为利"[7]。本句"◻◻◻◻"，字面作"官私安处"，意思是在"官私有利"或者"官私合适"的地方开渠。

[6]◻：意"掘"。

◻，意"拔"、"抽"。"◻"，同"◻"。《金光明最胜王经》中"◻◻◻◻◻◻◻"意"我今拔济令安乐"[8]。《类林研究》中"◻◻◻◻◻◻◻◻◻"意"褚瑶乃抽船上竹一竿"[9]。如39-14左面，"◻◻◻◻◻◻◻◻◻◻◻◻◻"意"当抽派一和众、支头等职人"。本句"◻◻"，表示"挖渠"，其中的"◻"，意为"挖掘"，《文海》中"◻◻◻◻◻◻◻◻◻◻◻◻"意"渠者挖掘地畴中灌水用是

---

[1] 史金波、黄振华、聂鸿音：《类林研究》，第91页。

[2]《番汉合时掌中珠》（乙种本），《俄藏黑水城文献》第一○册，第33、34页。

[3] 王静如：《金光明最胜王经卷七夏藏汉合璧考释》，《西夏研究》第三辑，第134页。

[4] [俄]聂历山：《西夏语文学》，李范文主编《西夏研究》第六辑，Ⅰ卷，第185页。

[5]《番汉合时掌中珠》（甲种本），《俄藏黑水城文献》第一○册，第4页。

[6] 王静如：《金光明最胜王经卷四夏藏汉合璧考释》，《西夏研究》第二辑，第200页。

[7] 林英津：《夏译〈孙子兵法〉研究》，第三部分，第1页。

[8] 王静如：《金光明最胜王经卷十夏藏汉合璧考释》，《西夏研究》第三辑，第334页。

[9] 史金波、黄振华、聂鸿音：《类林研究》，第90页。

也"①。

[7]𦤷𥗣：意"熟地"。

𥗣，意"畜养"，音"束"。《西夏谚语》中"𦤷𥾝𥣝𦤷𥍺𥗣"意"马劣毛长食不甘"②。《文海》中释"𦤷𥾝𥣝𥍺，𥗣𥾝𥣝𥍺𥣝，𥍺𥣝𥗣𥣝𥍺"③，意"畜左熟右，畜养者畜养也，喂食草之谓"；其中"𦤷"作"牲、畜"，表意，"𥗣"为汉语借词，作"熟"，表音。本句中"𦤷𥗣"，取"𥗣"之汉语音译，字面作"地熟"，意"熟地"。

[8]𥣝𥍺：意"分别"。

𥣝、𥍺，意"分别"、"区分"，组合后为常用词语，意"分别"。《孙子兵法》中"𥾝𥣝𥣝𥍺𥣝𥍺"字面作"吉凶分辨不能"，意"弃彼取此"④。《类林研究》中"𥾝𥣝𥣝𥍺𥣝𥍺𥣝𥍺𥍺𥣝𥍺𥣝𥍺"意"易牙能辨此二水之味"⑤。

[9]𥍺：意"用"。

𥍺，意"用"。《新编西夏文字典》中该字的解释有："用"，如《西夏语文学》中"𥍺𥾝𥣝𥍺"意"不用年少"⑥；多用于否定式中；作为语助词，具有"因此"等义。本句"𥾝𥣝𥍺𥣝𥍺𥍺"，意思是"有碍则不开渠"，当为否定句中，意"用"。

汉译本：

一渠水巡检、渠主诸人等告状，曰沿诸处大渠垫板不牢及需修治，局分司吏不取状及
  虽取状而不速受理，或已受理而大人、承旨不听其言，渠断破时，所滞碍处与渠
  水巡检处渠主告状而不听，致渠破罪同样判断，渠未破则徒六个月。
一诸人有开新地，须于官私适处开渠，则当告转运司，须区分其于官私熟地有碍无
  碍。有碍则不可开渠，无碍则

39-21 左面：

① 史金波、白滨、黄振华：《文海研究》，第 404 页。
② 《新集锦合辞》（甲种本），《俄藏黑水城文献》第一〇册，第 328 页。
③ 《文海宝韵》（甲种本），《俄藏黑水城文献》第七册，第 150 页。
④ 林英津：《夏译〈孙子兵法〉研究》，第三部分，第 61 页。
⑤ 史金波、黄振华、聂鸿音：《类林研究》，第 187 页。
⑥ [俄]聂历山：《西夏语文学》，李范文主编《西夏研究》第六辑，II 卷，第 215 页。

<>	掘	若	不	许	若	熟	地	之	碍	处	渠	掘	及

不	碍	处	渠	不	掘	令	有	者	若	等	一 律	官

有	罚	马	一	庶 人	十	三	杖

一	大 都 督 府	转 运 司	地 水	渠 干	租	催 促	者

等	<>	管 司	事	事	不	管 [1]	一 律 [2]	京 师	都 转 运

司 [3]	事	事	过 [4]	<>	明	依	<>	管 事

一	大 都 督 府	转 运 司	地 水	渠 干	头 项 [5]	涨 水 [6]	降

雨 [7]	渠	破	事	大 小	<>	出	者 其	处	转 运 司	<>

量	速	<>	修 盖	一 面 [8]	管 事	处	告	听	<>	为

注释：

　　[1]司职事不管：意“司职事不管”。

𗾟𗱤𗾈𗱤𗯴，字面作"司事事不管"。其中"𗱤"、"𗾈"虽然本意都为"事"，但"𗱤"可以用作动词，为"做事"，常常引申为"职"、"役"、"务"等；"𗾈"意"事"，用作名词，表示"事情"、"事务"等。本句中"𗾟𗱤𗾈"，意思是做事的司吏。

[2] 𗄭𗰱：意"一律"。

𗄭，意"一"。𗰱，作为词缀。

𗄭𗰱，意"一"、"独"、"专"等，见"𗄭𗰱"[一共]条。本句中"𗄭𗰱"，根据上下文意，汉译本作"一律"。

[3] 𗄭𗿢�970𗾟：意"都转运司"。

𗄭𗿢�970𗾟，字面作"都院转司"，与文中常见的"𗄭𗿢�970𗿀𗾟"稍异，缺"𗿀"字，汉译本意"都转运司"，疑为原文遗漏。

[4] 𗤌：意"过"。

𗤌，意"流"、"过"。《掌中珠》中"𗾈𗥰𗤌𗤓"作"三界流转"[1]。《现在贤劫千佛名经》中"𗋽𗸕𗳨𗤌𗰼𗥔𗤓𗤊"意"南无过去现在未来"[2]。本句中"𗤌"，汉译本意"受理"，其用法相当于上文"𗤁"[受]。

[5] 𗥰𗾓：意"头项"。

𗥰，意"头"，见"𗥰𗾠𗒹"[不过问]条。

𗾓，意为"项"、"颈"，见"𗾓𗏷"[绞刑]条。

𗥰𗾓，字面作"头项"。《金史》云"初，禹山战罢，有二骑迷入营，问之，知北兵凡七头项，大将统之"，"此时大兵病死者众，十七头项皆在京城，若从吾计出军，中兴久矣"[3]。

[6] 𗯱𗤗：意"涨水"。

𗤗，意"涨"、"满"。《金光明最胜王经》中"𗶷𗥠𗵤𗤗"意"悉皆盈满"[4]。

𗯱𗤗，意"涨水"。《掌中珠》中"𗯱𗤗"作"水涨"[5]。

[7] 𗈶𗱦：意"降雨"。

𗈶，意"雨"。《掌中珠》中"𗈴𗈶"作"雨泽"[6]。

① 《番汉合时掌中珠》（乙种本），《俄藏黑水城文献》第一〇册，第36页。
② 王静如：《现在贤劫千佛名经卷下残卷考释》，《西夏研究》第一辑，第97页。
③ [元]脱脱等：《金史》卷一一二、一一七，中华书局1975年版，第2472、2562页。
④ 王静如：《金光明最胜王经卷一夏藏汉合璧考释》，《西夏研究》第二辑，第36页。
⑤ 《番汉合时掌中珠》（甲种本），《俄藏黑水城文献》第一〇册，第7页。
⑥ 同上，第4页。

慌，意"来"、"降"。《掌中珠》中"救慌"作"下雪"，"慌婧叢瓻"作"奉送贵宾"①。

硪慌，意"降雨"、"下雨"。

[8]揚嶽：意"一面"。

嶽，意"面"，《金光明最胜王经》中"嶽黻獗舭觌兹猻"意"面貌犹如盛满月"②。《掌中珠》中"虬嶽兹務"作"休做人情"③。

揚嶽，意"一面"。本句汉译本作"同时"。

汉译本：

开之。若不许，而令于有碍熟地处开渠，不于无碍处开渠，属者等一律有官罚马一，庶人十三杖。

一大都督府转运司当管催促地水渠干之租，司职事勿管之，一律当依京师都转运司受理事务次第管事。

一大都督府转运司地水渠干头项涨水、降雨，渠破已出大小事者，其处转运司当计量多少，速当修治，同时当告问管事处。

39-22 右面：

䊮	戮	叛	叛	毪	龘	穢	帆	毵	綳	藏	猻[1]	靫	茜[2]	靵	嵌	嵌
一	大	都	督	府	转	运	司	所	有	冬	草	条	橡	等	京	师

夥	穀	繝	磔	厥	蒲	穘	緕	龎	緻	務	翏	毵	褷	綷
税	户	家	主	法	依	<>	纳	库	<>	为	若	不	足	则

羢	死	龘	穢	帆	荒	戕	緂	夥	穀	繝	磔	穢	牧	毵
其	处	转	运	司	人	<>	量	税	户	家	主	上	应	征税

---

① 《番汉合时掌中珠》（乙种本），《俄藏黑水城文献》第一〇册，第24、36页。

② 王静如：《金光明最胜王经卷七夏藏汉合璧考释》，《西夏研究》第三辑，第140页。

③ 《番汉合时掌中珠》（乙种本），《俄藏黑水城文献》第一〇册，第33页。

𗫸	𗰈	𗱊	𗪜	𗫵	𗰈	𗎯	𗦻	𗴴	𗳖	𗎳	𗪲	𗴴	𗎯
<>	纳	令	其	所	纳	数	使	为	<>	毕	生	超	有	数

𗴸	𗥃	𗑱	𗿳	𗕤	𗴴	𗭴	𗫵	𗏵	𗦻	𗱠	𗕤	𗴴	𗰜 𗅹 [3]
有	者	之	应	还	为	罪	不	治	若	不	还	为	自 己

𗟲	𗥘	𗗙	𗴮	𗐯 𗐯 𗺐	𗾟	𗫀 𗑱	𗒐	𗒑	𗵂	𗫵	𗦻
食	时	钱	量	偷 盗	法	决 断	官	库	内	所	入

𗼨	𗴮	𗗨 𗰖 [4]	𗭴	𗾍	𗫸	𗷻					
则	量	做 错	罪	与	<>	同					

𗫵	𗭖	𗒛 𗦤	𗖺 𗫵	𗼇 𗑱 [5]	𗾙 𗘺 [6]	𗴓	𗏵 𗪳	𗵉
一	诸	税 户	家 主	冬 草	蓬 子	夏 莠 等	以 外	其

𗏵 [7]	𗑱	𗴖 𗵇	𗳖	𗭖	𗳖	𗮺	𗿳	𗏵 𗘉	𗱬 [8]	𗵂	𗳖	𗷄 [9]
余	草	种 种	一	样	一	亩	上	五	尺	围	内 一	束

注释：

[1] 𗼇𗑱：意"冬草"。

𗼇，意"冬"。《掌中珠》中"𗋽𗬈𗰘𗼇"作"春夏秋冬"①。

𗑱，意"草"。《掌中珠》中"𗍻𗑱𗰚"作"萱草花"，"𗫸𗑱"作"灯草"②。

𗼇𗑱，意"冬草"。西夏文《杂字》③草部中有四十余种草名，多数不能准确地翻译，其中并无"冬草"，目前掌握的汉文和西夏文文献中也没有找到"冬草"，由于资料有限，暂作此译。聂鸿音先生在其《西夏水利制度》④一文中说，冬草是一种俗称"白

---

① 《番汉合时掌中珠》（乙种本），《俄藏黑水城文献》第一〇册，第 24 页。

② 同上，第 25、30 页。

③ 《三才杂字》（乙种本），《俄藏黑水城文献》第一〇册，第 46 页。

④ 聂鸿音：《西夏水利制度》，《民族研究》1998 年第 6 期，第 76 页。

刺”的植物。

[2][illegible]：意“条椽”。

[illegible]，意“枝条”等。《金光明最胜王经》中“[illegible]”意“折取枝叶，为作荫凉”[①]。

[illegible]，意“椽”。《掌中珠》中“[illegible]”作“椽榫”[②]。椽是盖房子时放在檩子上架屋瓦的木条。

[illegible]，意“条椽”。聂鸿音先生认为条椽是俗称“条子”或“荆条”的红柳枝[③]。

[3][illegible]：意“自己”。

[illegible]，意“自”，见“[illegible]”[各自]、“[illegible]”[自己]条。

[illegible]，意“人”。《掌中珠》中“[illegible]”作“大人嗔怒”[④]。

[illegible]，意“自己”。《类林研究》中“[illegible]”意“自谓我等是太伯之子孙”[⑤]。

[4][illegible]：汉语“做错”的音译。

[illegible]，音“坐”。《掌中珠》中该字标“坐”音，如坐司主法[[illegible]][⑥]。《类林研究》中该字标“从”、“苍”等音，如“[illegible]，[illegible]”意“邓哀王名冲，又名苍舒”，“[illegible]”意“薛安为扬州从事时”[⑦]。

[illegible]，音“作”。《掌中珠》中该字标“作”音。如作物[[illegible]][⑧]。《类林研究》中该字标“左”、“将”等音。如“[illegible]”意“此事《左传》中说”，“[illegible]”意“荀晞又名道将”[⑨]。

[illegible]，在汉译本“译名对照表”中音译为“做错”[⑩]。

[5][illegible]：意“蓬子”。

[illegible]，音“扎”，《夏汉字典》意“草”。[illegible]，音“吴”。

---

① 王静如：《金光明最胜王经卷九夏藏汉合璧考释》，《西夏研究》第三辑，第290页。

②《番汉合时掌中珠》（乙种本），《俄藏黑水城文献》第一〇册，第30页。

③ 聂鸿音：《西夏水利制度》，第76页。

④《番汉合时掌中珠》（乙种本），《俄藏黑水城文献》第一〇册，第34页。

⑤ 史金波、黄振华、聂鸿音：《类林研究》，第103页。

⑥《番汉合时掌中珠》（乙种本），《俄藏黑水城文献》第一〇册，第32页。

⑦ 史金波、黄振华、聂鸿音：《类林研究》，第76、92页。

⑧《番汉合时掌中珠》（乙种本），《俄藏黑水城文献》第一〇册，第30页。

⑨ 史金波、黄振华、聂鸿音：《类林研究》，第38、93页。

⑩ 史金波、聂鸿音、白滨译注：《天盛改旧新定律令》，第650页。

� ◆◆ ，音译"扎吴"。《同音》释"草名"[1]，西夏文《杂字》作"棘草"[2]，汉译本意"蓬子"。《类林研究》中"◆□□◆◆◆"意"篷子余一斗时"[3]，句中部分内容残损，"◆□"似为"篷子"。《新集锦合辞》中"◆◆◆◆◆◆◆◆◆◆◆◆"[4]，句中"◆◆"作为草名出现，说明"◆◆"是固定搭配，但是"◆◆"一词并未翻译出来。《夏汉字典》中"骆驼吃刺，不怕刺颚，皆因习惯"，《西夏谚语》中"草料已切，骆驼吃（萨胡），不刺颚"[5]，可见"◆◆"是一种带刺的草。而蓬子叶上的确有刺，《救荒本草》曰"蓬子菜，生田野中，所在处处有之。其苗嫩时，茎有红紫线楞，叶似碱蓬叶微细，苗者结子，叶则生出叉刺，其子如独扫子大，苗叶味甜"。所以《新集锦合辞》《类林研究》相互补充，"◆◆"当意为"蓬子"。

[6]◆◆：意"夏蒡"。

◆，音"夏"。《文海》释"◆◆◆◆"[6]，意"草旁夏旁"，故"◆"从"◆"音。"◆"在《掌中珠》中标"下"、"夏"、"限"、"孝"、"槛"、"匣"、"狭"、"馅"等音，如天变下[◆◆◆]、春夏秋冬[◆◆◆◆]、日限[◆◆]、孝顺父母[◆◆◆◆]、匣子[◆◆]、酸馅[◆◆][7]、木槛[◆◆]、狭阔[◆◆][8]。

◆，音"庞"。《文海》释"◆◆◆◆"[9]，意"草旁从庞"，故"◆"从"◆"音。"◆"在《孙子兵法》中标"庞"音，如"◆◆◆◆◆◆"意"庞涓追孙膑"[10]。

◆◆，音译"夏庞"，《同音》释"草名"[11]，西夏文《杂字》作"夏泮"[12]，汉译本意"夏蒡"，待考。

[7]◆◆：意"其余"。

◆，意"于"、"彼"、"而"等。◆，意"后"、"又"等。

① 李范文:《同音研究》，第 362 页。
② 李范文、中岛干起:《电脑处理西夏文杂字研究》，第 80 页。
③ 史金波、黄振华、聂鸿音:《类林研究》，第 33 页。
④ 《新集锦合辞》（甲种本），《俄藏黑水城文献》第一〇册，第 337 页。
⑤ 陈炳应:《西夏谚语》，山西人民出版社 1993 年版，第 18 页。
⑥ 《文海宝韵》（甲种本），《俄藏黑水城文献》第七册，第 133 页。
⑦ 《番汉合时掌中珠》（乙种本），《俄藏黑水城文献》第一〇册，第 21、24、29、31、35 页。
⑧ 《番汉合时掌中珠》（甲种本），《俄藏黑水城文献》第一〇册，第 12、14 页。
⑨ 《文海宝韵》（甲种本），《俄藏黑水城文献》第七册，第 150 页。
⑩ 林英津:《夏译〈孙子兵法〉研究》，第三部分，第 8 页。
⑪ 李范文:《同音研究》，第 416 页。
⑫ 李范文、中岛干起:《电脑处理西夏文杂字研究》，第 80 页。

𗹲𘝳，字面作"而后"，意"其余"。《孙子兵法》中"𗹲𘝳𗾺𘈬𘈾"意"余悉在后"，"𗹲𘝳𗴈𗙤𘈾𘉜𘈾𗝿"意"其他皆不知"[1]。

[8]𗊉：意"围"。

𗊉，在《同音文海宝韵合编》中多用其音。《同音》中搭配"𗿒"，组词"𗊉𗿒"[2]，用法与此处相似，字义与"𗿒"相近。或作"绳"，汉译本译"捆绳"，为"捆绳四尺五寸"，句中指捆绳的长度，其实就是周长。本句"𗊉"译为"围"较为确切。"围"作为量词讲，是说两只胳膊合拢起来的长度，人们在捆麦、粟时，并不需要专门的绳子，而是用两手，直接把麦或者粟的两头接在一起，起到绳子的作用，捆的过程会有一个两手合抱的动作，所以"围"这个动作逐渐发展成为了量词。

唐宋文献中有不少"围"的记述，其中不乏与"束"搭配使用。吐鲁番出土文书《唐上元二年（761）蒲昌县界长行小作具收支饲草数请处分状》[3]中有"每壹束叁尺围"、"每壹束贰尺捌围"、"每壹束叁尺叁围"、"每壹束叁尺壹围"的记载。《宋史》记载，宣和"三年（1121），言者论西蜀折科之弊，其略谓：'西蜀初税钱三百折绢一匹，草十围计钱二十。今本路绢不用本色，匹折草百五十围，围估钱百五十，税钱三百输至二十三千。东蜀如之，仍支移新边，谓之远仓，民破产者众。'"[4]"至和三年（1056），河北提举籴便粮草薛向建议：'并边十七州军，岁计粟百八十万石，为钱百六十万缗，豆六十五万石，刍三百七十万围，并边租赋岁可得粟、豆、刍五十万，其余皆商人入中。请罢并边入粟，自京辇钱帛至河北，专以见钱和籴。'"[5]

[9]𗿒：意"束"。

𗿒，意"绳"、"缚"、"束"。《掌中珠》中"夂𗿒"作"腰绳"[6]。《类林研究》中"𘈷𗾺𗸓𘄒𗟲𗿒𗼻"意"缚刀于各牛角上"，"𘝦𘃵𘋴𗼐𗿒"意"唯有稿草一束"[7]。本句中"𗿒"，表示草的计量单位，翻译成"绳"并不合适，汉译本意为"捆"，当改作"束"。

长期以来，西北地区的人们在夏收时节将小麦捆为一捆一捆，每十捆拢为一拢，以八捆以金字塔型立起，两捆作为盖子盖在上面，这样既可以防雨，又可以防潮。待

---

① 林英津：《夏译〈孙子兵法〉研究》，第三部分，第 7、143 页。

② 《音同》（甲种本），《俄藏黑水城文献》第七册，第 21 页。

③ 刘进宝：《唐五代"税草"所用计量单位考释》，《中国史研究》2003 年第 1 期，第 77 页。

④ [元]脱脱等：《宋史》卷一七四，第 4213 页。

⑤ 同上，卷一八四，第 4493 页。

⑥ 《番汉合时掌中珠》（乙种本），《俄藏黑水城文献》第一〇册，第 31 页。

⑦ 史金波、黄振华、聂鸿音：《类林研究》，第 78、197 页。

晒干后，将其拉到场上碾草打粮。本句的"捆"，实际上就是"束"，因为这类量词原本都是动词的借用，现代汉语动词用的是"捆"而不是"束"，所以量词当然也跟着用"捆"，而不用"束"。

唐宋文献中，税草的征收以"束"为计量单位，阿斯塔那 506 号墓《唐上元二年（761）蒲昌县界长行小作县收支饲草数请处分状》载："当县界应营易田粟总两顷，共收得□□叁阡贰伯肆拾壹束。每粟壹束准草壹束。"[1]《武周某馆驿给乘长行马驴及粟草帐》中还有"草壹拾贰束"、"草拾束"、"草贰拾柒束"、"草肆束"、"草伍束"[2]等记载。《宋史》中，政和五年（1115）十一月，边防司奏，"据提举熙河兰湟路弓箭手何灌申：汉人买田常多，比缘打量，其人亦不自安，首陈已及一千余顷。若招弓箭手，即可得五百人；若纳租税，每亩三斗五升、草二束，一岁间亦可得米三万五千石、草二十万束。今相度欲将汉人置买到蕃部土田愿为弓箭手者，两顷已上刺一名，四顷已上刺两名；如愿者，依条立定租税输纳。其巧为影占者，重为禁止"[3]。

汉译本：

一大都督府转运司所属冬草、条椽等，京师税户家主依法当交纳入库。若未足，则彼
  处转运司人当量之，当于税户家主征派使纳。其所纳数已毕，有超出数当还属者，
  不治罪。若不还而自己食之时，计价以偷盗法判断，已入官库则与做错罪相同。
一诸税户家主除冬草、蓬子、夏蒡等以外，其余种种草一律一亩当纳五尺围一束[4]，

39-22 左面：

骸	祋	㐧	矯	虻	緵	㪣	甤	絖	㞇	繡 绲[1]	緻 蘿[2]	蒲
而	十	五	亩	上	四	尺	束	围	内	蒲 苇	柳 条	梦

蕤[3]	靰	扬	肜	靰	扬	甤	骸	鎠	觧	嫌 羿[4]	㭘	汲	甤
萝	等	一	样	条	一	束	个	<>	纳	前 述	二	等	束

---

[1] 刘进宝：《唐五代"税草"所用计量单位考释》。

[2] 同上。

[3] [元]脱脱等：《宋史》卷一九〇，第4723页。

[4] 汉译本原作"捆一捆"，现改为"围一束"。

围	至	五	寸	数	围	头	当	是	束	体	中	应	减	为

冬草	中	蓬子	夏蒡	及	条	互换	杂	木	草	纳

令	等	时	纳	者	及	敛者	等	一律	所	纳	草

及	纳	应	条	草	等	<>	量	何	不	足	者	钱	量	偷

盗	法	决断

一	京师	城	诸	渠干	沿	□	有	处	椽	需	则	春

凿渠	事	兴	中	百	夫	役	人	事	为	中	应	减	一

注释:

[1]蒲芦:意"蒲苇"。

蒲,意"蒲"。《类林研究》中"束芦苇于牛尾","以蒲鞭击之令愧耻"①。

芦,意"芦"。《类林研究》中"一芦花衣"②。

蒲芦,字面作"蒲芦",《掌中珠》中"蒲芦"作"蒲苇"③,《孙子兵法》中"蒲

---

① 史金波、黄振华、聂鸿音:《类林研究》,第78、86页。
② 同上,第90页。
③ 《番汉合时掌中珠》(乙种本),《俄藏黑水城文献》第一〇册,第27页。

118

𗧤𗋽𗱪𗅲”意"蒹葭深远"[1]。

[2]𗅲𗰗：意"柳条"。

𗅲，意"柳"。《掌中珠》中"𗅲𗰚"作"柳宿"[2]，"𗅲𗰗"作"柳榆"[3]。

𗰗，现有字典中没有收录，俄藏中为"𗰗"，似为"𗰗"，音"竭"，意"红"。

𗅲𗰗，汉译本作"柳条"，若为"𗅲𗰗"，当为"红柳"。

[3]𗧩𗧪：意"梦萝"。

𗧩，意"薪"，音"没"。《同音》中"𗧩𗧩"意"樵薪"[4]。

𗧪，音"浪"，与"𗧩"组合为"𗧩𗧪"。西夏文《杂字》中意"无[拉]"[5]，《同音》释为"可食的野生植物"[6]。

𗧩𗧪，音译"没浪"，汉译本作"梦萝"，草名，待考。

[4]𗵃𗵁：意"前述"。

𗵃，意"先"、"前"等，见"𗵃𗵃"[先前]、"𗵃𗵄"[先前]条。

𗵁，为存在动词"有"，此处表示抽象的附有。《掌中珠》中"𗵈𗵉𗵊𗵁"作"踪迹见有"，"𗵋𗵌𗵍𗵁"作"罪在我身"[7]。

𗵃𗵁，字面作"前有"，意"前述"。

[5]𗧬𗧭：意"互换"。

𗧬，意"换"、"变"。《同音》作"互换"[8]。

𗧭，意"各"、"处"，作为词缀，常附在动词或形容词等之后，构成派生词，见"𗧮𗧭"[各自]。

𗧬𗧭，意"互换"。

[6]𗈎𗈏𗈐：意"敛者"。

𗈎，音"令"，《掌中珠》该字标"莲"、"蒡"、"帘"、"绫"、"连"、"镰"、"凌"、"令"等音，如莲花[𗈎𗈑]、菠蓡[𗈒𗈎]、门帘[𗈓𗈎]、绫罗[𗈎𗈔]、连袋[𗈎𗈕]、

① 林英津：《夏译〈孙子兵法〉研究》，第三部分，第75页。
② 《番汉合时掌中珠》（甲种本），《俄藏黑水城文献》第一〇册，第3页。
③ 《番汉合时掌中珠》（乙种本），《俄藏黑水城文献》第一〇册，第26页。
④ 李范文：《同音研究》，第206页。
⑤ 李范文、中岛干起：《电脑处理西夏文杂字研究》，第80页。
⑥ 李范文：《同音研究》，第446页。
⑦ 《番汉合时掌中珠》（乙种本），《俄藏黑水城文献》第一〇册，第34页。
⑧ 李范文：《同音研究》，第406页。

镰锄[⿰🗨🗨]、不许留连[🗨🗨🗨🗨]、恃强凌弱[🗨🗨🗨🗨]、追干连人[🗨🗨🗨🗨]、令追知证[🗨🗨🗨🗨]、凌迟打拷[🗨🗨🗨🗨]①、令交获则[🗨🗨🗨🗨]②。

　　🗨🗨🗨，字面作"令为者"，汉译本意"敛者"。

　　[7]🗨，《俄藏黑水城文献》影印件中作"🗨"，现有字典没有收录。

汉译本：

　　十五亩四尺束围③之蒲苇、柳条、梦萝等一律当纳一束④。前述二种束围⑤当为五寸围头⑥，当自整绳中减之。使变换冬草中莲子、夏蒡及条为纳杂草等时，纳者及敛者一律当计量所纳草及应纳条，未足者计价，以偷盗法判断。

一京师界沿诸渠干上△有处需椽，则春开渠事兴，于百夫役人做工中当减一

39-23 右面：

夫	换	处	三	百	五	十	枝	数	椽	细	一	枝	长	七

尺	数	<>	纳	渠干	沿	当	使	为	若	不	足	其	如

众多	需	则	何	需	<>	量	管事	处	<>	告	夫役

中	应	减	椽	<>	纳	若	管事	处	不	告	事	人	中

---

① 《番汉合时掌中珠》（乙种本），《俄藏黑水城文献》第一〇册，第25、26、30、31、32、33、34页。

② 《番汉合时掌中珠》（甲种本），《俄藏黑水城文献》第一〇册，第19页。

③ 汉译本原作"背"，现改为"束围"。

④ 汉译本原作"捆"，现改为"束"。

⑤ 汉译本原作"绳捆"，现改为"束围"。

⑥ 汉译本原作"捆头"，现改为"围头"。

𗰖	𗥃	𗫨	𗬼	𗅇	𗥑	𘕜	𗡅	𗲲	𗤋	𗑜	𗴢	𗲠	𗫨
减	橼	纳	令	超	征税		时	贿	无	官	库	内	所	纳

𗰖	𗏸	𗫨	𗦻	𘃡	𘃵	𘕜	𗢳	𗮿	𗴂	𗧘	𗱕	𗮔	𗫨
则	做	错	罪	如	一	等	应	退	为	自	<>	食	则	枉

𗬼 𘕜		𗦻	𗥔	𗴾	𗫝								
法贪赃		罪	与	<>	同								

𗢝	𗤋 𗳒	𗫨 𗴾	𘕜 𗭜	𗭴	𗨙	𗫨	𘕜	𗰖 𗵽 𘃡	𘊴 𗂰	𗫝
一	税 户	家 主	冬 草	条	等	纳	时	转 运 司	大 人	承

𗨙	𗰖	𗳒	𗬼	𗨙	𗂰 𗰖	𗦻	𗥑	𗴂	𗵽 𗂰	𗬼	𗵽	𗰖
旨	中	一	人	库	检 校	<>	遣	库	局 分	人	之	紧

汉译本:

夫,变而当纳细橼三百五十根,一根长七尺,当置渠干上。若未足,需多于彼,则计所需而告管事处,当减夫役而纳橼。若不告管事处而令减夫役而纳橼,且超派时,未受贿且纳入官仓,则当比做错罪减一等,自食之,则当与枉法贪赃罪相同。

一税户家主纳冬草、条等时,转运司大人、承旨中当派一库检校,当

39-23 左面:

𗰖	𗫝	𗵽 𗐓	𗑟	𗵻	𗂰 𗑟[1]		𘃡	𗑜	𗬼	𗑜	𗴢	𗫝
紧	应	指 挥	束	围	长 短		<>	明	令	内	<>	紧 应

𗫝	𗑟	𗴾	𘃡	𗮤	𗥑	𗤋	𗫝	𗬼	𗵽	𗦻	𗂰	𗳒
足	捆	好	法	样	如	精	应	令	为	五	十	日 差 一

[illegible]	[illegible]	[illegible] [illegible][2]	[illegible]	[illegible]	[illegible]	[illegible]	[illegible]	[illegible]	[illegible]	[illegible]	[illegible]	[illegible]	[illegible]
番	应	计算	捆	法	不	如	则	几	不	如	草	库	局

[illegible]	[illegible]	[illegible]	[illegible]	[illegible]	[illegible]	[illegible]	[illegible]	[illegible]	[illegible]	[illegible]	[illegible]	[illegible] [illegible]	[illegible]
分	人	应	偿	贿	无	则	官	有	罚	马	一	庶人	十

[illegible]	[illegible]	[illegible]	[illegible]	[illegible]	[illegible]	[illegible] [illegible] [illegible]	[illegible]	[illegible]	[illegible]	[illegible] [illegible]	[illegible]
三	杖	及	贿	有	者	枉法贪赃	罪	等	上	决断	又

[illegible] [illegible]	[illegible] [illegible]	[illegible]	[illegible]	[illegible]	[illegible]	[illegible]	[illegible]	[illegible]	[illegible]	[illegible]	[illegible]	[illegible]
夫役	头监	人	草	令	为	时	亦	应	验	为	不	足

[illegible]	[illegible]	[illegible]	[illegible]	[illegible]	[illegible] [illegible][3]	[illegible]	[illegible]	[illegible] [illegible]	[illegible]	[illegible] [illegible]	[illegible]
则	几	不	足	当	分明	令	库	检校	及	局分	人

[illegible]	[illegible] [illegible][4]	[illegible]	[illegible]	[illegible]	[illegible]	[illegible]	[illegible]	[illegible]	[illegible]	[illegible]	[illegible]	[illegible]	[illegible]
等	虚枉	所	有	处	草	偿	罪	承	〈〉	前	依	明	与

[illegible]	[illegible]										
〈〉	同										

注释：

[1][illegible][illegible]：意“长短”。

[illegible]，意“长”。《掌中珠》中“[illegible][illegible]”作“长鞦”①。

[illegible]，意“短”。西夏文《孟子》中“[illegible][illegible][illegible][illegible]”意“绝长补短”②。

[illegible][illegible]，字面作“长短”。

① 《番汉合时掌中珠》（甲种本），《俄藏黑水城文献》第一〇册，第 13 页。

② 彭向前：《西夏文〈孟子〉整理研究》，第 145 页。

[2]􀀀􀀀：意"计算"。

􀀀，意"计算"。《文海》释"􀀀􀀀􀀀􀀀􀀀，􀀀􀀀􀀀􀀀􀀀"[1]，其中"􀀀􀀀"与"􀀀"互释，意"计算"。

􀀀，意"算"。《金光明最胜王经》中"􀀀􀀀􀀀􀀀􀀀􀀀􀀀􀀀􀀀􀀀􀀀"意"非人有能算知佛之寿量"[2]。

􀀀􀀀，字面作"计算"。

[3]􀀀􀀀：意"分明"。

􀀀，意"显"、"明"等。《类林研究》中"􀀀􀀀􀀀􀀀􀀀􀀀􀀀􀀀"意"欲明不失信故也"[3]。

􀀀，意"分明"、"显现"等。《掌中珠》中"􀀀􀀀􀀀􀀀"作"人有高下"[4]。

􀀀􀀀，意"分明"。《掌中珠》中"􀀀􀀀􀀀􀀀"作"知证分白"[5]。《金光明最胜王经》中"􀀀􀀀􀀀􀀀"意"验其虚实"[6]。

[4]􀀀􀀀：意"虚枉"。

􀀀，音"虚"，汉语借词，见"􀀀􀀀"[虚杂]条。

􀀀，意"虚"。《类林研究》中"􀀀􀀀􀀀􀀀􀀀􀀀􀀀􀀀􀀀􀀀􀀀􀀀􀀀􀀀􀀀􀀀􀀀􀀀􀀀􀀀"意"扬州刺史欧阳澡遣安诣郡问虚实"[7]。

􀀀􀀀，字面作"虚虚"，意"虚枉"。

汉译本：

紧紧指挥库局分人，使明束围长短松紧，当依法如式捆之。五十日一番当计量，捆不如式，则几多不如式者由草库局分人偿之。未受贿则有官罚马一，庶人十三杖，受贿则以枉法贪赃罪判断。又夫役小监等敛草时，亦当验之，未足则当使未足数分明。库检校及局分人等有何虚枉处，偿草承罪法当与前所示相同。

---

① 《文海宝韵》（甲种本），《俄藏黑水城文献》第七册，第122页。

② 王静如：《金光明最胜王经卷一夏藏汉合璧考释》，《西夏研究》第二辑，第28页。

③ 史金波、黄振华、聂鸿音：《类林研究》，第35页。

④ 《番汉合时掌中珠》（乙种本），《俄藏黑水城文献》第一〇册，第33页。

⑤ 同上，第34页。

⑥ 王静如：《金光明最胜王经卷九夏藏汉合璧考释》，《西夏研究》第三辑，第310页。

⑦ 史金波、黄振华、聂鸿音：《类林研究》，第92页。

桥道门

39-24 右面:

		桥	道	门						

一	诸	渠 干	沿	桥	大 小	有	数	诸	人	损	为	不 许

若	枉 法	损	为	时	钱	量	偷 盗	法	决 断	应

需	数	盗	人	应	偿	桥	<>	修 盖		

一	渠	大	中	唐 徕	汉 延	等	上	道	大	桥	有	数	修

盖	所	有	时	转 运 司	<>	告	人	遣	体 工	应	需

何	往	<>	计 量 [1]	官	依	<>	修 盖	监	者	识 信

𘃠[2]	𗾫	𗧓	𗎩	𘃠	𗇋	𗿷	𗂧	𗢳	𘟙	𘓺	𗍓	𘋢	𘏲	𘟀
人	中	十	户	人	<>	遣	若	修	盖	所	有	不	告	时

𗥴	𘓺	𗆊	𗂧	𗏡	𘝦	𘃠	𗧓	𘘞	𘊝	𗙏	𘟙	𗰛	𗒀	𗈶
官	有	罚	马	一	庶	人	十	三	杖	其	余	渠	干	大

注释：

[1]𗤂𗆊：意"计量"。

𗤂，意"论"。《类林研究》中"𗤂𘄒𗤂𗇋𗤂𘄒"意"著论文五篇"①。《掌中珠·序》中"𘄒𗤂𗇋𘃠𘝣𗤷𗤂𘄒𘟙𗐯𗤂𘉋𘟀𘄒"作"番汉文字者，论末则殊，考本则同"②。《金光明最胜王经》中"𘚢𗇋𗤂𘎑𘘞"意"破灭诸邪论"③。

𗆊，意"量"、"度"等，见"𗆊"[量]条。

𗤂𗆊，意"计量"、"测量"。《金光明最胜王经》中"𘃠𘞩𗇋𗇋𘒂𗤂𗆊"意"一切人天共测量"④。

[2]𘃠𗾫𘃠：意"识信人"。

𘃠，意"识"、"知"等。《类林研究》中"𗂧𘚢𗰛𘒂𘘞𘓺𘝦𗐯𘚢𘃠"意"于小道远见车头监，犹识之"⑤。

𗾫，意"信"。《掌中珠》中"𘈀𘉋𗇋𗾫"作"仁义忠信"⑥。《金光明最胜王经》中"𘋝𘓺𗾫𘕣"意"欢喜信受"⑦。

𘃠𗾫𘃠，字面作"识信人"。"识信"一词在《天盛律令》中多次出现，如"盗物仍未出则当使识信三人担保而放之"，"诸当铺诸人放物典当取钱时，十缗以下，识未识一律当典给，是盗物亦不予治罪，物应还回，钱当取。送十缗以上物者，识则令典给，未识则当另寻识人，令其典当。假若无识信人而令典当，是盗物时，限三个月

---

① 史金波、黄振华、聂鸿音：《类林研究》，第95页。

② 《番汉合时掌中珠》（乙种本），《俄藏黑水城文献》第一〇册，第20页。

③ 王静如：《金光明最胜王经卷十夏藏汉合璧考释》，《西夏研究》第三辑，第386页。

④ 同上，第368页。

⑤ 史金波、黄振华、聂鸿音：《类林研究》，第97页。

⑥ 《番汉合时掌中珠》（乙种本），《俄藏黑水城文献》第一〇册，第29页。

⑦ 王静如：《金光明最胜王经卷七夏藏汉合璧考释》，《西夏研究》第三辑，第104页。

期限当还，当寻盗者"①。综合这几处，"识信人"当指"可以信赖之人"。

汉译本：

一沿诸渠干有大小各桥，不许诸人损之。若违律损之时，计价以偷盗法判断，用度盗
人当偿之，桥当修治。

一大渠中唐徕、汉延等上有各大道、大桥，有所修治时，当告转运司，遣人计量所需
笨工多少，依官修治，监者、识信人中当遣十户人。若有应修造而不告时，有官
罚马一，庶人十三杖。此外，

39-24 左面：

𘘃	𗗉	𗟻	𗉘	𗉟	𗢳	𗯝	𘈩	𗸁	𗢳	𗤋	𗒹	𗦺	𗢳
小	桥	名	有	数	亦	转	运	司	人	税 户		家 主		中

𗭗	𗏇	𗎫	𗏇	𗳊	𗄈	𗫵	𘂤	𗉂	𗦎	𗈪	𗄻	𗄻
监	者	应	时	<>	遣	私	依	<>	修 盖		一 律		紧 紧

𗾑	𗤊	𗦇	𗸮	𗑲	𗴁	𗣼	𗣼	𘊝	𗭗	𗒘	𗤄	𗀔
应	指 挥		日 夜		所	无	好	好	<>	监	若	检	不	牢

𗄜	𗗙	𗴺	𘄴 [1]	𗗉	𗧠	𗸮	𗀚	𗴁	𗾑	𗪱	𗣼	𗸁	𗦎
水	入	盗 窃		桥	损	时	自 己		应	偿	<>	修 盖	

𗺉	𗤊	𘄒	𗥤	𗸁	𗦎	𗓁	𘒣	𗥻	𘊝	𗟵	𗧓	𗥃
罪	不	治	不	修 盖		则	官	有	罚	马	一	庶 人	

𗉟	𗤪	𗥃									
十	三	杖									

---

① 史金波、聂鸿音、白滨译注：《天盛改旧新定律令》，第 180、186 页。

𗗽	𗥃	𗤊	𗴛	𗴆	𗼃	𗼈[2]	𗘅	𗰚	𗖐	𗤙	𗐴	𗤻	𗤈	𗦀	𗦾
一	诸	渠	小	沿	往	来	道	有	处	所	近	家	主	应	指

𗧇	𗎘	𗆧	𗤊[3]	𗧤	𗧘	𗄈	𗬊	𗎪	𗄽	𗤇	𗥛	𗆧	𗑲
挥	建	桥		<>	监	破	损	时	<>	修	盖	若	桥	不

𗆧	𗑲	𗤇	𗥛	𗬊	𗳵	𗤘	𗿷	𗃀	𗤍	𗖠	𗥾	𗏁	𗴟
建	不	修	盖	时	官	有	五	缗	罚	钱	庶	人	十	杖

注释：

[1]𗼃𗼈：意"偷盗"。

𗼃，意"偷盗"。《过去庄严劫千佛名经》中"𗦶𗗙𗄻𗧩𗥃𗴛𗴆𗼃𗌫𗄈"作"南无西南方坏诸怨贼佛"①。

𗼈，意"偷盗"。《类林研究》中"𗤙𗤈𗅺𗃀𗑲𗥛𗼈𗴆𗥃𗌫"意"盗主人牛衣卧"②。

𗼃𗼈，字面作"偷盗"。

[2]𗼃𗼈：意"往来"。

𗼃，意"来往"。《类林研究》中"𗼃𗼈𗤈𗦀𗥋𗥃𗄈𗴆𗆧𗅐𗤈𗍳𗐴𗦀𗘇𗦾𗼃𗼈𗨻"意"陈灵公与大臣孔宁、仪行父共通于夏姬"③。

𗼈，意"入"。《金光明最胜王经》中"𗥾𗆧𗥃𗥘𗼈"意"然后入母胎"④。

𗼃𗼈，意"往来"。《现在贤劫千佛名经》中"𗥛𗦶𗴆𗴛𗥃𗼃𗼈𗦶𗴋𗴆𗴛𗤇𗌫"意"或通人妻妾夺他妇女"⑤。

[3]𗥛𗎘𗆧：意"建桥"。

𗥛，意"桥"。《类林研究》中"𗘇𗥋�(
)�(
)𗩈𗥃𗥛𗦶𗄈𗌫𗎺�6𗕄"意"尾生与一

① 王静如：《过去庄严劫千佛名经考释》，《西夏研究》第一辑，第172页。
② 史金波、黄振华、聂鸿音：《类林研究》，第201页。
③ 同上，第51页。
④ 王静如：《金光明最胜王经卷八夏藏汉合璧考释》，《西夏研究》第三辑，第212页。
⑤ 王静如：《现在贤劫千佛名经卷下残卷考释》，《西夏研究》第一辑，第97页。

女子期于桥下"[1]。

𗫔，动词前缀。

𗂧，意"建"、"安"等。《金光明最胜王经》中"𗫤𗫤𗂧𗂧"意"建大法幢"[2]。《六韬·农器》中"𗫤𗂧𗫤𗏣𗫤"意"善为国者"，"𗂧"对译为"安"[3]。

𗫤𗫔𗂧，意"建桥"，与之近似的"𗫤𗫤𗂧"，意"不建桥"。

汉译本:

　　沿大渠干有各小桥，转运司亦当于税户家主中及时遣监者，依私修治，依次紧紧指挥，无论日夜，好好监察。若监察失误，致取水、盗窃、损桥时，本人赔偿而修治之，不治罪，不修治则有官罚马一，庶人十三杖。

一沿诸小渠有来往道处，附近家主当指挥建桥而监察之，破损时当修治。若不建桥不修治时，有官罚钱五缗，庶人十杖，

39-25 右面:

𗫤	𗫔	𗂧	𗷀	𗂍	𗄻							
建	桥		<>	修	盖							

𗫤	𗷀	𗷀	𗴍	𗗟	𗤎	𗾕	𗴍	𗂍	𗗐	𗴍	𗴍[1]	𗼄	𗼄
一	诸	租	地	中	先	官	道	大	有	道	断破	为	耕

𗴍	𗼄	𗾕	𗴍	𗴍	𗷀	𗤎	𗂍	𗗟	𗴍	𗷀	𗄻	𗴍
地	为	道	沿	放	水	等	不	许	若	枉	法	时

	官	有									

𗂍	𗗟	𗷀	𗗟[2]	𗴍	𗷀	𗗟	𗷀	𗴍	𗤎	𗴍	𗄻	𗄻[3]	𗼄
二	罚	马	一	庶	人	三	个	月	道	法	依	应	遣

	为

---

① 史金波、黄振华、聂鸿音：《类林研究》，第35页。

② 王静如：《金光明最胜王经卷三夏藏汉合璧考释》，《西夏研究》第二辑，第80页。

③ 贾常业：《西夏文译本〈六韬〉解读》，第71页。

一	诸	桥	大	小	弱	不	修	桥	建	应	不	建	道	大	小	断

衰	又	道	铡	为	地	为	道	内	放	水	等	时	渠	水	巡

检	渠	主	人	应	指	挥	<>	修	<>	建	应	正	为	令	若

渠	水	巡	检	渠	主	见	不	告	不	事	正	为	令	时	水

放	道	断	等	罪	与	同	令	决	断

注释：

[1] 𘚍𘃧：意"断破"。

𘚍，意"断"。《掌中珠》中"𘚍𘃧𘚍𗗉"作"立便断止"①。

𘃧，意"铡"。《西夏语文学》中"𘃧𗡪"意"铡刀"②。

𘚍𘃧，字面作"断铡为"，意"断破"。本句"𘚍𘃧𗼩，𗠩𗗎𗼩，𘃧𘝵𘚍𗾟𗑛"意"断破、耕种、沿道放水等"为三个并列的语句。

[2] 𗢔𗘟𗧓𘎪𗖵𗤮：意"有官罚马二"。

𗢔𗘟𗧓𘎪𗖵𗤮，字面作"有官二罚马一"，与常见的"𗢔𗘟𘎪𗖵𗤮"[有官罚马一]略有不同，汉译本意"有官罚马二"。相似的惩罚措施还有"𗢔𗘟𘀄𗫂𘎪𗤁"[有官罚钱五缗]等。

[3] 𗖵：意"遣"。

𗖵，意"遣"、"使"等。《掌中珠》中"𗠩𗤶𗖵𗼩"作"遣将媒人"③。《类林研

①《番汉合时掌中珠》（乙种本），《俄藏黑水城文献》第一〇册，第35页。
②[俄]聂历山：《西夏语文学》，李范文主编《西夏研究》第六辑，Ⅰ卷，第486页。
③《番汉合时掌中珠》（乙种本），《俄藏黑水城文献》第一〇册，第36页。

究》中“[illegible]”意“后遣邓艾使吴”①。本句“[illegible]”，汉译本意“依道法当除之”。

[4][illegible]：意“正”。

[illegible]，意“正”。《掌中珠》中“[illegible]”作“正统司”，“[illegible]”作“正听”②。本句中“[illegible]”与下一句“[illegible]”[见不告，不改正]相呼应，意“改正”。

汉译本：

桥当建而修治之。

一诸租地中原有官大道，不许断破、耕种、沿道放水等。若违律时有官罚马二，庶人徒三个月，依道法当除之。

一诸大小桥不牢而不修，应建桥而不建，大小道断毁，又毁道为田、道内放水等时，渠水巡检、渠主当指挥，修治建设而正之。若渠水巡检、渠主见而不告，不令改正时，与放水断道等罪同样判断。

39-25 左面：

[illegible]	[illegible]	[illegible]	[illegible]	[illegible]	[illegible]	[illegible]	[illegible]	[illegible]	[illegible]	[illegible]	[illegible]
一	唐徕	汉延	新渠	其	渠	大	等	沿	闸口	垫板	上

[illegible]	[illegible]	[illegible]	[illegible]	[illegible]	[illegible]	[illegible][1]	[illegible]	[illegible]	[illegible]	[illegible]	[illegible]	[illegible]	[illegible]
道	不	有	处	人	过	圮	处	完	不许	若	枉法	时	家

[illegible]	[illegible]	[illegible]	[illegible]	[illegible]	[illegible]	[illegible]	[illegible]	[illegible]	[illegible]	[illegible]	[illegible]	[illegible]
主	监	者	行为	<>	捕	局分	处	<>	纳	庶人	十	杖

[illegible]	[illegible]	[illegible]	[illegible]	[illegible]	[illegible]	[illegible]	[illegible]	[illegible]	
若	放松	监	不	牢	等	同	令	决断	

① 史金波、黄振华、聂鸿音：《类林研究》，第106页。

②《番汉合时掌中珠》（乙种本），《俄藏黑水城文献》第一〇册，第32、33页。

注释：

[1]𪜎：意"圮"。

𪜎，俄藏中为"𪜎"，现有字典没有收录，似为"𪜎"，意"圮"，《孙子兵法》中"𪜎𪜎𪜎𪜎𪜎𪜎𪜎𪜎𪜎"意"水毁曰圮"①。

汉译本：

一沿唐徕、汉延、新渠、其他大渠等，不许人于沿岸闸口、垫板上无道路处破损缺圮。若
　　违律时，家主监者当捕之交于局分，庶人十杖。若放纵、监失误等，使同等判断。

---

① 林英津：《夏译〈孙子兵法〉研究》，第三部分，第 44 页。

地水杂罪门

39-25 左面：

		𗄻	𗈁	𗢳	𗋽	𗀔				
		地	水	杂	罪	门				

𗢳	𗦤𗤊		𗴮𗋽	𗢶	𗈁𗄻	𗵈	𗀔	𗗚	𗀔𗋽	𗀓	𗥃	𗴮𗗚
一	唐徕		汉延	诸	官	渠	等	沿	税户	官	私	家主

𗄻	𗒹	𗼑	𗴮	𗉛	𗈁𗄻[1]	𗀔	𗼒	𗷅	𗘲	𗸁[2]	𗸂[3]	𗸃[4]	𗷇[5]
地	方	所	至	处	渠程	沿	有	<>	依	柳	柏	杨	榆

𗒯	𗸄	𗤊𗘲		𗀔	𗹙	𗵈[6]	𗥃	𗷇𗘲[7]	𗷆	𗦳	𗪅	𗴮	𗷇
其	树	种种		等	<>	栽	为	树木	当	成	令	先	树

𗷆	𗞞𗄻[8]		𗢳	𗎹𗴮	𗙏	𗥃	𗵽	𗤊	𗀔𗘲[9]	𗀔	𗴮	𗷇𗤊	𗥃
木	旧植		与	一共	<>	监	应	护	依时	条	枝	锄	为

注释：

[1]𗈁𗄻：意"渠程"。

𗄻，意"程"、"领"、"头"等。《掌中珠》中"𗄻𗈁"作"地程"，"𗄻𗾈𗤊𗥃"

作"出与头子"①，"◻◻"作"领襟"②。

◻◻，字面作"渠程"，指的是沿渠全程，汉译本作"渠段"。

[2]◻：意"柳"。

◻，意"柳"。《掌中珠》中"◻◻"作"柳榆"③。《类林研究》中"◻◻◻◻◻◻◻"意"柳絮不同因风起"④。

[3]◻：汉语"柏"的音译。

◻，音"白"。《掌中珠》该字标"白"、"帛"、"拍"等音，如白虎[◻◻]、白日[◻◻]、彩帛[◻◻]⑤、铺帛[◻◻]、知证分白[◻◻◻◻]、拍板[◻◻]⑥。

柏，西夏文常用"◻"字，如"松柏"的西夏文作"◻◻"⑦，"松树"的西夏文作"◻◻"⑧。

[4]◻：汉语"杨"的音译。

◻，音"扬"。《掌中珠》该字标"羊"、"阳"、"莺"、"扬"等音，如白羊[◻◻]、阳焰[◻◻]⑨、山羊[◻◻]、鸳鸯[◻◻]、阴阳和合[◻◻◻◻]、世间扬名[◻◻◻◻]⑩。《类林研究》中"◻"音译为"杨"，如"◻◻"为汉语"杨梅"⑪的音译。

[5]◻：意"榆"。

◻，意"榆"。《掌中珠》中"◻◻"作"柳榆"，见"◻"[柳]条。

[6]◻：意"栽"。

◻，音"栽"，汉语借词。《掌中珠》中该字标"灾"音，如灾杀[◻◻]⑫。本句作"栽"，指的是栽树。

① 《番汉合时掌中珠》（乙种本），《俄藏黑水城文献》第一〇册，第25、34页。
② 《番汉合时掌中珠》（甲种本），《俄藏黑水城文献》第一〇册，第13页。
③ 《番汉合时掌中珠》（乙种本），《俄藏黑水城文献》第一〇册，第26页。
④ 史金波、黄振华、聂鸿音：《类林研究》，第113页。
⑤ 《番汉合时掌中珠》（甲种本），《俄藏黑水城文献》第一〇册，第4、5、14页。
⑥ 《番汉合时掌中珠》（乙种本），《俄藏黑水城文献》第一〇册，第31、34、35页。
⑦ 同上，第26页。
⑧ 史金波、黄振华、聂鸿音：《类林研究》，第63页。
⑨ 《番汉合时掌中珠》（甲种本），《俄藏黑水城文献》第一〇册，第4页。
⑩ 《番汉合时掌中珠》（乙种本），《俄藏黑水城文献》第一〇册，第27、28、32页。
⑪ 史金波、黄振华、聂鸿音：《类林研究》，第110页。
⑫ 《番汉合时掌中珠》（甲种本），《俄藏黑水城文献》第一〇册，第4页。

[7] □□：意“树木”。

□，意“木”、“薪”等。《过去庄严劫千佛名经》中“□□□□”意“或燃樵薪”[1]。

□，意“树”。《掌中珠》中“□□”作“灯树”[2]。《金光明最胜王经》中“□□□□”意“问树神言”[3]。

□□，意“树木”。《金光明最胜王经》中“□□□□□□□”意“所有丛林诸树木”[4]。

[8] □□：意“旧植”。

□，意“植”、“立”等。《类林研究》中“□□□□□□”意“道旁有一李树”[5]。《六韬·军用》中“□□□□□”意“车上立旗矛”[6]。

□□，字面作“旧植”。本句“□□□□□□”，对译为“先树木旧植与”，指的是柳、柏、杨等新栽树木与原先所植树木一同监护。

[9] □□：意“依时”。

□□，字面作“时依”，意“依时”，本句指的是剪枝、伐木等都要依照时节进行，不能随意为之。

汉译本：

地水杂罪门

一沿唐徕、汉延诸官渠等税户、官私家主地方所至处，当沿所属渠段植柳、柏、杨、榆及其他种种树，令其成材，与原先所植树木一同监护，除依时节剪枝条

39-26 右面：

及	断	别	栽	为	等	以外	其余	诸	人	断	不
□	□	□	□	□	□	□ □	□ □	□	□	□	□

---

① 王静如：《过去庄严劫千佛名经考释》，《西夏研究》第一辑，第136页。

② 《番汉合时掌中珠》（乙种本），《俄藏黑水城文献》第一〇册，第30页。

③ 王静如：《金光明最胜王经卷九夏藏汉合璧考释》，《西夏研究》第三辑，第288页。

④ 王静如：《金光明最胜王经卷五夏藏汉合璧考释》，《西夏研究》第二辑，第242页。

⑤ 史金波、黄振华、聂鸿音：《类林研究》，第77页。

⑥ 贾常业：《西夏文译本〈六韬〉解读》，第73页。

𗾕	𗊲𗫕𗙴	𗀓	𗾍𗾍[1]	𗿒𗄯[2]	𗣼	𗤵	𗾶	𗰚	𗄉
许	转 运 司	人	中 间	检 验	者	人	能	<>	遣

𗈩	𗤵𗭪	𘛝𗗟	𗤱	𗭪𗷫	𗬩	𗄴	𗤵𗹙	𗿉[3]	𗰚𗤵
若	枉 法	树 木	不	栽	为	之	官	有 罚 马	庶 人

𗵘	𗓱	𘝵	𘛝𗗟	𗢁	𗭪𗷫	𗤱	𗈩	𗤵	𗆁	𗤵[4]	𗿉𘝊[5]
十	三	杖	树 木	<>	栽	为	不	护	及	不 胜	不 牢

𗀓	𘟖	𗊲	𗿉	𘜶	𗣼	𗄴	𗪚𗫂	𗰚𗤵	𗎫	𗵘	𘘒[6]
入	吃	时	畜	有	者	等	一 律	庶 人	二	十	笞 官

𗤵	𗆁	𗄴	𗷫[7]	𗔮𘝊	𗾍	𘛝𗗟	𗤵	𗿒	𗷋𗵘	𘛝𗗟
有	五	斤	铁	其 中	官	树 木	及	私	家 主	树 木

𗄴	𗀔	𗤵	𗵗	𗊲	𗢁	𘊝𘊝𗧭	𗤱	𘝵𗿉	𗫤	𗤵	𘜶
等	他	人	断	时	钱	量	偷 盗	法	决 断	诸 人	举

𗊲	𘜶𘝊	𘊝𘊝𗧭	𘜶𘝊	𗤱	𘝭	𗙴	𘛝𗗟	𗫕
时	举 赏	偷 盗	举 赏	法	依	当	得 其	树 木 监

𗈩	𗣼	𗿼	𗤵	𗄉	𗫨	𘝭𗟀𘝊[8]	𗿼	𗵗	𗊲𗗟	𗺉	𗄒𗭹[9]
护	者	自	捕	告	则	免 罪	自	断	时 树	数	多 少

注释:

[1] 𗾍𗾍:意"中间"。

𗾍，意"中间"。《金光明最胜王经》中"𗿿𗾍𘜶𗊱𗆧𘉈𗧭"意"眉间常有白毫光"①。《类林研究》中"𗾧𗀁𗆊𗗉𗆊"意"云间陆士龙"②。

𗀁𗀁，二字重叠意"中间"。

[2]𗤓𗹲：意"检验"。

𗤓，意"看"、"视"、"检"等。《掌中珠》中"𗰜𗾝𗤓𗤁"作"医人看验"③。

𗹲，意"经"、"受"、"验"。

𗤓𗹲，意"检验"。《类林研究》中"𗒕𗾧𗨉𗬩𗤲𗧌𗤲𗈈𗴿𗿒𗤓𗹲"意"狱官每夜打鼓检验王章"④。"𗤓𗹲"在《天盛律令》中多有出现，如"𗀁𗀁𗗙𗤓𗹲𗷍"意"中间当检验之"⑤。

[3]𗤳𗭒𗤑𗍁：意"有官罚马"。

𗤳𗭒𗤑𗍁，字面作"官有罚马"，意"有官罚马"，通常这句话为"有官罚马一"，本句缺"𗀔"[一]，汉译本为"有官罚马一"。

[4]𗥃𗆫𗥃𗱸：意"不胜不牢"。

𗆫，意"如"、"于"、"胜"等。《天盛律令》中"𗆫"常用于二者的比较，如"𗭴𗭴𗆊𗝠𗆫𗽹𗨁𗤲𗸦𗷍"意"比偷盗罪减一等"。本句"𗥃𗆫"中，"𗆫"似取"胜"意，指的是不胜任监护树木的工作，《金光明最胜王经》中"𗂡𗆫𗵣𗙇"意"见有胜己"⑥。

𗱸，意"牢"。《渠水门》多次出现"𗱸"，如"𗩅𗦻𗥃𗱸"意"检校不善"，"𗥃𗱸"意"失误"。

𗥃𗆫𗥃𗱸，字面作"不胜不牢"，汉译本作"无心失误"。

[5]𗊱𗈁：意"牲畜"。

𗊱，意"牲畜"。𗈁，意"牲畜"。

𗊱𗈁，意"牲畜"。《金光明最胜王经》中"𗗠𗑠𗗠𗤶𗊱𗈁𗴿𗺌𗾈𗤻"意"能于地狱饿鬼傍生五趣之中"⑦。《六韬·农器》中"𗫦𗥃𗍱𗱈𗊱𗈁𗾷"意"故必使

---

① 王静如：《金光明最胜王经卷五夏藏汉合璧考释》，《西夏研究》第二辑，第208页。

② 史金波、黄振华、聂鸿音：《类林研究》，第109页。

③ 《番汉合时掌中珠》（乙种本），《俄藏黑水城文献》第一〇册，第34页。

④ 史金波、黄振华、聂鸿音：《类林研究》，第202页。

⑤ 史金波、聂鸿音、白滨译注：《天盛改旧新定律令》卷一二《内宫待命等头项门》，第438页。

⑥ 王静如：《金光明最胜王经卷三夏藏汉合璧考释》，《西夏研究》第二辑，第80页。

⑦ 王静如：《金光明最胜王经卷十夏藏汉合璧考释》，《西夏研究》第三辑，第349页。

遂其六畜"①。

[6]𗾭：意"笞"。

𗾭，意"打"，见"𗾱𗾭"[打拷]条。

𗾱𗋽𗾱𗾭𗾭，字面作"庶人二十打"，本句中"𗾭"意"笞"，为用鞭子或竹板拷打的刑法，在《唐律疏议》等古代法典中经常用于惩戒。

[7]𗾦𗾬𗾨𗾩𗾪：意"有官五斤铁"。

𗾦𗾬𗾨𗾩𗾪，字面作"有官五斤铁"，省略动词"𗾫"[罚]，这种惩罚方式与农业门中常出现的不同。

[8]𗾮𗾯𗾰：意"免罪"。

𗾰，意"解"。《金光明最胜王经》中"𗾱𗾲𗾰𗾳"意"心善解脱"②。《过去庄严劫千佛名经》中"𗾴𗾵𗾶𗾲𗾰𗾷𗾸𗾭"意"常饮甘露解脱之味"③。

𗾮𗾯𗾰，字面作"罪当解"，意"免罪"。

[9]𗾹𗾺：意"多少"。

𗾹，意"多"。《金光明最胜王经》中"𗾹𗾻𗾼𗾽"意"多闻智慧"④。

𗾺，意"小"、"少"。《掌中珠》中"𗾾𗾿𗿀𗾺"作"愚蒙小人"，"𗿁𗾺𗿂𗾺"作"七十者稀"⑤。

𗾹𗾺，字面作"多少"。

汉译本：

及伐而另植以外，不许诸人伐之。转运司人中间当遣胜任之监察人。若违律不植树木，有官罚马一，庶人十三杖。树木已植而不护，及无心失误致牲畜入食时，畜主人等一律庶人笞二十，有官罚铁五斤。其中官树木及私家主树木等为他人所伐时，计价以偷盗法判断。诸人举之时，举赏当依偷盗举赏法得之。彼监护树木者自捕之而告，则赦其罪。自伐之时，无论树木多少，

① 贾常业：《西夏文译本〈六韬〉解读》，第71页。
② 王静如：《金光明最胜王经卷一夏藏汉合璧考释》，《西夏研究》第二辑，第2页。
③ 王静如：《过去庄严劫千佛名经考释》，《西夏研究》第一辑，第170页。
④ 王静如：《金光明最胜王经卷五夏藏汉合璧考释》，《西夏研究》第三辑，第228页。
⑤ 《番汉合时掌中珠》（乙种本），《俄藏黑水城文献》第一○册，第34、36页。

39-26 左面：

不	算	一 律	庶 人	十	三	杖	官	有	罚	马	一

一	渠 干	沿	官	树 木	植	中	剥 皮[1]	为	及	斤 斧[2]	行

以	内	刻	为	等	不 许	若	枉 法	时	树	全	断	与

同	令	决 断	举 赏	亦	边	等	法	依	当	得

一	渠 水 巡 检	渠 主	所	有	渠 干	沿	税 户	家 主	紧 紧

不	指 挥	官	渠 干	沿	树	不	栽	为	令	时	渠 主	十

三	杖	渠 主 巡 检	十	杖	树	<>	栽	为	又	诸	人	树

断	见	不	告	时	同	令	决 断			

一	唐 徕	汉 延	及	诸	渠	大	等	沿	闸 口	垛 口[3]	□(1)	口

注释：

[1][illegible][illegible]：意“剥皮”。

[illegible]，意“剥”。《过去庄严劫千佛名经》中“[illegible][illegible]”意“剥裂”①。

[illegible][illegible]，字面作“皮剥”，意“剥皮”。

[2][illegible][illegible]：意“斤斧”。

[illegible]，意“斤斧”。

[illegible]，意“斧”。《金光明最胜王经》中“[illegible][illegible][illegible][illegible][illegible][illegible][illegible]”意“各持弓箭刀矟斧”②。《六韬》中“[illegible][illegible][illegible][illegible][illegible]，[illegible][illegible][illegible][illegible][illegible]”意“操刀必割，执斧必伐”③。

[illegible][illegible]，意“斤斧”，《掌中珠》中“[illegible][illegible]”作“斤斧”④。

[3][illegible][illegible]：意“垛口”。

[illegible]，音“窝”，汉语借词，《文海》中以“[illegible]”解释“[illegible]”，见“[illegible][illegible]”[闸口]。

[illegible]，意“口”。《掌中珠》中“[illegible][illegible]”作“口唇”⑤。

[illegible][illegible]，汉译本作“垛口”。

校勘：

（1）此字在《俄藏黑水城文献》影印件中作“[illegible]”，在 39-22 左面亦有出现，汉译本以“△”标记。

汉译本：

一律庶人十三杖，有官罚马一。

一沿渠干官植树木中，不许剥皮及以斧斤斫刻等。若违律时，与树全伐同样判断，举赏亦依边等法得之。

一渠水巡检、渠主沿所属渠干不紧紧指挥税户家主，沿官渠不令植树时，渠主十三杖，渠水巡检十杖，并令植树。见诸人伐树而不告时，同样判断。

一沿唐徕、汉延及诸大渠等，不许诸人沿其闸口、垛口、△口、

---

① 王静如：《过去庄严劫千佛名经考释》，《西夏研究》第一辑，第 134 页。

② 王静如：《金光明最胜王经卷七夏藏汉合璧考释》，《西夏研究》第三辑，第 144 页。

③ 贾常业：《西夏文译本〈六韬〉解读》，第 68 页。

④《番汉合时掌中珠》（乙种本），《俄藏黑水城文献》第一〇册，第 30 页。

⑤《番汉合时掌中珠》（甲种本），《俄藏黑水城文献》第一〇册，第 10 页。

39-27 右面:

诸	垫板	等	沿	诸	人	断 土[1]	采 薪[2]	者	掘	损

等	不 许	若	枉 法	断	掘	损	为	其	上	水	断	破	时

断	掘	损	为	者	之	罪	渠 头	事	扔 弃	渠	断	破	罪

阶	明	与	同	令	决	断	未	断	破	则	土	薪	所	量	偷

盗	罪	及	三个月	等	何	所	重	上	决	断	他	人

举	时	盗	举 赏	法	依	当	得

一	税 户	家 主	诸	渠	灌	渠	细	沿	田 地[3]	中	水	灌	为

时	不	毕	渠	方	好	好	<>	牧 监	诸	人	地	中	放 水

为	不 许	若	枉 法	不	胜	不	牢	渠	破	培 口[4]	断	家

注释:

[1]𘝵𗙆：意"断土"。

𘝵，意"土"，见"𗋽𘝵"[梁土]条。

𗙆，意"释"、"断"等。《西夏语文学》中"𗙆𗙆"意"断首"①。

𘝵𗙆，意"断土"，汉译本为"取土"。39-32右面"𘝵𘝵𗙆𗙆𗙆"中"𗙆"字，取"释"意，字面作"谷物放量时"，表示谷物出库计量时。

[2]𗗚𗲣𗥃：意"采薪"。

𗗚，意"薪"。《过去庄严劫千佛名经》中"𗥃𗥃𗥃𗗚"意"或燃樵薪"②。

𗥃，意"采"、"割"等。《孙子兵法》中"𗥃𗥃𗥃𗲣"意"樵采也"③。《六韬·农器》中"𗥃𗥃𗲣"意"秋刈禾薪"④。

𗗚𗲣𗥃，字面作"薪所采"，意"采薪"，汉译本为"取柴"。

[3]𗒀𗰗：意"田地"。

𗰗，意"田"。《六韬·农器》中"𗒀𗰗𗒀"意"辟其田野"⑤。

𗒀𗰗，意"田地"。《掌中珠》中"𗒀𗰗"作"田畴"，"𗒀𗒀𗰗𗒀"作"更卖田地"⑥。

[4]𗇋𗇋：意"培口"。

𗇋，汉语"沛"、"裴"的音译，文献中多用其音，见"𗇋"[培]条。

𗇋，意"口"，汉语借词，见"𗋽𗇋"[渠口]条。

𗇋𗇋，字面作"培口"。

汉译本：

诸垫板等取土、取柴而抽损之。若违律取土抽损，致彼水断破时，抽损者之罪与渠头放弃职守致渠断破罪状同样判断。未断破，则计土、柴，以偷盗罪及徒三个月从其重者判断。他人举时，当依举盗赏法得赏。

一税户家主沿诸供水细渠田地中灌水时，未毕，此方当好好监察，不许诸人地中放水。

---

① [俄]聂历山：《西夏语文学》，李范文主编《西夏研究》第六辑，Ⅱ卷，第368页。

② 王静如：《过去庄严劫千佛名经考释》，《西夏研究》第一辑，第136页。

③ 林英津：《夏译〈孙子兵法〉研究》，第三部分，第81页。

④ 贾常业：《西夏文译本〈六韬〉解读》，第71页。

⑤ 同上，第71页。

⑥ 《番汉合时掌中珠》（乙种本），《俄藏黑水城文献》第一〇册，第25、32页。

若违律无心失误致渠破培口断，

39-27 左面：

舍	田	地	中	水	往	时	放	水	者	官	有	罚	马	一	庶

人	十	三	杖	耕	时	未	过	则	牛	工[1]	种	等	应	偿	重

<>	耕	为	耕	时	<>	过	则	苗	无	谷	物	果	何	害	<>

量	应	偿	为	屋	舍	下	水	往	塌	损	者	<>	量	半	分

当	给	为	若	无主贫子[2]			工	量	给	偿	为	等	无	力

实	则	做	错	法	依	决	断	若	人	死	者	遮	掩	人	在

射	箭	投	掷	等	及	人	死	罪	与	<>	同

一	渠	水	巡	检	渠	主	一	班	军	大	往	事	大	兴	时	法

依	<>	为	其	余	临	时	杂	事	摊派[3]	<>	出	者	不	置

注释：

[1]□□：意"牛工"。

□，意"耕牛"。《掌中珠》中"□□"作"耕牛"[①]。《文海》释"□：□□□□；□□□□□□□□□□□"，意"耕牛：犁上耕牛；耕牛者耕用，耕牛、拉犁者也"[②]。

□，意"工"，见"□□"[体工]条。

□□，意"牛工"，指的是耕地所用人力、畜力。

[2]□□□□：意"无主贫子"。

□□□□，字面作"无主贫子"。《天盛律令》中曾有出现，如"盗人为无主贫子，实未有，则中间捐客当还给。彼亦不能还，则盗人等何时可还时还给"[③]。"又□室人妇男等、正军真无主贫子，本人不愿，亦因彼二种事，允许使典押。赔偿官马、铠甲，因派出官事等能办时，正军□能办及非赔官马、铠甲、派官事，不许因私事典押。彼典押人属者，抽无主贫子而未能办时，彼典人因几缗押，一律自典押钱中每日一缗之中减除工价一钱。"[④]

无主贫子，指一个特殊的群体，"无主"说明他们没有依靠，"贫子"中的"□"，应该是"孩子"的意思，说明他们贫困且年龄小。

[3]□□：意"摊派"。

□，意"征税"、"赋敛"。《六韬·国务》中"□□□"意"重赋敛"[⑤]。

□，意"伸"、"施"。《金光明最胜王经》中"□□□□□□□□"意"张施种种宝盖幢幡"[⑥]。

□□，字面作"施赋敛"，汉译本意"摊派"。

汉译本：

---

① 《番汉合时掌中珠》（乙种本），《俄藏黑水城文献》第一〇册，第 32 页。
② 贾常业：《新编西夏文字典》，甘肃文化出版社 2013 年版，第 174 页。
③ 史金波、聂鸿音、白滨译注：《天盛改旧新定律令》卷三《分持盗畜物门》，第 172 页。
④ 同上，卷一一《出典工门》，第 388 页。
⑤ 贾常业：《西夏文译本〈六韬〉解读》，第 65 页。
⑥ 王静如：《金光明最胜王经卷六夏藏汉合璧考释》，《西夏研究》第三辑，第 16 页。

舍院、田地中进水时，放水者有官罚马一，庶人十三杖。种时未过，则当偿牛工、种子等而再种之。种时已过，则当以所损失苗、粮食、果木等计价则偿之。舍院进水损毁者，当计价而予之一半。若无主贫儿实无力偿还工价，则依做错法判断。

若人死者，与遮障中向有人处射箭投掷等而致人死之罪相同。

一渠水巡检、渠主一班大军往兴大事时，当依法为之，此外勿置临时所出摊派杂事。

39-28 右面：

为	若	枉 法	时	官	有	罚	马	一	庶 人		十	三	杖		

一	诸	渠 干	沿	涨 水	降 雨	临 时	断	破	渠	时	边	近

官	之	准 备[1]	草	不	<>	置	则	所	近	家 主	中	私 草

有	处	当	给	当	置	为	多 数[2]	当	明	令	草	有 者 田

地	有	则	冬 草	中	应	算	为	一	年	冬 草	如	众 多

则	依 次	冬 草	中	应	算	为	田 地	不	<>	有	则	一

束	草	卖	法	依	同	量	官	依	当	给	为 若	私 草

<>	所	为	冬 草	中	不	算	量	钱	不	给	为	等 官 有

□	□	□	□□	□	□	□				
罚	马	一	庶人	十	三	杖				

注释:

[1] □□:意"准备"。

□,意"准备"、"供给"、"皇城"等,见"□□"[注册]条。

□,意"准备"。

□□,意"准备"。《掌中珠》中"□□□□"作"准备食馔","□□□□"作"尽皆准备"①。《金光明最胜王经》中"□□□□"意"设诸饮食"②。

[2] □□:意"多数"。

《六韬·军用》中"□□□□□□□□"意"凡用兵之大数"③。"□"为形容词修饰名词"□",意思是"数量多少",本句指的是总数。

汉译本:

若违律时,有官罚马一,庶人十三杖。

一沿诸渠涨水、下雨,不时断破而堵之时,附近未置官之备草,则当于附近家主中有私草处而置之。当明其总数,草主人有田地则当计入冬草中,多于一年冬草则当依次计入冬草中。未有田地则依束现卖法计价,官方予之。若私草已置而不计入冬草中,不予计价等,有官罚马一,庶人十三杖。

39-28 左面:

□	□	□	□ □	□	□ □	□ □	□ □	□ □	□ □	□ □ [1]	□	□ (1)
一	地	租	催 促	者	乘 马	各 自	转 运 司	白 册	数	卷		

□	□	□	□	□ □	□ □ [2]	□	□	□	□ □	□	□	□
<>	印	<>	持	家 主	凭 据	<>	取	数	白 册	上	<>	登

---

① 《番汉合时掌中珠》(乙种本),《俄藏黑水城文献》第一〇册,第35、36页。

② 王静如:《金光明最胜王经卷八夏藏汉合璧考释》,《西夏研究》第三辑,第178页。

③ 贾常业:《西夏文译本〈六韬〉解读》,第73页。

□	□	□	□	□	□	□	□	□	□	□	□ [3]
白册	处	凭据	有	者	眼	前	租	催促	者	手记	

□	□	□	□	□	□	□ □ □	□	□	□	□ □ [4]	□ □
十	五	日	数	一	番	转运司	<>	检	为	所有	家主

□ □ [5]	□	□	□	□ □	□ □	□	□ □	□	□	□	□
侵扰	贿	取	等	不许	枉法	不	登簿	手	不	识	时

□	□	□	□	□	□	□ □ □	□	□	□	□	□
十	三	杖	贿	有	则	枉法贪赃	罪	法	依	决断	

□	□	□ □	□	□	□	□ □ □	□	□ □	□	□
一	诸	郡县	租	<>	所有	租役草	种种	紧紧	<>	催

□	□ □	□	□ □ [6]	□ □ □	□	□	□	□ □	□ □
促	凭据	<>	收敛	一个月	一	番	而	凭据	司吏

□	□	□ □ □	□	□	□	□ □	□ □ [7]	□ □	□	□
<>	持	转运司	当	来	租	催促	不果	以后	事	上

注释：

[1]□□：意"白册"。

□，意"簿"，见"□□"[地册]条。

□，意"白"。《掌中珠》中"□□"作"白虎"，"□□"作"白羊"，"□□"作"白米"①，"□□"作"白露"，"□□"作"白土"②。

---

① 《番汉合时掌中珠》（甲种本），《俄藏黑水城文献》第一〇册，第4、8页。
② 《番汉合时掌中珠》（乙种本），《俄藏黑水城文献》第一〇册，第24、30页。

𘗼𘝞，字面作"簿白"，意"白册"。

[2]𗱀𗢎：意"凭据"。

𗱀，意"纳"。《掌中珠》中"𘊒𗱀𗋽"作"受纳司"①。

𗢎，意"植"、"柄"等。《掌中珠》中"𘜶𗢎"作"木植"②。《六韬·军用》中"𗫘𗰖，𗪮𘄷𗇋𗤶，𗍫𘄷𗡞，𗢎𗣜𗽇𗤛𘃸，𗼙𗤷𗤒𗼖𘋥，𗋽𗠝𗔦𗫘𗊱"意"大柯斧，刃长八寸，重八斤，柄长五尺以上，千二百枚，谓之天钺"③。

𗱀𗢎，字面作"纳柄"，引申为"凭据"。"柄"，指植物的花、叶或果实跟茎枝连着的部分，如"花柄"；器物上的把儿，如西夏文《六韬》中的"斧柄"；比喻在言行上被人抓住的短处、漏洞，如"话柄"。本句"𗱀𗢎"，意"凭据"，指纳税的根据、凭证。

[3]𗧹𗤁𘃅：意"手记"。

𗧹，意"手"，𗤁，为动词前缀，见"𗱈𗤁𘟛"[建桥]条。

𘃅，意"识"、"记"。《文海》释"𘃅𗟲𗧹𘃅𗧘，𗿒𗧘，𗌰𗧘，𘘚𗢺𗧘"④，其中以"𗿒"、"𗌰"、"𘘚𗢺"来解释"𘃅"，"𗌰"意"记"，《类林研究》中"𗈧𗛚𗔣𘇜𘃾𘗼𗌰𗟲"意"种种经典，莫不暗记"⑤。《金光明最胜王经》中"𘉒𗄹𗪻𗴿𘃅𗴢𗌰"意"共授无上菩提记"⑥。

𗧹𗤁𘃅，意"手记"。

[4]𗣼𗣼：意"所有"。

𗣼，意"有"。《类林研究》中"𗾄𘜶𗣼𗅢𗤃𘟀𗉘"意"有一女杀夫"⑦。

𗣼𗣼，二字重叠意"所有"。《金光明最胜王经》中"𗣼𗣼𗧘𗄈𗆟𘉒𘃸"意"所有丛林诸树木"⑧。

[5]𘁇𘏄：意"侵扰"。

𘁇，意"侵扰"。《金光明最胜王经》中"𗙴𗧍𗵐𗫴𗄼𘁇𗬚𗤶"意"被他怨贼

① 《番汉合时掌中珠》（乙种本），《俄藏黑水城文献》第一〇册，第 33 页。

② 同上，第 30 页。

③ 贾常业：《西夏文译本〈六韬〉解读》，第 73 页。

④ 《文海宝韵》（甲种本），《俄藏黑水城文献》第七册，第 138 页。

⑤ 史金波、黄振华、聂鸿音：《类林研究》，第 97 页。

⑥ 王静如：《金光明最胜王经卷五夏藏汉合璧考释》，《西夏研究》第二辑，第 216 页。

⑦ 史金波、黄振华、聂鸿音：《类林研究》，第 81 页。

⑧ 王静如：《金光明最胜王经卷五夏藏汉合璧考释》，《西夏研究》第二辑，第 242 页。

常来侵扰"①。

　　𗧻，意"侵扰"。《文海》释"𗧻𗗙𗧻𗧻𗏵，𗰗𗸕𗆧𗥃𗥃𗗙𗤦𗸕𗆧"②，其中"𗧻𗧻"作为一个词组来解释"𗧻"，说明"𗧻"、"𗧻"含义相近，同为"侵扰"。

　　𗧻𗧻，字面作"侵扰"。

　　[6]𗥃𗆧：意"收敛"。

　　作为常用词语，"𗥃"、"𗆧"二字经常连用，有"结合"、"聚拢"之意。如"结合"，《类林研究》中"𗥃𗸕𗏵𗸕𗸕𗸕𗥃𗥃𗏵𗸕𗥃𗆧𗸕𗤦𗸕𗤦𗏵"意"'人'、'一'、'口'三字结合成字也"③。如"集合"，《孙子兵法三注》九变品第八中"𗥃𗤦𗥃𗤦�86𗗙𗸕𗸕𗸕𗥃�36𗸕𗆧𗸕𗆧𗥃𗆧"④意"孙子曰凡用兵之法，将受命于君令，以后集合军马"。如"相配"，《类林研究》中"��86𗥃𗆧𗸕𗸕𗏵𗸕𗸕𗏵"意"七七相配则为四十九也"⑤。此处"𗥃𗆧"当"收敛"讲，意为收集纳税凭据。

　　[7]𗥃𗸕：意"不果"。

　　𗥃𗸕，字面作"不大"，汉译本意为"不果"。

校勘：

　　（1）𗸕𗸕，汉译本录为"□□"，字面作"数卷"。

汉译本：

一催促地租者乘马于各自转运司白册数卷⑥盖印，家主当取收据数登记于白册。其处于收据主人当面由催租者为手记，十五日一番，由转运司校验，不许胡乱侵扰家主取贿等。违律不登记、无手记时十三杖，受贿则依枉法贪赃罪法判断。

一诸郡县转交租，所属租役草种种当紧紧催促，收据当汇总，一个月一番，收据由司吏执之而来转运司。催租不果，后

① 王静如：《金光明最胜王经卷五夏藏汉合璧考释》，《西夏研究》第二辑，第260页。
② 《文海宝韵》（甲种本），《俄藏黑水城文献》第七册，第141页。
③ 史金波、黄振华、聂鸿音：《类林研究》，第75页。
④ 《孙子兵法三注》（甲种本），《俄藏黑水城文献》第一一册，第162页。
⑤ 史金波、黄振华、聂鸿音：《类林研究》，第74页。
⑥ 汉译本原作"□□"，现改为"数卷"。

39-29 右面：

𫇭	𫈐	𫇏	𫈘	𫈗	𫈗	𫈗	𫈗	𫈗 𫈗[1]	𫈗	𫈗	𫈗	𫈗	𫈗
<>	在	租	<>	催	促	月	数	分 析	中	不	来	春	秋

𫈗	𫈗 𫈗	𫈗	𫈗	𫈗	𫈗	𫈗 𫈗	𫈗	𫈗	𫈗	𫈗 𫈗	𫈗
租	磨 勘	时	先	法	依	一 共	<>	唤	应	磨 勘	来

𫈗	𫈗	𫈗 𫈗	𫈗	𫈗	𫈗	𫈗	𫈗 𫈗	𫈗	𫈗	�️ �️	�️
若	租	催 促	者	大人	月	数	凭 据	来	令	侵 扰	时

𫈗 𫈗 𫈗	𫈗	� �	� �[2]	� �[3]	� �	�	�	�
转 运 司	大人	承 旨	都 案	案 头	司 吏	等	谁	知

𫈗	�	�	�	�	�	� �	�	�	�
者	官	有	罚	马	一	庶 人	十	三	杖

𫈗	�	� �	� �	�	� �	� 死	� �	�	� �	�
一	诸	税 户	家 主	应	指 挥	各 自	所 有	租	种 种	地

𫈗	�	�	�	�	�	�	�	�	�	�	�	�
册	上	顷	亩	斗	升	草	等	何	有	数	名	<>	计	为	转

𫈗 �	�	�	�	�	� �[4]	羊	�	� �	�	�	�	�
运 司	人	有	者	之	凭 据	当	给	家 主	其	上	<>	视

𫈗	�	�	�	� �	�	�	�	�	�	�	� �	�
数	依	<>	纳	其 中	地	买	有	亦	<>	告	先	地 册	上

注释：

[1]𘟪𗑗：意"分析"。

𘟪，意"分析"。𗑗，意"行列"、"析"。

𘟪𗑗，字面作"分析"。《掌中珠》中"𗼩𗟶𘟪𗑗"作"彼人分析"[1]。

[2]𗙴𗫸：意"都案"。

𗙴，意"一"，或作动词前缀，或作助词，具有"大、都"等意。𗫸，意"都案"。

𗙴𗫸，意"都案"。《掌中珠》中"𗙴𗫸𗧓𗥔"作"都案判凭"[2]。《重修护国寺感应塔碑铭》中"𗙴𗫸𘌥𗡝"意"都案头监"[3]。

[3]𗫸𘏨：意"案头"。

𗫸，意"案"，音"优"，文献中多用其音。《金光明最胜王经》中"𗍳𗤶𘞽𗠝𗫸𗥰𘛛𗸦𗵒"意"面目清净优钵罗香山"[4]。

𘏨，意"头"。《掌中珠》中"𗿢𘏨"作"馒头"[5]。

𗫸𘏨，意"案头"。《掌中珠》中"𗙴𗫸𗫸𘏨"作"都案案头"[6]。

[4]𗰔𘃣：意"登记凭据"。

𗰔，意"入"。《类林研究》中"𘓝𗒹𗣼𗟻𗥃𗰔𗦠𗧟"意"汉末饥荒乱时"，"𗰔𗦠𗧟"对译为"入乱时"[7]。

𘃣，意"植"、"柄"，见"𗣎𘃣"[凭据]条。

𗰔𘃣，字面作"入柄"，引申为"凭据"。

汉译本：

　当在任上催租，每月分析中勿来，春秋磨勘租时，依前法一并当唤来磨勘。若催租者大人每月另交收据有侵扰时，转运司大人、承旨、都案、案头、司吏等谁知者，有官罚马一，庶人十三杖。

一诸税户家主当指挥，使各自所属种种租，于地册上登录顷亩、斗升、草之数。转运

① 《番汉合时掌中珠》（乙种本），《俄藏黑水城文献》第一〇册，第34页。

② 同上，第34页。

③ 罗福成校录：《重修护国寺感应塔碑铭》，《国立北平图书馆刊》第四卷第三号《西夏文专号》，第24页。

④ 王静如：《金光明最胜王经卷九夏藏汉合璧考释》，《西夏研究》第三辑，第266页。

⑤ 《番汉合时掌中珠》（乙种本），《俄藏黑水城文献》第一〇册，第35页。

⑥ 同上，第33页。

⑦ 史金波、黄振华、聂鸿音：《类林研究》，第61页。

司人当予属者凭据，家主当视其上依数纳之。其中有买地亦当告，

39-29 左面：

[illegible]	[illegible]	[illegible]	[illegible]	[illegible]	[illegible]	[illegible]	[illegible]	[illegible]	[illegible]	[illegible]	[illegible]
有	与	<>	同	令	凭 据	当	给	家 主	凭 据	不	索

[illegible]	[illegible]	[illegible]	[illegible]	[illegible]	[illegible]	[illegible]	[illegible]	[illegible]	[illegible]	[illegible]	[illegible]
来	及	所	告	转 运 司	人	凭 据	不	给	等	时	官

[illegible]	[illegible]	[illegible]	[illegible]	[illegible]	[illegible]	[illegible]	[illegible]			
有	五	缗	罚	钱	庶 人	十	杖			

[illegible]	[illegible]	[illegible]	[illegible]	[illegible]	[illegible]	[illegible]	[illegible]	[illegible]	[illegible]	[illegible]
一	税 户	家 主	地	租 役 草	种 种	有	催 促	中	速	不

[illegible]	[illegible]	[illegible]	[illegible]	[illegible]	[illegible]	[illegible]	[illegible] [1]	[illegible]	[illegible]	[illegible]	[illegible]
纳	住 滞	时	地	耕	者	及	门 下 人	<>	捕	高 低	依

[illegible]	[illegible]	[illegible]	[illegible]	[illegible]	[illegible]	[illegible]	[illegible]	[illegible]			
杖	罪	应	断	为	速	<>	纳	令			

[illegible]	[illegible]	[illegible]	[illegible]	[illegible]	[illegible]	[illegible]	[illegible]	[illegible]	[illegible]	[illegible]	[illegible]	[illegible]
一	春	凿 渠	职 人	自	中	唐 徕	汉 延	等	上	职 人	二	处

[illegible]	[illegible]	[illegible]	[illegible]	[illegible]	[illegible]	[illegible]	[illegible]	[illegible] [2]	[illegible]	[illegible]	[illegible]	[illegible]
<>	集	事	当	分	好 好	<>	凿	深 宽	<>	为	<>	修 盖

[illegible]	[illegible]	[illegible]	[illegible]	[illegible]	[illegible]	[illegible]	[illegible]	[illegible]	[illegible]	[illegible]	[illegible]	[illegible]	[illegible]	[illegible]
若	好 好	不	凿	宽	深	不	为	时	官	有	罚	马	一	庶

注释：

[1]𗏟𗙇𗴂：意"门下人"。

𗏟，意"门"、"宅"、"计"、"户"等，见"𗤶𗏟"[税户]条。

𗏟𗙇𗴂，字面作"门下人"。《类林研究》中"𗏟𗙇𗴂𗤳𗸦"意"门下人疑"[1]。《天盛律令》中多次出现，如"诸人及门下人等相恨，盗窃官敕、上谕、印、旗、金鼓等时，已亡失，未亡失一律徒一年"[2]。"门下人、节亲等不应为知证，为知证不真而应另行为知证时，与为知证一齐传讯者，因不应推问门下人，节亲等为知证，比所诉讼之罪情当减三等。"[3]

[2]𗬩𗰔：意"深宽"。

𗬩，意"广"、"阔"。《金光明最胜王经》中"𗲍𗩱𗢡𗬩𗤧𗕥𗿒"意"王于广博清净处"[4]。《孙子兵法》中"𗈪𗆧𗒀𗬩，𗥩𗺉𗬩𗰔"意"长短阔狭，远近小大"[5]。

𗰔，意"深"。《掌中珠》中"𗾈𗰔"作"浅深"[6]。

𗬩𗰔，字面作"阔深"，意"宽深"。《类林研究》中"𗰔𗬩𗼨𗤗𗰆"意"深宽吾饮满"[7]。

汉译本：

令与先地册所有相同，予之凭据。家主人不来索凭据及所告转运司人不予凭据等
时，有官罚钱五缗，庶人十杖。

一税户家主有种种地租役草，催促中不速纳而住滞时，当捕种地者及门下人，依高低
断以杖罪，当令其速纳。

一春开渠发役夫中，当集唐徕、汉延等上二种役夫，分其劳务，好好令开，当修治为
宽深。若不好好开，不为宽深时，有官罚马一，

① 史金波、黄振华、聂鸿音：《类林研究》，第81页。
② 史金波、聂鸿音、白滨译注：《天盛改旧新定律令》卷三《杂盗门》，第167页。
③ 同上，卷一三《许举不许举门》，第448页。
④ 王静如：《金光明最胜王经卷九夏藏汉合璧考释》，《西夏研究》第三辑，第234页。
⑤ 林英津：《夏译〈孙子兵法〉研究》，第三部分，第170页。
⑥《番汉合时掌中珠》（甲种本），《俄藏黑水城文献》第一〇册，第7页。
⑦ 史金波、黄振华、聂鸿音：《类林研究》，第87页。

39-30 右面：

人	十	三	杖						

一	诸	税户	家主	有	租	地	河	水	<>	断	沙	下[(1)]	所	入

	[1]												
及	碱	所	起	石	<>	出	地	高	水	不	至	耕	所	不	堪

					[2]						
<>	是	屋舍	为	告	注销	求	我	曰	者	转运司	大人

											[3]	
承旨	一	人	当	往	<>	视	地	边	接	相	应	担保	实

话	是	则	顷	亩	数	当	明	令	<>	至	应	注销	若	出

言掩饰	为	告	视	担保	者	等	与	知晓	无理	注销

时	一律	顷	亩	数	钱	量	偷盗	法	如	一	等	应

退	为	决断	又	先	<>	注销	后	其	地	中	耕	所	堪

注释：

[1]◻，意"碱"。

◻，汉语借词，音"简"，意"碱"，见"◻◻"[碱地]条。汉译本作"池"，其西夏文似取"◻"，"◻"当为"◻"形近之误，"◻◻"条中，汉译本误为"◻◻"。

本句"◻◻◻◻◻◻◻◻◻◻◻◻◻◻◻"，可断为"◻◻◻◻"[河水断]、"◻◻◻◻"[下沙入]、"◻◻◻"[碱起]、"◻◻◻"[石出]。汉译本意"河水已断，沙□已入，及池起石出"。其中"◻"下字未识，"◻"[碱]误为"◻"[池]，"◻◻◻"[碱起]、"◻◻◻"[石出]没有断开。

[2]◻◻：意"注销"。

◻，意"断"、"折"、"伐"、"割"等。《掌中珠》中"◻◻"作"折花"[1]。《孙子兵法》中"◻◻"意"斩伐树木"[2]。《金光明最胜王经》中"◻◻◻◻◻"意"被割两乳"[3]。

◻，意"除"、"损"。《金光明最胜王经》中"◻◻◻◻◻"意"解我忧悲心"[4]。西夏文《孟子》中"◻◻"意"稍损"[5]。

◻◻，字面作"断除"，汉译本作"注销"。

[3]◻◻：意"担保"。

◻，意"卜骨"、"肩梁"等。《天盛律令》中"◻◻"多次出现，本句中汉译本作"担保"。

校勘：

（1）◻，汉译本录"□"，对译为"下"。

汉译本：

庶人十三杖。

---

① 《番汉合时掌中珠》（乙种本），《俄藏黑水城文献》第一〇册，第35页。

② 林英津：《夏译〈孙子兵法〉研究》，第三部分，第78页。

③ 王静如：《金光明最胜王经卷十夏藏汉合璧考释》，《西夏研究》第三辑，第340页。

④ 同上，第356页。

⑤ 彭向前：《西夏文〈孟子〉整理研究》，第179页。

一诸税户家主所属租地河水已断，下沙①已入，及碱起，石出，地高水不至，致不堪耕
种而为舍，告曰我求注销者，转运司大人、承旨一人当往视之。地边相邻者应担
保，是实言，则当明其顷亩数而奏报注销。若言语隐瞒，告者与视者、担保者随
意无理注销时，一律以顷亩数计价，当比偷盗法减一等判断。又先已注销，后其
地中所种可生，

39-30 左面：

出	是	及	屋	舍	<>	为	后	别	迁	损	为	等	广	博

耕	不	许	转	运	司	<>	告	<>	耕	租	役	草	种	种

新	地	开	法	依	<>	为	<>	纳	不	告	自	谋	广	博

耕	时	租	役	草	何	<>	逃	为	量	偷	盗	法	决

断	租	役	草	法	依	<>	为	应	偿

一	诸	人	租	地	中	林	场[1]	<>	为	先	<>	注	销	以	外

此	后	注	销	不	许	租	役	草	法	依	<>	为	若	柱

---

① 汉译本原作"沙口"，现改为"下沙"。

法	时	何	所	注 销	地	之	租	种 种	钱	量	偷	

盗	法	决 断					

注释：

[1]蕤箢：意"林场"。

蕤，意"木"。《掌中珠》中"蕤蕤"作"木星"，"蕤氎"作"木槛"，"蕤嫩"作"木植"[1]，"蕤簑"作"果木"[2]。

箢，音"园"。《掌中珠》该字标"原"、"园"、"鸳"、"院"、"圆"、"远"、"愿"等音，见"莉箢"[定远]条。

蕤箢，字面作"木园"，意"林场"。

汉译本：

及为舍处又损而他迁等，不许随意种之，当告转运司而种之，种种租役草当依拓新地法纳之。不告而擅自随意种之时，所避之租役草价以偷盗法判断，依租役草法当偿之。

一诸人租地中已为林场，除先已注销以外，此后不许注销，当依租役草法为之。若违律时，所注销地之种种租计价，依偷盗律判断。

39-31 右面：

一	诸	人	相	之	租	地	买	为	时	卖	者	地	名	中	注

销	买	者	自	名	下	注 册	求	我	曰	则	转 运 司

---

① 《番汉合时掌中珠》（甲种本），《俄藏黑水城文献》第一〇册，第5、12页。
② 《番汉合时掌中珠》（乙种本），《俄藏黑水城文献》第一〇册，第25页。

𘟣	𘟣	𘟣	𘟣	𘟣	𘟣	𘟣	𘟣	𘟣	𘟣	𘟣	𘟣	𘟣	𘟣
<>	告	<>	注	册	买	者	人	租	役	草	法	依	<>	为

𘟣	𘟣	𘟣	𘟣	𘟣	𘟣	𘟣	𘟣	𘟣	𘟣	𘟣	𘟣	𘟣
假	若	卖	可	地	中	注	销	买	者	自	地	中	不	注

𘟣	𘟣	𘟣	𘟣	𘟣	𘟣	𘟣	𘟣	𘟣
册	时	租	役	草	量	偷	盗	法	决	断

𘟣	𘟣	𘟣	𘟣	𘟣	𘟣	𘟣	𘟣	𘟣	𘟣	𘟣	𘟣	𘟣	𘟣	𘟣
一	诸	人	相	之	租	地	卖	为	地	买	者	量	求	我	曰	转

𘟣	𘟣	𘟣	𘟣	𘟣	𘟣	𘟣	𘟣	𘟣	𘟣	𘟣	𘟣	𘟣	𘟣	𘟣
运	司	告	者	人	遣	应	量	为	买	凭	据	上	顷	亩	有	数

𘟣	𘟣	𘟣	𘟣	𘟣	𘟣	𘟣	𘟣	𘟣	𘟣	𘟣	𘟣	𘟣	𘟣
不	足	有	者	地	卖	者	其	地	先	众	多	是	别	二	三

𘟣	𘟣	𘟣	𘟣	𘟣	𘟣	𘟣	𘟣	𘟣	𘟣	𘟣	𘟣	𘟣	𘟣
种	数	<>	卖	半	自	耕	持	等	有	则	皆	应	量	为	地

汉译本：

一诸人互相买租地时，卖者地名中注销，买者曰"我求自己名下注册"，则当告转运司注册，买者当依租役草法为之。倘若卖处地中注销，买者自地中不注册时，租役草计价，以偷盗法判断。

一诸人互相卖租地，买地者曰我求丈量，告转运司者，当遣人丈量，买凭据上有顷亩数不足者，卖地者其地原是甚多，另二三种已卖，余持自种，则皆当丈量，

39-31 左面：

超	所	<>	往	处	租	役	草	应	承	数	空	顷	亩	<>	高

处	应	减	为	地	买	者	之	价	应	还	为	其	中	地	别

卖	不	<>	然	半	地	主	人	自	不	<>	耕	持	皆	一	人

之	<>	卖	为	地	册	上	有	如	稀	少[1]	者	转	运	司	大 人

承	旨	一	人	当	往	应	量	为	实	话	是	则	顷	亩	何

不	足	数	<>	至	应	注	销	若	无	理	注	销	为	时	边

等	官	私	地	匿	租	役	草	逃	为	之	量	罪	阶	明	法

依	及	贿	有	则	枉法贪赃	罪	等	何	所	重	上	决	断

注释：

[1]𗋭𗸌：意"稀少"。

𗋭，意"少"。𗸌，意"少"。

𗋭𗸌，二字重叠意"稀少"。《金光明最胜王经》中"𗋭𗸌𗋭𗸌"意"余水无几"①。

---

① 王静如：《金光明最胜王经卷九夏藏汉合璧考释》，《西夏研究》第三辑，第290页。

《六韬·盈虚》中"𗗰𗧓𗖨𗾷𗣼𗣼"意"其自奉也甚薄"[1]。

汉译本:

　　超地所在处当承租役草事，空顷亩上当减之，价当还买地者。其中地虽未另卖，然部分地主人自己未种，皆卖与一人，少于地册上有者，转运司大人、承旨一人当往丈量。是实言，则当奏而注销顷亩未足之数。若不合注销时，依边等隐瞒官私地而避租役草之计量罪状法判断，受贿则与枉法贪赃罪比较，从重者判断。

---

① 贾常业：《西夏文译本〈六韬〉解读》，第63页。

纳领谷派遣计量小监门

39-31 左面:

		谷	纳	请	量	面	头	监	等	遣	门

39-32 右面:

一	地	边[1]	畿	内	官	之	谷	物	种	种	纳	来	上	好	好	<>

扬	谷	物	干	果[2]	好	精	库	内	<>	入	库

持	头	监	出	纳[3]	等	自	己	三	年	数	续

当	换	局	分	新	与	十	月	一	日	交	接[4]

<>	自	为	交	接	时	谷	物	<>	扬	为	假

若	其	谷	物	中	<>	朽	瘦[5]	不	堪	飏	尘

160

仅[6]	𫞁	𫘛	𫟼	𫠊	𫟿	𫝈	𫞥	𫤢	𫟼𫞣[7]	𫤨
土	有	者	先	局	分	持	人	之	丢 弃	中

𫠣	𫞝	𫟾	𫠄	𫟼	𫟿	𫠅	𫤦	𫤨	𫞁	𫟼	𫤩	𫟿	𫠆
<>	入	免	应	减	为	以	后	不	足	者	应	偿	

𫞟	𫠇 𫠈	𫤪	𫠉	𫠊	𫟼	𫠋 𫤫	𫤬	𫟿	𫠌	𫠊	𫟿
令	谷 物	放	量	时		体 工	需	数	库	局	分

注释:

[1]𫘛𫞁：意"地边"。

𫞁，意"边"。《现在贤劫千佛名经》中"𫘛𫟼𫤢𫞝𫠊𫟿𫞁"意"如是等罪无量无边"①。《类林研究》中"𫞁𫘛𫟼"意"至边邑"②。西夏文《孟子》中"𫤭𫟾𫞁𫠊𫞝𫞟𫤪"意"禁民不以疆界"③。

𫘛𫞁，字面作"地边"。西夏按照距离京城的远近分为地中、地边。地边是离京城最远的地方。地中介于京城和地边之间。地边和地中合称边中。

[2]𫟼𫞣：意"干果"。

𫟼，意"果"。《掌中珠》中"𫟾𫟼"作"花果"，"𫞝𫟼"作"果木"④，"𫤭𫟼𫤨𫠊"作"证圣果已"⑤。

𫞣，意"干"。《掌中珠》中"𫞣𫠈"作"干饼"⑥。《类林研究》中"𫠇𫞣𫟾𫤢𫟼𫠣"意"鸣于干枝"⑦。

𫟼𫞣，字面作"果干"，意"干果"。

---

① 王静如：《现在贤劫千佛名经卷下残卷考释》，《西夏研究》第一辑，第97页。

② 史金波、黄振华、聂鸿音：《类林研究》，第71页。

③ 彭向前：《西夏文〈孟子〉整理研究》，第119页。

④ 《番汉合时掌中珠》（乙种本），《俄藏黑水城文献》第一〇册，第25页。

⑤ 《番汉合时掌中珠》（甲种本），《俄藏黑水城文献》第一〇册，第19页。

⑥ 《番汉合时掌中珠》（乙种本），《俄藏黑水城文献》第一〇册，第35页。

⑦ 史金波、黄振华、聂鸿音：《类林研究》，第75页。

[3]□□：意"出纳"。

□，意"准备"、"供给"。《掌中珠》中"□□□□"作"准备食馔"，"□□□□"作"尽皆准备"①。《金光明最胜王经》中"□□□□□□□□□□□□□□"意"供给敷具并衣食，象马车乘及珍财"②。

□，意"除"、"损"、"减"。《金光明最胜王经》中"□□□□□"意"解我忧悲心"③。西夏文《孟子》中"□□"意"稍损"④。

□□，字面作"供减"，汉译本作"出纳"。

[4]□□：意"交接"。

□，意"答"。《文海》中"□□□□□，□□□□□"⑤意"答者传达也，互相接与也"，其中有词语"□□"。

□，意"转"、"传"。《掌中珠》中"□□□□"作"三界流转"⑥。《金光明最胜王经》中"□□□□"意"未尝流布"⑦。

□□，字面作"传递"，意"交易"。西夏文《孟子》中"□□□□□□□□□□"意"何为纷纷然与百工交易"⑧。本句中表示交接。

[5]□□：意"朽瘦"。

□，意"朽"。《金光明最胜王经》中"□□□□□"意"忽然皆枯悴"⑨。

□，意"瘦"。《金光明最胜王经》中"□□□□"意"身形羸瘦"⑩。

□□，字面作"朽瘦"。本句"□□□□□□□□□□"，汉译本意"倘若彼粮食中已毁"，"□□"对应其中的"已毁"。

[6]□□：意"尘土"。

---

① 《番汉合时掌中珠》（乙种本），《俄藏黑水城文献》第一〇册，第35、36页。
② 王静如：《金光明最胜王经卷十夏藏汉合璧考释》，《西夏研究》第三辑，第330页。
③ 同上，第356页。
④ 彭向前：《西夏文〈孟子〉整理研究》，第179页。
⑤ 《文海宝韵》（甲种本），《俄藏黑水城文献》第七册，第154页。
⑥ 《番汉合时掌中珠》（乙种本），《俄藏黑水城文献》第一〇册，第36页。
⑦ 王静如：《金光明最胜王经卷六夏藏汉合璧考释》，《西夏研究》第三辑，第38页。
⑧ 彭向前：《西夏文〈孟子〉整理研究》，第157页。
⑨ 王静如：《金光明最胜王经卷八夏藏汉合璧考释》，《西夏研究》第三辑，第220页。
⑩ 王静如：《金光明最胜王经卷十夏藏汉合璧考释》，《西夏研究》第三辑，第327页。

　　𗏮，意"土"。西夏文《孟子》中"𗏮𗏮𗏮𗏮𗏮"意"肤勿挨于土"[1]。𗏮，意"土"。

　　𗏮𗏮，意"尘土"。《掌中珠》中"𗏮𗏮"作"尘土"[2]。《类林研究》中"𗏮𗏮𗏮𗏮𗏮"意"清风至尘埃"[3]。《金光明最胜王经》中"𗏮𗏮𗏮𗏮𗏮𗏮"意"地土皆悉末为尘"[4]。

　　[7]𗏮𗏮：意"丢弃"。

　　𗏮，《俄藏黑水城文献》中作"**𗏮**"[5]，似为𗏮"，意"丢"。《贞观玉镜将研究》中"𗏮𗏮𗏮𗏮𗏮𗏮𗏮"意"正副统丢失军马"[6]，其中"𗏮𗏮"作"丢失"。

　　𗏮，意"弃"、"掷"。《金光明最胜王经》中"𗏮𗏮𗏮𗏮𗏮𗏮𗏮"意"终归弃我不知恩"[7]。《类林研究》中"𗏮𗏮𗏮𗏮𗏮𗏮𗏮𗏮𗏮𗏮𗏮"意"取子胥尸沉于江中"[8]。

　　𗏮𗏮，同"𗏮𗏮"，字面作"弃丢"，意"丢弃"。

汉译本：

纳领谷派遣计量小监门

一地边、畿内来纳官之种种粮食时，当好好簸扬，使精好粮食、干果入于库内。执库
　　小监、出纳等各自三年当迁转，与新局分十月一日始为交接。转交时应簸扬
　　粮食，倘若彼粮食中已毁，不堪取扬，有尘土者，当入先执局分之人损失中，
　　量当减之，后又不足者，当令偿之。粮食出库计量时，需笨工数与库局分

39-32 左面：

𗏮	𗏮 𗏮[1]	𗏮	𗏮	𗏮 𗏮	𗏮	𗏮	𗏮	𗏮	𗏮 𗏮
与	等 同	是	则	自 己	<>	放	量	若	谷 物

① 彭向前：《西夏文〈孟子〉整理研究》，第 132 页。

② 《番汉合时掌中珠》（乙种本），《俄藏黑水城文献》第一〇册，第 25 页。

③ 史金波、黄振华、聂鸿音：《类林研究》，第 109 页。

④ 王静如：《金光明最胜王经卷五夏藏汉合璧考释》，《西夏研究》第三辑，第 242 页。

⑤ 《俄藏黑水城文献》第八册，第 316 页。

⑥ 陈炳应：《贞观玉镜将研究》，第 79 页。

⑦ 王静如：《金光明最胜王经卷十夏藏汉合璧考释》，《西夏研究》第三辑，第 330 页。

⑧ 史金波、黄振华、聂鸿音：《类林研究》，第 54 页。

[illegible]	[illegible]	[illegible]	[illegible]	[illegible]	[illegible]	[illegible][2]	[illegible]	[illegible][3]	[illegible]	[illegible]
众多	工	不	堪	有	<>	司衙	及	刺史	等	共

[illegible]	[illegible]	[illegible]	[illegible]	[illegible]	[illegible]	[illegible]	[illegible]	[illegible]	[illegible][4]	[illegible]
<>	量	谷物	阶	及	交接	日	等	<>	计谋	为

[illegible]	[illegible][5]	[illegible][6]	[illegible]	[illegible]	[illegible]	[illegible]	[illegible]	[illegible]
邻近	顶底	使军	独诱	等	中	权	应	分

[illegible]	[illegible]	[illegible]	[illegible]	[illegible]	[illegible]	[illegible]	[illegible]	[illegible][7]	[illegible]	[illegible]
毕	时	速	当	散	令	其	上	虚枉	贿	人情

[illegible]	[illegible]	[illegible]	[illegible]	[illegible]	[illegible]	[illegible]	[illegible]	[illegible]	[illegible]	[illegible]	[illegible]
为	以	行	不	应	行	又	人	议	超	收敛	等

[illegible]	[illegible]	[illegible]	[illegible]	[illegible]	[illegible]	[illegible]	[illegible]	[illegible]	[illegible]	[illegible]
时	贿	无	者	六个月	若	官	事	为	中	<>

[illegible]	[illegible]	[illegible]	[illegible]	[illegible]	[illegible]	[illegible]	[illegible]	[illegible]	[illegible]	[illegible]	[illegible]	[illegible]
减	自	置	使	及	贿	有	等	者	工	<>	量	枉

[illegible]	[illegible]	[illegible]	[illegible]	[illegible]	[illegible]	[illegible]	[illegible]	[illegible]	[illegible]	[illegible]
法贪赃	应	算	前述	罪	等	何	所	重	上	决

注释：

[1][illegible]：意“等同”。

[illegible]，意“等同”。《文海》释“[illegible]”，“[illegible]”①。其中“[illegible]”、“[illegible]”、“[illegible]”互相解释。“[illegible]”，意“等同”。《现在贤劫千佛名经》中“[illegible]”

①《文海宝韵》(甲种本)，《俄藏黑水城文献》第七册，第160页。

意"南无智无等佛"①。《孙子兵法》中"𦇚𦇚𦇚𦇚𦇚"意"若势均力敌"②。

𦇚𦇚，二字重叠意"等同"。

[2]𦇚𦇚：意"司衙"。

𦇚，意"司"。𦇚，意"体"。

𦇚𦇚，字面作"司体"，意"司衙"。

[3]𦇚𦇚：汉语"刺史"音译。

𦇚，音"寺"、"此"。《掌中珠》该字标"寺"、"字"、"此"等音，如修盖寺舍[𦇚𦇚𦇚𦇚]、搜寻文字[𦇚𦇚𦇚𦇚]、因此加官[𦇚𦇚𦇚𦇚]③、我闻此言[𦇚𦇚𦇚𦇚]④。

𦇚，音"使"。《掌中珠》该字标"时"、"事"、"狮"、"时"、"柿"、"史"、"恃"、"示"等音，如合时掌中珠[𦇚𦇚𦇚𦇚𦇚]、人事下[𦇚𦇚𦇚]、柿子[𦇚𦇚]、碗匙[𦇚𦇚]、御史[𦇚𦇚]、恃强凌弱[𦇚𦇚𦇚𦇚]⑤、狮子[𦇚𦇚]、时雨[𦇚𦇚]、指示寂知[𦇚𦇚𦇚𦇚]⑥。

𦇚𦇚，音译"刺史"。《类林研究》中"𦇚𦇚𦇚𦇚𦇚𦇚𦇚𦇚𦇚"意"晋安帝时为廷尉刺史"⑦。

[4]𦇚𦇚：意"计谋"。

𦇚，意"计谋"。《文海》中释"𦇚"，"𦇚𦇚𦇚𦇚，𦇚𦇚，𦇚𦇚"⑧，其中"𦇚"、"𦇚"、"𦇚"、"𦇚"互相解释。

𦇚，意"量"、"度"等。《金光明最胜王经》中"𦇚𦇚𦇚𦇚𦇚𦇚𦇚"意"一切人天共测量"⑨。《孙子兵法》中"𦇚𦇚𦇚𦇚"意"不度远近"⑩。

𦇚、𦇚，字意相近，二字组合，意"计谋"，本句中表示商量。

[5]𦇚𦇚：汉语"顶底"的音译。

---

① 王静如：《现在贤劫千佛名经卷下残卷考释》，《西夏研究》第一辑，第91页。

② 林英津：《夏译〈孙子兵法〉研究》，第三部分，第106页。

③ 《番汉合时掌中珠》（乙种本），《俄藏黑水城文献》第一〇册，第29、32页。

④ 《番汉合时掌中珠》（甲种本），《俄藏黑水城文献》第一〇册，第16页。

⑤ 《番汉合时掌中珠》（乙种本），《俄藏黑水城文献》第一〇册，第21、26、30、33页。

⑥ 《番汉合时掌中珠》（甲种本），《俄藏黑水城文献》第一〇册，第4、5、19页。

⑦ 史金波、黄振华、聂鸿音：《类林研究》，第87页。

⑧ 《文海宝韵》（甲种本），《俄藏黑水城文献》第七册，第129页。

⑨ 王静如：《金光明最胜王经卷十夏藏汉合璧考释》，《西夏研究》第三辑，第368页。

⑩ 林英津：《夏译〈孙子兵法〉研究》，第三部分，第61页。

𦣈，音"帝"、"顶"。《掌中珠》中该字标"顶"音，如顶脑[𦣈𦥯]①。

𦥯，音"低"。《掌中珠》中该字标"底"音，如底宿[𦥯𦥓]、靴底[𦥶𦥯]②。

𦣈𦥯，字面作"顶底"，暂译如此。

[6]𗾑𘂞：意"使军"。

𗾑，意"使"。《类林研究》中"𗾑𗏇𗾑𗵒𗾑"意"帝使人往视之"③。西夏文《孟子》中"𗥃𗾑𗒹𗴢"意"使虞敦匠"④。

𘂞，意"军"。《掌中珠》中"𘂞𗵒𗏇"作"统军司"⑤。

𗾑𘂞，字面作"使军"。《天盛律令》中经常出现，与奴仆同处于西夏社会的底层。

[7]𗼨𘀄：意"虚枉"。

𗼨，意"虚"、"妄"等。《金光明最胜王经》中"𗙇𗼨𗣼𗃛"意"无虚诳语"，"𗼨𗆬𗣼𗠁"意"以不妄语故"⑥。

𘀄，意"骗"、"变"等。《类林研究》中"𗠁𗤀𗤀𗆼𗏇𗣣𗼨𗼨𘀄𗣦𗆮𗣼"意"乃佯作狂颠为之奴"⑦。

𗼨𘀄，字面作"虚骗"，汉译本作"虚枉"。

汉译本：

> 相当，则自人当出量。若粮食甚多，力不堪任，则所属司衙及刺史等当共量之，当商量⑧粮食等次及交接日期，附近顶底、使军、独诱等中当权分派。完毕时，当速使散。其上虚枉，受贿徇情而行不应行，以及人超过总数等时，未受贿者徒六个月。若为官事中已减除，自使及受贿等者，当计工价，以枉法贪赃论，与前述罪比较，从重者判

39-33 右面：

---

① 《番汉合时掌中珠》（甲种本），《俄藏黑水城文献》第一〇册，第 10 页。
② 同上，第 3、13 页。
③ 史金波、黄振华、聂鸿音：《类林研究》，第 75 页。
④ 彭向前：《西夏文〈孟子〉整理研究》，第 131 页。
⑤ 《番汉合时掌中珠》（乙种本），《俄藏黑水城文献》第一〇册，第 33 页。
⑥ 王静如：《金光明最胜王经卷八夏藏汉合璧考释》，《西夏研究》第三辑，第 148、150 页。
⑦ 史金波、黄振华、聂鸿音：《类林研究》，第 48 页。
⑧ 汉译本原作"计量"，现改为"商量"。

𗆢	𗊡 𗤁	𗊱 𗇋	𗄈 𗓟	𗫳 𗋽	𗀛	𗀀	𗾟
断	谷 物	交 接	日 限	高 低	条	下	有

𗴂	𗓰	𗫳 𗋽[1]	𗾟	𗇋			
千	斛	低 下	十	日			

𗠁	𗴂	𗓰	𗁾 𗋽	𗍫	𗴂	𗓰	𗤋	𗾟	𗏁	𗇋
一	千	斛	高 上	二	千	斛	至	十	五	日

𗍫	𗴂	𗓰	𗁾 𗋽	𗏁	𗴂	𗓰	𗤋	𗪟 𗺓 𗼛		
二	千	斛	高 上	五	千	斛	至	一 个 月		

𗏁	𗴂	𗓰	𗁾 𗋽	𗪟	𗧠	𗓰	𗤋	𗏹	𗇋	𗇋
五	千	斛	高 上	一	万	斛	至	四	十	日

𗠁	𗧠	𗓰	𗁾 𗋽	𗠁	𗧠	𗏁	𗴂	𗓰	𗤋	𗏁	𗇋	𗇋
一	万	斛	高 上	一	万	五	千	斛	至	五	十	日

𗠁	𗧠	𗏁	𗴂	𗓰	𗁾 𗋽	𗍫	𗧠	𗓰	𗤋	𗿢	𗇋	𗇋
一	万	五	千	斛	高 上	二	万	斛	至	六	十	日

𗍫	𗧠	𗓰	𗁾 𗋽	𗍫	𗧠	𗏁	𗴂	𗓰	𗤋	𗴉	𗇋	𗇋
二	万	斛	高 上	二	万	五	千	斛	至	七	十	日

𗍫	𗧠	𗏁	𗴂	𗓰	𗁾 𗋽	𗢳	𗧠	𗓰	𗤋	𗦇	𗇋	𗇋
二	万	五	千	斛	高 上	三	万	斛	至	八	十	日

注释：

[1]𗫳𗋽：意"低下"。

□，意"低"。《金光明最胜王经》中"□□□□□"意"下唇垂向下"[1]。

□，意"下"。《掌中珠》中"□□"作"高下"[2]。

□□，意"低下"，表示"……以下"，与"□□"[高上]含义相反。《天盛律令》中经常出现，如"□□□□"意"十缗以下"[3]。

汉译本：

断。粮食交接期限多少见条下：

一千斛以下十日；

一千斛以上至二千斛十五日；

二千斛以上至五千斛一个月；

五千斛以上至一万斛四十日；

一万斛以上至一万五千斛五十日；

一万五千斛以上至二万斛六十日；

二万斛以上至二万五千斛七十日；

二万五千斛以上至三万斛八十日；

39-33 左面：

□	□	□	□	□	□	□	□	□	□	□	□	□
三	万	斛	高	上	三	万	五	千	斛	至	九	十	日

□	□	□	□	□	□	□	□	□	□	□	□
三	万	五	千	斛	高	上	四	万	斛	至	一	百	日

□	□	□	□	□	□	□	□	□	□	□	□	□
四	万	斛	高	上	五	万	斛	至	一	百	十	五	日

---

① 王静如：《金光明最胜王经卷九夏藏汉合璧考释》，《西夏研究》第三辑，第 282 页。

② 《番汉合时掌中珠》（甲种本），《俄藏黑水城文献》第一〇册，第 7 页。

③ 史金波、聂鸿音、白滨译注：《天盛改旧新定律令》卷三《当铺门》，第 186 页。

𗏁	𗦠	𘃡	𗢛 𗝠	𗤁	𗦠	𘃡	𗤉	𗝀	𗥹	𗢭	𘉋	𗼕
五	万	斛	高上	六	万	斛	至	一	百	三	十	日

𗤁	𗦠	𘃡	𗢛 𗝠	𗢭	𗦠	𘃡	𗤉	𗝀	𗥹	𗍫	𘉋	𗼕
六	万	斛	高上	七	万	斛	至	一	百	四	十	五	日

𗢭	𗦠	𘃡	𗢛 𗝠	𘉋	𗦠	𘃡	𗤉	𗝀	𗥹	𗤁	𘉋	𗼕
七	万	斛	高上	十	万	斛	至	一	百	六	十	日

𘉋	𗦠	𘃡	𗢛 𗝠	𗥩 𗝿	𗝀	𗥹	𗲲	𘉋	𗼕
十	万	斛	高上	一律	一	百	八	十	日

𗥦	𗁅	𗣼	𗪚	𘂤	𗤃 𗨙[1]	𗫔	𗠝 𗟲	𗷅	𗒹	𗼨	𗩴	𗼇 𗫻
一	诸	臣	民	等	领单	持	谷物	请	来	时	年	依次

𗠝 𗟲	𗟻	𗥃	𗙴	𗭼	𗢳	𗴲	𗠝 𗟲	𗤭	𗴲
谷物	旧	者	先	中	当	给	谷物	新	给

注释：

[1]𗤃𗨙：意"领单"。

𗤃，意"计"、"察"、"占"等。《孙子兵法》中"𗫔𗫔𗨙𗪚𗤃𗤻𗷅𗽰𗆧𗄼"意"先知迂直之计者胜"，"𗖨𗖨𗤃𗥃"意"必谨察之"[1]。《类林研究》中"𗤃𗪮𘟛𗤺𗥢𗄯𘝿𗤹𗇋"意"占者曰此者隐士吉"[2]。

𗨙，意"施"。《类林研究》中"𗾭𗋽𗭼𗫉𗿢𗨙"意"愿大王行德施义"[3]。《现在贤劫千佛名经》中"𗆧𘝞𗴺𗨙𗥃"意"南无宝施佛"[4]。

𗤃𗨙，字面作"计施"，汉译本作"领单"。

---

① 林英津：《夏译〈孙子兵法〉研究》，第三部分，第20页。
② 史金波、黄振华、聂鸿音：《类林研究》，第70页。
③ 同上，第61页。
④ 王静如：《现在贤劫千佛名经卷下残卷考释》，《西夏研究》第一辑，第94页。

汉译本：

三万斛以上至三万五千斛九十日；

三万五千斛以上至四万斛一百日；

四万斛以上至五万斛一百十五日；

五万斛以上至六万斛一百三十日；

六万斛以上至七万斛一百四十五日；

七万斛以上至十万斛一百六十日；

十万斛以上一律一百八十日。

一诸官民等执领单来领粮食时，依次当先予旧粮食，

39-34 右面：

人情		为	及	贿	寻	等	不许		若	枉法		旧

留	新	给	人情		为	贿	寻	等	时	旧	新	自

相	价	<>	量	新	价	量	钱	何	<>	高	做	错

法	罪	节	条	下	有	依	应	承	超	<>	随	数

库	内	<>	还	请	者	库	局	分	之	从	法	及

若	贿	有	则	枉法贪赃			罪	等	何	所	重	上

𗱕	𗈪							
决	断							

𗥃	𗋕	𗤶	𗰖	𗋕	𗧓	𗑭	𗦵	
一	缗	自	五	缗	至	七	杖	

𗫤	𗋕	𗤶	𗇋	𗋕	𗧓	𗺉	𗦵	
六	缗	自	十	缗	至	八	杖	

汉译本：

不许予新粮食、徇情及索贿等。若枉法留旧予新、徇情索贿等时，当自共计新旧之价，新者所高之价依做错法罪情条款承罪，所超出数当还库内，领者以库局分之从犯法判断，若受贿，则与枉法贪赃罪比较，从重者判断。

自一缗至五缗七杖;

自六缗至十缗八杖;

39-34 左面：

𗇋	𗥃	𗋕	𗤶	𗇋	𗰖	𗋕	𗧓	𗇋	𗦵	
十	一	缗	自	十	五	缗	至	十	杖	

𗇋	𗰖	𗋕	𘃡	𗾔	𗧺	𗇋	𗋕	𗧓	𗇋	𗄻	𗦵
十	五	缗	高	上	二	十	缗	至	十	三	杖

𗧺	𗇋	𗋕	𘃡	𗾔	𗧺	𗇋	𗰖	𗋕	𗧓	𗄻 𗩾 𗋽
二	十	缗	高	上	二	十	五	缗	至	三 个 月

𗧺	𗇋	𗰖	𗋕	𘃡	𗾔	𗄻	𗇋	𗋕	𗧓	𗫤 𗩾 𗋽
二	十	五	缗	高	上	三	十	缗	至	六 个 月

□	□	□	□	□	□	□	□	□	□	□
三	十	缗	高上	三	十	五	缗	至	一	年

□	□	□	□	□	□	□	□	□	□	□
三	十	五	缗	高上	四	十	缗	至	二	年

□	□	□	□	□	□	□	□
四	十	缗	高上	一	律	三	年

□	□	□	□	□	□	□	□[1]	□	□
一	前述	谷物	请	之	大人	承旨	习判	都案	案头

□	□[2]	□	□	□	□	□	□	□
司吏	库主	头监	出纳	等	之	指挥	人情	为

注释:

[1] □□：意"习判"。

□，意"习"、"勤"。《掌中珠》中"□□□□"作"学习圣典"①。《类林研究》中"□□□□□□□"意"以德判断政事"②。

□，意"判"、"断"。《掌中珠》中"□□"作"通判"，"□□□□"作"案检判凭"，"□□□□"作"都案判凭"③。

□□，字面作"习判"。

[2] □□：意"库主"。

□，意"库"。《掌中珠》中"□□□□"作"楼阁帐库"④。

□，意"主"。《掌中珠》中"□□"作"州主"⑤。《类林研究》中"□□□□

---

① 《番汉合时掌中珠》（乙种本），《俄藏黑水城文献》第一〇册，第32页。

② 史金波、黄振华、聂鸿音：《类林研究》，第94页。

③ 《番汉合时掌中珠》（乙种本），《俄藏黑水城文献》第一〇册，第33、34页。

④ 同上，第29页。

⑤ 同上，第33页。

挞緤蘸蘁”意“张婴杀太守”，“㿋緤缂瓶”意“国主变色”[①]。

　　麓緤，字面作“库主”。

汉译本：

　　自十一缯至十五缯十杖；

　　十五缯以上至二十缯十三杖；

　　二十缯以上至二十五缯三个月；

　　二十五缯以上至三十缯六个月；

　　三十缯以上至三十五缯一年；

　　三十五缯以上至四十缯二年；

　　四十缯以上一律三年。

一于前述领粮食之大人、承旨、习判、都案、案头、司吏、库监、小监、出纳等指挥
　　徇情，

39-35 右面：

蘾	靓	燃	靸	祇	𬓎	𬻈	犴	麓	𤋮 𣙙	焱	㝵	祇	靖
谷	物	新	给	令	时	前	述	库	局 分	与	同	令	决

祇	麓	𤋮 𣙙	𬭁	疹	𬭁	𫭈 𬕼	疹	孫	撅	厰			
断	库	局 分	请	者	等	指 挥	者	之	从	法			

𬭁	厐	㐌 辭[1]	緵	蘾	靓	祇	繍	厐 厐	瓶	𤋮	焱	𫮡	焱	麤
一	诸	边 中	官	谷	物	有	中	诸 处	遣	分	可	<>	出	监

緤 帆[2]	蕊 𬱟	䰀	蘁	𬱟	蘾	靓	翱	蘸	𬭁	疹	𬏭	骰	𬭁
军 司	谕 文	至	往	时	谷	物	斛	斗	请	者	谁	是	等

---

① 史金波、黄振华、聂鸿音：《类林研究》，第 42、58 页。

当	明	令	刺史		处	知觉		应	行	量	面	头监		监军	

习判	同判		等	番	为	以	一	人	个	当	往	谷物	

请	可	边	近	则	刺史		自	<>	巡检		往	若	远	则

巡检		者	人	能	<>	遣	数	依	应	分	谁	之	<>	给

几	<>	遣	分	登	簿	<>	行	毕	时	典	实	刺史		处

注释：

[1] 㿗㣁：意"边中"。

㿗，意"边"，见"㿒㿗"[地边]条。㣁，意"中"。

㿗㣁，字面作"边中"。西夏按照距离京城的远近分为地中、地边。地边是离京城最远的地方。地中介于京城和地边之间。地边和地中合称边中。

[2] 㠭㿭㦬：意"监军司"。

㠭，意"军"。㿭，意"主"。㦬，意"司"。

㠭㿭㦬，字面作"军主司"，《掌中珠》中"㠭㿭㦬"作"监军司"。《天盛律令》中共计有监军司17个，分别是石州、东院、西寿、韦州、桌啰、南院、西院、沙州、啰庞岭、官黑山、北院、年斜、肃州、瓜州、黑水、北地中、南地中[①]。

[3] 㿃㤙：汉语"同判"的音译。

㿃，音"唐"。《掌中珠》该字标"棠"、"大"、"驼"、"他"等音，如海棠花[㿋㿃㿌]、骆驼[㿍㿃]、桵棚堂[㿎㿏㿃]、大人嗔怒[㿃㦹㿐㿑]、嫁与他人[㿒㿓㿃

---

① 史金波、聂鸿音、白滨译注：《天盛改旧新定律令》卷一〇《司序行文门》，第369~370页。

[illegible]]①、大麦[[illegible]]②

[illegible]，音“盘”。《掌中珠》该字标“判”、“盘”等音，如盔盘[[illegible]]、通判[[illegible]]、案检判凭[[illegible]]、都案判凭[[illegible]]③、菩提涅槃[[illegible]]④。

[illegible]，音译“同判”。

汉译本：

令予新粮食时，与前述库局分同样判断。库局分、领者等为指挥者之从犯。

一诸边中有官粮食中，已出于诸分用处，监军司谕文往至时，当明其领粮食斛斗者为谁，刺史处知觉当行。计量小监由监军习判、同判等轮番当往一人。领粮食处邻近，则刺史当自往巡察，若远则可遣胜任巡察之人，依数分派。所予为谁，分用几何，当行升册。完毕时，

39-35 左面：

[illegible]	[illegible]	[illegible]	[illegible]	[illegible]	[illegible]	[illegible]	[illegible]	[illegible]	[illegible]	[illegible]
应	遣	应	磨勘	为	一面	库	局分	巡检	者	等

[illegible]	[illegible]	[illegible][1]	[illegible]	[illegible]	[illegible]	[illegible]	[illegible]	[illegible]	[illegible]
一面	<>	只关	令	虚杂	不	有	谕文	典	登簿

[illegible]	[illegible]	[illegible]	[illegible]	[illegible]	[illegible]	[illegible]	[illegible]	[illegible]	[illegible]	[illegible]	[illegible]
等	同	信	无	则	监军司	应	还	为	谕文	出	可

[illegible]	[illegible]	[illegible]	[illegible]	[illegible]	[illegible]	[illegible]	[illegible]	[illegible]	[illegible]
局分	处	<>	告	注销	当	索	若	局分大小	人

① 《番汉合时掌中珠》（乙种本），《俄藏黑水城文献》第一〇册，第 25、27、34 页。
② 《番汉合时掌中珠》（甲种本），《俄藏黑水城文献》第一〇册，第 8 页。
③ 《番汉合时掌中珠》（乙种本），《俄藏黑水城文献》第一〇册，第 30、33、34 页。
④ 《番汉合时掌中珠》（甲种本），《俄藏黑水城文献》第一〇册，第 19 页。

贿	人情	为	无	理	超	请	令	及	刺	史	人	贿	有

虚	杂	不	放	为	不	巡	检	等	时	超	请	谷	物	钱

量	偷	盗	法	及	贿	有	者	枉法贪赃	罪	与	何

所	重	上	决	断

一	地边	地中	谷	物	纳	者	监军司	及	诸	司	等

注释:

[1]𗫡𗵦：汉语"只关"的音译。

𗫡，音"只"。𗵦，音"关"。《类林研究》中"𗵦𗦾𘀗𗢤𗵦𗆟𗦻𗚂𗒘"意"关龙逢，夏桀朝大臣也"[1]。

𗫡𗵦，音译"只关"，《掌中珠》中"𗪚𗣜𗫡𗵦"作"接状只关"[2]。

[2]𗪺𗕿：意"地中"。

𗪺，意"地"。𗕿，意"中"。

𗪺𗕿，字面作"地中"。西夏按照距离京城的远近分为地中、地边。地边是离京城最远的地方。地中介于京城和地边之间。地边和地中合称边中。

汉译本:

现本册当送刺史处磨勘，同时令库局分、巡察者当一并只关。未有虚杂，谕文、

---

① 史金波、黄振华、聂鸿音：《类林研究》，第47页。

②《番汉合时掌中珠》（乙种本），《俄藏黑水城文献》第一〇册，第34页。

本册等相同无疑，则当还监军司，并告出谕文之局分处，以索注销。若局分大小人受贿徇情而使无理多领及刺史人受贿不弃虚杂、不巡察等时，计多领粮食之价，以偷盗法判断，受贿则与枉法贪赃罪比较，从重者判断。

一地边、地中纳粮食者，监军司及诸司等

39-36 右面：

局分	处	应	量	木植[1]	有	处	库房[2]	<>	为	瓦	<>

可	为	木植	无	处	地	干	坚固[3]	处	井	<>	凿	火

<>	烧	好好	<>	干	令	垛屯	穰草[4]	毡	广厚[5]	<>

为	头	上	三	尺	数	土	<>	撒	为	官	谷物	<>

不	朽瘦

一	诸处	谷物	交接	处	体工	分	<>	交接	日	等	前

依	<>	明	令	数	一个月	上	自	周	内	在	者	以外

其	如	高上	日	多	过	则	司衙	刺史	等	<>	量	续

□	□	□							
<>	为	令							

注释：

[1]□□：意"木植"。

□，意"木"。《掌中珠》中"□□"作"木星"，"□□"作"木槛"，"□□"作"木植"①，"□□"作"果木"②。

□，意"植"、"柄"等。《六韬·军用》中"□□□□□"意"柄长五尺以上"③。

□□，字面作"木植"。《掌中珠》中"□□"作"木植"④。

[2]□□：意"库房"。

□，意"库"。《掌中珠》中"□□□□"作"楼阁帐库"⑤。西夏文《孟子》中"□□□□□□□"意"今滕有仓廪府库"⑥。

□，意"舍"。《掌中珠》中"□□□□"作"修造舍屋"，"□□"意"泥舍"⑦。

□□，字面作"库舍"，意"库房"。

[3]□□：意"坚固"。

□，意"坚"。《金光明最胜王经》中"□□□□□□□"意"坚持禁戒趣菩提"⑧。

□，意"密"。《掌中珠》中"□□"作"枢密"⑨。《金光明最胜王经》中"□□□□□□□"意"咨问治病医方秘法"⑩。

□□，字面作"坚密"，意"坚固"，《催租罪功门》中还有一个表示坚固的词"□□"，见"□□"[坚固]条。

---

① 《番汉合时掌中珠》（甲种本），《俄藏黑水城文献》第一〇册，第5、12页。

② 《番汉合时掌中珠》（乙种本），《俄藏黑水城文献》第一〇册，第25页。

③ 贾常业：《西夏文译本〈六韬〉解读》，第73页。

④ 《番汉合时掌中珠》（乙种本），《俄藏黑水城文献》第一〇册，第30页。

⑤ 同上，第29页。

⑥ 彭向前：《西夏文〈孟子〉整理研究》，第155页。

⑦ 《番汉合时掌中珠》（乙种本），《俄藏黑水城文献》第一〇册，第29、30页。

⑧ 王静如：《金光明最胜王经卷五夏藏汉合璧考释》，《西夏研究》第二辑，第240页。

⑨ 《番汉合时掌中珠》（乙种本），《俄藏黑水城文献》第一〇册，第32页。

⑩ 王静如：《金光明最胜王经卷九夏藏汉合璧考释》，《西夏研究》第三辑，第274页。

[4]􀀀􀀀：意"稿草"。

􀀀，意"准"。《掌中珠》中"􀀀􀀀"作"橡准"①。

􀀀，意"草"。《掌中珠》中"􀀀􀀀􀀀"作"萱草花","􀀀􀀀"作"灯草"②。

􀀀􀀀，字面作"准草"，意"稿草"，取其音。宋《天圣令·仓库令》中在窖底铺草，先稿草，次大稤。"诸窖底皆铺稿，厚五尺。次铺大稤，两重，又周回着稤。凡用大稤，皆以小稤揜缝。"③稤为用秸秆扎成的耙子，有大稤、小稤之分，大稤当为大捆，小稤为小捆，铺好大稤后，缝隙处以小稤填补。

[5]􀀀􀀀：意"广厚"。

􀀀，意"广"、"阔"等。《文海杂类》释"􀀀"，"􀀀􀀀，􀀀􀀀􀀀，􀀀􀀀，􀀀􀀀，􀀀􀀀"④，"􀀀"与"􀀀"[阔]、"􀀀􀀀"[宽阔]、"􀀀"[广]、"􀀀"[阔]互释。􀀀，意"阔"，《孙子兵法》中"􀀀􀀀􀀀􀀀"意"长短阔狭"⑤。􀀀􀀀，意"宽阔"，《孙子兵法》中"􀀀􀀀􀀀􀀀"意"川广地平"⑥。􀀀，意"广"，《类林研究》中"􀀀􀀀􀀀􀀀􀀀􀀀"意"孟温德高行广"⑦。􀀀，意"阔"，《掌中珠》中"􀀀􀀀"作"狭阔"⑧。􀀀，与上述字、词意同，为"广"、"阔"。

􀀀，意"厚"。《掌中珠》中"􀀀􀀀"作"厚薄"⑨。《金光明最胜王经》中"􀀀􀀀􀀀􀀀􀀀"意"此地厚六十"⑩。

􀀀􀀀，字面作"广厚"，汉译本作"密厚"。

汉译本：

局分处当计之。有木料处当为库房，务须置瓦，无木料处当于干地坚实处掘窖，

---

① 《番汉合时掌中珠》（乙种本），《俄藏黑水城文献》第一〇册，第30页。

② 同上，第25、30页。

③ 中国社会科学院历史研究所校证：《天一阁藏明钞本天圣令校证附唐令复原研究》（下），中华书局2006年版，第277页。

④ 《文海宝韵·杂类》（甲种本），《俄藏黑水城文献》第七册，第171页。

⑤ 林英津：《夏译〈孙子兵法〉研究》，第三部分，第170页。

⑥ 同上，第三部分，第129页。

⑦ 史金波、黄振华、聂鸿音：《类林研究》，第67页。

⑧ 《番汉合时掌中珠》（甲种本），《俄藏黑水城文献》第一〇册，第14页。

⑨ 同上，第14页。

⑩ 王静如：《金光明最胜王经卷九夏藏汉合璧考释》，《西夏研究》第三辑，第256页。

以火烤之，使好好干。垛屯、秸草、毡①当为密厚，顶上当撒土三尺，不使官粮食损毁。

一各个粮食交接处之笨工分配法、交接日等依前述明之。除一个月以内在者以外，多于其数，超过日期，则本司刺史等当计之，令其轮值。

39-36 左面：

一	租	种	种	纳	时	上	量	面	头	监	者	库	口	上	及

巡	检	者	量	面	头	监	边	上	等	一	处	应	坐	谷	物

纳	者	数	登	簿	上	一	人	人	依	次	名	<>	唤	为	应

量	<>	纳	令	凭	据	<>	得	斛	斗	多	数	<>	有	量	面

头	监	手	记	纳	所	谷	物	中	虚	杂	入	不	许

量	面	头	监	局	分	大	小	等	之	巡	检	者	人	<>

巡	检	为	不	精	管	事	刺	史	人	中	间	巡	检	应

---

① 汉译本原作"垛囤、垫草"，现改为"垛屯、秸草、毡"。

𗫲	𗤶	𗒠𗫻	𗪙	𗟲𗸐	𗰜	𗫤	𗤌	𗫤	𗓰	𗜓	𗤛𗄼
亦	<>	巡检	若	枉法	未	纳	所	纳	中	入	虚杂

𗤛	𗧗	𗰜	𗫤	𗰷𗭁	𗾔	𗂧	�970𗠰𗫎	𗣼	𗄼	𗱈	𗰖
为	时	未	纳	谷物	钱	量	偷盗	法	及	贿	有

汉译本：

一纳种种租时节上，计量小监当坐于库门，巡察者当并坐于计量小监之侧。纳粮食者
  当于簿册依次一一唤其名，量而纳之。当予收据，上有斛斗总数、计量小监手记，
  不许所纳粮食中入虚杂。计量小监、局分大小之巡察者巡察不精，管事刺史人中
  间应巡察亦当巡察。若违律，未纳而入已纳中，为虚杂时，计未纳粮食之价，以
  偷盗法判断。受贿

39-37 右面：

𗰭	𗫻𗫲𗱈	𗈪	𗾘	𗹦	𗤌	𗶷	𗼖	𗈪𗫴	𗱈	𗅢	𗒠
则	枉法贪赃	罪	等	何	所	重	上	决断	贿	无	检

𗒠[1]	𗤌	𗦰	𗪙	𗲧	𗡪	𗾑	𗋽	𗜐	𗷉𗤶	𗤌	𗉆	𗥃
校	不	牢	者	官	有	罚	马	一	庶人	十	三	杖

𗈪	𗂧	𗼦	𗤛�	𗪙	𗤛	𗰷𗷷	𗉆	𗤆𗛷	𗰷𗭁	𗢳	𗤌
一	量	面	头监	人	先	登簿	旧	以外	谷物	何	所

𗫤	𗈪	𗈪	𗴮	𗷷𗫱[2]	𗋽	𗧇	𗧸	𗤛	𗤮	�	𗋽	𗷷
纳	令	数	依	新簿	一	卷	<>	为	<>	毕	时	旧	新

𗷷	𗂧	𗥃𗰖	𗉆	𗒠	𗋽	𗦏	𗷷𗫱[3]	𗅢	𗴮𗫱[4]	𗷷𗸐[5]
簿	等	自相	<>	校	不	同	参差	无	然后	清册

一	卷	〇	为	告	状	与	〇	计	中书	应	遣	中书

内	人	重	一	番	〇	校	不	同	有	则	〇	至	谕文

何	出	依	〇	实行	同	则	量	面	头监	处	旧	新

二	卷	簿	者	中书	〇	库	登簿	新	者	应	还	为

注释：

[1]▢▢：意"检校"。

▢，意"看"、"观"、"察"、"检"。《掌中珠》中"▢▢▢▢"作"医人看验"①。西夏文《孟子》中"▢▢▢▢"意"四方来观"②。《类林研究》中"▢▢▢▢▢▢▢▢▢"意"桓公闻后遣人察令掘之"，"▢▢▢▢▢▢▢▢▢"意"狱官每夜打鼓检验王章"③。

▢，意"校"。西夏文《孟子》中"▢▢▢▢▢□▢"意"校数岁之中以为常"④。《类林研究》中"▢▢▢▢▢▢▢▢▢"意"后与所得真本比较"⑤。

▢▢，意"检校"。

[2]▢▢：意"新簿"。

▢，意"簿"。《类林研究》中"▢▢▢▢▢▢▢"意"为魏曹操主簿"⑥。

▢，意"新"。《掌中珠》中"▢▢▢▢▢▢▢▢▢▢▢▢"作"此

---

① 《番汉合时掌中珠》（乙种本），《俄藏黑水城文献》第一〇册，第34页。
② 彭向前：《西夏文〈孟子〉整理研究》，第148页。
③ 史金波、黄振华、聂鸿音：《类林研究》，第72、202页。
④ 彭向前：《西夏文〈孟子〉整理研究》，第150页。
⑤ 史金波、黄振华、聂鸿音：《类林研究》，第94页。
⑥ 同上，第75页。

掌中珠者三十七面内更新添十句","〔夏〕"作"新旧"[1]。

〔夏〕,字面作"簿新",意"新簿",与"〔夏〕"〔旧登记簿〕相对应。

[3]〔夏〕:意"参差"。

〔夏〕,意"参差"。〔夏〕,意"参差"。

〔夏〕,意"参差"。《掌中珠》中"〔夏〕"作"事务参差"[2]。

[4]〔夏〕:意"然后"。

〔夏〕,意"然"。〔夏〕,意"后"。

〔夏〕,字面作"然后"。西夏文《孟子》中"〔夏〕"意"公事毕,然后敢治私事"[3]。《孙子兵法》中"〔夏〕"意"然后急趋也"[4]。

[5]〔夏〕:意"清册"。

〔夏〕,意"簿",见"〔夏〕"〔新簿〕条。

〔夏〕,意"清"。《掌中珠》中"〔夏〕"作"净瓶","〔夏〕"作"谋知清人","〔夏〕"作"如此清正"[5]。

〔夏〕,字面作"簿清",意"清册"。

汉译本:

则与枉法贪赃罪比较,从重者判断。未受贿,检校未善者,有官罚马一,庶人十三杖。

一计量小监人除原旧本册以外,依所纳粮食之数,当为新册一卷,完毕时以新旧册自相核校,无失误参差,然后为清册一卷,附于状文而送中书。中书内人当再校一番,有不同则当奏,依有何谕文实行。同则新旧二卷之册当藏中书,新簿册当还之,

39-37 左面:

〔夏〕	〔夏〕	〔夏〕	〔夏〕	〔夏〕	〔夏〕	〔夏〕[1]	〔夏〕	〔夏〕	
所	管 事	处	应	遣	<>	告 晓	为	往	

---

[1]《番汉合时掌中珠》(甲种本),《俄藏黑水城文献》第一〇册,第4、14页。
[2]《番汉合时掌中珠》(乙种本),《俄藏黑水城文献》第一〇册,第34页。
[3] 彭向前:《西夏文〈孟子〉整理研究》,第153页。
[4] 林英津:《夏译〈孙子兵法〉研究》,第三部分,第1页。
[5]《番汉合时掌中珠》(乙种本),《俄藏黑水城文献》第一〇册,第29、34、35页。

一	边中	畿内	税户	家主	数	各自	地	几	耕

牛	牛	几	数	与	名	计	地	租	冬草	条椽	等

何时	纳	名	有	管事	者	人	一	一	当	明	令

名	<>	计	为	中书	转运司	受纳[2]	皇城[3]	三

司[4]	农田司	量	面	头监	等	处	给	所	所	所	属

处	登簿	数	卷	<>	为	京师	中书	边	上	刺史

处	等	所	管事	处	<>	过	<>	检校	毕	时	属	<>

当	持

注释：

[1]告晓：汉语"告晓"的音译。

告，音"告"。《掌中珠》中该字标"膏"、"高"、"告"、"勾"等音，如膏雨〔告祓]、高下［□□］①、陈告司［□ □ □］、诸司告状［□ □ □ □］、勾管家计［□ □ □ □］②。

□，音"修"、"绣"。《掌中珠》中该字标"修"、"绣"、"箫"、"勾"等音，如修盖寺舍［□ □ □ □］、绣锦［□ □］、箫［□］③。

□□，汉译本音译"告晓"。

[2]□□：意"受纳"。

□，意"用"、"受"等。《掌中珠》中"□□□□"作"自受用佛"，"□□□□"作"十他受用"④。《金光明最胜王经》中"□□□□"意"法师授记"⑤，"□□□□"意"欢喜信受"⑥。

□，意"纳"。《掌中珠》中"□□□"作"受纳司"⑦。

[3]□□：意"皇城"。

□，意"宫"、"城"。《类林研究》中"□□□□"意"放之于宫中"⑧。《金光明最胜王经》中"□□□□□"意"慈母在宫内"⑨。

□，意"准备"、"供给"等。《掌中珠》中"□□□□"作"准备食馔"，"□□□□"作"尽皆准备"⑩。《金光明最胜王经》中"□□□□"意"设诸饮食"⑪。

□□，意"皇城"，《掌中珠》中"□□□"作"皇城司"⑫。

[4]□□：意"三司"。

□，意"秤"等。《掌中珠》中"□□"作"天秤"⑬。

---

① 《番汉合时掌中珠》（甲种本），《俄藏黑水城文献》第一〇册，第5、7页。
② 《番汉合时掌中珠》（乙种本），《俄藏黑水城文献》第一〇册，第33、34、36页。
③ 同上，第29、31、35页。
④ 《番汉合时掌中珠》（甲种本），《俄藏黑水城文献》第一〇册，第19页。
⑤ 王静如：《金光明最胜王经卷一夏汉合璧考释》，《西夏研究》第三辑，第42页。
⑥ 王静如：《金光明最胜王经卷七夏汉合璧考释》，《西夏研究》第三辑，第104页。
⑦ 《番汉合时掌中珠》（乙种本），《俄藏黑水城文献》第一〇册，第33页。
⑧ 史金波、黄振华、聂鸿音：《类林研究》，第50页。
⑨ 王静如：《金光明最胜王经卷十夏汉合璧考释》，《西夏研究》第三辑，第352页。
⑩ 《番汉合时掌中珠》（乙种本），《俄藏黑水城文献》第一〇册，第35、36页。
⑪ 王静如：《金光明最胜王经卷八夏汉合璧考释》，《西夏研究》第三辑，第178页。
⑫ 《番汉合时掌中珠》（乙种本），《俄藏黑水城文献》第一〇册，第33页。
⑬ 《番汉合时掌中珠》（甲种本），《俄藏黑水城文献》第一〇册，第4页。

[illegible]，意“三司”，《掌中珠》中“[illegible]”作“三司”①。《重修护国寺感应塔碑铭》中“[illegible]”意“三司正”②。

汉译本：

送所管事处往告晓。

一边中、畿内税户家主各自种地多少，与耕牛几何记名，地租、冬草、条椽等何时纳之有名，管事者一一当明以记名。中书、转运司、受纳、皇城、三司、农田司计量头监等处，所予几何，于所属处当为簿册成卷，以过京师中书，边中刺史处所管事处检校。完毕时，依据属法当取之。

39-38 右面：

[illegible]	[illegible]	[illegible]	[illegible]	[illegible]	[illegible]	[illegible]	[illegible]	[illegible]	[illegible]	[illegible]
一	税户	家主	数	管事	者	人	邻近	<>	<>	结合

[illegible]	[illegible]	[illegible]	[illegible]	[illegible][1]	[illegible]	[illegible]	[illegible]	[illegible]	[illegible]	[illegible]	[illegible]
十	户	上	一	小甲	五	小甲	上	一	头监	等	事

[illegible]	[illegible]	[illegible]	[illegible]	[illegible]	[illegible]	[illegible]	[illegible][2]	[illegible]	[illegible][3]
做	人	及	二	头监	上	<>	农迁溜	邻近	下臣

[illegible]	[illegible]	[illegible][4]	[illegible][5]	[illegible]	[illegible]	[illegible][6]	[illegible]	[illegible]	[illegible]	[illegible]
官吏	独诱	正军	辅主	事	做	空闲	等	中	<>	遣

[illegible]	[illegible]	[illegible]	[illegible]	[illegible]	[illegible]	[illegible]	[illegible]	[illegible]	[illegible]	[illegible]	[illegible]	[illegible]
一	税户	家主	数	各自	地	何时	耕	牛	牛	几	属	租

① 《番汉合时掌中珠》（乙种本），《俄藏黑水城文献》第一〇册，第33页。

② 罗福成校录：《重修护国寺感应塔碑铭》，《国立北平图书馆馆刊》第四卷第三号《西夏文专号》，第24页。

种	种	斛	斗	升	合	条	草	当	明	令	木牌[7]	个	一	当

送	令	上	<>	写	为	一	户	之	一	牌	个	当	给

一	边	中	畿	内	税	户	家	主	地	耕	租	纳	<>	每	年	死亡[8]

外逃[9]	地	头	人	无	依	次	相	之	卖	为	变换[10]	所	做

注释：

[1] 𗺐𘃐：意"小甲"。

𗺐，音"甲"，《掌中珠》中该字标"间"、"家"、"加"、"监"、"枷"等音，如夜间[𗙩𗺐]、畜养家宅[𗷭𗆫𗺐𗇖]、因此加官[𗤀𘜶𗺐𗂾]、司吏都监[𗤓𗑠𘅜𗺐]、枷在狱里[𗺐𗜓𗂨𗳇]①。

𗺐𘃐，意"小甲"，本句中"税户家主由管事者以就近结合，十户遣一小甲，五小甲遣一小监等胜任人，二小监遣一农迁溜"，相当于宋代的保甲，宋神宗朝"熙宁初，王安石变募兵而行保甲，帝从其议。三年，始联比其民以相保任。乃诏畿内之民，十家为一保，选主户有干力者一人为保长；五十家为一大保，选一人为大保长；十大保为一都保，选为众所服者为都保正，又以一人为之副"②。

[2] 𗤆𗾚𘃺：意"农迁溜"。

𗤆，意"农"、"耕"。《掌中珠》中"𗤆𗹙"作"农器"，"𗤆𗸱"作"耕牛"③。

𗾚，意"迁"。西夏文《孟子》中"𘑨𗾚𗼨𗽓𗙫"意"死徙无出乡"④。

---

① 《番汉合时掌中珠》（乙种本），《俄藏黑水城文献》第一〇册，第24、29、32、33、34页。

② ［元］脱脱等：《宋史》卷一九二，第4767页。

③ 《番汉合时掌中珠》（乙种本），《俄藏黑水城文献》第一〇册，第32页。

④ 彭向前：《西夏文〈孟子〉整理研究》，第153页。

□，意"条"。《掌中珠》中"□□"作"金条"①。

□□□，字面作"农迁条"，意"农迁溜"。溜，北宋边臣田况上奏："西贼首领，各将种落之兵，谓之'一溜'，少长服习，盖如臂之使指，既成行列，举手掩口，然后敢食，虑酋长遥见，疑其语言，其整肃如此。"②《天盛律令》中的溜还有"□□"[迁溜]、"□□"[军溜]、"□□"[部溜]、"□□"[队溜]、"□□"[城溜]等。农迁溜为以农业为主的基层组织。

[3]□□：意"下臣"。

□，意"下"、"底"。《文海》释"□□□□□，□□□□□"，意"底者天底也，底下下方也"③。

□，意"臣"。《类林研究》中"□□□□□□□□□"意"关龙逢，夏桀朝大臣也"④。

□□，字面作"下臣"。

[4]□□：意"正军"。

□，意"军"。《掌中珠》中"□□□"作"统军司"⑤。

□，意"正"。《掌中珠》中"□□□"作"正统司"，"□□"作"正听"⑥。

□□，字面作"军正"，意"正军"。《宋史·夏国传》中记："其民一家号一帐，男年登十五为丁，率二丁取正军一人。每负赡一人为一抄。负赡者，随军杂役也。四丁为两抄，余号空丁。愿隶正军者，得射他丁为负赡，无则许射正军之疲弱者为之。故壮者皆习战斗，而得正军为多。"⑦

[5]□□：意"辅主"。

□，意"辅助"。《文海》释"□□□□□，□□□，□□□□□□□□"，意"辅者辅军也，辅主也，正军之佑助者也"⑧。

---

① 《番汉合时掌中珠》（乙种本），《俄藏黑水城文献》第一〇册，第31页。

② [宋]李焘：《续资治通鉴长编》卷一三二，中华书局1992年版，庆历元年五月甲戌条，第3136页。

③ 史金波、白滨、黄振华：《文海研究》，第507页。

④ 史金波、黄振华、聂鸿音：《类林研究》，第47页。

⑤ 《番汉合时掌中珠》（乙种本），《俄藏黑水城文献》第一〇册，第33页。

⑥ 同上，第33页。

⑦ [元]脱脱等：《宋史》卷四八六，第14028页。

⑧ 史金波、白滨、黄振华：《文海研究》，第441页。

□，意"主"。《类林研究》中"□□□□□□□□□□"意"船主见其为美丈夫"①。

□□，字面作"辅主"。

[6]□□：意"空闲"。

□，意"闲"、"空"。西夏文《孟子》中"□□□□，□□□□"意"昼暇取茅，宵闲索绹"②。《类林研究》中"□□□□□"意"空手而归"③。

□，意"空"。《类林研究》中"□□□□□□□□□"意"为汉朝司空杨彪之子"④。

□□，字面作"空闲"。

[7]□□：意"木牌"。

□，意"木"。《掌中珠》中"□□"作"木植"⑤。

□，音"白"。《掌中珠》该字标"白"、"珀"、"帛"等音，如白虎[□□]、白羊[□□]、琥珀[□□]⑥、白露[□□]、白日[□□]、铺帛[□□]、拍板[□□]⑦。

□□，意"木牌"。

[8]□□：意"死亡"。

□，意"死"。《掌中珠》中"□□"作"死生"⑧。《过去庄严劫千佛名经》中"□□□□□□"意"死亦不持一文而去"⑨。

□，意"亡"。《类林研究》中"□□□□"意"死者达半"⑩。

□□，字面作"死亡"。

[9]□□：意"外逃"。

---

① 史金波、黄振华、聂鸿音：《类林研究》，第 72 页。
② 彭向前：《西夏文〈孟子〉整理研究》，第 149 页。
③ 史金波、黄振华、聂鸿音：《类林研究》，第 89 页。
④ 同上，第 75 页。
⑤ 《番汉合时掌中珠》（乙种本），《俄藏黑水城文献》第一〇册，第 30 页。
⑥ 《番汉合时掌中珠》（甲种本），《俄藏黑水城文献》第一〇册，第 4、7 页。
⑦ 《番汉合时掌中珠》（乙种本），《俄藏黑水城文献》第一〇册，第 24、31、35 页。
⑧ 同上，第 28 页。
⑨ 王静如：《过去庄严劫千佛名经考释》，《西夏研究》第一辑，第 168 页。
⑩ 史金波、黄振华、聂鸿音：《类林研究》，第 79 页。

薤，意"旷野"。《金光明最胜王经》中"𗡪𗴛𗼑𗰉薤𗫷"意"聚落山林旷野"[1]。

諁，意"入"。西夏文《孟子》中"𗾺𗋡𗫷諁"意"过[其门]而不入家"[2]。

薤諁，字面作"旷野入"，意"外逃"。《类林研究》中"夏𗙴薤諁"意"伍员外逃"[3]。

[10]犪羬：意"变换"。

犪，意"变"。西夏文《孟子》中"𗼑𗫷𗰖𗢳犪"意"至于子而变"[4]。

羬，意"换"。《过去庄严劫千佛名经》中"𗫨羬𗫨𗫷"意"或换或贷"[5]。

犪羬，字面作"变换"。

汉译本：

一各税户家主由管事者以就近结合，十户遣一小甲，五小甲遣一小监等胜任人，二小
    监遣一农迁溜，当于附近下臣、官吏、独诱、正军、辅主之胜任、空闲者中遣之。

一各税户家主各自地何时种、耕牛数、租种数、斛、斗、升、合、条草当明之，当使
    书一木牌上。一户当予一木牌。

一边中、畿内税户家主种地纳租法：年年死亡、外逃、地头无人、依次相卖，

39-38 左面：

				[1]			[2]				
不	得	已	有	虚	杂	不	入 柄	清 洁	为	<>	三 年 一

番	司 衙	及	中 书	郡 县	等	处	置	所	新 簿	数	卷

坚	为	计	面	头 监	处	司 衙	内	人	差	本	数 簿 当

---

[1] 王静如：《金光明最胜王经卷六夏藏汉合璧考释》，《西夏研究》第三辑，第 4 页。

[2] 彭向前：《西夏文〈孟子〉整理研究》，第 158 页。

[3] 史金波、黄振华、聂鸿音：《类林研究》，第 71 页。

[4] 彭向前：《西夏文〈孟子〉整理研究》，第 147 页。

[5] 王静如：《过去庄严劫千佛名经考释》，《西夏研究》第一辑，第 138 页。

给	往	亦	遣	行	顺	者	农迁溜		头监		小甲		人	自

己	局分		家主		中	地	卖	变换		所	有	无	应	寻求

有	则	家主		人	不	来	农迁溜		头监		人	应	寻求	

属	<>	郡县		内	人	二	月	一	日	自	一	县	五	面	地

簿	板簿		写	<>	自	为	自己		处	及	皇城		三司	

转运司			中书		等	分别		当	给	司	名	<>	计	变

注释：

　　[1]𗦎𗙴𗦎𗲔：意"不得已有"。

　　𗦎……𗦎𗲔，字面作"不……不成"，意"不得已"。所空缺处往往为动词，如"𗁴"，《孙子兵法》中"𗦎𗁴𗦎𗲔𗐓�便"意"不得已则斗"①。

　　𗦎𗙴𗦎𗲔，意"不得已有"。

　　[2]𗙦𗤷：意"清洁"。

　　𗙦，意"洁净"。𗤷，意"清洁"。

　　𗙦𗤷，意"清洁"。《现在贤劫千佛名经》中"𗫂𗭼𗙦𗤷𗦻𗌖𗤷𗵣𗟲𗙜"意"清

---

① 林英津：《夏译〈孙子兵法〉研究》，第三部分，第132页。

净皎洁相好光丽"[1]。《金光明最胜王经》中"□□□□□，□□□□□"意"是人当澡浴，应著鲜洁衣"[2]。

[3]□□：汉语"板簿"的音译。

□，音"板"。《掌中珠》该字标"板"、"攀"等音，如拍板[□□]、攀胸鞦[□□□][3]。

□，音"簿"。《掌中珠》该字标"泊"、"蒲"、"薄"、"匐"、"菩"、"帛"等音，如水泊[□□]、厚薄[□□][4]、蒲桃[□□]、薄荷[□□]、萝匐[□□]、诸佛菩萨[□□□□]、铺帛[□□][5]。

□□，音"板簿"。

汉译本：

> 所改变之情须有，虚杂不入，典册清洁，三年一番，司衙[6]及中书郡县等处所置新册当卷之使牢。计量小监处本司中人当予各种典册。行用次第者：农迁溜、小监、小甲于自己所辖家主人中推寻有无变卖田地。有则家主人勿来，农迁溜、小监人当推察。所属郡县内人自二月一日始，一县写五面地册板簿，自己处及皇城、三司、转运司、中书等当分别予之，司当记名，

39-39 右面：

□	□	□	□	□	□	□	□	□	□	□	□	□	□ (1)
换	遣	所	为	所	数	其	上	应	正	得	为	其	上	司衙

□	□	□	□	□	□	□	□	□	□	□	□	□	□
人	<>	提举	为	七	十	日	周	内	<>	完毕	令	则	四

---

① 王静如：《现在贤劫千佛名经卷下残卷考释》，《西夏研究》第一辑，第101页。

② 王静如：《金光明最胜王经卷一夏藏汉合璧考释》，《西夏研究》第二辑，第18页。

③ 《番汉合时掌中珠》（乙种本），《俄藏黑水城文献》第一〇册，第35页。

④ 《番汉合时掌中珠》（甲种本），《俄藏黑水城文献》第一〇册，第7、14页。

⑤ 《番汉合时掌中珠》（乙种本），《俄藏黑水城文献》第一〇册，第26、29、31页。

⑥ 原作"司干"，汉译本该词语之前均译"司衙"。

[illegible]	[illegible]	[illegible]	[illegible]	[illegible]	[illegible]	[illegible]	[illegible]	[illegible]	[illegible]	[illegible]
月	十	日	日	转运司	应	遣	分别	板簿	上	手

[illegible]	[illegible]	[illegible]	[illegible]	[illegible]	[illegible]	[illegible]	[illegible]	[illegible]	[illegible]	[illegible]	[illegible]	[illegible]	[illegible]	[illegible]
记	五	月	一	日	中书	内	当	送	十	五	日	周	内	<>

[illegible]	[illegible]	[illegible]	[illegible]	[illegible]	[illegible]	[illegible]	[illegible]	[illegible]	[illegible]	[illegible]
检校	参差	无	则	中书	大人	亦	手记	印	<>	可

[illegible]	[illegible]	[illegible]	[illegible]	[illegible]	[illegible]	[illegible]	[illegible]	[illegible]	[illegible]	[illegible]	[illegible]	[illegible]	[illegible]	[illegible]
为	五	月	二	十	所	所	应	处	当	给	应	散	为	其中

[illegible]	[illegible]	[illegible]	[illegible]	[illegible]	[illegible]	[illegible]	[illegible]	[illegible]	[illegible]	[illegible]
司衙	内	新簿	至	往	上	<>	视	谷物	冬草	条椽

[illegible]	[illegible]	[illegible]	[illegible]	[illegible]	[illegible]	[illegible]	[illegible]	[illegible]	[illegible]	[illegible]	[illegible]	[illegible]	[illegible]	[illegible]
纳	可	库	口	不	同	<>	纳	所	各自	何	所	应	依	应

[illegible]	[illegible]	[illegible]	[illegible]	[illegible]	[illegible]	[illegible]	[illegible]	[illegible]	[illegible]	[illegible]	[illegible]	[illegible]	[illegible]
差	为	头字	数	典	<>	为	司衙	内	人	印	可	手	<>

校勘：

（1）[illegible]，汉译本不识，据《俄藏黑水城文献》[①]补。

汉译本：

所当改变除数，其上当改正，其上司衙[②]人当为提举，七十日以内当使完毕，则四月十日当送转运司，分别为手记于板簿。五月一日当送中书，十五日以内当校验，

① 《俄藏黑水城文献》第八册，第319页。

② 汉译本原作“□□”，现改为“司衙”。

无参差，则中书大人亦当为手记、置印。五月二十日当散予应予处，其中本司内新册往至当验视，粮食、冬草、条椽纳处依不同库门、自己所应纳而分之，为头字典册，本司内人置印。手……

下篇 《天盛律令》农业门专题研究

第一章　税户、家主与农迁溜

《纳领谷派遣计量小监门》中载："各税户家主由管事者以就近结合，十户遣一小甲，五小甲遣一小监等胜任人，二小监遣一农迁溜，当于附近下臣、官吏、独诱、正军、辅主之胜任、空闲者中遣之。"其中税户是最小的单位，有交纳地租、税草、人头税，以及出夫役的义务。家主与宗族有关，除了和普通农户一样承担租役草，还是家门的管理者、基层的负责人。农迁溜为农业生产中的基层组织，随着西夏封建化的进程，最初以宗族为纽带的结合方式逐渐被代替，各税户家主按地缘关系就近结合，每十户设一小甲，五小甲上有一小监，二小监上置一农迁溜，一农迁溜辖一百户，其变化与北魏时期的宗主督护、三长制有诸多相似之处，对研究西夏乡里制度以及宗法封建社会具有重要意义。

第一节　税户

西夏文"𗌋𘟃"，农业门中多次出现，汉译"税户"。

𗌋，意"租"、"税"。《类林研究》中"𗡩𗁮𗌋𘓰𗥃𗏆，𗣼𗥽𗏇𗈇𗏱𗥃𗌋"意"减半年租税，天下百姓皆利"[1]，《过去庄严劫千佛名经》中"𗣼𗢭𗝜𗉻𗅾𗥼𗌋𗧊𗏆"意"或窃没租估偷度关税"[2]。租，有地租、租佃等含义，《说文》曰："租，田赋也。从禾，且声。"税，除当"租"讲外，还可以泛指一切赋税，《说文通训定声·泰部》

---

① 史金波、黄振华、聂鸿音：《类林研究》，第188页。
② 王静如：《过去庄严劫千佛名经考释》，《西夏研究》第一辑，第139页。

载："税，税有三：《孟子》'粟米之征'，即《周礼》旅师之锄粟，此田税也；'力役之征'，即《周礼》乡大夫之'辨其可任者……皆征之'，此丁税也；'布缕之征'，即《周礼》太辛之嫔贡，此宅税也。……后世有关税、牙税、契税及芦课、茶课、矿课之类，亦税也。"深究"租"、"税"之意，"税"字更能体现西夏农户承担的赋税内容，包括地租、夫役、税草、人口税等。但西夏文中"租"、"税"不分，所以《天盛律令》汉译本中将"□□"译作"租户"。

□，意"门"、"宅"、"计"、"户"等。如"门"，《掌中珠》中"□□"作"门帘"[①]，"□□□□"作"演说法门"[②]；《类林研究》中"□□□□□□□□□"意"时未至，而不进城门"[③]，《大方广佛华严经普贤行愿品》中"□□□□□□□□"意"圆满种种波罗密门"[④]。如"宅"，《掌中珠》中"□□□□"作"畜养家宅"[⑤]。如"户"，《重修护国寺感应塔碑铭》中"□□□□"意"四户官作"[⑥]。在黑水城出土西夏文农业租税账册中多表示"户"，4808 号农业租税文书"一户罗般若乐　大麦一石一斗五升　麦二斗[八升七合半]"，4067 号文书"一户梁吉祥有册上有十亩地，税一斗二升半"[⑦]，以及 2007-9 号税账、2161-5 号户租粮账、2868 号户耕地租庸草账、4926 号户口地畜账、4991 号迁溜人口税账[⑧]等，在记录每户粮租、土地、人口、牲畜单位时都用"□□"表示一户。《天盛律令》中，"□"的最多译法是"门"，每一卷下包含若干个小标题，每个小标题就是一门，如农业卷共计十一门，有催缴租门、取闲地门、催租罪功门等等。考虑到"□□"二字指的是交租的单位，"□"当为"户"，而不是"门"，"□□"意"税户"。

以"户"作为承担赋役的单位，不仅在西夏，在其他朝代，也有着悠久的历史。曹魏至北魏前期实行的"九品相通"、"九品混通"制，把户分为九等，以此作为征收租调的标准。《魏书·食货志》载：

---

① 《番汉合时掌中珠》（乙种本），《俄藏黑水城文献》第一〇册，第 30 页。
② 《番汉合时掌中珠》（甲种本），《俄藏黑水城文献》第一〇册，第 19 页。
③ 史金波、黄振华、聂鸿音：《类林研究》，第 37 页。
④ 《大正新修大藏经》第一〇册，No.293《大方广佛华严经》第四十。
⑤ 《番汉合时掌中珠》（乙种本），《俄藏黑水城文献》第一〇册，第 29 页。
⑥ 罗福成校录：《重修护国寺感应塔碑铭》，《国立北平图书馆馆刊》第四卷第三号《西夏文专号》，第 19 页。
⑦ 史金波：《西夏农业租税考——西夏文农业租税文书译释》。
⑧ 《俄藏黑水城文献》第一三册，第 13、41、142~148、315、322~323 页。

因民贫富，为租输三等九品之制。千里内纳粟，千里外纳米，上三品户入京师，中三品入他州要仓，下三品入本州。①

唐代定天下户，按资产分为九等，作为征税的单位。《旧唐书》载：

敕天下户立三等，未尽升降，置为九等。②

敦煌文书 S.8655 号《年次未详〈大约十世纪〉户王道员等地子籍》是沙州归义军时期具有代表性的地租文书，其中的户不仅是交纳租税，而且还是受田的单位。

户王道员　　受田陆拾贰亩半，纳麦两石五斗、粟两石一斗八升七合半、麻三斗一升两合半。

户邓义成　　受田柒亩，纳麦六斗八升、粟五斗九升半、麻八升半。③

税户是土地的所有者。《宋会要辑稿》中云"税户者，有常产之人也"④。因为是以土地作为征收的依据，所以史金波先生在《西夏社会》中说"租户家主就是有耕地的纳税农户"⑤。西夏的税户是土地的所有者，《催纳租门》中"税户家主自己地上所属冬草、条橼"，《催租罪功门》中"诸税户所属种种地租"，《地水杂罪门》中"各自所属种种租"，与之对应的西夏文"𗁲𗾔𗜓𘄴𗣫�𗫡𗶵𗸳𗤙𗟲𘃣"、"𗙐𗁲𗾔𗫡𗶵𗶷𗅉"、"𗣫𗪙𗫡𗶵𗁲𗶷𗅉"，句中都用"𗫡"[属有]来表示税户对土地的所有权。

《催纳租门》载：

一税户家主自己所属地上冬草、条橼等以外，一顷五十亩一幅地，麦草七束，粟草三十束，每束围四尺五寸，束内入麦糠三斛。袋囊中二袋，各自依地租法当交官之所需处，当入三司库。逾期时与违纳租谷物之纳利相同。

《催租罪功门》载：

一诸税户所属种种地租见于地册，依各自所属次第，郡县管事者当紧紧催促，令于所明期限缴纳完毕。其中住滞时，种种地租分为十分，使全纳、部分纳、全

---

① [北齐]魏收：《魏书》卷一一〇，中华书局 1984 年，第 2852 页。

② [后晋]刘昫：《旧唐书》卷三，中华书局 1995 年，第 45 页。

③ 雷绍锋：《唐末宋初归义军时期之"地子"、"地税"浅论》，《中国敦煌学百年文库》，甘肃文化出版社 1999 年版，第 589~590 页。

④ [清]徐松辑：《宋会要辑稿》食货一二之一九，中华书局 1957 年影印本，第 5017 页。

⑤ 史金波：《西夏社会》，第 76 页。

不纳等时，功罪依所定实行。

《地水杂罪门》载：

一诸税户家主当指挥，使各自所属种种租，于地册上登录顷亩、升斗、草之数。转运司人当予属者凭据，家主当视其上依数纳之。

税户所有土地，政府会详细记录，以便征收赋税。《纳领谷派遣计量小监门》载，每户予一木牌，木牌上写有种地时间、耕牛数、租种土地数、条草数等。对于边中、畿内的税户管理就更为严格，除了正常的检校，因为年年都有死亡、外逃、地头无人、土地买卖等情况，所以规定每三年都要重新登记造册。

一各税户家主各自地何时种、耕牛数、租种数、斛、斗、升、合、条草当明之，当使书一木牌上。一户当予一木牌。

一边中、畿内税户家主种地纳租法：年年死亡、外逃、地头无人、依次相卖，所改变之情须有，虚杂不入，典册清洁，三年一番，司衙及中书、郡县等处所置新册当卷之使牢。

作为土地的所有者，税户要按照亩数，承担地租、税草、夫役、人口税等各种基本赋役，以及农田附近渠道的维护、树木的种植等。

地租。《催缴租门》规定，京畿所辖七郡县税户，包括灵武郡、保静县、华阳县、临河县、治源县、定远县、怀远县，按土地优劣分五等纳租，夏苗自七月初一至十月底结束，秋苗自九月初一至十月底结束，其中税额与黑水城地区的地租稍有不同。

一京畿所辖七个郡县，根据土地的贫瘠程度交纳地租，上等每亩纳租一斗，次等八升，中等六升，下等五升，末等三升等五等。各郡县所纳谷物如下，成熟时各郡县人当催促，夏苗自七月初一，秋苗自九月初一，至十月底交纳完毕。

税草。税户要交纳冬草、条橡、麦草、粟草、蒲苇、柳条、梦萝等多种草，其中蒲苇、柳条、梦萝等一束，麦草、粟草分别为一顷五十亩纳七束、三十束。《渠水门》载：

一诸税户家主除冬草蓬子、夏蓂等以外，其余种种草一律一亩当纳五尺围一束，十五亩四尺束围之蒲苇、柳条、梦萝等一律当纳一束。

夫役。西夏文5067号农业租税文书反映了税户计亩服役的情况，"1户38亩地，出佣工15日；1户75亩地，出佣工20日；1户10亩地，出佣工5日；1户10亩地，出佣工5日；1户38亩地，出佣工15日；1户10亩地，出佣工5日；1户35亩地，出佣工 15 日；1 户 73 亩地，出佣工 20 日；1 户 63 亩地，出佣工 20 日；1 户 15 亩地，出佣工 15 日；1 户 40 亩地，出佣工 15 日"①。按土地亩数分为 5 日、15 日、20 日三个等级，对于如何划分，《春开渠事门》的记载更为全面，共有 6 种。

> 一畿内诸税户上，春开渠事大兴者，自一亩至十亩开五日，自十一亩至四十亩十五日，自四十一亩至七十五亩二十日，七十五亩以上至一百亩三十日，一百亩以上至一顷二十亩三十五日，一顷二十亩以上至一顷五十亩一整幅四十日。当依顷亩数计日，先完毕当先遣之。其中期满不遣时，夫役小监有官罚马一，庶人十三杖。

除了租役草，西夏还有人口税。西夏文 4991 号户籍人口纳税账是一农迁溜的统计，共有全户 59 户以及单身 39 人，大小共计 221 人，税粮 56 石 4 斗。人口税不论男女，只区分大小，每个大人纳税三斗，小人纳税一斗半。

> 迁溜梁肃寂勾管五十九户全户及三十
> 九人单身男女大与小总计
> 二百二十一人之□税粮食
> 五十六石四斗数
> 男一百十三人谷二十九石一斗
> 大八十一人谷二十四石三斗
> 小三十二人谷四石八斗
> 女一百八人谷二十七（石三）斗
> 大七十四人谷二十二石二斗
> 小三十四人谷五石（一）斗
> 五十九户全户男女大小一百八十二
> 人谷四十（四石七）斗
> （男大小八十七人谷）十一石（三）斗②

为了保障按时交纳赋税，《地水杂罪》等门中还规定税户要维护渠道的畅通、监护大小桥道，特别是在唐徕、汉延、新渠等大渠处，立石为界，上书监护者姓名，如有问题上告管事，及时修复，并沿渠种植树木，令其成材。

---

① 史金波：《西夏社会》，第 80 页。
② 同上，第 82 页。

一沿唐徕、汉延诸官渠等税户、官私家主地方所至处，当沿所属渠段植柳、柏、杨、榆及其他种种树，令其成材，与原先所植树木一同监护，除依时节剪枝条及伐而另植以外，不许诸人伐之。

第二节　家主

西夏文"𗹬𘒣"，《天盛律令》中多次出现，汉译"家主"。

𗹬，有"家"、"宅"、"室"等不同的解释。如"家"，《类林研究》中"𗋽𗗆𗹬𗤾，𘝞𘝞�811𗹬𘄒𗆧𘝵𗾪𗹬𘋩�864𗬩𗤽𗥃"意"灵公生恶，乃阴使锄倪往赵盾家杀之"[1]。《大方广佛华严经普贤行愿品》"𗬩𗹬𘕕𗍳𘝶𗦀𗂰"意"常得出家修净戒"[2]。《金光明最胜王经》"𘋊𗹬𘋩𗡪"意"俱共还家"[3]。如"宅"，《金光明最胜王经》中"𘃸𗫬𗹬𗔟𗥤𗫥𘓞"意"了五蕴宅悉皆空"[4]。如"室"，西夏文《孟子》中"𗊁𗵜𘃡𘏚𗹬𗣼𘓄𘓄"意"男子生而愿为之有室"[5]。

𘒣，意"主"。《类林研究》中"𗦜𗱕𘅍𗴛𗤉𗤲，𘝞𗒐𗵜𗼖，𗄅𘃸𘒠𗥱𗹬𘄒𘒣�864𗋽𗥢"意"孟子又名轲，齐国人。自家东边邻舍主人杀猪"[6]。其中"𘒣𘄒"为"主人"，"𘒣"意"主"。

汉译本中"𗹬𘒣"意"家主"，取其字面义。

𗹬𘒣，作为词组也曾出现在西夏人翻译的汉文典籍中，如《类林研究》、《六韬》。《类林研究》中"𗹬𘒣"对应汉文"住户"。《六韬》中"𗹬𘒣"对应汉文"里"。《类林研究》中"昔因郡中住户多火"，西夏文对译为"𗹬𘄒𘏿𘔼𗈁𗹬𘒣𗱲𘐷𘈈𘔼�"，《类林研究》中"指挥吏下往住户觅钱"，西夏文对译为"𘒣𘃏𘃸𘏿𗆧𘞮𗾧𗹬𘒣𗹬𘈗𘉋𗾪𗾪"；《类林研究》中"徐雅与太原住家之郭林宗游学，同归"，西夏文对译为

---

① 史金波、黄振华、聂鸿音：《类林研究》，第38页。

② 《大正新修大藏经》第一〇册，No.293《大方广佛华严经》第四十。

③ 王静如：《金光明最胜王经卷九夏藏汉合璧考释》，《西夏研究》第三辑，第304页。

④ 王静如：《金光明最胜王经卷五夏藏汉合璧考释》，《西夏研究》第二辑，第238页。

⑤ 彭向前：《西夏文〈孟子〉整理研究》，第171页。

⑥ 史金波、黄振华、聂鸿音：《类林研究》，第35页。

"𗫸𘃽𗣼𗣠𗥀𗤋𘌽𗥢𗖰𗆟𗯿𘝰𗝆𗤣𘝙𗰜𗀔"①；《六韬》中"里有周垣，不得相过，其队分也"，西夏文对译为"𗥢𗤋𗖌𘄡𘄡，𗫎𗤣𗡮𗥢，𗉛𗥀𗈛𗀔𗰜"②。从中可以看出西夏人对于"𗥢𗤋"的理解，《类林研究》中的"住户"和《六韬》中的"里"，一个指的是一户人家，另一个为古代基层单位。

家主一词并非西夏特有。春秋时期，国君是国家的代表，卿大夫是地方的代表，国与家有着明显的矛盾与统一，作为地方政权的代表，卿大夫往往被称为家主，其所属的各个阶层统称为家臣。文献中关于"家主"的记载，有主人、当家人以及基层组织等不同的解释。

《史记》载：

> 栾布者，梁人也。始梁王彭越为家人时，尝与布游。穷困，赁佣于齐，为酒人保。数岁，彭越去之巨野中为盗，而布为人所略卖，为奴于燕。为其家主报仇，燕将臧荼举以为都尉。臧荼后为燕王，以布为将。及臧荼反，汉击燕，虏布。梁王彭越闻之，乃言上，请赎布以为梁大夫。③

《南史》载：

> 昭达进军，迎（张）彪妻便拜，称陈文帝教迎为家主。杨便改啼为笑，欣然意悦，请昭达殡彪丧。④

《新唐书》载：

> 武后之幼，天纲见其母曰："夫人法生贵子。"乃见二子元庆、元爽，曰："官三品，保家主也。"见韩国夫人，曰："此女贵而不利夫。"后最幼，姆抱以见，绐以男，天纲视其步与目，惊曰："龙瞳凤颈，极贵验也。若为女，当作天子。"⑤

《明史》载：

> 东厂司缉访，而内五城，外巡按，以及刑部、大理皆不能举其职，此不便于官守。奸民千里首告，假捏姓名，一纸株连，万金立罄，此不便于民生。子弟讦父兄，奴仆讦家主，部民讦官长，东厂皆乐闻，此不便于国体。⑥

---

① 史金波、黄振华、聂鸿音：《类林研究》，第89、92、101页。
② 贾常业：《西夏文译本〈六韬〉解读》，第71页。
③ [汉]司马迁：《史记》卷一〇〇，中华书局1982年版，第2733页。
④ [唐]李延寿：《南史》卷六四，中华书局1975年版，第1567页。
⑤ [宋]欧阳修：《新唐书》卷二〇四，中华书局1987年版，第5801页。
⑥ [清]张廷玉：《明史》卷二六三，中华书局1974年版，第6811页。

《清史稿》载:

> 满民有罪待谳,所属牛录若家主,辄与谳狱吏同坐,辨论纷扰,拟严定以罪,著为令。刑曹谳狱,满、汉官会谳,民不便,宜令满官主满民狱讼,汉官主汉民狱讼。①

《史记》中为家主报仇的栾布,《明史》中与奴仆对应的家主,很明显指的是主人。《清史稿》中牛录为满人军事生产合一的基层组织,家主若牛录,作用相同。藏文中家主一词,写作 khyim bdag,其中 khyim 意为"家",bdag 意为"主",合在一起就是"家主",藏文释义为 mi tshang 西 bdag po,即"一户之主",对译为"家长、当家男子"②。

家主在《天盛律令》的卷三、六、七、八、十一、十三、十四、十五、十九等中都曾出现,综合条文来看,家主除了和普通税户一样的缴税义务外,在军事、社会活动中有着特殊的待遇和作用。

家主和普通农户一样承担租役草等。《催缴租门》中规定了京城七郡县地租所交农作物的名称,其中华阳县家主应交纳豌豆和黄麻。除了地租,家主和税户一样,还要按土地亩数交纳麦草、粟草,出体工,同时还会被收取钱物、花红以及摊派各种杂事。《催缴租门》载:"黄麻、豌豆二种,华阳县家主当分别交纳。"《催租罪功门》载:"乘马催促租者自处所属税户家主不纳种地租而住滞时,乘马自局分当总催促。"《催缴租门》载:"税户家主自己所属地上冬草、条橡等以外,一顷五十亩一幅地,麦草七束、粟草三十束,每束围四尺五寸,束内以麦糠三斛入其中。"《催缴租门》载:"不许擅自于税户家主收取钱物、花红、麻皮等种种及摊派杂事。"《催缴租门》载:"因官所出为辅役,于税户家主应出体工。"《矫误门》中记:"不允诸司未使曰我已使,无理催逼家主劳役索贿。"③

家主是家门的管理者,与宗族有关。《取闲地门》中诸人愿意耕种闲地,包括他人无力耕种、三年不交租役草的土地,以及不属官私之生地等,当告转运司,并询问邻近相接之家主。《宋刑统》规定:如典卖田宅、物业,田土、屋舍有连接交加,物业重叠等情况时,家主要出面主持,"应典、卖物业,或指名质举,须是家主尊长对钱主或钱主亲信人,当面署押契帖;或妇女虽于面对者,须隔帘幕亲闻商量,方成交易。如

---

① [民国]赵尔巽:《清史稿》卷二三二,中华书局1977年版,第9368页。
② 彭向前:《藏语在解读西夏文献中的作用》,中国社会科学报2013年3月6日第B01版,第2页。
③ 史金波、聂鸿音、白滨译注:《天盛改旧新定律令》卷一一《矫误门》,第387页。

家主尊长在外，不计远近，并须依此"[1]。

> 一诸人无力种租地而弃之，三年已过，无为租役草者，及有不属官私之生地等，诸人有曰愿持而种之者，当告转运司，并当问邻界相接地之家主等，仔细推察审视，于弃地主人处明之，是实言则当予耕种论文，著之簿册而当种之。

诸人在逃跑时，往往会逃往与之关系密切的家主处，所以诸多关于逃跑的条令，都规定家主人要及时捕告逃者，如《判罪逃跑门》曰："前述三等人已逃跑，住于诸家主者，主人当捕告。"[2]《逃人门》："诸私人男女逃匿在外，家主中令住者，总计单身，算户数法应与官人相同，一个月期间当告，当寻主人，勿治计工价罪。"[3]《威势藏妻门》提到妻子为躲避丈夫离家出走，藏匿于家主中，这里的家主指的是有亲缘关系的人家。

> 一诸人妻子避其夫，自专逃避往诸家主中者，主人三个月期间当告局分处，罪不治。逾期不告时，逃人、主人等一律徒三年。其中妇人往避于原家中父兄处逃匿，且父兄允其逃避等，一律隐者父兄徒六个月，逃者妇人当依所定承罪。[4]

家主为基层组织的负责人。美国学者邓如萍在解释"住家僧人"时提到："西夏国的所有臣民都有其入籍的单位，既可以入籍于家主，入籍于政府机构，也可以入籍于某个寺院，等等。入籍规定了入籍人的纳税义务，所以法律严格禁止无正当理由的转籍。"[5]《敌军寇门》记当沿边盗贼入寇时，要通知城堡营垒军溜、监军司、邻近家主等，家主与二者同列，说明家主与城堡营垒军溜等一样，同是管理者，而不是每一户的户主。

> 沿边盗贼入寇者来，守检更口者知觉，来报堡城营垒军溜等时，州主、城守、通判、边检校、营垒主管、军溜，在上正、副溜等，当速告相邻城堡营垒军溜，及邻近家主、监军司等，当相聚。[6]

作为基层组织的管理者，家主还负有更多的监管职责。如登记白册参与催租，充当渠头负责察水，及时监护修葺小桥，督管家民维护治安等。《地水杂罪门》载："催

---

① [宋]窦仪撰、薛梅卿点校：《宋刑统》卷一三，法律出版社1999年版，第231页。

② 史金波、聂鸿音、白滨译注：《天盛改旧新定律令》卷一一《判罪逃跑门》，第394页。

③ 同上，卷一三《逃人门》，第463页。

④ 同上，卷八《威势藏妻门》，第304页。

⑤ 邓如萍著、聂鸿音译：《〈天盛律令〉里的僧侣和国家初探》，沈卫荣主编《黑水城人文与环境研究》，中国人民大学出版社2007年版，第345页。

⑥ 史金波、聂鸿音、白滨译注：《天盛改旧新定律令》卷四《敌军寇门》，第212页。

促地租者乘马于各自转运司白册数卷盖印，家主当取收据数登记于白册。"《渠水门》载："沿渠干察水应派渠头者，节亲、议判大小臣僚、税户家主、诸寺庙所属及官农主等灌水户，当依次每年轮番派遣。"《桥道门》载："沿大渠干有各小桥，转运司亦当于税户家主中及时遣监者，依私修治，依次紧紧指挥，无论日夜，好好监察。""沿唐徕、汉延诸官渠等税户、官私家主地方所至处，当沿所属渠段植柳、柏、杨、榆及其他种种树，令其成材，与原先所植树木一同监护，除依时节剪枝条及伐而另植以外，不许诸人伐之。"《搜盗踪迹门》载："一诸人已为诈盗，载持畜物时，家主人有知握踪迹，则当报告，并协助掌握踪迹。"①

《天盛律令》也有诸条保护家主利益的规定，如巡检因懈怠使家主被盗，会受到严厉的惩罚，执符沿途捕畜，于家主中无理，徒一年。受到处罚时，家主与所属家民也是不同的，诸司官吏被所管地方人殴打，家主不与所属家民论罪。《派大小巡检门》载："一捕盗巡检未巡行于所属地方而懈怠之，致家主中入盗贼、取畜物者，盗人确为他人捕得之，盗应获死时徒二年，获长期时徒一年，获六年至四年时徒六个月，获三年至一年时徒三个月，获月劳役时十三杖，杖罪者勿治罪。"②《执符铁箭显贵言等失门》载："一执符沿途往捕畜时，不许于家主中为无理，与诸人争斗殴打，若违律时徒一年。执符先动手，然后他人后动手打执符者，依予执符畜而殴打法判断。"③《误殴打争斗门》在罗列了诸多官吏与家民，官吏上下级殴打法之后，说"除前述所示以外，另有诸司家主一种，勿以所属家民论"④。

农业门中有官、私家主之分。

《租地门》载：

一大渠水已落时，附近官私家主当报，当立即劝护，协助修治。倘若违律不往报时，有官罚马一，庶人十三杖。

《渠水门》载：

一诸沿渠干察水渠头、渠主、渠水巡检、伏事小监等，于所属地界当沿线巡行，检视渠口等，当小心为之。渠口垫板、闸口等有不牢而需修治处，当依次由局分立即修治坚固。若粗心大意而不细察，有不牢而不告于局分，不为修治之事

① 史金波、聂鸿音、白滨译注：《天盛改旧新定律令》卷三《搜盗踪迹门》，第181页。
② 同上，卷一三《派大小巡检门》，第459页。
③ 同上，卷一三《执符铁箭显贵言等失门》，第470页。
④ 同上，卷一四《误殴打争斗门》，第486页。

而渠破水断时，所损失官私家主房舍、地苗、粮食、寺庙、场路等及役草、笨工等一并计价，罪依所定判断。

　　一沿唐徕、汉延、新渠诸大渠等至千步，当明其界，当置土堆，中立一碣，上书监者人之名字而埋之，两边附近税户、官私家主地方所应至处当遣之。无附近家主者，所见地□处家主中当遣之，令其各自记名，自相为续。

　　《地水杂罪门》载：

　　一沿唐徕、汉延诸官渠等税户、官私家主地方所至处，当沿所属渠段植柳、柏、杨、榆及其他种种树，令其成材，与原先所植树木一同监护，除依时节剪枝条及伐而另植以外，不许诸人伐之。转运司人中间当遣胜任之监察人。若违律不植树木，有官罚马一，庶人十三杖。树木已植而不护，及无心失误致牲畜入食时，畜主人等一律庶人答二十，有官罚铁五斤。其中官树木及私家主树木等为他人所伐时，计价以偷盗法判断。

官私家主与西夏文献中的官人、私人类似。如《大方广佛华严经入不思议解脱境界普贤行愿品》发愿文中有"皇太后宫下应有私人尽皆舍放，并作官人"[1]。《天盛律令》中"一诸人所属私人逃跑之家门，不在逃跑之列，不须因逃人迁地方，当依旧还归属者"[2]。"一等诸人不许为诈语而将他人私人、官人注册，及官人自专销于册等。倘若违律时，以偷盗法判断。官私人自情愿，则当依造意、主、从之次承罪。不知，勿治。"[3]杜建录先生《西夏经济史》中说，官人即依附于官府之人，私人为依附于贵族首领乃至皇太后之人[4]。官私家主与之类似，分为隶属官府的官家主和隶属贵族首领等的私家主。

第三节　农迁溜

　　西夏文"𘝵𘗂𘘥"，汉译"农迁溜"。

---

① 史金波：《西夏佛教史略》，宁夏人民出版社1988年版，第274页。

② 史金波、聂鸿音、白滨译注：《天盛改旧新定律令》卷七《番人叛逃门》，第280页。

③ 同上，卷一一《矫误门》，第386页。

④ 杜建录：《西夏经济史》，中国社会科学出版社2002年版，第308页。

𘝵，意"农"、"耕"。《掌中珠》中"𘝵𗆷"作"农器"，"𘝵𗊴"作"耕牛"[①]。《类林研究》"𗵽𘝵𘝵𗼨"意"耕种为务"[②]。

𗼨，意"迁"、"徙"。《文海》释"𗼨：𗼨𘆄𘒣𘝵；𗼨𗆷𗼨𗗉𗖵，𗼨𘒣𗗉𘒩𗷯"，意"徙：家左变右；徙者，迁移也，宅变易之谓"[③]。西夏文《孟子》中"𗊴𗼨𗗉𗷯𗦀"意"死徙无出乡"[④]。

𘈖，意"条"。《掌中珠》中"𗵒𘈖"作"金条"[⑤]。

𘝵𗼨𘈖，字面作"农迁条"，意"农迁溜"。汉语"溜"用以表示成排、成条、成串的事物，如，一溜鬃毛、一溜房屋、一长溜红飘带等，《续资治通鉴长编》所载军事力量的"溜"中，具有排、列、队的含义，与西夏文"𘈖"蕴含的意思相近，所以解释为"溜"。

> 望日，（任）福自新壕外分轻骑数千趋怀远城、捺龙川，遇镇戎军西路都巡检常鼎、同巡检内侍刘肃，与贼兵一溜战于张家堡南，斩首数百。贼弃马羊橐驼徉北，（桑）怿引骑追之，福亦分兵自将踵其后。[⑥]

溜最初因部落而设，为军事组织。

> 主将用兵，非素抚而威临之，则上下不相附，指令不如意。而西贼首领，各将种落之兵，谓之"一溜"，少长服习，盖如臂之使指，既成行列，举手掩口，然后敢食，虑酋长遥见，疑其语言，其肃整如此。[⑦]

溜上还有头项。

> 及朝廷却其蕃部驰马，益慢侮不肯收接，复要开置榷场。既不得如请，积怀奸谋，遂招降熟户，要坏缘边篱落。近于十一月中，尽点其众作五头项，每头项八溜，共四十溜，欲尽收熟户于所住坐处下寨。上假天威，偶然杀戮得退。今缘边七百里兵相继不绝，虏刘怀忠族寇保安军，虽尽遣兵官，分路以出，但虏贼众倍，多未能御敌。[⑧]

① 《番汉合时掌中珠》（乙种本），《俄藏黑水城文献》第一〇册，第32页。
② 史金波、黄振华、聂鸿音：《类林研究》，第105页。
③ 史金波、白滨、黄振华：《文海研究》，第507页。
④ 彭向前：《西夏文〈孟子〉整理研究》，第153页。
⑤ 《番汉合时掌中珠》（乙种本），《俄藏黑水城文献》第一〇册，第31页。
⑥ [宋]李焘：《续资治通鉴长编》卷一三一，庆历元年二月己丑条，第3100页。
⑦ 同上，卷一三二，庆历元年五月甲戌条，第3136页。
⑧ 同上，卷一二五，宝元二年闰十二月壬子条，第2953页。

头项不仅见于西夏，金代也有。"初，禹山战罢，有二骑迷入营，问之，知北兵凡七头项，大将统之"，"此时大兵病死者众，十七头项皆在京城，若从吾计出军，中兴久矣"①。依据文献记载，西夏一溜大概有一千人。

鄜延钤辖张亢上疏曰：

> 又泾原一路，自部署、钤辖、都巡检及城寨所部近六十余处，多者五七指挥，少者一二指挥，兵势既分，不足以当大敌。若贼以二万人为二十溜而来，多张声势，以缀我军，然后以三五万人大入奔冲，则何以枝梧。②

《天盛律令》中有的正副溜并不是封建政权认可的官吏，而是基层军队中负责管理的首领。

> 守大城者，一城城皆放弃时，州主、城守、通判弃城，造意等有官无官，及在城中之正副溜中无官等，一律以剑斩。其中正副溜有官者，官、职、军皆当革除，徒十二年。正首领、权检校等职、军皆革，徒六年。小首领、舍监、末驱等当革职，徒二年，有官则以官品当。其下军卒，正军十三杖，辅主寨妇勿治罪。③

溜的长官有检校官马、武器等职责，可以升迁为行监、检校，在犯罪入狱时有一定的优待，若叛逃入敌，亲属或连坐。"诸父子所属官马当于各自属处养治，每年正月一日起，依四季由职管行监、大小溜首领等校阅。"④"有各步马行监缺额应遣代替时，当于本□□院队溜上有溜首领处遴选，应派战斗有名、勇健强悍、有殊功、众皆折服、无非议者为行监。"⑤"正副将、军马头监、监军、司判、边检校、州主、城守、通判、行监、溜首领、军卒、其余任职位人等逃往敌界，他人尊崇给大职位时，彼之亲父、亲兄弟、分居亲儿子，此外节亲子、兄弟不应入连坐者之中，任职位不知逃跑事，不应连坐。"⑥"节亲、宰相、诸司大人、承旨、大小臣僚、行监、溜首领等于家因私入牢狱，不许置木枷、铁索、行大杖，若违律时徒一年。"⑦

溜首领、副溜的人选需符合有战功、勇健、服众等方面的要求。"诸首领下属人披、

---

① ［元］脱脱等：《金史》卷一一二、一一七，第 2472、2562 页。

② ［宋］李焘：《续资治通鉴长编》卷一二八，康定元年七月癸亥条，第 3025~3026 页。

③ 史金波、聂鸿音、白滨译注：《天盛改旧新定律令》卷四《弃守大城门》，第 197 页。

④ 同上，卷六《军人使亲礼门》，第 255 页。

⑤ 同上，卷六《行监溜首领舍监等派遣门》，第 266 页。

⑥ 同上，卷七《番人叛逃门》，第 275 页。

⑦ 同上，卷九《行狱杖门》，第 324 页。

甲、马、杂物、武器因校验短缺而已革官、军、职，服劳役时，其代替人自其属军中派。其法：军一种，以同司院中有先越敌城头、斩杀敌军、有大功、有记录者任之。若无如此者，则以属下小首领、舍监、末驱中有七种以上功及属下舍□有超十次以上功者，何人功阶高当任之。若其二种人彼此功阶相等，则由何人勇健强劲、族父乐意者任之。若无如此者，则在同城溜旧首领中有五次以上功者任之。若其功阶相同，亦应选其何人勇健、族父乐意者任之。此外，其他各部类革军职代替者，当派其属下按自己本职相同顺序，何人有功，勇健强劲及有匠作工巧堪任之首领。"[1]

随着西夏社会的发展，溜逐渐成为封建基层组织，通常认为战时为"溜"，平时为"迁溜"[2]，农迁溜是以农业为基础的基层组织。农迁溜的结合按地缘关系就近结合，一农迁溜管理一百户，下辖小监、小甲，十户上有一小甲、五小甲上有一小监，二小监上遣一农迁溜。"各税户家主由管事者以就近结合，十户遣一小甲，五小甲遣一小监等胜任人，二小监遣一农迁溜，当于附近下臣、官吏、独诱、正军、辅主之胜任、空闲者中遣之。"具体的实施过程中，一农迁溜不一定管理百户之多，根据实际情况，应该是不超过一百。编号为 Инв.No.4991-6《迁溜人口税帐》[3]中迁溜梁肃寂勾管五十九户全户及三十九人单身男女，大与小总计二百二十一人，税粮五十六石四斗。有男一百一十三人，谷二十九石一斗；其中大人八十一人，谷二十四石三斗；小孩三十二人，谷四石八斗。有女一百零八人，谷二十七石三斗；其中大人七十四人，谷二十二石二斗；小孩三十四人，谷五石一斗。这里面的迁溜应该就是农迁溜，管理三十九户，共二百二十一人。

农迁溜负责辖区土地变更的督察、赋税的征收。记载有土地顷亩数的地册三年一更新，所以农迁溜等要做好基层土地的普查工作，及时将死亡、外逃、地头无人、土地买卖等情况登记在册，以此作为交纳土地税的依据。《纳领谷派遣计量小监门》载：

> 边中、畿内税户家主种地纳租法：年年死亡、外逃、地头无人、依次相卖，所改变之情须有，杂虚不入，典册清洁，三年一番，司干及中书郡县等处所置新册当卷之使牢。计量小监处本司中人当予各种典册。行用次第者：农迁溜、小监、小甲于自己所辖家主人中推寻有无变卖田地。有则家主人勿来，农迁溜、小监人当推察。

---

① 史金波、聂鸿音、白滨译注：《天盛改旧新定律令》卷五《季校门》，第236页。

② 史金波：《西夏社会》，第231页。

③《俄藏黑水城文献》第一三册，第323页，译文见史金波《西夏社会》，第82页。

在《天盛律令》中除了农迁溜，还有军溜、部溜、队溜、城溜等。

军溜，西夏文作"𗦳𗗉"。《边地巡检门》载："大检人于其地未放逸已监察，先派告者，小检人已于其地派遣，无告处者，其告知者当往告军溜等。"[①]军溜中有正军、辅主、寨妇等，正军为主要战斗力，在军队中地位最高，长子优先世袭。军溜的主要职责是镇守营、垒、堡城等，确保人员、财物不受侵害。军溜有正、副之分，上属州主、城守、通判、边检校、营垒主管等，下辖大小军首领，为基层管理者，同样，军溜不一定是官。

部溜，西夏文作"𗧯𗗉"。《行监溜首领舍监等派遣门》载："其他各部军首领，定员盈能等人众弱，数甚少时，按部溜盈能相同顺序，允许自愿则结合为'班'。总计不超过十抄。"[②]

队溜，西夏文作"𗣼𗗉"。《军持兵器供给门》载："牧农主披甲二种搜寻法，可借于队溜，当接名不须永久注册。行军季校时，当在队溜上阅校。"[③]

城溜，西夏文作"𗆼𗗉"。《敌动门》载："边境上敌人投诚者已出，消息已说是实，则守城溜、更口者，现在军马力总计□□□为者，依法实行以外，增力新军□□□□说者本人、刺史、监军司当□□□□□□应计量，共当议语□□□□□□□□□显合当……"[④]

尽管溜的形式多样，有农、军、部、队、城等，但源于基层组织迁溜，职能基本一致，对管辖内的人、财、物等负有监督、管理和保护的责任。如，使军的战具当登记于队溜上。"使军所属之战具法中，其披、甲、马三种，畜当按等级搜寻，披、甲二种毋须注册，按牧农主法当著于列队溜上，有损失无力偿修则不偿，但官马应作记号，永久注册。"[⑤]

① 史金波、聂鸿音、白滨译注：《天盛改旧新定律令》卷四《边地巡检门》，第206页。
② 同上，卷六《行监溜首领舍监等派遣门》，第265页。
③ 同上，卷五《军持兵器供给门》，第225页。
④ 同上，卷四《敌动门》，第222页。
⑤ 同上，卷五《军持兵器供给门》，第225~226页。

第四节 税户家主编入农迁溜

　　西夏是一个由豪右大族发展起来的宗法封建制社会，宗族的势力伴随西夏始终，遍及各个领域。在地方行政上，虽然没有法律条文明确指出宗族首领的权力，但其威望不能小视。宗族呈树冠状分布，是一个具有军事、经济、政治权利的实体，每个强宗大族下面都会有众多的个体族帐组成中小家族，"每姓别自为部落，一姓之中复分为小部落"[1]。每个宗族都有自己的首领，对外代表本部族，对内统领所属族帐，这些首领是世袭的部族头领，虽然不是西夏职官，但蕃部族帐往往只认首领，不认官府[2]。《宋史》载："（郑）文宝前后自环庆部粮越旱海入灵武者十二次。晓达蕃情，习其语，经由部落，每宿酋长帐中，其人或呼为父。"[3]"父"与党项社会流行的父权制、家长制有一定联系，在西夏社会还处于家长奴隶制时期，部落首领必须由显贵家族的父家长充任，他们凭借传统势力，形成根深蒂固的统治地位，权威尊严，不可侵犯，变成了族落部众的政治意义上的父亲[4]。尽管西夏社会不断在封建化进程中迈进，特别是仁孝时期，达到了顶峰，但是宗族的势力根深蒂固，豪强大族始终是西夏社会重视的力量。家主是宗族内部较为基层的首领，其权利范围仅限于上文提到的维持治安、监管税户、征调租役草等职责，从中可以看出，家主是联系宗族与封建地方政权的桥梁，对内向家族负责，对外受官府领导，是封建政权管理宗族的重要环节，通过家主，以内治内，能够更好地管理各宗族部落。

　　《天盛律令》有很强的宗族观念，诸多法律条文都强调宗亲关系在预防犯罪、惩治罪犯中的作用，如犯罪连坐，有官人亲属犯罪减刑等，所以文献中常常提到"节亲"、"门下人"。史金波先生在其《西夏社会》中说："西夏人的亲属以'节'（音'则'）区分辈分高低和亲疏等次。节分同节、节上和节下。同节即同辈，节上、节下分别类似汉族的长辈和晚辈。节上、节下又依据亲疏远近分为一节、二节、三节……等。一

---

① [后晋]刘昫：《旧唐书》卷一九八，第 5290 页。
② 杜建录：《论党项宗族》，《民族研究》2001 年第 4 期，第 69 页。
③ [元]脱脱等：《宋史》卷二七七，第 9425 页。
④ 吴天墀：《西夏史稿》，广西师范大学出版社 2006 年版，第 118 页。

节较自身直接的亲属远一层，如一节叔伯不是本身的亲叔伯，而是父亲的伯叔兄弟。节亲中又可分为族亲、姻亲二种，族亲是本人同族人，姻亲是本族人以婚姻结成的亲戚。西夏政府在《天盛律令》中专辟一门'节亲门'详细记载了各种亲戚关系。"①《地水杂罪门》载："一税户家主有种种地租役草，催促中不速纳而住滞时，当捕种地者及门下人，依高低断以杖罪，当令其速纳。"门下人，指的是依附于税户家主的人。《西夏经济史》在分析《地水杂罪门》中关于"门下人"的法律条文时，说到封建政权从宗族首领那里征收来的土地税，是由依附其的"种地者及门下人"来承担。这与北魏初期的宗主督护制何其相似，反映出党项宗族既是一个政治实体，又是一个经济实体②。

十六国时期，黄河流域之豪强大族多据坞壁自守，聚族而居，北魏政权建立后，任命鲜卑部落主为宗主，以督护地方，是为宗主督护。《魏书》中对其组织形式的描述是"五十、三十家方为一户"③。宗主督护制是北魏前期实行的以宗法关系为纽带，具有部分行政职能的生产与自保相结合的基层社会组织制度，它的产生与南北朝时期北方社会中宗法关系的强化和宗族观念的深化密切相关，它是北魏拓跋部统治集团羁縻豪强地主的政策体现。宗主督护制在明元帝永兴五年（413）以后首先在河北、山西实行，然后随着开疆拓域，逐渐铺展开去，至太武帝统一北方以后成为"唯立"于中原的基层统治措施④。在北魏拓跋部统治者通过宗主督护制巩固它在中原地区统治的同时，宗主豪强也在利用宗主督护制获得的经济和政治特权发展着自己的势力。宗主豪强势力的膨胀势必会侵及北魏王朝的中央集权统治和经济利益，从而使拓跋部统治者和宗主豪强之间一时相安的局面被打破，二者的矛盾在新的形式下激化起来。拓跋部统治者和宗主豪强之间的矛盾在经济上突出地表现为对赋税与人口的争夺。太和十年（486），北魏废除宗主督护制，实行三长制，改变了以往宗主、包荫户成为地方财税主要掠夺者的弊病，加强了国家对赋税的控制，"立三长则课有常准，赋有常分，包荫之户可出，侥幸之人可止"。三长制规定五家立一邻长，五邻立一里长，五里立一党长，三长的职能为每四年造一次户籍，检查户口，监督耕作，征收租调，征发徭役、兵役及照顾孤贫老弱等。但是宗主的势力并不会因一个制度的实行而彻底消失，只能通过制度的更替来弱化，三长制实行后，三长仍多为宗主充任，就是最有力的证明。

① 史金波：《西夏社会》，第239页。
② 杜建录：《西夏经济史》，第273页。
③ [北齐]魏收：《魏书》卷五三，第1180页。
④ 李凭：《再论北魏宗主督护制》，《晋阳学刊》1995第6期，第86页。

随着西夏社会的不断发展，宗族势力与皇权发生冲突，宗族的权力受到限制，作为基层组织首领的家主，地位随之发生变化。《天盛律令》中的一条材料表明，税户家主被编入了农迁溜中，以血缘为纽带结合的宗族关系，变成了以地缘为基础的封建地方组织。《纳领谷派遣计量小监门》规定"一各税户家主由管事者以就近结合，十户遣一小甲，五小甲遣一小监等胜任人，二小监遣一农迁溜，当于附近下臣、官吏、独诱、正军、辅主之胜任、空闲者中遣之"。

西夏的家主、迁溜与北魏时期的宗主督护、三长制的相似点主要体现在四个方面：

首先，体现在二者的背景上。它们都是由少数民族建立的政权，宗族是对内管理统治、对外掠夺征战的重要组织，宗法观念根深蒂固。党项羌中的拓跋部不断发展壮大最终建立了西夏王国，强宗大族不仅在西夏建国的道路上起到了关键的作用，而且在建国之初，为稳定政权做出了应有的贡献。鲜卑拓跋部建立了北魏政权，始于西晋末年的封建"荫附"关系此时不断发展，大量涌现出一批依靠经济与宗族势力并建有坞、堡、垒、壁等军事自保组织的坞壁主，众多人口为逃避战乱而被坞主、宗主控制，这些坞主、宗主在掌控宗族、笼络荫附人、把持地方财政等方面具有重要的影响力。

其次，体现在二者的经济基础上。建国前游牧是它们主要的经济来源，所以农耕政权赖以生存的税收最初并不能引起统治者的重视，而且也不适合建国之初以稳定政权为重的形势。当外部压力逐渐弱化时，就要集中精力解决内部问题了，地方强宗大族势力的急剧膨胀首当其冲，所以将税户家主编入迁溜以及宗主督护向三长制转变，都是在对外战争减少、大力发展国内事业的时候，西夏是在经济文化繁荣的仁孝时期，三长制是在名垂青史的孝文帝时期。

第三，体现在改革的焦点问题上。税收是西夏进行改革的切入口，税户家主编入迁溜的记载是在《天盛律令》的农业税卷中，家主编入迁溜后，将于地方行政官员中派遣负责人。《纳领谷派遣计量小监门》载由"附近下臣、官吏、独诱、正军、辅主中能胜任、空闲者"中派遣，具体职能虽然律令中没有明确说明，但选派的官员是接替家主的，所以职能应该相差无几，担负维持治安、监管税户、征调租役草等。北魏宗主督护制，导致了宗主与中央的财权、人口之争，改行三长制的目的就是"课有常准，赋有常分"，宗主的权力由邻长、里长、党长取代，职能为每四年造一次户籍，检查户口，监督耕作，征收租调，征发徭役、兵役及照顾孤贫老弱等。

最后，体现在二者的目的上，改革是为了削弱宗族势力，加强中央集权，将代表宗族的家主，编入象征中央集权的农迁溜，体现了西夏宗法制向封建化的过渡。宗主督护制是中央集权弱于宗族势力的体现，宗主是地方的实际掌权人，改行三长制后，邻长、里长、党长成为地方的领导者，宗主的权利得以限制，有利于贯彻均田令、发展生产、加强中央集权。

第二章　京师与边中

　　西夏版图按照距离都城的远近划分为京师、地边、地中三大区域。京师作为畿内、京师界的代称，并非仅为都城所在地，而指京畿地区，范围包括中兴府、南北二县、五州各地县司。中兴府是西夏首都，原名兴庆府，后改名为中兴府，今为宁夏回族自治区银川市兴庆区。南北二县指的是治源县和华阳县，地望无从考证。五州各地县司指的是灵武郡、定远县、怀远县、临河县、保静县。地边即西夏的边界地区，地中是介于京师和地边之间的广大区域，地边和地中统称为边中，京师与边中相对。同时边中地区又设有府、军、郡、县、城、寨、堡，将京师、地边、地中等横向地理区划，与州、郡、县、监军司等纵向行政区划结合在一起，构成了西夏纵横交错的版图。

第一节　京师等的汉译

一、京师、畿内、京师界

　　西夏文"𗧃𗴂"，汉译"京师"。

　　𗧃，意"世"。《掌中珠》"𗧃𗵒𗑲𘄒"作"不晓世事"[1]，"𗧃𗙼𗬩𗤳"作"世间扬名"，"𗧃𗫸"作"世人"[2]。

　　𗴂，为汉语借词，意"界"。《掌中珠》"𗦤𗴂𗟲𗧀"作"三界流转"[3]。《金光明最胜王经》中"𗷝𘄀𗦤𗐫𗦤𗐫𗴂"意"假使三千大千界"[4]。

　　𗧃𗴂，二字连用意为"世界"。《大方广佛华严经普贤行愿品》中"𗇋𗉘𗧃𗴂𗆻

---

① 《番汉合时掌中珠》（甲种本），《俄藏黑水城文献》第一〇册，第16页。
② 《番汉合时掌中珠》（乙种本），《俄藏黑水城文献》第一〇册，第32、36页。
③ 同上，第36页。
④ 王静如：《金光明最胜王经卷五夏藏汉合璧考释》，《西夏研究》第二辑，第242页。

[西夏文] ”意“皆有一切世界极微尘数佛”[1]。《真实名经》中“[西夏文]”意“显现三种世界内”[2]。《金光明最胜王经》中“[西夏文]”意“周遍三千世界中”[3]。“[西夏文]”二字也可指“京师”，如在《类林·王章传》中“[西夏文]”意“后王章就学京师”[4]。

西夏文“[西夏文]”，汉译“畿内”。

[西夏文]，意“沟”。《文海》在解释“[西夏文]”时，曰“[西夏文]”，以“[西夏文]”、“[西夏文]”、“[西夏文]”、“[西夏文]”互相解释，《掌中珠》中“[西夏文]”作“沟洫”[5]，所以“[西夏文]”应该也有“沟”、“洫”的含义。

[西夏文]，字面作“沟内”，沟字汉语的本义为流水的道，也可引申为护城河。古代城郭周围都会修筑护城河，故有“沟郭”一词，所以“[西夏文]”也有城郭之意，“[西夏文]”表示城内。如《春开渠事门》：“[西夏文]”[畿内诸税户上，春开渠事大兴者，自一亩至十亩开五日，自十一亩至四十亩十五日]。

[西夏文]，与“[西夏文]”[京师]连在一起使用，为“[西夏文]”或“[西夏文]”，意“京师界内”或“京师界”。如《催缴租门》“[西夏文]”[视京师界七郡县土地好坏]；《催租罪功门》“[西夏文]□□[西夏文]”[催促水浇地租法，自鸣沙、大都督府、京师界内等所属郡县及转运司大人、承旨等，每年当派一人□□]；《渠水门》“[西夏文]□[西夏文]”[京师界沿诸渠干上□有处需椽]。

《天盛律令》中京师不仅指都城所在地，有时还作为畿内、京师界的代称。《催缴租门》《事过问典迟》中京师界包括七郡县，指的是南北二县和五州地。“京师界所辖七个郡县，根据土地的贫瘠程度交纳地租”，“京师界七种郡县派水种地纳税利额”[6]。《误殴打争斗门》中京师界除了包括南北二县、五州地还有都城所在地中兴府：“京师

① 《大方广佛华严经普贤行愿品》，《中国藏西夏文献》第一六册，第327页。
② 林英津：《西夏语译〈真实名经〉注释研究》，第93页。
③ 王静如：《金光明最胜王经卷九夏藏汉合璧考释》，《西夏研究》第三辑，第234页。
④ 史金波、黄振华、聂鸿音：《类林研究》，第202页。
⑤ 《番汉合时掌中珠》（甲种本），《俄藏黑水城文献》第一〇册，第7页。
⑥ 史金波、聂鸿音、白滨译注：《天盛改旧新定律令》卷九《事过问典迟门》，第319页。

界：中兴府，南北二县，五州各地县司。"①类似混用的情况很多，如《执府铁箭显贵言等失门》："十恶中叛逃以上三种事以下，及地边、畿内事有所告奏，又安排发体工，催促种种物，依法派执符。"②《罪则不同门》："边中、京师畿内等诸司人判断公事时，获重劳役已出时，为苦役中应如何派，预先当告中书、枢密。"③等等。文中在讨论时统一以京师进行分析。

二、边中与地边、地中

西夏文"▯▯"，汉译"地边"。

▯，意"边"。《现在贤劫千佛名经》中"▯▯▯▯▯▯▯"意"如是等罪无量无边"④。《类林研究》中"▯▯▯"意"至边邑"⑤。西夏文《孟子》中"▯▯▯▯▯▯▯"意"禁民不以疆界"⑥。

西夏文"▯▯"，汉译"地中"。

西夏文"▯▯"，汉译"边中"。

"▯▯"[地边]、"▯▯"[地中]、"▯▯"[边中]，在卷十五《纳领谷派遣计量小监门》中多次出现，如：

> 地边、畿内来纳官之种种粮食时，当好好簸扬，使精好粮食、干果入于库内。

> 边中、畿内税户家主各自种地多少，与耕牛几何记名，地租、冬草、条椽等何时纳之有名，管事者一一当明以记名。

> 边中、畿内税户家主种地纳租法

> 诸边中有官粮食中，已出于诸分用处，监军司谕文往至时，当明其领粮食斛斗者为谁，刺史处知觉当行。

---

① 史金波、聂鸿音、白滨译注：《天盛改旧新定律令》卷一四《误殴打争斗门》，第485页。
② 同上，卷一三《执府铁箭显贵言等失门》，第468页。
③ 同上，卷二〇《罪则不同门》，第603页。
④ 王静如：《现在贤劫千佛名经卷下残卷考释》，《西夏研究》第一辑，第97页。
⑤ 史金波、黄振华、聂鸿音：《类林研究》，第71页。
⑥ 彭向前：《西夏文〈孟子〉整理研究》，第119页。

地边、地中纳粮食者，监军司及诸司等局分处当计之。

除了卷十五外，《天盛律令》其它卷中也有大量有关"地边"、"地中"、"边中"的法律条文，汉译本中译法稍显混乱，例如：

𘝞𘑨，有时译为"地边"，有时译为"边地"，有时译为"边境"。《邪行门》记："全国中诸人，京师及边地等有战事，大城上跳，开城门及开锁等，又有洞穴处过，按时节口已堵塞以后，使掘开口私通敌人等时，绞杀，从犯徒十二年。"[1]《司序行文门》记："诸京师司大人、承旨及任职人等中，遣地边监军、习判、城主、通判、城守等时，是权则京师旧职勿转，当有名，而遣正。"[2]《纳军籍磨勘门》记："国内纳军籍法：每年畿内三月一日，中地四月一日，边境六月一日等三种日期当年年交簿。"[3]

𘝞𘑰，有时译为"地中"，有时译为"中地"。《为投诚者安置门》记："敌人真来投诚者，地边、地中军内及他人辅主等，愿投奔处当办理。"[4] "国内纳军籍法：每年畿内三月一日，中地四月一日，边境六月一日等三种日期当年年交簿。"[5]

𘑨𘝞，常译"边中"，有时译为"边境"。《买盗畜人检得门》记："前述检得官私畜物数，靠近京城者当经殿前司及所属郡县，边境当经监军司等经各自管事处。"[6]《官披甲马门》记："诸大小臣僚、行监、将、盈能等对首领等官马、坚甲应移徙时，当经边境监军司及京师殿前司，当给予注销。"[7] "在边境者，监军司及京师畿内军首领等当移换，自亡失日起一年以内当申报注销，披、甲、马当自官家请领。"[8]《诸司判罪门》记："本处有无判断及尔后不隶属于经略之各边境、京师司等，皆依文武次第分别当报中书、枢密。"[9]

其中，《纳军籍磨勘门》有关"𘝞𘑰"[地中]、"𘝞𘑨"[地边]的译法最为混乱，

---

① 史金波、聂鸿音、白滨译注：《天盛改旧新定律令》卷七《邪行门》，第287页。
② 同上，卷一〇《司序行文门》，第377页。
③ 同上，卷六《纳军籍磨勘门》，第255页。
④ 同上，卷七《为投诚者安置门》，第268页。
⑤ 同上，卷六《纳军籍磨勘门》，第255页。
⑥ 同上，卷三《买盗畜人检得门》，第183页。
⑦ 同上，卷六《官披甲马门》，第248页。
⑧ 同上，第252页。
⑨ 同上，卷九《诸司判罪门》，第323页。

先后将"𗈜𗣼"[地中]、"𗈜𗦻"[地边]这两个西夏文词语译成四个意思，为"中地"、"边境"，和"地中"、"边地"，"国内纳军籍法：每年畿内三月一日，中地四月一日，边境六月一日等三种日期当年年交簿"；"国中纳军籍磨勘者，应自纳簿增籍日起，畿内四十日，地中五十日，边地两个月以内皆当磨勘完毕。"①

核对原件重新对译后可知，《天盛律令》中只有"𗢳𗣼"[京师]、"𗤭𗢳"[畿内]、"𗦻𗣼"[边中]、"𗈜𗦻"[地边]、"𗈜𗣼"[地中]这几个词语，边境、边地、中地等是因为翻译上的前后不一致，并非原件固有。

第二节　京师与边中的关系和范围

一、京师与边中的关系

为了便于讨论京师与边中、地边、地中的关系，现将《天盛律令》卷十五及其它卷中京师与边中、地边、地中出现在一卷（包括一个条令，或者出现在内容相同的邻近条令）的情况统计如下表：

卷	门	京师	边中	地边	地中
卷一	谋逆门	〇	〇		
卷二	戴铁枷门	〇	〇		
卷三	买盗畜人检得门	〇	〇		
卷六	官披甲马门	〇（畿内）	〇		
卷六	纳军籍磨勘门	〇		〇	〇
卷七	为投诚者安置门	〇		〇	〇
卷七	邪行门	〇		〇	
卷九	事过问典迟门	〇	〇		
卷九	诸司判罪门	〇	〇		
卷九	行狱杖门	〇	〇		

---

① 史金波、聂鸿音、白滨译注：《天盛改旧新定律令》卷六《纳军籍磨勘门》，第255~256页。

卷十	续转赏门	○	○		
卷十	失职宽限变告门	○	○		
卷十	司序行文门	○		○	
卷十一	矫误门	○	○		
卷十一	为僧道修寺庙门	○	○		
卷十三	派大小巡检门	○（京师界）	○		
卷十三	逃人门	○（京师界）	○		
卷十三	执符铁箭显贵言等失门	○	○		
卷十四	误殴打争斗门	○（京师界）	○		
卷十五	纳领谷派遣计量小监门	○（畿内）		○	
卷十五	纳领谷派遣计量小监门			○	○
卷十五	纳领谷派遣计量小监门	○（畿内）	○		
卷十五	纳领谷派遣计量小监门	○（畿内）			
卷十七	库局分转派门	○（京师界）	○		○
卷十七	急用不买门	○（畿内）		○	
卷十七	物离库门	○	○		
卷二十	罪则不同门	○（京师界内）	○		

　　上表反映了《天盛律令》中京师、边中、地边、地中之间的关系，京师和边中同时出现的次数最多，其次是地边，最后是地中，地边和地中往往相伴出现，而边中不与地边、地中同时出现，与卷十五中所反映的，畿内与地边、畿内与地中一同出现，地边与地中同时出现的情况基本一致。

　　《执符铁箭显贵言等失门》和《库局分转派门》中京师与边中、地边、地中同时出现，似乎是个例外，违背了上述结论。其实《执府铁箭显贵言等失门》是京师和边中一起出现、京师和地边一起出现，它们在不同的条目，叙述不同的内容，并非例外，如"边中、京师诸处派人，二三共职执敕符者，事非急，能顾及，则勿皆执符，最大一人当执之"[1]。"十恶中叛逃以上三种事以下，及地边、畿内事有所告奏，又安排发

---

[1] 史金波、聂鸿音、白滨译注：《天盛改旧新定律令》卷一三《执府铁箭显贵言等失门》，第467页。

体工，催促种种物，依法派执符，在限期上不到来，延误者，自一日至三日徒三个月。"①

《库局分转派门》中京师、边中、地中、地边都有出现：

1. 不隶属经略之**边中、京师、五州地**等各司□，自己本司人各自帐册有所告纳聚集，与文书接校之，磨勘司当引送告纳，一面同日告知中书、枢密所管事处。告纳处各司及来告知处当分别为板簿，注册而藏之。都库局分三年毕迁转，来磨勘时，当入抵校磨勘中。若帐册有半送半不送，则磨勘司自己人应行当行，于中书内所管事处应告则告。中间互相当行推察，有何障碍，速当行遣，局分大小应伏罪则令伏罪，所行稽缓住滞，各自罪情明，依法判断。

2. **京师界内**执局分人三个月、诸转卖库六个月、种种匠一年期间一番当告纳本处帐册。

3. **地中**执局分人各自六个月一番当告纳帐册。

4. **地边**执局分人各自一年一番当告纳帐册。②

以上说的是管理牲畜和谷物的库局分要根据自己所在的地理位置按时告纳帐册。四段内容中，有边中、京师、五州地、京师界、地中、地边六个词出现，第一段文字是概述，里面有边中、京师、五州地三个地理名词，后面三段是京师界、地中、地边三个区域分别对前文所述告纳帐册期限的详述，所以第一段与后面三段中的方位词是相呼应的，京师和五州地同属京师界内，二者对应的是第二段中的京师界，依此，边中对应的就是地中和地边。

这样就能解释表中得出的结论，为什么地边与地中相伴，边中不会与地中、地边同时出现，京师与边中出现的次数最多等问题了，这是因为西夏境内按照距离都城的远近划分为京师、地边、地中三大区域，地中、地边统称为边中，京师与边中相对，所以二者相伴出现的频率较高。

二、 京师与边中的管辖范围

京师并非单指都城所在地，而是京师管辖的七个郡县，范围包括中兴府、南北二县、五州各地县司③。西夏首都中兴府，今为宁夏回族自治区银川市兴庆区。南北二县为治源县和华阳县，地望无从考证。五州各地县司指的是灵武郡、定远县、怀远县、临河县、保静县；灵武郡即唐代灵州，大致在今宁夏吴忠、永宁之间，定远县大致在

① 史金波、聂鸿音、白滨译注：《天盛改旧新定律令》卷一三《执府铁箭显贵言等失门》，第468页。
② 同上，卷一七《库局分转派门》，第524~525页。
③ 同上，卷一四《误殴打争斗门》，第485页。

今宁夏平罗县姚伏镇，怀远县在今银川市，临河县在今银川市东南黄河西岸，保静县在今宁夏永宁县东北黄河西。五地本为唐代灵州所辖，西夏占领灵州前，北宋在银川平原设置河外五镇，西夏时均升至州一级行政区划——顺州、定州、兴州、怀州、静州，但仍保留了原来郡、县一级的机构设置，所以《天盛律令》中写成"五州各地县司"。卷十五《催纳租门》中以"京城七郡县"来概括南北二县和五州各地县司。

地边即西夏的边疆地区。属于地边的有真武县、西宁、孤山、魅拒、末监、胜全、边净、信同、应建、争止、龙州、远摄、银州、合乐、年晋城、定功城、卫边城、富清县、河西县、安持寨。其中西宁在西夏后期为西宁州，旧青唐城，今青海西宁市。关于龙州，《武经总要·前集》卷一八中载："石堡镇，本延州西边镇寨也，至道中陷于夏，今伪号龙州。"[1]《西夏地理研究》考证出石堡镇位于今芦河源头一带，大致为陕西靖边。由于北宋后期西夏疆土全面收缩，龙州到崇宁三年被北宋占领，后被金朝占据[2]。银州为党项发源地之一，在今陕西省横山县境内。其余地名无考。从西夏版图来看，西宁、龙州、银州均为边远地区，《谋逆门》常提到将谋逆者的亲属发配边地，"谋逆者之伯叔、姨、侄等同居不同居一样，当随其连坐，应易地而居，无疑者当遣往边地"[3]。"谋逆人中，或以语言摇动众心未得，以威力摄人导引未能等者，造意、同谋皆以剑斩，父母、妻子、子女等当连坐，应易地而居，送边地守城，终身在军中，畜、谷、宝物勿没。"[4]

地中是介于京师和地边之间的广大区域。从《纳军籍磨勘门》交纳军籍簿册的日期就可以判断出京师、地中、地边的远近程度。如"国内纳军籍法：每年畿内三月一日，地中四月一日，地边六月一日等三种日期当年年交簿"。"国中纳军籍磨勘者，应自纳簿增籍日起，畿内四十日，地中五十日，地边两个月以内皆当磨勘完毕。"[5]

京师的事务由殿前司、中书、枢密等处理，边中则由经略司或者监军司管辖，如：发现谋逆者，边中由所属经略使、监军司等迅速告知。

> 在京师者，在何职管属司，及在边中者，其所属经略使、监军司等，何就近处当速告知，若报告稽缓及未告知，谋逆者行为已得未得，依理使与同谋相等判

① [宋]曾公亮、丁度著：《武经总要》（中国古代版画丛刊），上海古籍出版社1988年版，第725页。
② 杨蕤：《西夏地理研究》，人民出版社2008年版，第126页。
③ 史金波、聂鸿音、白滨译注：《天盛改旧新定律令》卷一《谋逆门》，第111页。
④ 同上，第113页。
⑤ 同上，卷六《纳军籍磨勘门》，第255~256页。

断。^①

使军因犯罪而戴枷锁，详细登记罪犯的姓名、主人的名字、居住地等，该簿籍京师当送至殿前司，边中送至经略使处。

> 使军因犯一种罪戴铁枷，已向属者付嘱，原判断处司人当增记簿籍上，册不□□□京师者当向殿前司、边中者当向所应经略使等行文引送，经略使、殿前司等亦各自处，如其记已判断，及诸司引送多少等，相总计记簿而行，列犯罪者名，属者为谁，地名何处，使细细表示。^②

官私畜物的检查，靠近京师的，由殿前司及所属郡县负责，边中由监军司管理。

> 前述检得官私畜物数，靠近京城者当经殿前司及所属郡县，边境当经监军司等经各自管事处。^③

军队等处有出逃者时，当告边中监军司和京师殿前司。

> 逃人于主人之军首领、正军、迁溜检校、交管等院中辅主人等□□局分迁院时□□，则住家主人、迁溜检校等当火速起行，十个月期间当委托，在处属者视近远，则当告交边中监军司、京师界殿前司等。^④

因为京师的特殊性，管辖机构不仅有殿前司，还有一些事情直接由中书、枢密负责。

> 依法求官者，当报边中一种所属监军司，经经略使处，依次变转，与不属经略之京师界等一起依文武分别报告中书、枢密。^⑤

第三节　纵横交错的区划

京师、地边、地中是西夏版图上横向分布的地理区划。我们常提到的府、州、郡、县等是纵向行政区划。西夏法典中经常将横纵两大区划交织在一起，使原本层次就不够鲜明的行政区划更为复杂。如，卷十《司序行文门》中："边中转运司：沙州、黑水、

① 史金波、聂鸿音、白滨译注：《天盛改旧新定律令》卷一《谋逆门》，第114页。
② 同上，卷二《戴铁枷门》，第156页。
③ 同上，卷三《买盗畜人检得门》，第183页。"边境"当改为"边中"。
④ 同上，卷一三《逃人门》，第461页。
⑤ 同上，卷一〇《官军敕门》，第356页。

官黑山、啰啰、南院、西院、肃州、瓜州、大都督府、寺庙山。地边城司：□□、真武县、西宁、孤山、魅拒、末监、胜全、边净、信同、应建、争止、龙州、远撮、银州、合乐、年晋城、定功城、卫边城、富清县、河西县、安持寨。"①卷十四《误殴打争斗门》："京师界：中兴府，南北二县，五州各地县司。边中：经略司，府、军、郡、县，刺史，监军司，城、寨、堡。"②卷十七《库局分转派门》："京师管辖官物各司、边中监军司、府、军、郡、县、经略使等，一律以本处所属库局分迁转"③。

西夏的行政区划在不同时期有不同的变化，但基本上是杂糅了唐宋制度，兼具军事、经济的因素，有一定的灵活性。《天盛律令》反映的是西夏中晚期 12 世纪 50~60 年代的地方行政设置情况，有府、州、监军司、军、郡、县、城堡寨等，它们之间并没有唐宋时期那样鲜明的层次关系，同样是州、郡、县，却处于不同的等级，情况比较复杂，单纯的郡县制、州郡县制、或者州县制并不能概括西夏地方行政区划体系。仁孝时形成了一种以府为最高政区，军、监军司为军事要塞，堡寨为防御据点，州郡县穿插其中，等级杂乱的行政格局，大致为府——军、郡、县、监军司、州——堡、寨，其中军的地位上升，郡的数量减少，州的地位下降，监军司的设置是仁孝时期地方行政区划最大的特点。《司序行文门》中记载有 3 府、10 州、2 郡、9 县、26 城寨、5 军、17 监军司，大致将其归纳为三个等级：次等司有三府二州，包括中兴府、大都督府、西凉府、府夷州、中府州；中等司和下等司有五军一郡、京师七郡县、十七监军司和地边三县，五军包括鸣沙军、虎控军、威地军、大通军、宣威军，一郡为五原郡，京师七郡县包括华阳县、治源县、定远县、怀远县、临河县、保静县、灵武郡，十七监军司包括石州、东院、西寿、韦州、卓啰、南院、西院、沙州、啰庞岭、官黑山、北院、年斜、肃州、瓜州、黑水、北地中、南地中，地边三县为真武县、富清县、河西县；末等司为沿边八堡寨三州，包括绥远寨、西明寨、常威寨、镇国寨、定国寨、宣德堡、安远堡、讹泥寨、凉州、夏州、绥州。

从行政区划的等级上来看，西夏政区的设置以军事和经济为基础，军事色彩较浓，重视政区自身的地理位置，军、监军司的地位突出，郡县次之，城堡寨再次之，形成了以都城中兴府为中心，京师周边密集、地中零星、地边稀疏的政区分布图，呈明显的防御态势，这与西夏长期在战争中求发展的基本情况吻合，同时也符合仁孝时期以

---

① 史金波、聂鸿音、白滨译注：《天盛改旧新定律令》卷一〇《司序行文门》，第 363~364 页。
② 同上，卷一四《误殴打争斗门》，第 485 页。
③ 同上，卷一七《库局分转派门》，第 533 页。

经济发展为中心，缩减对外战争的政策。

在这种态势下，京师的地位得以凸显。纵向行政区划中，以中兴府为中心，辐射四周，基本上距京城越近，等级越高；横向地理区划上，着重强调了京师的地位，西夏人更是以"世界"一词作为"京师"的西夏文写法。京师地位的凸显，不仅是政治上的需要，而且与它优越的自然环境、特殊的地理位置、良好的经济条件有着密切的关系。

首先，京师地处银川平原，黄河穿流而过，水势平缓，蜿蜒坦荡，丰富的水资源是京师地区得以繁衍生息的重要保障。历代开凿、疏浚的人工渠道如光禄渠、汉延渠、唐徕渠、昊王渠等，便利了农业经济的发展，长期的引黄灌溉，形成了深厚的淤灌层，适宜农作物的生长。银川平原西面的贺兰山，南北长 200 公里，东西宽 20~60 公里，平均海拔 2500 米，有力地遮挡住了腾格里沙漠的东移和冬季寒流的侵袭，是京师地区天然的屏障。宋臣何亮曰："臣以为灵武入绝塞，有飞挽之劳，无毛发之利，然地方千里，表里山河，水深土厚，草木茂盛，真牧放耕战之地，一旦舍之以资戎狄，则戎狄之地广且饶矣。"[①]银川平原典型的中温带大陆性干旱气候，使得京师地区日照充足，四季分明，保证了农作物的成熟期，比起鄂尔多斯与阿拉善高原的荒漠半荒漠区、河西走廊与宋夏沿边的半农半牧区，具有得天独厚的自然条件，为京师的兴盛奠定了重要的基础。京师地处贺兰山、黄河之间，易守难攻，李德明正是看中这里"西北有贺兰山之固，黄河绕其东南，西平为障蔽，形势利便"，以及这里距党项人的根据地鄂尔多斯高原很近的优点，才定都怀远镇，西夏政权也正是凭借这里有利的地势，才能与宋、辽、金三朝鼎立 200 年之久。

其次，银川平原西倚贺兰山，东邻鄂尔多斯高原，南接关陇，北连内蒙古高原，是历史上北方民族聚居、交流最为频繁的地区之一，为交通往来的重要驿道，尤其是丝绸之路开通以来，京师地区更是成为进入关中平原，通往河西走廊的重要枢纽。西夏境内以中兴府为中心，形成了辐射全境和周边地区四通八达的交通网，如，北经定州、省嵬城，至兀剌海城，再东向可至宋朝西京道，北上可至辽国的上京道；东南可经灵州、盐州、保安军至宋朝延州，也可经盐州、宥州、夏州、石州、银州、绥州至宋朝延州；南经灵州、鸣沙可至宋朝秦凤路的怀德军、镇戎军（今宁夏固原）和渭州（今甘肃平凉）；西行可经应里（今宁夏应理县）入河西走廊，经凉州、删丹、张掖、

---

① ［宋］李焘：《续资治通鉴长编》卷四四，咸平二年六月戊午条，第 947 页。

肃州、瓜州、沙州至回鹘的伊州（今新疆哈密）①。除陆路交通外，京师凭借绵延平缓的黄河水道，还发展了水路交通，《天盛律令·库局分转派门》中记载了大小 24 个渡口，西夏"浑脱"，"以羊皮为囊，吹气实之浮于水，或以骆驼牵木筏而渡"②，成为行驶在黄河渡口上最具特色的交通工具，至今在宁夏黄河岸边，仍可以看到这种水上交通工具。

最后，便捷的灌溉渠道，适宜的气候，为京师农业经济的发展提供了重要的保障，银川平原作为西夏主要的农业区，逐渐成为沙漠中一片富饶的绿洲。《天盛律令》中对开渠的时间、渠道的修葺、渠边树草的维护、役夫的征调等做了详细的规定，证明西夏政权充分认识到水渠对农业经济发展的重要作用。凭借京师特殊的地理位置，周边先进的耕作技术和生产工具很快传到这里，加快了当地农业的发展，《元史·郭守敬传》记载宁夏平原有支渠大小六十八条，灌溉田亩九万顷。农作物主要有小麦、大麦、秫、穈等，《天盛律令·催纳租门》中对京城七郡县所应交纳的税粮种类进行了细致的规定，如，灵武郡人纳小麦，保静县人纳大麦，临河县人纳秫，定远县、怀远县人纳穈等。

---

① 史金波：《西夏社会》，第 711 页。
② ［元］脱脱等：《宋史》卷四九〇，第 14110 页。

第三章　租役草

租役草是西夏的基本赋役制度。租是地租，《催缴租门》规定，西夏京畿地区七个郡县视土地优劣分五等纳租，上等田地每亩纳粮一斗，次等八升，中等六升，下等五升，末等三升，夏田在七月初一，秋田在九月初一，至十月末交纳完毕，沿袭了唐宋以来实行的两税。役是夫役，土地亩数决定出工的天数，从五天至四十日不等，总计不得超过四十日，主要是渠道的兴修和维护等。草为税草，征收的范围包括冬草、条椽、麦草、粟草等，其税额为每亩交纳麦草 0.05 束、粟草 0.2 束，和每亩税草 1 束两种，有急需的情况，可减夫役纳椽。

第一节　租役草

西夏文"𗹬𘕡𗟲"，汉译"租事草"。

𗹬，意"租"、"税"。《类林研究》中"𗤛𗇃𗹬𘊁𗣼𗬲，𗒅𗁬𘄒𘎑𗩾𗢳𗺗"意"减半年租税，天下百姓皆利"[1]。《过去庄严劫千佛名经》中"𗊱𘜶𗷷𗠝𗭪𗹰𗹬𗣼𘕂"意"或窃没租估偷度关税"[2]。

𘕡，意"事"。《大方广佛华严经普贤行愿品》中"𘗽𘕡𗨁𗬩𗿢𘕡𘊝"意"究竟佛事示涅槃"[3]。西夏文《孟子》中"𘝞𘕡𗨁，𗾈𗨁𘑗𘈕𘕡𗧃𗳃"意"公事毕，然后敢治私事"[4]。除了在文献中表示"事"，还有其它引申含义。如"务"，《类林研究》"𗧓𘓐𘕡𗳃"意"耕种为务"[5]。如"职"，西夏文《孟子》中"𗱶𘏿𘖎𗜓𘕡□𗴩"

---

① 史金波、黄振华、聂鸿音：《类林研究》，第 188 页。
② 王静如：《过去庄严劫千佛名经考释》，《西夏研究》第一辑，第 139 页。
③ 苏建文：《西夏文〈大方广佛华严经普贤行愿品〉释文》，第 52 页。
④ 彭向前：《西夏文〈孟子〉整理研究》，第 153 页。
⑤ 史金波、黄振华、聂鸿音：《类林研究》，第 105 页。

意"舜使益[掌]火职"①。如"做事",《重修护国寺感应塔碑铭》中"□□□□□□□□□□□□"意"癸酉四年六月十二日着手造"②。

□,意"草"。《掌中珠》中"□□□"作"萱草花","□□"作"灯草"③。

□□□,字面作"租事草",意"租役草"。租为地租,役为夫役,草为税草,为西夏的基本赋税。汉译本作"租佣草","佣"为出钱雇佣,文中为西夏百姓承担的基本义务,没有雇佣一说,另外"佣"通"庸",指交纳手工产品代役。役和庸的差别主要体现在,直接出人工服役,还是以物代役,目前所见《天盛律令》条文,基本为直接出人工。

西夏多仿唐制,赋役制度"租役草"也是如此,从名字上看,与唐朝的"租庸调"极为相似。租庸调是唐朝前期的赋税制度。正租是租税,计丁纳粟,规定课户每丁纳租二石。庸为役的折纳,凡丁岁役二旬,无事则收其庸,丁男不服现役时,必须交纳丝麻织品作为代偿,每日折绢三尺,布加五分之一;有事而加役者,十五天免调,三十天则租调俱免,正役和加役不得超过五十天。调是征收丝麻织物的正式税目,随乡土所产交绫(或绢等)二丈,如纳布为二丈五尺,输绫、绢者纳棉三两,输布者纳麻三斤。《唐会要·租税》记:"(武德)七年三月二十九日,始定均田赋税。……每丁岁入粟二石,调则随乡土所产,绫、绢、絁各二丈,布加五分之一。输绫绢絁,兼调绵三两。输布者,麻三斤。"④《旧唐书·食货志》及该书《职官志》、《册府元龟·帮计部·丝帛》、《唐六典·尚书户部》所记略同。而《通典·赋税》则记为:"(开元)二十五年定令:诸课户一丁租调准武德二年之制。其调绢絁布并随乡土所出,绢絁各二丈,布则二丈五尺。输绢絁者,棉三两;输布者,麻三斤。" 按《唐会要》所记,武德七年(624)确定的丁调额似乎是绫二丈、绢二丈、絁二丈,合计六丈。按《旧唐书》所记,开元二十五年(737)确定的丁调额似乎是绢二丈、絁二丈,合计四丈。实际的征收情况是,丁调不是绫、绢、絁兼纳,各二丈,而是绫、绢、絁择一而纳,各为二丈。一般是纳绢,所以通称每丁调绢二丈,布输二丈五尺。武德七年四月一日颁布律令明确规定:"凡丁,岁役二旬。若不役,则收其佣,每日绢三尺。"开元七年(719)

① 彭向前:《西夏文〈孟子〉整理研究》,第 158 页。
② 罗福成校录:《重修护国寺感应塔碑铭》,《国立北平图书馆馆刊》第四卷第三号《西夏文专号》,第 17 页。
③ 《番汉合时掌中珠》(乙种本),《俄藏黑水城文献》第一〇册,第 25、30 页。
④ [宋]王溥:《唐会要》卷八三,中华书局 1998 年版,第 1351 页。

与开元二十五年重修律令时，规定"凡丁岁役二旬（有闰之年加二日）。无事则收其庸，每日绢三尺（布加五分之一）。有事而加役者，旬有五日免其调，三旬则租调俱免"。

西夏的租役草与唐代的租庸调各有异同。首先，租役草与租庸调的本质不同。租役草是在均田制破坏后，实行两税法的背景下的赋役制度，以资产为核心，依土地多少征税。租庸调是以均田制为核心，依人丁数量征税。西夏的租计土地亩数征收，唐代的租计丁征收；西夏的役由土地亩数决定夫役的天数，唐代的庸以丁为征收对象，故谓丁庸；西夏的税草是按亩计算，唐代的调是按户交纳，有课之户为课户，征调的基础也是丁。

其次，庸与役折射出的社会发展水平不同。庸是役的折纳，唐朝的庸政策比较宽松，若不愿承担规定的任务，可以用丝织品代偿，输庸代役是唐朝奉行轻徭薄赋的产物，这是基于人口数量多、生产发达、产品丰富的前提。相比之下，西夏的人口稀少，生产不发达，产品少，所以西夏直接服役。唯有《渠水门》中的"减役夫纳椽"在结果上与输庸代役相似，都是交纳物品代替役夫，但是其根本却相差甚远，"减役夫纳椽"仍然是西夏产品缺乏的一种体现。

最后，草和调，二者都是因需而征、因产而征。西夏的草代表了半农半牧的经济形态，是西夏发动战争、畜养牲畜、兴修农田水利设施的重要来源，另外，对于西夏来说，自然环境很适合草的生长，所以草不仅能够满足国家的需要而且很易于征收。唐朝文献规定"调随乡土所出"，其丝织业发展水平很高，无论是用来出口国外，还是国内贸易、百姓日常生活，丝织品的需求都达到了前所未有的数量，同时唐朝时绢麻等作物的种植地区分布广泛，所以，唐朝的因产而征，不仅体现在绢、麻等不同产区征收不同的织品，更体现在"租庸调"这个总的赋役政策上。唐代的"租庸调"一直是中国赋役制度史上研究的焦点，而对西夏"租役草"的研究并不多，这主要是囿于资料的限制，此次在《天盛律令》汉译、考证的基础上重新对西夏的赋役制度进行诠释，应该会对以往的研究成果有所补充，对西夏的赋役制度有进一步的认识。

第二节　地租

俄藏影印件将卷十五《催缴租门》中一段关于土地税税额和交纳时间的内容，错置在了《春开渠事门》。汉译本缺少该门前三面的译文，经过校勘、缀合，《催缴租门》能够完整地呈现，为相关研究提供更好的底本。

一、《催缴租门》校勘、缀合

《天盛律令》农业门的影印件在《俄藏黑水城文献》第八册公布，编号为俄Инв.No.196 8084в，从39-1至39-39共39叶。汉译本从"都磨勘司当引送，所属郡县管事□、司吏等当往磨勘"开始，对应的是影印件的39-2左面，也就是说汉译本缺少3面，即39-1和39-2的右面。

农业门卷首出注："此卷首残三面，原文自第一条下半部始。目次据卷内各门题目补。"[1]此处，39-30右面第二行倒数第三个字"㪍"，俄藏件十分清楚，克本模糊，汉译本录"□"。之所以出现这样的问题，说明农业门在修订时没有参照俄藏件，或许沿用了前苏联专家克恰诺夫在《西夏法典》中所附的照片。汉译本前言中写道：本书据1994年科学出版社出版的译本修订而成，具体修订工作有五项，第一项就是对版本的说明，明确提到据俄藏补译的内容中并没有卷十五农业门，"据1998年上海古籍出版社刊布的照片补译了原来所阙的内容，包括卷首《天盛改旧新定律令·名略》二卷、卷十四《误伤杀与斗殴门》中新识别出的二十三条，以及少量刻本零叶和据写本新校补的残字"[2]。

汉译本所缺卷十五的第一叶，即39-1，为左右两面，共十八行。从内容上可以分为两个部分，第一部分是卷十五的目次，大致意思是"天盛改旧新定律令共十二门，催纳租、取闲地、催租罪功、租地、春开渠事、养草监水、纳冬草条、渠水、桥道、地水杂事、请纳谷、未纳地租分八十七条"。汉译本中目次已经依据正文各门名称补充，但是与俄藏影印件相比还是略有出入。俄藏中卷十五共有十二门八十七条，最后一门名为《未纳地租门》，门下只有一条，目前仅在39-1保留了题名。《名略》（甲种本）记该卷十一门八十六条，律令条文也在《请纳谷》之后亡佚，没有关于《未纳地租》的记载。除了数量，题名也不尽相同。"𣕕𗱲𗏓𗣼"[催租罪功]，《名略》中后两字"𗏓𗣼"颠倒，为"𣕕𗱲𗣼𗏓"[催租功罪]；"𗱲𗧹𗐴𗠁"[地水杂事]，条文中为"𗱲𗧹𗐴𗏓"[地水杂罪]；"𗧃𗫷𗯿"[纳领谷]，《名略》和条文中为"𗧃𗫷𗯿𗰭𗾈𗫷𗙱𘄿𗾔"[纳领谷派遣计量小监]。对题名的译法也不统一，"𣕕𗱲𗫷"[催缴租]，目

① 史金波、聂鸿音、白滨译注：《天盛改旧新定律令》，第515页。
② 同上，第6页。

次译"收纳租";"𘟲𗿳𗦎𗄈"[养草监水]，目次译"园地苗圃灌溉法";"𘟲𗿳𗏹𗦺"[纳冬草条]，目次译"冬草条椽供给"。

第二部分为《催纳租门》的正文，39-1 最后两行，说的是交租的税额，大致意思是"京师城所辖七个郡县，根据土地的贫瘠程度交纳地租，上等每亩纳租一斗，次等八升"。汉译本中没有这两行西夏文的译文，直接从 39-2 的左面开始翻译。因为在俄藏件中 39-2 右面为空白。左面说的是催促磨勘，大致意思是"当引送都磨勘司，所属郡县管事、大人、司吏等当往磨勘。自腊月初一至月末，一个月期间当磨勘完毕，所遗尾数当明之。正月初一转运司当引送，令催促所属郡县人，令至正月末毕其尾数。若其中有遗尾数者，二月初一当告中书，遣中书内能胜任之人，视地程远近、所催促多少，以为期限"。二者之间缺少衔接的内容，《春开渠事门》的最后一叶，即 39-15 为完整的一叶，刚好与 39-2 的左面内容相同，板式一致，可以补充所缺文字。

《春开渠事门》现存三叶，其内容为："以亩数伏事日、日毕事不毕、拍支头和众、职人聚迟、职人正不来、职管者不派职人及阻拦、放逸职人寻安乐、职人聚日拖延"，最后一页叙述的却是催促磨勘之事，与《春开渠事门》毫无关联，并且它的左面，与《催纳租门》残存的半叶内容完全相同。从版本上看，二者的板框、行格、插图完全一致，同为左右双栏，上下单栏，2 处菱形插图，半页 9 行，第 1 行 12 字，其余 8 行，行俱 13 字。所以，它与《催纳租门》第二叶是同一版本，其右面刚好能够补充《催纳租门》所缺西夏文，共 9 行，107 字，大致意思是"中等六升，下等五升，末等三升等五等。各郡县所纳谷物如下，成熟时各郡县人当催促，夏苗自七月初一，秋苗自九月初一，至十月底交纳完毕，收取凭据，十一月初一当告都转运司，转运司人登记应纳未纳数，至十一月月末簿册、凭据当引送都磨勘司"。

现按照俄藏件录入 39-1，并将 39-2 与 39-15 缀合，完整地对译《催缴租门》的前两叶：

39-1 右面：

𗉔	𗙏	𗢳	𘓺	𗡞	𗳌	𗰖	𘍞		
天	盛	改	旧	新	定	律	令	十	五	第

𗱕	𗰖	𗤒	𗏹						
合	十	二	门						

𘊂	𘝣	𗓶								
租	催	纳								

𗦬𗰜	𗗙									
闲 地	取									

𘊂	𘝣	𘈝	𗾔							
租	催	罪	功							

𘊂	𗦬									
租	地									

𗣊	𗅋𗗙	𗥫	𗢭							
春	凿渠	事								

𗱕	𗊱	𗬩	𘗠							
养	草	水	监							

𗱕	𗊱	𘃡	𗓶							
冬	草	条	纳							

39-1 左面：

𗅋𗗙	𗬩									
渠	水									

𘟣	𗊱									
桥	道									

𗙻	𗗙	𗏁	𗹬						
地	水	杂	事						

𗏴	𗣼	𗋋							
谷	纳	请							

𗂤	𗙻	𗗟	𗣼						
未	地	租	纳						

𗫻	𗢳	𗰗	𗾈	𗴺					
分	八	十	七	条					

𗗟	𗣫	𗣼	𗄝						
租	催	纳	门						

𗼃	𗓃	𗝒	𗾰	𗾈	𗡏	𗹬 𗬠	𗗟 𗾈	𗄜 𗸮	𗙻	𗠁
一	京师	城	七	处	郡县	税户	家主	上 地	好	

𗧛	𗧚	𗔭	𗏼	𗗣	𗒦	𗔭	𗴺	𗼕	𗢳	𗹬	𘕣 田
坏	〈 〉	一	亩	之	上	一	斗	次	八	升	田

39-2 右面：

𗗟	𗹬	𗭼	𗓱	𗹬	𗧨	𗼃	𗹬	𗴺	𗓱	𗣑	
六	升	下	五	升	尾	三	升	等	五	等	

𗒦 𗏴	𗡏 𗬠	𗊬	𗹬	𗢋	𗣫 𗧇	𗣼	𗒦	𗙻
斛豆	郡县	〈 〉	分	为	各 自	纳	〈 〉	下

𗭼	𗓝	𗸮	𗹬	𗒦	𗡏 𗬠	𗔎	𗭴	𗄜	𗙻	𗣑
方	有	依	〈 〉	有	郡县	人	熟	时	上	〈 〉

234

催促	夏	苗	七	月	一	日	及	秋	苗	九

月	一	日	日	纳	<>	自	为	十	月	月	至

皆	纳	<>	毕	凭据	数	<>	收敛	十	二

月	一	日	都 转 运 司	<>	告	转运

司	人	<>	纳	未	纳	多 数	登簿	<>	为

十	一	月	月	至	周	内	典簿	凭据	皆

39-2 左面：

都 磨 勘 司	应	引送	<>	有	郡县

管事	因	司吏	等	应	磨勘	往	腊月	一

日	自	月	至	一 个 月	周	内	磨勘	<>	毕

貒	斄	淡	虤	羊	繉	祇	蘕 貒	刃	纟	蘿 韯
尾	<>	遗	数	当	明	令	正月	一	日	转运

帜	牧	麗 庯	緋	蒙	蘺 織	荒	爲	孫 祧	祇
司	应	引送	有	<>	郡县	人	<>	催促	令

蘕 貒	藏	織	輫	貒	敉	豯	祇	羕	毳 緋	貒
正月	月	至	纳	尾	<>	毕	令	若	其中	尾

淡	荒	纟	蘦	獗	刃	纟	祅 祷	爲	彶	祅 祷
遗	有	者	二	月	一	日	中书	<>	告	中书

帰	荒	斄	蘕	牧	緋	爲	敉	紤 虺	嶧	掫	孫
内	人	事	做	人	能	<>	遣	地程	近	远	催

祧	蘕	蒾	祧	蘦	爲	蘺	靲 磷	爲	絳	彸	織
促	所	多	少	于	<>	视	日限	◇	判	为	先

根据《春开渠事门》的补充，既增加了汉译本中没有翻译的内容，而且还将俄藏文献中位置放错的一页重新归位。这段西夏文是关于西夏京畿七郡县的税额、交租时间、催交程序的重要规定，在其它史料和以往的研究成果中都没有提及，这些珍贵的资料，对深入探讨西夏地租具有重要价值。

二、按土地优劣交租

《催缴租门》将土地分为五等，上等土地每亩纳粮一斗，次等纳八升，中等纳六升，下等纳五升，末等纳三升。《取闲地门》中规定，开垦无人耕种的荒地或者生地，三年后，要依据农作物的生长情况以及相邻土地的耕种情况，给土地定级分等，分为五等，以此作为交纳地租的标准，"一亩之地优劣依次应为五等租之高低何等，当为其一种，令依纳地租杂细次第法纳租"。

依土地优劣程度划分地租等级的做法，合乎自然法则，顺应民情，受到唐宋各朝推崇。唐代宗大历四年（769）诏令，"其地总分为两等，上等每亩税一斗，下等每亩税五升"①，770 年，定京兆府百姓税，夏税上等田每亩税六升，下等田每亩税四升，秋税上等田每亩税五升，下等田每亩税三升。

吐蕃占领瓜沙时期，也曾实行过类似的制度，P.T.1079 号文书《比丘邦静根诉状》中记："尚来三摩赞、论野桑、尚来桑在瓜州行营军中议会，于齐比乌集会之故，头年之冬沙州以下、肃州以上，集中僧统所属农户，根据田地好坏，制定承担赋税标准。"②

北宋的田赋征收，按土地优劣大致分为上中下三等，王安石变法时，改为按土地好坏分五等定税。《文献通考》卷四《历代田赋之制》中记："（熙宁）五年重修定方田法。八月，诏司农以《均税条约并式》颁之天下。（方田之法：）以东西南北各千步，当四十一顷六十六亩，一百六十步为一方。岁以九月，县委令佐分地计量：随陂原平泽而定其地，因赤淤黑垆而辩其色。方量毕，以地及色参定肥瘠，而分五等以定税则。至明年三月毕，揭以示民。一季无讼，即书户帖，连庄帐付之，以为地符。"③

南宋绍兴三年（1133）十月七日，江南东西路宣谕刘大中言："欲将江东西路应干闲田，立三等课租，上等每亩令纳米一斗五升，中等一斗，下等七升"④。

土地的优劣是客观存在的，它在一定程度上，限制了作物的产量，不仅不同地区的土地贫瘠有别，就是同一区域也有好坏之分。西夏人将全国土地分为山林、坡谷、沙窝、平原、河泽五种类型，并说明了每一种类型土地的农作物情况。第一山林，土山种粮：待雨种稻，地多不旱，糜、粟、麻、荞相宜。第二坡谷，向柔择种：坡谷地向柔，待雨宜种荞麦。第三沙窝，不种禾熟：沙窝种处不定，天赐草谷，草果不种自生。第四平原，迎雨种地：平原地沃，降雨不违农时，粮果丰茂。第五河泽，不种生菜：草泽不种谷粮，夏菜自长，赈济民庶。⑤

学者往往以农业区、半农半牧区、荒漠半荒漠区等三大类概括西夏的自然环境。灵夏地区是重要的农业区，土地条件如中原，适宜作物生长。"胡地惟灵夏如内郡，

① [宋]王钦若：《册府元龟》卷四八七，中华书局 1982 年影印本，第 5832 页。
② 王尧、陈践译注：《敦煌吐蕃文献选》，四川民族出版社 1983 年版，第 46~47 页。
③ [元]马端临：《文献通考》卷四，浙江古籍出版社 1988 年版，第 58 页。
④ [清]徐松辑：《宋会要辑稿》食货一之三六，第 4819 页。
⑤ 克恰诺夫、李范文、罗矛昆著：《圣立义海研究》，宁夏人民出版社 1995 年版，第 57 页。

地才可种荞豆，且多碛沙，五月见青，七月而霜，岁才一收尔。①" 河西走廊属沙漠绿洲，是西夏的半农半牧区，瓜、沙等州的农业主要依靠祁连山雪水灌溉，农业条件薄弱，瓜州"地多沙碛，不宜于稼穑，每年少雨，以雪水溉田②"。天都大山"谷间泉水，山下耕灌也"③。"焉支上山，冬夏降雪，炎夏不化。民庶灌耕，地冻，大麦、燕麦九月熟，利养羊马，饮马奶酒也。"④鄂尔多斯与阿拉善高原是西夏的荒漠半荒漠区，早在唐朝时期夏州（今陕西省靖边县红墩界镇白城子古城，即统万城）就是"茫茫沙漠广，渐远赫连城"⑤，《新唐书》云，长庆二年（822）十月，"夏州大风，飞沙为堆，高及城堞"⑥。"夏州沙碛，无树蓻生业"⑦。正是因为有这样那样的差别，种植的作物不同，产出的数量不同，交纳的赋税种类、税额也会有所不同。

三、税额

《催缴租门》规定有一斗、八升、六升、五升、三升五个等级。《租地门》云，为鼓励垦荒，新开地租每亩三升。黑水城出土农业租税文书记录每亩 1.25 升。

《催缴租门》中记，京畿七郡县税户家主中，视土地优劣交纳地租，上等每亩一斗，次等八升，中等六升，下等五升，末等三升。

麦一种，灵武郡人当交纳。

大麦一种，保静县人当交纳。

黄麻、豌豆二种，华阳县家主当分别交纳。

秫一种，临河县人当交纳。

粟一种，治源县人当交纳。

糜一种，定远、怀远县人当交纳。

灵武郡、定远县、怀远县、临河县、保静县大致位于兴灵平原，以贺兰山作为屏障，有黄河水灌溉，是西夏境内最适宜农业生产的区域，尤其是西夏都城中兴府和灵武郡。文献中载，"夏国赖以为生者，河南膏腴之地，东则横山，西则天都、马衔山

---

① [宋]吕祖谦编、齐治平点校：《宋文鉴》卷一一九，中华书局 1992 年版，第 1661 页。
② [后晋]刘昫：《旧唐书》卷一〇三，第 3194 页。
③ 克恰诺夫、李范文、罗矛昆著：《圣立义海研究》，第 60 页。
④ 同上，第 59 页。
⑤ [唐]许棠：《全唐诗》卷六〇三，中华书局 2003 年版，第 6969 页。
⑥ [宋]欧阳修：《新唐书》卷三五，第 901 页。
⑦ 同上，卷一四一，第 4659 页。

一带，其余多不堪耕收”[1]。这是宋臣吕大忠在宋哲宗元祐年间所上奏章中的一段话，概括了西夏的农业生产区，主要分布在河南以及夏境的东面和西面，河南的膏腴之地指的就是黄河以南灵州一带，《长编》中还说灵州“地方千里，表里山河，水深土厚，草木茂盛，真牧放耕战之地[2]”。作为西夏的腹地，兴灵平原不仅适宜耕种，而且有多条渠道用于灌溉，秦家渠、汉源渠、艾山渠、七级渠、特进渠、唐徕渠等历代修建的水利设施在西夏时期得到浚通，为农业生产提供了重要的保障。如此优越的生产环境奠定了京畿地区较高的农业产出量，以土地贫瘠程度划分农业税等级的政策，必然使得京畿地区的税额高于其它产区。

西夏为了鼓励生产，渡过灾荒，会出台一些减免租税的政策，《租地门》中记，一亩纳三升杂谷物，“诸人地册上之租地边上，有自属树草、盐碱地、泽地、生地等而开垦为地者，则可开垦为地而种之。开自一亩至一顷，勿为租庸草，当以为增旧地之工。有开地多于一顷者，除一顷外，所多开大小数当告转运司。三年毕，堪种之，则一亩纳三升杂谷物，庸草依边等法为之。”一亩纳三升杂谷物是对开垦荒地的奖励，与京师城末等地租税额一致。开垦自属树草、盐碱地、泽地、生地等，一至一百亩，不交纳租役草，超过一百亩，所超之数要告知转运司，三年后，每亩纳三升杂谷物，役草依边等法。汉文文献中也有关于西夏经历自然灾害后减免租税的记载。大庆四年（1143）三月兴州地震，有声如雷，逾月不止，坏官私庐舍、城壁，人畜死者万数。四月，夏州地裂泉涌，出黑沙，阜高数丈，广若长堤，林木皆没，陷民居数千。[3]于是仁孝下令曰：“二州人民遭地震地陷死者，二人免租税三年，一人免租税二年，伤者免租税一年；其庐舍、城壁催塌者，令有司修复之。”相对恶劣的自然环境和长期的对外征战使西夏经常处于物资贫乏状态，《隆平集》曰：“西北少五谷，军兴，粮馈止于大麦、荜豆、青麻子之类。其民则春食鼓子蔓、碱蓬子，夏食苁蓉苗、小芜夷，秋食席鸡子、地黄叶、登厢草，冬则畜沙葱、野韭、拒霜、灰条子、白蒿、碱松子，以

① [宋]李焘：《续资治通鉴长编》卷四六六，元祐六年九月壬辰条，第11128页。

② 同上，卷四四，咸平二年六月戊午条，第947页。

③ [清]吴广成撰、龚世俊等校：《西夏书事校证》卷三五，第411页。《宋史》卷四八六《夏国传》中有“三月，地震，逾月不止。地裂泉涌出黑沙”的记载。《仁宗仁孝寿陵西夏文残碑释文》，载西夏陵墓出土残碑粹编，M2×：17（图版伍）有西夏文“修旧舍”字样，疑指绍兴十三年西夏地震后，仁孝令有司修复庐舍、城壁。

为岁计。"①掠夺沿边、商品交换、鼓励垦荒是解决这一问题的途径，以减免租税作为奖励垦荒的手段，无疑是最直接的。

黑水城出土农业租税文书反映了西夏黑水镇燕监军司的纳税情况，每亩地交纳税粮 1.25 升，其中小麦 0.25 升②，其税额远远低于农业门中五等租的最末等。1755/4 号文书中的第四户土地、税粮、小麦数保存完整，可以据此算出杂粮数和每亩所交税粮数。

（一顷五十亩税一石八斗七升半）

（杂一石）五斗　麦三斗七升半

……（三）十亩税三斗七升半

（杂三）斗　麦七升半

……山（三）十亩税三斗七（升半）

（杂三）斗　麦三七升半

……一顷五十亩税一石八斗七

　　　　升半

（杂一）石五斗　麦三斗七升半

……吉七十亩税八斗七升（半）

（杂七）斗　麦一斗七升半

……一顷三十九亩税一石

（七斗三升七合半）

（杂一石三斗九升　麦三斗四升七合半）

无独有偶，1178/1 号每亩纳杂粮、小麦数等，均与 1755/4 号文书中的税额一致。

……（杂一）石五斗　麦三斗七升半

……乐一顷四十八亩税一石（八斗）

　　五升

（杂一石）四斗八升　麦三斗七升……

……死续子般若盛一顷四十三

　　亩税一石七斗八升七合（半）

① ［宋］曾巩：《隆平集》卷二〇，台北商务印书馆 1986 年版，第 199 页。
② 史金波：《西夏农业租税考——西夏文农业租税文书译释》，转引其中 1755/4、1178/1 号文书的汉译，（）里补充的内容均参照史金波先生的文章。

（杂一石）四斗三升 麦三斗三升二

……吉二十八亩税三斗五升

（杂二）斗八升[①] 麦七升

……有七十二亩税九（斗）

（杂七）斗二升 麦一斗八升

《天盛律令》规定的税额是法律制度层面上的，农业租税文书反映的税额是具体实施层面上的。二者出现差异，是因为五等租税是针对京畿七郡县制定，它们土质条件好、农田灌溉便利、生产技术先进，所以税额相对较高。相比之下，黑水镇燕监军司为汉代居延海地区，地处偏远，周边都是沙漠，这一地区的生产和生活主要依赖发源于祁连山的黑河，在西夏国土中属荒漠半荒漠区，农业种植条件脆弱，相对于兴灵平原、河西走廊，无论是自然环境还是水利设施都还存在一定的差距。

四、交租时间

西夏京畿地区实行的是两税，分夏秋两季征收赋税。《催缴租门》载，京城七郡县交纳地租的时间是夏苗七月初一，秋苗九月初一，至十月末交纳完毕。决定因素就是农作物的收获期，京城七郡县交纳的农作物有麦、大麦、黄麻、豌豆、秫、粟、穈，大致上小麦七月成熟，穈八月成熟，大麦九月成熟，粟十月成熟，正如《碎金》中所说"谷麦豆长大，粟黍秫熟迟"。这个制度始于唐代两税法，经五代至宋，在辽、金等少数民族政权继续实行，只是，夏秋两税的征收时间在各朝代不尽相同，夏税的起征时间多集中在五、六月份，秋税在九、十月份。

唐实行两税法，将地租分夏秋两季征收，这是因为南北东西各地土壤、气候等条件各有不同，农作物的生长、收获期不一，统一的征税时间并不切合实际情况。建中元年（780）二月，规定"其田亩之税，率以大历十四年垦数为准。征夏税无过六月。秋税无过十一月"[②]。为了适应中原、江淮等主要农业区的作物收获期，制定了"征夏税无过六月，秋税无过十一月"的征税时间，一般说来，夏税包括大小麦和豆类，秋税包括稻米和其它秋作物。

后唐时期，收税的期限因地而定，规定更为详尽，大致分黄河以南至淮水、汉水之间，黄河以北，河东三个区域。《五代会要·租税》记载了各地夏税的交税期限："四

---

① 译文中补为"（杂一石）斗八升"，税粮数减去小麦数，当为"二斗八升"。

② ［后晋］刘昫：《旧唐书》卷四八，第 2093 页。

十七处节候常早，大小麦、穬麦、豌豆，五月十五日起征，八月一日纳足；……二十三处节候差晚，随本处与立两等期限；一十六处节候较晚，大小麦、穬麦、豌豆，六月一日起征，至八月十五纳足；……七处节候尤晚，大小麦、穬麦、豌豆，六月十日起征，至九月纳足……"[①]

宋、辽、金的两税虽来源于唐，但在许多做法上则是承后周之制。宋代关于收税期限的记载，并不统一。宋太宗端拱元年（988）规定，夏税开封府等七十州自五月十五日起纳，至七月三十日毕；河北河东诸州五月十五起纳，八月五日毕；颍州等十三州及淮南、两浙、福建、广南、荆湖、川、峡等路五月一日起纳，至七月十五日毕；秋税自九月一日起纳，十二月五日毕，"自今并可加一月限"。后来按照后周的制度，划一规定为夏税以六月一日起征，秋税以十月一日起征。

辽朝的农业区与农牧相间地区的地租，是按照后唐的两税法进行征收的，《宣府镇志》："契丹统和十八年（1000）诏，北地节候颇晚，宜从后唐旧制，大小麦、豌豆，六月十日起征，至九月纳足，正税匹帛钱、鞋、地、榷曲钱等，六月二十日起征，十月纳足。"[②]

金朝也实行两税，以田亩为正税的依据和标准，按土地肥瘠、成色及水利等自然条件分为九等，两税的输纳期限分初、中、末三限，夏税以六月为初限，后改七月为初限，秋税从十月为初改为十一月为初，翌年正月为末。《金史》载："金制，官地输租，私田输税。租之制不传。大率分田之等为九而差次之，夏税亩取三合，秋税亩取五升，又纳秸一束，束十有五斤。夏税六月止八月，秋税十月止十二月，为初、中、末三限，州三百里外，纾其期一月。"[③]泰和五年（1205），改秋税限十一月为初。中都、西京、北京、上京、辽东、临潢、陕西地寒，稼穑迟熟，夏税限以七月为初。

五、催缴地租

地租至十月末交纳完毕后，十一月初一告都转运司，转运司人于登记簿上登记已纳、未纳数。至十一月末，都磨勘司应引送所有簿册、收据，郡县管事、大人、司吏等前去磨勘，自腊月初一至月末，一个月间磨勘完毕，注明所余尾数。正月初一转运司当引送，催促所有郡县人，令至正月末纳毕所余尾数，若其中仍有遗留，二月初一

---

① [宋]王溥：《五代会要》卷二五，中华书局1998年版，第305~306页。

② 厉鹗：《辽史拾遗》卷一五，转引自漆侠、乔幼梅《辽夏金经济史》，河北大学出版社1998年版，第144页。

③ [元]脱脱等：《金史》卷四七，第1055页。

当告中书，遣中书内胜任之人，视地程远近，数量的多少，判断期限，因缓交逾期，当令一倍上多纳半倍。若库门迟开，依据库门迟开的天数，再划定期限。催缴地租的官员，在期限内，若催缴不力，分全纳、全不纳、部分纳等几种情况，给予不同的赏罚。

现将地租的催缴程序及惩罚措施列表如下：

时间	负责机构	主要工作	惩罚
至十月末	所属郡县	征收地租	告交地租簿册迟缓，自一日至二十日，杖十三至徒一年不等
十一月	转运司	登记已纳、未纳地租数额	引送磨勘司延误，与上述罪状相同
十二月	磨勘司	磨勘地租簿册、注明所遗尾数	磨勘逾期，与上述罪状相同
正月	转运司	再催促郡县人毕其地租尾数	期限内不毕，与上述罪状相同
二月	中书	遣能胜任之人，视地程远近，所遗数额，重新判断期限，再行催促	

至二月末，地租的催缴工作基本结束，西夏政府针对催税官员的地租催征情况，制定了详细的奖惩措施。将应纳地租数分为十分，对十分全纳、九分纳一分未纳、十分全不纳等十一种情况，一一做了奖惩规定，既给催税官员增加了压力，也充分调动了他们工作的积极性，为地租征收工作的完成提供了制度上的保障。《催租罪功门》规定："催促租之大人，于税户种种地租期限内已纳未纳几何，于全部分为十分，其中九分已纳一分未纳者勿治罪，八分纳二分未纳当徒六个月，七分纳三分未纳徒一年，六分纳四分未纳徒二年，五分纳五分未纳徒三年，四分纳六分未纳徒四年，三分纳七分未纳徒五年，二分纳八分未纳徒六年，一分纳九分未纳徒八年，十分全未纳徒十年。若十分全已纳，则当加一官，获赏银五两，杂锦上衣一件。"

负责催缴地租的机构有所属郡县、转运司、磨勘司和中书。所属郡县为政府在地方设置的基层管理机构，是征缴工作最直接的负责人。磨勘司的职能是磨勘地租簿册，把官员催税数额的多少与政绩挂钩。转运司在催缴的过程中，具有重要作用，不仅要做好上传下达的工作，并且要参与到催缴的工作中来，登记所余数额，催促、监督郡县人。中书是最上层的管理机构，只有在地租几经催促不果的情况下，中书才会派遣人员进行催促。

同时在农业门中还有都转运司和都磨勘司，汉文史籍中没有关于二者的记载，从农业门中大致判断，都转运司是西夏设置于京师的机构，转运司是设置于地方的机构，二者应该有隶属关系，《渠水门》中记："大都督府转运司当管催促地水渠干之租，司职事勿管之，一律当依京师都转运司受理事务次第管事。"说明大都督府转运司当依京师都转运司受理事务的先后程序管事，都转运司与转运司的职能一致，掌税赋钱谷、仓库出纳、调用之责。都磨勘司和磨勘司，也是京师和地方机构设置的不同，只是磨勘司与都磨勘司的职权侧重点不同，前者主持官吏考核升迁之事，后者职掌钱、粮、地册等审计，为磨勘司的考核提供依据。

第三节　夫役

一、夫役与役夫

西夏文"𘟎𗥃"，汉译"夫役"。

𘟎，音"夫"。《掌中珠》该字标"腹"、"福"、"父"、"楸"、"斧"、"服"、"伏"、"富"、"缚"音。《催功罪用门》大都督府"𗣼𗥃𗥃𘟎"，该字音"府"。《类林研究》中该字音"夫"，"𗏁𗡱，𗤁𗾟𘄒𘕿，𗵒𗊉𗋒𗠁𗸁𘟎𗣼𘟎𘗠"意"周昌，沛国人也，汉高祖时为御史大夫"，"𗓽𘄈𗥃𘎑𘟎𗊰𘇂𗱈𗟦𗔀𗆫𗕤"意"使文种往夫差处求和"[1]。

𘟎𗥃，字面作"夫事"，意"夫役"。夫役为服力役。宋大中祥符元年（1008）正月甲戌载，"大雪，停汴口、蔡河夫役"[2]。神宗熙宁八年（1075）七月辛叔献言："岁开汴口作生河，侵民田，调夫役。今惟用觜家口，减人夫、物料各以万计，乞减河清

---

① 史金波、黄振华、聂鸿音：《类林研究》，第39、53页。
② ［元］脱脱等：《宋史》卷七，第135页。

一指挥。"①

役夫为服力役的人。《西夏书事》卷十曰:"遣贺承珍督役夫,北渡河城之,构门阙、宫殿及宗社、籍田,号为兴州,遂定都焉。"②

敦煌文书《唐光化三年(900)前后神沙乡令狐贤威状(稿)》(P.3155背)③。

神沙乡百姓令狐贤威

右贤威父祖地壹拾叁亩,请在南沙上灌进

渠,北临大河,年年被大河水漂,并入大河,寸

畔不贱(见)。昨蒙

仆射阿郎给免地税,伏乞与后给免所

著地子、布、草、役夫等,伏请 公凭

裁下 处分。

二、夫役的征调

农业门中夫役的征调主要集中在兴修渠道。水利事业的好坏直接影响到农业生产的兴衰,西夏的大部分疆土属于干旱荒漠地区,决定了农业必须以灌溉为主,水利工程的兴修对西夏王朝显得尤为重要。西夏的农田水利事业就是在疏浚历代已有渠道的基础上发展起来的,从秦汉屯边垦田为始,历朝历代在这一地区依黄河兴建的渠道,有文献可考的包括秦家渠、光禄渠、汉延渠、唐徕渠、艾山渠、七级渠、特进渠、御史渠、胡渠、百家渠、尚书渠④等,河西一带继承了唐代以来修筑的百余条渠道,仅沙州敦煌就有阳开、北府、阴安、孟授、都乡、宜秋、神农、东方八条干渠,张掖县黑水流域有盈科渠、大满渠、小满渠、大官渠、永利渠和加官渠等,可灌溉农田 46 万亩⑤,这些渠道基本上被西夏所延续下来。此外,西夏朝还在利用前代灌溉工程的同时,开凿了新的渠道,最为著名的当属"昊王渠"。

经过大规模的疏浚、开凿,西夏形成了纵横交错、密如蛛网的农田水利系统。然

---

① [元]脱脱等:《宋史》卷九三,第 2324 页。

② [清]吴广成撰、龚世俊等校:《西夏书事校证》卷一〇,第 120 页。

③ 陈国灿:《从敦煌吐鲁番文书看唐五代地子的演变》,《敦煌学史事新证》,甘肃教育出版社 2002 年版,第 292~293 页。

④ 杜建录:《西夏经济史》,第 124~125 页。

⑤ 慕少唐:《赣州水利溯源》,《新西北》1940 年卷 3 第 4 期,转引自杜建录《西夏经济史》,第 126 页。

而水利工程并非一劳永逸，风多沙厚的自然环境使渠道极易淤塞，维护这一系统长久地服务于农业生产，成为西夏王朝必须解决的问题。《天盛律令》以国家法律的形式，制定了一系列的农田水利开发的管理制度及惩罚措施，夫役在渠道的兴修和维护过程中起到了重要的作用。夫役有"春夫"，每年春开渠时都会征调。《催租罪功门》："每年春开渠大事开始时，有日期，先局分处提议，夫役小监者、诸司及转运司等大人、承旨、阁门、前宫侍等中及巡检前宫侍人等，于宰相面前定之，当派胜任人。"

夫役的职责之一是开渠和维护。在开渠前做好准备工作，"春开渠事大兴时，体工预先到来，来当令其受事，当计入日数中。其中已行头字，集日不计，三日以内事属者不派职人时，有官罚马一，庶人十三杖"；开渠时要求足够宽、深，"春开渠发夫役中，当集唐徕、汉延等上二种夫役，分期劳务，好好令开，当修治为宽深。若不好好开，不为宽深时，有官罚马一，庶人十三杖"；渠破水断时负责维护，"渠口垫板、闸口等有不牢而需修治处，当依次由局分立即修治坚固。若粗心大意而不细察，有不牢而不告于局分，不为修治之事而渠破水断时，所损失官私家主房舍、地苗、粮食、寺庙、场路等及役草、体工等一并计价，罪依所定判断。"其二是修治沿渠桥道。"大渠中唐徕、汉延等上有各大道、大桥，有所修治时，当告转运司，遣人计量所需体工多少，依官修治，监者、识信人中当遣十户人。若有应修造而不告时，有官罚马一，庶人十三杖。"

唐、宋、金等朝政府都会整动大批民夫治理河道。《唐律疏议》中明确记载了征人夫修理堤防的条文，卷二七《杂律》"诸不修堤防"条《疏议》曰："依营缮令，近河及大水有堤防之处，刺史、县令以时检校。若须修理，每秋收讫，量功多少，差人夫修理。若暴水泛溢，损坏堤防，交为人患者，先即修营，不拘时限。"[1]此条与《天盛律令》中记载的内容基本一致，不同的是，修渠的时间，西夏是在春灌前，对渠道进行清淤维护，而唐律规定的是在秋收后，如有暴水泛滥时，唐律中所说为先即修营，不拘时限，西夏中虽然没有类似明确的说法，但是从语句的表达上来看，隐含相同的意思。

吐鲁番 509 号墓出土的唐开元二十三年（735）西州高昌县为差人夫修堤堰事而向西州都督府所递交的牒文[2]，反映了唐朝征发人夫修治堤堰的情况。

---

① [唐]长孙无忌撰、刘俊文点校：《唐律疏议》卷二七，法律出版社 1999 年版，第 543 页。
② 张泽咸：《唐五代赋役史草》，中华书局 1986 年版，第 310 页。

高昌县　为申修堤堰人█████

新兴谷内堤堰十六所，修塞料单功六百人，

城南草泽堤堰及箭干渠、料用单功八百五十人，

右得知水官杨嘉恽、巩虔纯等状称，前件堤堰每年差人夫修塞，今既时

至，请准往例处分者，准状，各责得状，料用人功如前者，依检案

█████例取当县群牧、庄坞、邸店及夷胡户

█████日功修塞，件检如前者，修堤夫

（下缺）

文中说高昌县每年要定期差人夫修理堤堰，包括新兴谷内的十六所堤堰和城南草泽堤堰等，由知水官专门负责，所用人工数统计如上，人夫分别来自高昌县的群牧、庄坞、邸店以及夷胡诸户。

宋朝时，治河力役的征发日益突出。《宋史》中有一段文字详细记录了领护汴河兼督辇运官谢德权以三十万民夫治理河道的事："前是，岁役浚河夫三十万，而主者因循，堤防不固，但挑沙拥岸阯，或河流泛滥，即中流复填淤矣。德权须以沙尽至土为垠，弃沙堤外，遣三班使者分地以主其役。又为大锥以试筑堤之虚实，或引锥可入者，即坐所辖官吏，多被谴免者。植树数十万以固岸。"[1]之前征调民夫三十万，却因方法不当，河道再次淤塞，谢德权采用清沙固基、植树固岸的方法，遣三班使者分地段督役民夫完成清沙工程，收效显著。

金朝的民夫也要承担修筑河道等公共工程，《金史·曹望之传》记："顷之，运河埋塞……尚书省奏：'当用夫役数万人。'上曰：'方春耕作，不可劳民，以宫籍监户，及摘东宫、诸王人从充役，若不足即以五百里内军夫补之。'"[2]疏通运河的工作本来由普通役夫承担，因为正值春耕时节，改由东宫诸王人充役，军夫补之，这里的军夫指的是猛安谋克户所出人夫，因为猛安谋克又称军户，故有此称。

三、计亩出役

农业门规定，每年春开渠，征调夫役的总天数不超过四十日。开渠时当告知中书，依所属渠道的相关事宜，在四十日内确定开渠的期限，所给期限内没有完成时，当告知局分处寻求谕文，若不寻谕文而逾期，要受到徒三个月至二年的相应处罚。"每年

---

① ［元］脱脱等：《宋史》卷三〇九，第10166页。

② ［元］脱脱等：《金史》卷九二，第2036页。

春役夫大兴者，勿过四十日。事兴季节到来时当告中书，依所属地沿水渠干应有何事计量，至四十日期间依高低当予期限，令完毕。其中予之期限而未毕时，当告局分处并寻谕文。若不寻谕文而使逾期时，自一日至三日徒三个月，自四日至七日徒六个月，自七日以上至十日徒一年，十日以上一律徒二年。"

每户所担负的夫役天数是根据其土地占有数决定的，"畿内诸税户上，春开渠事大兴者，自一亩至十亩开五日，自十一亩至四十亩十五日，自四十一亩至七十五亩二十日，七十五亩以上至一百亩三十日，一百亩以上至一顷二十亩三十五日，一顷二十亩以上至一顷五十亩一整幅四十日。当依顷亩数计日，先完毕当先遣之。其中期满不遣时，役夫小监者有官罚马一，庶人十三杖"。

国家的规定在地方是否能够切实执行呢？同为黑水城出土的农业租税文书记录了出工的天数，与农业门的记载吻合。黑水城出土 5068 号西夏文农业租税文书[1]，由草书写成，共一百一十九行，文书上记有户主姓名，耕地数，纳杂粮、麦、佣、草数，有的还记有每块地的方位、四至，其中记载地亩和佣工共十一户：

一户三十八亩地，出佣工十五日；

一户七十五亩地，出佣工二十日；

一户十亩地，出佣工五日；

一户十亩地，出佣工五日；

一户三十八亩地，出佣工十五日；

一户十亩地，出佣工五日；

一户三十五亩地，出佣工十五日；

一户七十三亩地，出佣工二十日；

一户六十三亩地，出佣工二十日；

一户十五亩地，出佣工十五日；

一户四十亩地，出佣工十五日。

黑水城出土 4067 号纳税账册[2]，同为西夏文草书写成，前后皆残，共二十三行，其间仅中间一户完整，共九行，前三行是土地和纳税数量，后面六行是两块地的四至。现将这一户的土地和纳税情况抄录如下：

---

① 史金波：《西夏农业租税考——西夏文农业租税文书译释》。
② 同上。

一户梁吉祥有册上有十亩地，税一斗二升半

　　杂一斗　　麦二升半

　　佣五日　　草十捆

上述两件文书，出佣工的天数有五日、十五日、二十日，与之相对的土地亩数依次为十亩、十一亩至四十亩、四十一亩至七十五亩。总之，土地越多，出工越多，与"畿内诸税户上，春开渠事大兴者，自一亩至十亩开五日，自十一亩至四十亩十五日，自四十一亩至七十五亩二十日"的记录一致。

7415/1 号文书中载，一户有耕地一顷十二亩，缴纳杂粮一石一斗二升，麦二斗八升，"佣一个月五日"。5282 号文书中，一户有耕地一顷五十亩，缴纳杂粮一石五斗，麦三斗七升半，"佣一正幅"[①]。这两户与"一百亩以上至一顷二十亩三十五日，一顷二十亩以上至一顷五十亩一整幅四十日"的记录一致，说明国家制定的法律条文在黑水城地区得以贯彻。

四、减夫役纳椽

《渠水门》载："京师界沿诸渠干上△有处需椽，则春开渠事兴，于百役夫人做工中当减一夫，变而当纳细椽三百五十根，一根长七尺，当置渠干上。若未足，需多于彼，则计所需而告管事处，当减役夫而纳椽。若不告管事处而令减役夫而纳椽，且超派时，未受贿且纳入官仓，则当比做错罪减一等，自食之，则当与枉法贪赃罪相同。"律令规定，京畿地区诸渠上有需椽处，在春开渠的百夫役中减一夫，转而纳细椽三百五十根，每根长七尺；如果数量还不够，统计后告知管事处，再次减夫纳椽。

这条减夫役纳椽的记载与《天盛律令》农业门中的其它条文有所不同。通常，条椽作为赋税，随冬草一起交纳，这里所说的情况，属于临时事件。在春开渠时，发现官库中的条椽不够，新一年的赋税征收还没开始，只能采取临时征调的办法，于百夫役中减一夫。

西夏的"减役夫纳椽"与唐朝的"输庸折役"从结果上来看是一样的，都是以交纳物品的方式减少夫役的征调，但是从本质上来看又有所区别。西夏的"减夫役纳椽"是在急需条椽修渠，通过正常的租税征收途径不能实现的情况下，解决燃眉之急的办法，唐朝的"输庸折役"是唐朝政府在吸取了隋朝灭亡的经验教训后，制定的体现"轻徭薄赋"的赋役政策，在唐普遍实行，并非应对临时状况的措施。

[①] 史金波：《西夏农业租税考——西夏文农业租税文书译释》。

第四节　税草

《天盛律令》农业门中有多处纳草的记载:

> 税户家主自己所属地上冬草、条橡等以外,一顷五十亩一幅地,麦草七束、粟草三十束,每束围四尺五寸,束内以麦糠三斛入其中。袋囊中二袋,各自依地租法当交官之所需处,当入三司库。逾期时与违纳租谷物之纳利相同。

麦草、粟草的税额,一顷五十亩一幅地交纳麦草七束,粟草三十束,也就是每亩交纳麦草不到 0.05 束,粟草 0.2 束,同时还规定每束草的大小为四尺五寸,里面要放入麦糠三斛,最后,指明了税草的最终归属地,入三司库。

> 一诸税户家主除冬草、蓬子、夏蒡等以外,其余种种草一律一亩当纳五尺围一束,十五亩四尺束围之蒲苇、柳条、梦萝等一律当纳一束。前述二种束围当为五寸围头,当自整绳中减之。使变换冬草中蓬子、夏蒡及条为纳杂草等时,纳者及敛者一律当计量所纳草及应纳条,未足者计价,以偷盗法判断。

除蓬子、夏蒡等之外的其它草一亩纳一束,大小是五尺围;蒲苇、柳条、梦萝十五亩纳一束,也就是每亩约 0.07 束,四尺围,束围为五寸头。

黑水城出土西夏 4067 号纳粮草税账[1]记录梁吉祥每亩土地纳草一束。

> 一户梁吉祥有册上十亩地,税一斗二升半
>
> 　　杂一斗　麦二升半
>
> 　　佣五日　草十捆

8372 号赋税计账[2]显示五十四户共缴纳三十六石六斗三升七合半,其中杂粮二十九石三斗一升,麦七石三斗二升七合半,按照黑水城出土其它赋税文书所反映的税额,每亩地交纳一升二斗半,其中杂粮一升,小麦二斗半,可推算出共有耕地二十九顷三十一亩,佣五十四人,也就是每户出佣一人,草二千九百三十一束,即每亩税草一束。

> 迁溜吾移?宝供五十四户税
>
> 　　三十六石六斗三升
>
> 　　七合半

---

① 史金波:《西夏农业租税考——西夏文农业租税文书译释》。

② 同上。

　　杂二十九石三斗一升

　　麦七石三斗二升七合半

　　佣五十四人

　　草二千九百三十一捆

五十三户农？人有杂细共三十六石

　　　二斗六升二合半

　　　杂二十九石一斗

　　　麦七石二斗五升二合半

　　　佣五十三人

　　　草二千九百一（十）捆

　一户吾移？奴册上有□十亩地与？？全

　　　？？还大小？之十亩已

　　　又六十亩已留，税七斗五升

　　　杂六斗　麦一斗五升

　　　佣二十日　草六十捆

　五亩　　渠接

　　　东与鸟？（接）　　南与……（接）

　　　西与六月盛？？（接）　北语吾移？讹（接）

　　大都督府转运司所需的冬草、条椽，由京师税户家主交纳，若不足，则继续征派，超出要退还。

　　　　大都督府转运司所属冬草、条椽等，京师税户家主依法当交纳入库。若未足，则彼处转运司人当量之，当于税户家主征派使纳。其所纳数已毕，有超出数当还属者，不治罪。若不还而自己食之时，计价以偷盗法判断，已入官库则与做错罪相同。

　　　税户家主交纳的冬草、条椽，由转运司派人检查，若不按要求捆扎，数量有差，库局分依法赔偿。

　　　　税户家主纳冬草、椽等时，转运司大人、承旨中当派一库检校，当紧紧指挥库局分人，使明绳捆长短松紧，当依法如式捆之。五十日一番当计量，捆不如式，则几多不如式者由草库局分人偿之。未受贿则有官罚马一，庶人十三杖，受贿则以枉法贪赃罪判断。又役夫小监等敛草时，亦当验之，未足则当使未足数分明。

库检校及局分人等有何虚枉处，偿草承罪法与当前所示相同。

律条规定，因涨水、下雨而渠道断破时，附近未有官之备草，则当取于有私草的附近家主，若有田地，数额当计入应纳冬草中，交税时依数减去，没有田地，依价计算，官方付账。

> 沿诸渠涨水、下雨，不时断破而堵之时，附近未置官之备草，则当于附近家主中有私草处取而置之。当明其总数，草主人有田地则当计入冬草中，多于一年冬草则当依次计入冬草中。未有田地则依捆现卖法计价，官方予之。若私草已置而不计入冬草中，不予计价等，有官罚马一，庶人十三杖。

从上述六件材料可知，纳草的税额大致有二种：一、每亩交纳麦草 0.05 束，粟草 0.2 束。二、除蓬子、夏蒡等以外的各种草每亩一束，蒲苇、柳条、梦萝等每亩 0.07 束，黑水城出土 4067 号、8372 号纳税账册均记录每亩土地纳草一束。史金波先生对这一问题的解释是，一亩地纳一束草为原规定，《催缴租门》中的麦草、粟草的税额，是后者在天盛年间加上去的。对于草束的大小，《天盛律令》也有详细的规定，《催缴租门》中规定每束草的大小为四尺五寸，里面要放入麦糠三斛，《渠水门》每亩一束的草为五尺围，十五亩一束的蒲苇、柳条、梦萝等是四尺围，此外，五寸为围头，当自整绳中减之，转运司还会派一检校检查草束的捆扎情况，长短松紧都要依律执行，若不按规定，由库局分赔偿，无论受贿与否都要受到惩罚。如此详细的规定，表明了西夏政府对税草的重视，这与草在整个西夏社会所起到的重要作用是密不可分的。

唐、宋、金时期的文献中也有纳草的记载，税额根据各地情况各有不同。

唐长庆年间，元稹为同州刺史，其《当州京官及州县官职田公廨田并州使官田驿田等》云："臣当州百姓田地，每亩只税粟九升五合，草四分，地头榷酒钱共出二十一文已下。其诸色职田，每亩约税粟三斗，草三束，脚钱一百二十文。"[1]地税在同州是每亩九升五合，草四分，而职田的地租亩收三斗，草三束。

归义军时期一件编号为 P.2222 号背（6）[2]的文书，说明那时仍然按土地亩数交纳一定数量的草束。全文如下：

宋刚刚　受田贰拾玖亩　□束

史毛奴　受田壹拾伍亩半

---

① [清]董诰：《全唐文》卷六五一，中华书局 1983 年版，第 6619 页。

② 雷绍锋：《归义军赋役制度初探》，台湾洪叶文化事业有限公司 2000 年版，第 95 页。

烧丑奴　受田壹拾贰亩

吕荣奴　受田柒拾贰亩

梁盈盈　受田伍拾肆亩掉直卅亩纳草参束

索清子　受田壹顷壹拾贰亩　纳草陆拾柒束

梁德子　受田陆拾柒亩　掉直廿亩　纳草拾贰束

宋政和五年（1115）十一月，边防司奏："汉人买田常多，比缘打量，其人亦不自安，首陈已及一千余顷。若招弓箭手，即可得五百人；若纳租税，每亩三斗五升、草二束，一岁间亦可得米三万五千石、草二十万束。今相度欲将汉人置买到蕃部土田愿为弓箭手者，两顷已上刺一名，四顷已上刺两名；如愿者，依条立定租税输纳。其巧为影占者，重为禁止。"[1]文中说到提举熙河兰湟路弓箭手何灌，申请将汉人在蕃部置买田地者招募为弓箭手，并使纳租税，税额为每亩纳租三斗五升，草二束。

金朝规定，秋税除了粮食税外，还纳"秸"，《金史》载："金制，官地输租，私田输税。租之制不传。大率分田之等为九而差次之，夏税亩取三合，秋税亩取五升，又纳秸一束，束十有五斤。"[2]"秸"即庄稼的秸秆，税额为每亩纳秸秆一束，每束15斤，西夏的麦草、粟草就属于秸秆。与上述西夏规定草束大小不同的是，西夏农户交纳麦草、粟草规定的是每束草的长度，而金朝规定的是秸秆重量。

---

[1]［元］脱脱等：《宋史》卷一九〇，第4723页。

[2]［元］脱脱等：《金史》卷四七，第1055页。

第四章　仓粮的储存与管理

农业门中《纳领谷派遣计量小监门》（简称《纳领谷门》）为该卷最后一门，记录了粮食的储存方式以及仓粮管理中的相关问题。西夏大致有两种物资的储存方式，地上仓库和地下窖藏。史金波先生在其《西夏社会》中说，西夏储藏粮食的仓库有两种，一种是库房，一种是地窖[①]。地上仓库用木料等搭建而成，地下窖藏于坚实干燥处挖掘，"有木料处当为库房，务须置瓦，无木料处当于干地坚实处掘窖"[②]。《纳领谷门》还详细介绍了地下窖藏的挖掘过程，从位置的选取、窖内的铺设，到窖顶的隐蔽等，与同时期宋夏交界的陕西以及宋代法律文献《天圣令》的记载十分近似。仓粮的管理主要包括粮食的出库，文中为纳粮入库和执单请谷两部分，有纳租的场景、簸扬使粮食精好、出库予旧不予新、簿册登记规定、官吏徇情的惩处措施等等，内容详细而系统，在其它文献中少有涉及。

第一节　地下窖藏

窖藏的历史十分悠久，可追溯至新石器时代，余扶危、叶万松两位先生在《我国古代地下储粮之研究》中将地下储粮分为早、中、晚三个阶段，并结合考古资料详细总结概括了每个时期的特征[③]。特别是在我国的北方，到了隋、唐、宋时期，已经达到完善，表现在：一、这个时期的地下窖藏极为普遍，从个人到国家都采用这种方式。

---

① 史金波：《西夏社会》，第 86 页。

② 史金波、聂鸿音、白滨译注：《天盛改旧新定律令》卷一五《催缴租门》，第 513 页。

③ 余扶危、叶万松：《我国古代地下储粮之研究》（上）、（中）、（下），《农业考古》1982 年第 2 期、1983 年第 1 期、1983 年第 2 期。

二、数量激增，仅以与槽运有关、沿黄河设置的粮仓而言，据不完全统计，就有卫州的"黎阳仓"、陕州的"常平仓"（"太原仓"）、华州的"广通仓"、洛州的"河阳仓"、巩县的"洛口仓"、孟津的"回洛仓"、东都的"常平仓"、洛州的"敖仓"、河清县的"柏崖仓"、三门西的"盐仓（"三门仓"）、三门东的"集津仓"、渭南县的"渭南仓"、河阴县的"河阴仓"、华阴县的"永丰仓"、河中府的"龙门仓"等。三、自成体系，除用于储粮的粮窖外，还有保护粮仓安全的仓城，仓城四周有城墙，城内驻有重兵。此外，并设制专供运粮使用的漕渠、道路和专门管理粮仓的管理区，等等。

由于自然条件的不同，西夏境内农业的发展也极不平衡，兴灵平原、河西走廊和陕西绥德、无定河以东的一些地方，自然条件优越，发展成为粮食的生产基地，在贺兰山的"摊粮城"（今宁夏石嘴山西）、鸣沙川的"御仓"（今宁夏中宁）、德靖镇的"七里平"（今陕西省志丹县西）、桃堆平的"国官窖"以及葭芦、米脂的"歇头仓"等地区建立了不少粮仓，储备和保存粮食上万至百万石。宁国二年（1050）七月，辽军进至兴庆府周围，纵兵大掠，攻破贺兰山西北之摊粮城，抢劫西夏仓粮储积而去。种谔在投降蕃部牛儿部的指引下至桃堆平国官窖，见到了密集排列的粮仓。西夏曾占领的陕北米脂、葭芦一带，良田不下一二万顷，以盛产粮食著名，有"歇头仓"、"真珠山"、"七宝山"之美称。诸如国官窖、御仓、七里平、御庄等大规模的仓粮存储多为地下窖藏，具有选址平沃、分布密集、建造系统等特点。

国官窖，在夏州桃堆平。《续资治通鉴长编》载："密密相排，远近约可走马一直。"[1]虽然没有明确粮食存储数额，但是可以看出，为西夏建立的成规模大型粮仓。隋唐含嘉仓就是一个仓城，粮窖分布相当密集，东西排列成行，行距一般为6~8米，部分行距仅3米左右，也有个别行距宽达15米左右。窖与窖的间距一般为3~5米，个别也有不足2米的[2]。国官窖可能也是由一个个成排分布的地窖组成的大型仓储中心。

御仓，在灵州鸣沙。元丰四年（1081），泾源兵欲至灵州，备粮不足，取道鸣沙，得窖藏米百万。刘昌祚曰："离汉时运司备粮一月，今已十八日，未到灵州，倘有不继，势将若何？吾闻鸣沙有积粟，夏人谓之御仓，可取而食之，灵州虽久，不足忧也。既至，得窖藏米百万，为留信宿，重载而趋灵州"[3]。关于鸣沙"御仓"的窖藏粮数，有不同的记载。实录载窖藏粟及杂草三万三千余石束，十一月十七日，泾原路行营总管

① [宋]李焘：《续资治通鉴长编》卷三一九，元丰四年十一月辛卯条，第7714页。
② 河南省博物馆、洛阳市博物馆：《洛阳隋唐含嘉仓的发掘》，《文物》1972年第3期。
③ [宋]李焘：《续资治通鉴长编》卷三一八，元丰四年十月辛巳条，第7697页。

司言：大兵至鸣沙川，分兵搜得窖藏粟及杂草三万三千余石束，牛羊万余。

七里平，在夏州德靖镇，有大小谷窖百余所，粮食约八万石。种谔言："蕃官三班差使麻也讹赏等，十月丙寅于西界德靖镇七里平山上，得西人谷窖大小百余所，约八万石，拨与转运司及河东转运司。"[1]

御庄，所谓御庄，当为皇室管辖，西夏境内不止一处，在龛谷、质孤堡、胜如堡等地均有设立，位于今甘肃兰州附近。史载："金城，北临大河，西边之地偪隘，南有皋兰、马衔山之阻，惟龛谷、质孤、胜如平沃，且有泉水可以灌溉，古称榆中，其地肥美，不诬矣。定西以东，平原大川，皆膏腴上田，其收亩十余斛。"[2]龛谷，夏惠宗秉常号为"御庄"，在今甘肃榆中县。元丰四年（1081），宋军进兵兰州途中，过龛谷川，有坚固窖垒，无人戍守，有大量弓箭、铁杵。"大军过龛谷川，秉常僭号御庄之地，极有窖积，及贼垒一所，城甚坚完，无人戍守，惟有弓箭、铁杵极多，已遣逐军副将分兵发窖取谷及防城弓箭之类。"[3]知熙州范育言："臣访闻定西一带，川原广阔，昔喀木所居西市，夏人置仓以积谷，质孤、胜如川伪号'御庄'。"[4]

御庄的设立除了方便粮食的存储，还会对地界的划分起到重要的作用。元祐五年（1090）熙河兵侵夺西夏御庄，御史中丞苏辙言修筑堡寨，以御边患："臣闻熙河近日创修质孤、胜如二堡，侵夺夏人御庄良田，又於兰州以北过河二十里，议筑堡寨，以广斥堠。"[5]元祐七年（1092），宋朝欲占据维结、珠龙川等处御庄，目的就是给沿边蕃户提供稳定的生活，从而巩固边防。中书侍郎范百禄言："臣窃闻维结珠龙川等处良田六千余顷，从来蕃界呼为御庄，今欲筑城而据有之，不过给与属户蕃弓箭手佃种，收得物斛中糴入官，因而保护得裕勒藏蕃族以此为利，此今日所欲进筑二城之本意也。"[6]其中维结、珠龙川似为质孤、胜如。

西夏地窖的修建有几个重要的因素。《纳领谷门》载：

> 地边、地中纳粮食者，监军司及诸司等局分处当计之。有木料处当为库房，务须置瓦，无木料处当于干地坚实处掘窖，以火烤之，使好好干。垛囤、垫草、

---

① ［宋］李焘：《续资治通鉴长编》卷三一八，元丰四年十月丙子条，第7691页。

② 同上，卷四六〇，元祐六年六月丙午条，第10998页。

③ 同上，卷三一六，元丰四年九月乙未条，第7641页。

④ 同上，卷四四四，元祐五年六月辛酉条，第10684页。

⑤ 同上，第10687页。

⑥ 同上，卷四七九，元祐七年十二月丙子条，第11411页。

毡当为密厚，顶上当撒土三尺，不使官粮食损毁。

一、选址干燥。因为在地下挖掘，所以要选择"干地坚实处"。从西夏大的环境来看，境土包括今宁夏大部、甘肃西部、陕西北部与内蒙古、青海部分地区，全年降水量稀少，而且集中于夏季，绝大部分地区适宜挖窖。《天圣令·仓库令》载："诸仓窖，皆于城内高燥处置之，于仓侧开渠泄水，兼种榆柳，使得成荫。若地下湿，不可为窖者，造屋贮之，皆布砖为地，仓内仍为砖场，以拟输户量覆税物。"[1]文中提及仓窖于高燥处置之，并于仓侧开渠泄水。地势高、环境干燥、远离水源的粮仓，既可以防雨，又可以避免地下水的侵蚀，即使下雨，泄水沟渠也能够迅速排水。宋夏沿边的陕西等地气候高寒，土纹皆竖，适宜挖窖储粮。《鸡肋编》载："陕西地既高寒，又土纹皆竖，官仓积谷，皆不以物藉。虽小麦最为难久，至二十年无一粒蛀者。"[2]

二、开地如井。地址选好便可开挖，在地表向下挖开井口大小，然后向纵深延伸，再向四周展开。"民家则就田中作窖，开地如井口，深三四尺；下量蓄谷多寡，四周展之。"《纳领谷派遣计量小监门》中西夏文"𗅦𗃾𗼩"，对译"凿井"，意"掘窖"。其中"𗅦"意"井"，《掌中珠》中"𗧨𗅦"作"渠井"[3]。"𗃾"，为动词前缀。"𗼩"，意"凿"，《掌中珠》中"𗅦𗼩"作"凿井"[4]，说明西夏的窖也像陕西一样，于地面开地如井。据考古发现，隋唐宋时期的窖除了家用小型粮仓外，地窖的形制已趋于固定，均为口大底小的缸形，并且粮窖口与底的比例有了更为科学的改进，由原来的三比二改为二比一，壁与底的夹角从略大于90°变为120°。洛阳含嘉仓遗址勘查出的二百余座粮窖(已发掘其中十余座)，常平仓勘查发现的四十多座粮窖(已发掘其中 3 座)，子罗仓勘查发现的四座粮窖(已发掘其中 2 座)无一不是园形(椭园形)的口大底小的缸形窖[5]。这种形制的窖壁不容易塌落，同时还可以增加粮窖的储存量。

三、火烤窖内。刚挖好的窖还没有经过防潮处理，故《纳领谷派遣计量小监门》载："以火烤之，使好好干。"陕西民家的窖"土若金色，更无沙石，以火烧过，绞草

---

① 中国社会科学院历史研究所校证：《天一阁藏明钞本天圣令校证附唐令复原研究》（下），第 277 页。

② ［宋］庄绰：《鸡肋编》上卷，中华书局 1997 年版，第 34 页。

③ 《番汉合时掌中珠》（甲种本），《俄藏黑水城文献》第一〇册，第 7 页。

④ 《番汉合时掌中珠》（乙种本），《俄藏黑水城文献》第一〇册，第 25 页。

⑤ 余扶危、叶万松：《我国古代地下储粮之研究》（下）。

绉钉于四壁，盛谷多至数千石，愈久亦佳"[1]。火烤窖底和窖壁下部，可以使窖内迅速干燥，同时会在窖内形成质地坚硬的红烧土，便于长久储存谷物。绞草绉钉于四壁，目的是为了在窖壁钉挂草席。洛阳一号和二号的仓窖遗址，土窖壁和底面经过修正、拍打，表面光滑平整，没有工具痕迹。土窖做成后经过火烤，不少地方变成了黑色或黑红色，火烤痕迹最高处距窖底约 2 米[2]。洛阳发掘的隋代子罗仓，仓窖结构是先在地下挖一口大底小的土窖，窖壁和窖底经过修正拍打，使其光滑平整，然后在窖内用火烘烤去其湿度。窖壁上镶砌木板，并钉有木橛，据发掘者推测，这些木橛应是用于挂草帘，以防壁潮[3]。

四、窖底垫草毡。《纳领谷派遣计量小监门》记载窖底铺垛屯、穛草、毡来防潮。第一层是"𦈕𦈕"，第二层是"𦈕𦈕"，第三层是"𦈕"，汉译本作"垛屯、垫草"。𦈕𦈕，在农业门中出现多次，汉译本作"垛屯"。𦈕𦈕，字面作"准草"。其中"𦈕"意"准"，《掌中珠》中"苴𦈕"作"椽准"[4]。𦈕，意"草"。对照下文《仓库令》窖底的铺苫顺序，第二层为大穛。穛，音准，是一种用秸秆扎成的耙子，所以"𦈕𦈕"应该就是穛草。"𦈕"，意"毡"，《掌中珠》中"𦈕𦈕"作"枕毡"[5]。

铺草防潮，在文献记载或者考古资料中都有。《天圣令·仓库令》中记载：

> 诸窖底皆铺稿，厚五尺。次铺大穛，两重，又周回着穛。凡用大穛，皆以小穛摒缝。着穛讫，并加苦覆，然后贮粟。凿砖铭，记斛数，年月及同受官人姓名，置之粟上，以苦覆之。加稿五尺，大穛两重。筑土高七尺，并竖木牌，长三尺，方四寸，书记如砖铭。仓屋户上，以版题牓如牌式。其麦窖用稿及簿簾。[6]

窖底铺设的先后顺序为稿草、大穛、苦、粟、苦、稿草、大穛、土。粮食下有三层，上有四层。稿草，上下均铺，厚五尺，稿为禾类植物的茎秆，比如稻草。粟窖用稿草，麦窖用稿或者簿簾，簿簾为粗席帘。粟为小圆粒，直径 1.5~2 毫米，而麦或米为长粒或椭圆粒，长约 6~7 毫米，直径 1.5~2.5 毫米，麦比粟要大得多，也许这是选用

---

① [宋]庄绰：《鸡肋编》上卷，第 34 页。
② 叶万松、余扶危：《洛阳隋唐东都皇城内的仓窖遗址》，《考古》1981 年第 4 期。
③ 沧清：《略谈隋唐时期的官仓制度》，《考古》1984 年第 4 期。
④ 《番汉合时掌中珠》（乙种本），《俄藏黑水城文献》第一〇册，第 30 页。
⑤ 同上，第 31 页。
⑥ 中国社会科学院历史研究所校证：《天一阁藏明钞本天圣令校证附唐令复原研究》（下），第 277 页。

"籧篨"的主要原因①。稡，两重，有大稡、小稡之分。大稡当为大捆，小稡为小捆，铺好大稡后，缝隙处以小稡填补。苫，为草席子，稡草上置一层，粟上覆盖一层。稿草、大稡、苫、粟、苫、稿草、大稡都铺设完成之后，最上面筑土，高七尺。窖底所铺稿草等，为纳粮时自备，要求必须为干草，若无稿草，需选可以长久贮藏的杂草代替。《仓库令》中对米、粟、麦等与草的比例有着详细的规定，若随意纳草，不进入仓窖的调度。"诸输米粟二斛，课稿一围；三斛，橛一枚。米二十斛，籧篨一番；粟四十斛，苫一番，长八尺，广五尺大小。麦二斛，稿一围；三斛，橛一枚；二十斛，籧篨一番；七十斛，越一斛。麦饭二十斛，籧篨一番。并充仓窖所用，即令输人营备。不得令官人亲识判窖。修营窖草，皆取干者，然后缚稡。大者径一尺四寸，小者径四寸。其边远无稿之处，任取杂草堪久贮者充之。若随便出给，不入仓窖者，勿课仓窖调度。"②

铺毡是西夏特有。毡是用牛、羊、骆驼的毛制成，经过一系列工序加工后具有良好的保温、防潮性能。在党项内徙前，他们过着游牧的生活，衣裘披毡。《隋书》载："织牦牛尾及羖𫛙毛以为屋。服裘褐，披毡以为上饰。"③《旧唐书》载："男女并衣裘褐，仍披大毡。畜牦牛、马、驴、羊，以供其食。不知稼穑，土无五谷。"④西夏建国后，毡在人们的生活中仍然扮演着重要的角色。《掌中珠》中有"𦡳祀"作"帐毡"、"䄅鬏"作"枕毡"、"𢁗𥿂"作"毡帽"、"𩯀𡙇"作"白毡"、"𤓕鬏"作"马毡"。

五、窖顶撒土。粮食入窖后的最后一道工序就是在顶上撒土，目的是将窖内与外界完全隔绝，以粮食入库时的状态长期保存，即使是最难储存的小麦，入窖后二十年无一粒蛀者。西夏规定撒土三尺，《纳领谷派遣计量小监门》中"顶上当撒土三尺"。宋代为七尺，《仓库令》中"筑土高七尺"。陕西窖顶撒土封口，上面仍可种植粮食。《鸡肋编》中云："以土实其口，上仍种植，禾黍滋茂于旧。"考古发现还有在窖顶涂泥的。洛阳隋唐含嘉仓的发掘报告中，窖58和窖234的窖顶结构是先用木板搭成由中心向周围辐射的木架，其上用席平铺一层，在席上用木棍捆的草束连接成圆锥形草顶，为了坚固或密封，在草顶上又涂一层很厚的混合泥。⑤窖藏最大的问题就是潮湿，粮食损耗

---

① 杨清越：《唐〈仓库令〉与隋唐仓窖的粮食保存方法》，《中国国家博物馆馆刊》2013 年第 12 期。

② 中国社会科学院历史研究所校证：《天一阁藏明钞本天圣令校证附唐令复原研究》（下），第 282 页。

③ [唐]魏徵：《隋书》卷八三，中华书局 1977 年版，第 1845 页。

④ [后晋]刘昫：《旧唐书》卷一九八，第 5291 页。

⑤ 河南省博物馆、洛阳市博物馆：《洛阳隋唐含嘉仓的发掘》。

加倍，容易霉变。《仓库令》中"诸仓窖贮积者，粟支九年；米及杂种支五年。下湿处，粟支五年；米及杂种支三年。贮经三年以上，一斛听耗一升；五年以上，二升。其下湿处，稻谷及粳米各听加耗一倍。"^①所以从开始选址到窖内修整，每一步骤都有防潮的方法。这种密封式的贮藏，使粮食处于隔离状态，不易长芽、生虫，有利于更久的保存。

西夏之所以挖窖储粮，原因之一是隐蔽性好。窖在地下，经过了最后一道工序——封土后，地面上基本看不出来，而且在陕西等地，窖上种植，"唯叩地有声，雪易消释，以此可知"。这样做的好处就是不容易在战争中被破坏，特别是在宋夏交界地区，战争呈拉锯态势，沿边地区往往成为二者争夺的重点，一旦被发现，粮食就会被劫掠。宋军至兔谷，掘取御庄窖内粮食及防城弓箭等。"大军过兔谷川，秉常僭号御庄之地，极有窖积，及贼垒一所，城甚坚完，无人戍守，惟有弓箭、铁杆极多，已遣逐军副将分兵发窖取谷及防城弓箭之类。"^②为了获取粮窖的位置，宋军还会捕获熟知道路、窖藏的边民。种谔言："捕获西界伪枢密院都案官麻女吃多革，熟知兴、灵等州道路、粮窖处所，及十二监军司所管兵数。"^③

第二节　纳粮入库

西夏的仓库有很多，《西夏的库及管理制度》一文中按照《天盛律令》将西夏的库大致分为四大类，即畜库、粮库、钱库、物库^④。按地域分为京师库和地边、地中库。按库藏物品的种类分，有专藏农产品的地租库、粮食库、杂食库、草库、蒲苇库、细柳库，有专藏畜产品的酥库、买肉库、皮毛库、买羊库，有专藏手工业品的砖瓦库、木工库、造作库、纸工库、出车库、绣线库、衣服库、铁柄库、绫罗库，有专藏工商税收和专卖品的酒库、踏曲库、麦曲库、茶钱库。按仓库的性质分，有专供皇室的内

---

① 中国社会科学院历史研究所校证：《天一阁藏明钞本天圣令校证附唐令复原研究》（下），第 277 页。

② [宋]李焘：《续资治通鉴长编》卷三一六，元丰四年九月乙未条，第 7641 页。

③ 同上，卷三一八，元丰四年冬十月丙寅条，第 7680 页。

④ 刘菊湘：《西夏的库及管理制度》，《固原师专学报》1999 年第 4 期。

库、行宫库，有专供军队的军仓和军杂物库，有专用于国内外商业交换的转卖库和馆驿库①。

农业门类所讨论的库，均为粮库，收纳的都是地租。《纳领谷派遣计量小监门》形象地描绘了一幅纳租入库的场景：每到纳租时节，负责计量的小监与负责监督的巡察者同坐于库门口，按照登记的簿册，逐一念纳粮者的名字，被叫到名字后，纳粮者依数称粮、入库，纳完之后，取回记有斛斗总数和计量小监手记的收据，作为凭证。

　　纳种种租时节上，计量小监当坐于库门，巡察者当并坐于计量小监之侧。纳粮食者当于簿册依次一一唤其名，量而纳之。当予收据，上有斛斗总数、计量小监手记。若所纳粮食中入虚杂，计量小监、局分大小之巡察者巡查不精，管事刺史人中间应巡察亦当巡察。若违律，未纳而入已纳中，为虚杂时，计未纳粮食之价，以偷盗法判断。受贿则与枉法贪赃罪比较，从重者判断。未受贿，检校未善者，有官罚马一，庶人十三杖。

小监一词，西夏文作"𗁅𗗉"，常译为"头监"、"主簿"等，《类林研究》中"𘕿𗢣𘝯𗾈𗁅𗗉𗗚"意"为魏曹操主簿"，"𘏨𗿢𗁅𗗉𘝯𗡞𗾈"意"谓监狱头监曰"，"𗣼𘛛𘏨𗭿𗴀𗁅𗗉𘏋𗾟"意"于小道远见车头监"，"𘓓𗣼𗁅𗗉𗉛𗜓𘓸𘝯𗡞𗾈"意"守门监侯赢谓无忌曰"②。这里的计量小监，就是在仓库中负责计量纳粮数额的事务性官员。

巡察者，西夏文作"𗤁𘎠"。𗤁，意"检查"。《掌中珠》中"𗤁𘊐𘏽"作"巡检司"③。𘎠，意"视察"。西夏文《孟子》中"𘕿𗤺𘎠𗢷"意"朝将视朝"④。𗤁𘎠，《类林研究》中意为"观察"，"𗗙𘛛𗥤𗍻𘘥𗛁𗛁𗍻𗫂𗤁𘎠𗊠"意"令复遣人随二人后密察"⑤。《天盛律令》该词多意为"巡检"。李华瑞先生在《西夏巡检简论》中详细考察了西夏巡检的设置、分类、职掌，以及在维护地方治安中的作用⑥。这里的巡察者，更多的职能是巡视、督查，避免在纳粮的过程中出现虚杂入库、未纳而入已纳等情况。一旦出现问题，计量小监、局分大小以及巡察者等，都要按照规定受到相应的处罚。

① 杜建录：《西夏仓库制度研究》，《中国史研究》1998年第2期。

② 史金波、黄振华、聂鸿音：《类林研究》，第75、93、97、165页。

③《番汉合时掌中珠》（乙种本），《俄藏黑水城文献》第一〇册，第33页。

④ 彭向前：《西夏文〈孟子〉整理研究》，第120页。

⑤ 史金波、黄振华、聂鸿音：《类林研究》，第81页。

⑥ 李华瑞：《西夏巡检》简论，《中国史研究》2006年第1期。

　　纳粮时所用簿册，官方已预先登记、检校，登记的名目包括耕地数，耕牛数，地租、冬草、条椽的种类、交纳时间，因为地租、冬草、条椽等交纳的仓库不同，所以将写有受粮数额的簿册分别送至中书、转运司、受纳司、皇城、三司、农田司处，并予检校，畿内由中书负责，边中由刺史负责。纳粮时节，纳粮者将粮、草等送至不同的仓库，根据簿册所写作物名称、数额逐一交纳、计量。

　　　边中、畿内税户家主各自种地多少，与耕牛几何记名，地租、冬草、条椽等何时纳之有名，管事者一一当明以记名。中书、转运司、受纳司、皇城、三司、农田司计量头监等处，所予几何，于所属处当为簿册成卷，以过京师中书，边上刺史处所管事处检校。完毕时，依据属法当取之。

　　每年因为都有死亡、外逃、地头无人、土地买卖等情况发生，使得耕地的所有权、数量有所变化，所以每三年都要依据实际情况重新进行登记造册，由基层组织小甲、小监、农迁溜负责摸底，于二月一日开始，一县写五面地册板簿，分别给至自己处、皇城司、三司、转运司、中书。自己处、皇城司、三司七十日内当修改、提举完毕，于四月十日送转运司检校，五月一日送中书检校，确认无差后，五月二十日当分别送至各受粮处。

　　　农迁溜、小监、小甲于自己所辖家主人中推寻有无变卖田地。有则家主人勿来，农迁溜、小监人当推察。所属郡县内人自己自二月一日始，一县写五面地册板簿，自己处及皇城、三司、转运司、中书等当分别予之。司当记名，所当改变除数，其上当改正，其上司衔人当为提举，七十日以内当使完毕，则四月十日当送转运司，分别为手记于板簿。五月一日当送中书，十五日以内当校验，无参差，则中书大人亦当为手记、置印。五月二十日当散予应予处，其中本司内新册往至当验视，粮食、冬草、条椽纳处依不同库门、自己所应纳而分之，为头子典册，本司内人置印。

　　计量小监依据所纳粮食数量，造一新册，纳粮后，将应纳粮的登记簿与新册实纳数互相校对，准确无误后，为清册一卷，附于状文后送至中书。中书再次核对，有误差，则奏告。相同无误，则新旧二册藏于中书，清册送至管事处。

　　　一计量小监人除原旧本册以外，依所纳粮食之数，当为新册一卷，完毕时以新旧册自相核校，无失误参差，然后为清册一卷，附于状文而送中书。中书内人当再校一番，有不同则当奏，依有何谕文实行。同则新旧二卷之册当藏中书，新簿册当还之，送所管事处往告晓。

入库的粮食要做到两点：精、干。精，是指经过充分簸扬，去除尘土、瘪子等，粮食的品质好。干，是指经过足够晾晒，去除多余的潮气，粮食干燥。这样既能保证纳粮的质量，同时入库后能够更长久地保存。《纳领谷派遣计量小监门》载："地边、畿内来纳官之种种粮食时，当好好簸扬，使精好粮食、干果入于库内。"宋代《仓库令》中也有类似的规定，要求粮食干、净，并划分等次，同第次者，先远后近。按"诸受租，皆令干净，以次第收牓。同时者，先远后近"[1]。执库小监、出纳等迁转与新局分交接时，还要簸扬粮食。若有尘土、损毁等情况，算入之前局分的损失。

第三节　执单领谷

仓库放粮的顺序是有明确规定的，官民来库领粮食，需执领单，依次先给旧粮食，不许予新粮食。若留旧予新，直接负责领谷的库局分与领者，以及涉及到的大人、承旨、习判、都案、案头、司吏、库监、小监、出纳等按照数量有不同的量刑。

一诸官民等执领单来领粮食时，依次当先予旧粮食，不许予新粮食、徇情及索贿等。若枉法留旧予新、徇情索贿等时，当自共计新旧之价，新者所高之价依做错法罪情条款承罪，所超出数当还库内，领者以库局分之从犯法判断，若受贿，则与枉法贪赃罪比较，从重者判断。

自一缗至五缗七杖；

自六缗至十缗八杖；

自十一缗至十五缗十杖；

十五缗以上至二十缗十三杖；

二十缗以上至二十五缗三个月；

二十五缗以上至三十缗六个月；

三十缗以上至三十五缗一年；

三十五缗以上至四十缗二年；

四十缗以上一律三年。

---

[1] 中国社会科学院历史研究所校证：《天一阁藏明钞本天圣令校证附唐令复原研究》（下），第277页。

《仓库令》中也有相似的记载，按照储存年头的次序，先尽远年，"诸仓库贮积杂物应出给者，先尽远年"①。旧的仓屋、窖藏出尽，然后按顺序用新的，"诸仓屋及窖出给者，每出一屋一窖尽，然后更用以次者"②。

边中领粮食时，与入库一样，有详细的簿册登记制度。监军司要提交请粮谕文，并且在谕文中明确请粮者、斛斗数。派遣计量小监等前往分派粮食，近处由刺史亲自监督，远处可遣其他胜任者充任。领完后，将领粮食者和数额登记于本册，并将本册送至刺史处磨勘。最后把本册与谕文进行核对，相同无差则注销谕文。若有徇情多领、入虚杂、不巡察等情况，均予以惩处。

一诸边中有官粮食中，已出于诸分用处，监军司谕文往至时，当明其领粮食斛斗者为谁，刺史处知觉当行。计量小监由监军习判、同判等轮番当往一人。领粮食处邻近，则刺史当自往巡察，若远则可遣胜任巡察之人，依数分派。所予为谁，分用几何，当行升册。完毕时，现本册当送刺史处磨勘，同时令库局分、巡察者当一并只关。未有虚杂，谕文、本册等相同无疑，则当还监军司，并告出谕文之局分处，以索注销。若局分大小人受贿徇情而使无理多领及刺史人受贿不弃虚杂、不巡察等时，计多领粮食之价，以偷盗法判断，受贿则与枉法贪赃罪比较，从重者判断。

---

① 中国社会科学院历史研究所校证：《天一阁藏明钞本天圣令校证附唐令复原研究》（下），第280页。
② 同上，第278页。

第五章　豌豆等作物考

　　豌豆、黄麻、蓬子、红花是西夏常见的农作物。豌豆、黄麻是京城五郡县之一华阳县要交纳的税粮，《催缴租门》中的豌豆以往误作黄豆，通过对《掌中珠》中豌豆的形、音、义的考证，确定其意。黄麻在俄藏影印件中略有模糊，汉译本因字形相近误为麻褐。麻褐为织物，与京师其它地区地租纳粮不符，黄麻至迟从唐开始就在西北地区广泛种植。红花通过张骞传入，在河西走廊、灵州早有种植，到西夏时期已经有了悠久的栽培历史，它的主要用途是入药和植物染色。蓬子是一种可食用的植物，在各文献中的译法并不相同，通过考证，确定了它的汉译，并将其与宋人文献中的碱蓬子从属性上区别开来。

第一节　豌豆考

　　西夏文"𗄾𗄦"，汉译"豌豆"。

　　豌豆属豆科植物，在我国已有两千多年的栽培历史，其适应性很强，对土壤要求不高，喜冷冻湿润气候，耐寒，不耐热。现在各地均有栽培，主要产区包括四川、河南、湖北、江苏、青海等十多个省区。

　　西夏时期的传世文献中多有关于豌豆的记载。如，夏、汉双解手册《番汉合时掌中珠》中记载了十多种农产品，它们是"麦、大麦、荞麦、糜、粟、稻、豌豆、黑豆、荜豆"[1]等。启蒙教材汉文《杂字》"斛斗部"中也有"大麦、小麦、小米、青

---

[1]《番汉合时掌中珠》（甲种本），《俄藏黑水城文献》第一〇册，第8页。

稞、赤谷、赤豆、豌豆、菉豆、大豆、小豆、豇豆、荜豆、红豆、荞麦、稗子、黍稷、麻子、黄麻、麦𪍿、……麦麨、麦麴"[1]。西夏文法典《天盛律令》卷十五《催纳租门》中有一段关于京城五郡县按地区交纳税粮的文字"□□□□□□□□□□□□□□□□□□",意"黄麻、豌豆二种,华阳县家主当分别交纳"。

□□,在以往的译文中误为"黄豆"。理由有二:其一,西夏的豆有很多种,但未出现过黄豆。除了上述《掌中珠》和汉文《杂字》里的各种豆类,西夏文《杂字》里还有"□□"[麻豆]、"□□"[荚豆][2]。《辽史》在记录西夏物产时提到"(夏)土产大麦、荜豆、青稞、床子、古子蔓、咸地蓬实、苁蓉苗、小芜荑、席鸡草子、地黄叶、登厢草、沙葱、野韭、拒灰条、白蒿、咸地松实"[3]。《隆平集·西夏传》曰:"西北少五谷,军兴,粮馈止于大麦、荜豆、青麻子之类。其民则春食鼓子蔓、碱蓬子,夏食苁蓉苗、小芜夷,秋食席鸡子、地黄叶、登厢草,冬则畜沙葱、野韭、拒霜、灰条子、白蒿、碱松子,以为岁计。"[4]无论是西夏人自己记录的文字,还是辽、宋文献的间接资料里,都没有提到黄豆;其二,从西夏文的音、义来看,"□"、"□"二字并无表示"黄"的含义,或者有相关读音。

□,意"豆"。《掌中珠》中"□□"作"豌豆","□□"作"黑豆","□□"作"荜豆"[5]。西夏文《杂字》中"□□"意"麻豆"[6]。

□,音"庆"。《掌中珠》该字标"茄"、"磬"、"檠"、"枷"、"轻"等音,如茄子[□□]、磬钟[□□]、檠子[□□]、枷袋[□□][7]、重轻[□□][8]。

"□□"与《掌中珠》中"□□"[豌豆]形近、音同、意同,所以当与"□□"的译法一致,同为"豌豆"。

字形上,《天盛律令》中的"□□",与其它文献中的"□□"[豌豆]形近。《天盛律令》中写作"□□",《掌中珠》、西夏文《杂字》中的豌豆,西夏文写成"□□","□"与"□"形近。

① 《杂字》,《俄藏黑水城文献》第六册,第139页。
② 《三才杂字》,《俄藏黑水城文献》第一〇册,第47页。
③ [元]脱脱等:《辽史》卷一一五,中华书局1983年版,第1524页。
④ [宋]曾巩:《隆平集》卷二〇,第199页。
⑤ 《番汉合时掌中珠》(甲种本),《俄藏黑水城文献》第一〇册,第8页。
⑥ 《三才杂字》,《俄藏黑水城文献》第一〇册,第47页。
⑦ 《番汉合时掌中珠》(乙种本),《俄藏黑水城文献》第一〇册,第26、29、30、31页。
⑧ 《番汉合时掌中珠》(甲种本),《俄藏黑水城文献》第一〇册,第14页。

字音上，黑水城文献《天盛律令》中的"𗼨𗁅"[豌豆]，与其它文献中的"𗼨𗀔"[豌豆]音同。《天盛律令》中的"𗼨𗁅"，音为"渎庆"，"𗁅"，音"庆"，《掌中珠》中"𗼨𗀔"的汉字标音为"渎庆"①，其中"𗀔"的读音也为"庆"。"𗀔"为牙音平声第三十六品韵，"𗁅"为牙音平声第三十六品韵，且与"𗁅"在同一小类②，所以"𗁅"、"𗀔"两者声韵相同，同为"庆"。

字义上，《天盛律令》中的"𗼨𗁅"[豌豆]，与西夏文献中的"𗼨𗀔"[豌豆]意同，均表示"灰色"。以往文献中，"𗁅"多用其音，少有对其含义的解释，《掌中珠》中"𗼨𗀔"[驴]、"𗠋"[狼]③中都有"𗁅"的偏旁，表示"灰色"，《文海》释"𗠋：𗠋𗼨𗁅𗠋"，意"狼：狗旁灰全"④。"𗀔"在《文海》中解释为灰，取"𗁅"音。"𗀔𗧾𗼨𗁅𗠋 𗀔𗼨𗀔𗀔𗧾𗧾𗧾𗠋𗧾𗼨𗼨𗧾𗧾𗧾"意"灰：马旁从[庆]，灰者黄白也，灰也，灰也，颜色之谓也"⑤。

"𗁅"、"𗀔"二字形近、音同、意同，"𗼨𗁅"与"𗼨𗀔"均为"豌豆"之意。这种音同、形近的词，在西夏文中并非一例。如"陈琳"一词，在《类林》中前后出现过两次，西夏文写法并不一致，分别是"𗼨𗀔"、"𗼨𗀔"⑥，从叙述的事情来看，为同一人，又名孔璋，广陵地方人，其情况与豌豆类似，西夏字的字形相近，字音相同，均在《同音》平声第十六品韵同一小类⑦。

豌豆不仅在西夏时期的文献中有所记载，而且在敦煌文书中也有提到。《现存我国四柱结算法的最早实例——吐蕃时期沙州仓曹状上勾覆所牒研究》反映的是吐蕃占领敦煌时期，大致在 801~803 年的仓库结算方式，文书所记的粮物有麦、大麦、粟、荜豆、豌豆、胡枣、荞麦、黄麻、黑豆、麻子、白面、籹、油、麦饭、米、床、草子等⑧，其中豌豆是作为仓库结算的粮食之一。

郑学檬先生《从敦煌文书看唐代河西地区的商品货币经济》一文，根据日本学者

---

① 《番汉合时掌中珠》（甲种本），《俄藏黑水城文献》第一〇册，第 8 页。

② 《音同》（甲种本），《俄藏黑水城文献》第七册，第 11 页。

③ 《番汉合时掌中珠》（乙种本），《俄藏黑水城文献》第一〇册，第 27 页。

④ 史金波、白滨、黄振华：《文海研究》，第 458 页。

⑤ 同上，第 463 页。

⑥ 史金波、黄振华、聂鸿音：《类林研究》，第 111、160 页。

⑦ 《音同》（甲种本），《俄藏黑水城文献》第七册，第 28 页。

⑧ 杨际平：《现存我国四柱结算法的最早实例——吐蕃时期沙州仓曹状上勾覆所牒研究》，韩国磐主编《敦煌吐鲁番出土经济文书研究》，厦门大学出版社 1986 年版，第 162~187 页。

池田温《中国古代籍帐研究》所录 211、219 号文书，辑录出了唐天宝年间河西部分商品的物价，其中，粟每石 210、270、320、340 文，小麦每石 320、370、490 文，麻每石 500 文，豌豆每石 290、340、350 文[1]，从一个侧面体现了作物的产量和供求关系。

唐耕耦先生《8—10 世纪敦煌的物价》一文将八十多种物价分成十二类，按年次辑录，其中第一大类粮价中，有小麦、青麦、粟、床、豌豆、粟米折比、面麦折比、面麸折比[2]。

《天盛律令》中豌豆是京城五郡县之一华阳县交纳的土地税，尽管现在对华阳县具体地望的考察并没有定论，但是应该距今天的宁夏银川市不会太远，豌豆作为政府规定上交的税粮，必然会大量地种植。后唐、辽时期的文献中也有将豌豆作为税粮征收的相关记载。《五代会要》后唐天成四年（929）五月户部规定，幽定、镇沧、晋隰、慈密、青邓、淄莱、邠宁庆衍七处"节候尤晚"的地区，夏税的征收期限，乃是"豌豆六月十日起征，至九月纳足"[3]。《辽史拾遗》卷十五引《宣府镇志》："契丹统和十八年（1000）诏，北地节候颇晚，宜从后唐旧制，大小麦、豌豆，六月十日起征，至九月纳足"[4]。辽从后唐旧制，以豌豆作税粮，为西夏以此征税提供了先例。

中国藏、俄藏等文献中也有关于豌豆的记载，说明从唐至元，在我国北方地区豌豆的种植相当普遍。这些文献基本断代为元代，"豌豆"的写法均为"莞豆"。《中国藏黑水城汉文文献》中编号为 M1·0373[84H·F209:W36/2334]的《斛斗文书残件》载："黄米叁石玖斗陆升，大麦肆石肆斗，莞豆肆石肆斗。"[5]《俄藏黑水城文献》中编号为 TK192V 的《麦糜帐》，两面书写，本面残存"小麦四十厶"、"大麦"、"糜子八亩"、"莞豆九"、"沙枣七株"等[6]。混入《俄藏敦煌文献》中编号为 Дx.12238 的黑水城文书，残存教化的、卜花帖木等人畜物帐，有"驼一只"、"马一疋"、"莞豆口斗"等[7]。

① 郑学檬：《从敦煌文书看唐代河西地区的商品货币经济》，韩国磐主编《敦煌吐鲁番出土经济文书研究》，第 319~343 页。
② 唐耕耦：《8—10 世纪敦煌的物价》，陈国灿、陆庆夫编《中国敦煌学百年文库》（历史卷2），甘肃文化出版社 1999 年版，第 240~259 页。
③ [宋]王溥：《五代会要》卷二五，第 306 页。
④ 厉鹗：《辽史拾遗》卷一五，转引自漆侠、乔幼梅《辽夏金经济史》，第 144 页。
⑤ 《中国藏黑水城出土汉文文献》第二册，第 463 页。
⑥ 《俄藏黑水城文献》第四册，第 194 页。
⑦ 《俄藏敦煌文献》第一六册，第 81 页。

第二节　黄麻考

西夏文"□□"，汉译"黄麻"。

□，意"麻"。《掌中珠》中"□□"作"麻稗"[1]。西夏文《孟子》中"□□□□□□□"意"麻缕丝絮轻重同"[2]。

□，意"黄"。《类林研究》中"□□"意"黄门"[3]。《金光明最胜王经》中"□□"意"黄风"[4]。

□□，字面作"麻黄"，意"黄麻"。在西夏文的语法习惯里，表示颜色的字写在所修饰名词的后面，翻译的时候恢复正常语序，如"□□"字面作"龙青"，意为"青龙"，"□□"字面作"雀朱"，意为"朱雀"[5]，"□□"字面作"土白"，意为"白土"[6]，还有上文的"□□"[黄门]、"□□"[黄风]，都是如此，所以"□□"字面作"麻黄"，意"黄麻"。

汉译本《天盛律令》作"麻褐"，其西夏文似取"□□"，"□□"当为"□□"形近之误。麻褐作为一种织物，与该处律令规定所交地租为农作物不同类。麻在现有文献中大致有作物和织布的草两种含义。当作物讲，有"□□"[麻谷[7]]、"麻子"[8]、"□□"[麻稗[9]]、"□□"[胡麻]、"□□□"[芝麻油[10]]；作织布的草，《文海》释"□：□□□□□；□□□□，□□□□"，意"麻：草旁从[悉]；麻者麻草，可做纱布也"[11]。褐在文献中多作为一种织物，《文海》释"□：□□□□□□□□□□"，

① 《番汉合时掌中珠》（乙种本），《俄藏黑水城文献》第一〇册，第 27 页。
② 彭向前：《西夏文〈孟子〉整理研究》，第 162 页。
③ 史金波、黄振华、聂鸿音：《类林研究》，第 41 页。
④ 王静如：《金光明最胜王经卷八夏藏汉合璧考释》，《西夏研究》第三辑，第 278 页。
⑤ 《番汉合时掌中珠》（乙种本），《俄藏黑水城文献》第一〇册，第 23 页。
⑥ 同上，第 30 页。
⑦ 李范文：《同音研究》，第 357 页。
⑧ 《杂字》，《俄藏黑水城文献》第六册，第 139 页。
⑨ 《番汉合时掌中珠》（乙种本），《俄藏黑水城文献》第一〇册，第 27 页。
⑩ ［俄］聂历山：《西夏语文学》，李范文主编《西夏研究》第六辑，Ⅱ卷，第 346 页。
⑪ 史金波、白滨、黄振华：《文海研究》，第 411 页。

意"毛布者：毛料做褐用也"①。《同音》有"𦆂𦆅"[粗褐②]，《掌中珠》有"𦆅𦇂"[褐布③]。麻褐二字连用，当取"织物"之意。据《名略下》所记，《催缴租门》的主要内容是缴地租法及催促磨勘事，京城七郡县所交地租应均为土地之上的收获物，诸如麦、大麦、秋、粟、糜之类。汉译本《天盛律令》中华阳县所纳的"麻褐"，显然与上述农作物并不相符。

黄麻一词在西夏文文献中没有出现，却在当时的启蒙教材汉文《杂字》"斛斗部"中有所记载："大麦、小麦、小米、青稞、赤谷、赤豆、豌豆、菉豆、大豆、小豆、豇豆、䓍豆、红豆、荞麦、稗子、黍稷、麻子、黄麻、麦麸、……麦䴬、麦麴。"④

黄麻不仅属于农作物的范畴，而且是唐宋以来西北地区经常种植的品种。敦煌出土文书《长安三年（703）三月敦煌县录事董文彻牒》曰："其桑麻累年劝种，百姓并足自供，望请检校营田官，便即月别点阅葇子及布，城内县官自巡，如有一家不缉绩者，罚一回车驮远使。"⑤《现存我国四柱结算法的最早实例——吐蕃时期沙州仓曹状上勾覆所牒研究》反映的是吐蕃占领敦煌时期，大致801~803年期间的仓库结算方式，文书所记的粮物有麦、大麦、粟、䓍豆、豌豆、胡枣、荞麦、黄麻、黑豆、麻子、白面、䴴、油、麦饭、米、床、草子等⑥。《8—10世纪敦煌的物价》一文将八十多种物价分成十二类，按年次辑录，其中第二大类油和油料价中，有油、麻子、油和麻子折比、酥、饼渣等，黄麻位于麻子之属，文中解释说黄麻即黄麻子、麻子⑦。

五代时期黄麻在西北仍广泛种植。《新五代史·四夷附录》中说甘州回鹘之地就是一个适宜种植黄麻之地，"出玉、牦、绿野马、独峰驼、白貂鼠、羚羊角、硇砂、腽肭脐、金刚钻、红盐、蠲甋……其地宜白麦、青稞麦、黄麻、葱韭、胡荽，以橐驼耕而

---

① 史金波、白滨、黄振华：《文海研究》，第518页。
② 李范文：《同音研究》，第279页。
③ 《番汉合时掌中珠》（甲种本），《俄藏黑水城文献》第一〇册，第14页。
④ 《俄藏黑水城文献》第六册，第139页。
⑤ 郑学檬：《从敦煌文书看唐代河西地区的商品货币经济》，韩国磐主编《敦煌吐鲁番出土经济文书研究》，第319~343页。
⑥ 杨际平：《现存我国四柱结算法的最早实例——吐蕃时期沙州仓曹状上勾覆所牒研究》，韩国磐主编《敦煌吐鲁番出土经济文书研究》，第162~187页。
⑦ 唐耕耦：《8—10世纪敦煌的物价》，陈国灿、陆庆夫《中国敦煌学百年文库》（历史卷2），第240~259页。

种。"①《四夷附录》中的其它物产，在西夏文献中也有出现，如牦、硇砂、葱、韭。《后唐同光三年（925）正月沙洲净土寺直岁保护手下诸入破历计会》记录的是净土寺甲申年正月一日至乙酉年正月一日的田收、园税、梁课、利润、散施等所得麦、粟、油、米、面、黄麻、豆等②，《后晋时代净土寺入破历算会稿》记载了安都知、罗平水等四位指挥的粟、黄麻利润，曰："粟两硕，安指挥利润入，又得罗指挥壹硕叁斗伍升。黄麻肆斗，康指挥利润入。麻壹斗，安指挥利润入。粟壹硕，石指挥利润入。粟五斗，安指挥利润入。"③

黄麻在敦煌归义军时期也作为地租征收。S.2214 号《年代不明纳支黄麻地子历》④，为归义军时期乾符六年（879）文书，记载了黄麻、粟、麦作为地子的征收情况，是归义军早期征收地租的代表，计量单位采用蕃制。文书共残存 23 行，第 7~12 行专录黄麻的收支情况：

十月十八日黄麻叁斗，廿二日黄麻两驮，廿三日已前零

□黄麻壹驮半，廿四日黄麻壹驮，廿六日纳黄麻壹驮，

廿七日黄麻壹驮，廿八日纳黄麻壹驮，廿九日黄麻半驮。

闰十月三日黄麻壹驮，九日黄麻两驮，十一日黄麻肆驮

官计十一驮半。廿四日黄麻贰斗。十一月十六日外支黄

麻壹驮分付长史。

黄麻至少从唐开始，历经五代、宋，在西北，特别是河西走廊地区已经有了广泛的种植，而且在归义军时期曾作为地租征收，为西夏种植黄麻，以此交租提供了先例。

第三节　红花考

西夏文"𗣼𗫲"，汉译"红花"。

① [宋]欧阳修：《新五代史》，中华书局 1992 年版，第 916 页。
② 韩国磐：《也谈四柱结帐法》，韩国磐主编《敦煌吐鲁番出土经济文书研究》，第 188~198 页。
③ 郑炳林：《唐五代敦煌粟特人与归义军政权》，陈国灿、陆庆夫《中国敦煌学百年文库》（历史卷 2），第 531~552 页。
④ 雷绍锋：《归义军赋役制度初探》，第 49 页。

𰋁，意"华"、"花"。《掌中珠》中"𰋁𰋁"作"华盖"[1]，"𰋁𰋁"作"花果"，"𰋁𰋁𰋁"作"牡丹花"，"𰋁𰋁𰋁"作"芍药花"，"𰋁𰋁𰋁"作"山丹花"，"𰋁𰋁𰋁"作"海棠花"，"𰋁𰋁𰋁"作"龙柏花"，"𰋁𰋁𰋁"作"梅花"，"𰋁𰋁𰋁"作"葵花"，"𰋁𰋁𰋁"作"芍葵花"，"𰋁𰋁𰋁"作"鸡冠花"，"𰋁𰋁𰋁"作"金钱花"，"𰋁𰋁𰋁"作"石竹花"，"𰋁𰋁𰋁"作"萱草花"，"𰋁𰋁"作"玉花"，"𰋁𰋁"作"莲花"，"𰋁𰋁𰋁𰋁"作"幢幡花幔"，"𰋁𰋁"作"折花"，"𰋁𰋁"作"戴花"[2]。

𰋁，意"红"。《掌中珠》中"𰋁𰋁𰋁"作"水红花"[3]。

𰋁𰋁，字面作"花红"，意"红花"。

红花又名黄蓝、红蓝、红蓝花、草红花、刺红花及红花草。具有抗旱、耐寒、耐盐碱的特性，对土壤的要求不严格，以土层深厚、排水良好、肥沃、中性的沙质壤土或粘质壤土为上好，为长日照草本植物，在我国大部分地区均有栽培，主要分布在河南、四川、新疆、河北、山东、安徽、江苏、上海、甘肃、云南等地。红花的用途广泛，常用于心脑血管和跌打损伤的配方和药物中，还可用于食品、化妆品、染料、牲畜饲料等，具有较高的经济价值。

西夏土产红花，宋景德四年（1007）于保安军置榷场，与西夏开展大规模的榷场贸易，《宋史·食货志下》载：宋"以缯帛、罗绮易驼、马、牛、羊、玉、毡毯、甘草，以香药、瓷漆器、姜桂等物易蜜蜡、麝脐、毛褐、羱羚角、硇砂、柴胡、苁蓉、红花、翎毛，非官市者听与民交易，入贡至京者纵其为市[4]"。西夏的输出货物，以马、牛、羊、橐驼等牲畜为大宗，毡毯、毛褐是其副产品，红花、麝脐、羱羚角、甘草、柴胡、苁蓉、硇砂多为药材，蜜蜡为用蜂巢制成的腊，用于制烛，翎毛是鸟翅膀和尾巴上的长羽毛，可用来作装饰或箭羽之用。

汉文《杂字》"颜色部第十六"中记录了一些表示颜色及印染等方面的词汇，有"紫皂、苏木、槐子、橡子、皂礬、荭花、清淀、陶蓬、狼芭、绯红、碧绿、淡黄、梅红、柿红、铜青、鹅黄、鸭绿、鸦青、银褐、银泥、大青、大碌、大砾、石青、沙青、粉碧、缕金、贴金、新样、雄黄、雌黄、南粉、烟焰、黑绿、卯色、杏黄、铜绿"[5]。红

---

[1]《番汉合时掌中珠》（甲种本），《俄藏黑水城文献》第一〇册，第4页。

[2]《番汉合时掌中珠》（乙种本），《俄藏黑水城文献》第一〇册，第25、29、35页。

[3] 同上，第25页。

[4] [元]脱脱等：《宋史》卷一八六，第4563页。

[5]《杂字》，《俄藏黑水城文献》第六册，第144~145页。

花与紫皂、苏木、槐子、橡子、皂礬、清淀、狼芭均为植物染料，其余的多为表颜色的词汇，红花为红色染料，紫皂为紫色染料，苏木为黄色、黑色染料，槐子为黄色染料，橡子、皂礬、狼芭为黑色染料，青靛为蓝色染料。

关于红花的起源，学术界的观点并不一致，前苏联学者瓦维洛夫提出了三个起源中心：埃及、印度和以阿富汗为中心的中亚，也有人认为起源于近东的波斯、巴勒斯坦，日本学者星川清亲则认为埃塞俄比亚是其中心①。我国的红花相传是由张骞从西域传入的，西晋张华撰《博物志》载："红蓝花生梁汉及西域，一名黄蓝，张骞所得也。"②此后，唐代段公路所著的《北户录》、元代王祯的《农书》、明代徐光启的《农政全书》、李时珍的《本草纲目》等都以《博物志》为据。

西夏的甘州、沙州、灵州等地为丝绸之路上重要的中转站，是中原与西域往来的必经之路，在我国较早开始种植红花。《史记·匈奴列传》正义云："《括地志》云：'焉支山一名删丹山，在甘州删丹县东南五十里。'《西河故事》云：'匈奴失祁连、焉支二山，乃歌曰："亡我祁连山，使我六畜不蕃息；失我焉支山，使我妇女无颜色。"其愍惜乃如此。'"③同卷索隐引习凿齿与燕王书曰："山下有红蓝花，足下先知不？北方人探取其花染绯黄，挼取其上英鲜者作烟肢，妇人将用为颜色。吾少时再三过见烟肢，今日始视红蓝，后当为足下致其种。匈奴名妻作'阏支'，言其可爱如烟肢也。"④宋代的赵彦卫将二条史料之间的联系很好地做了说明："《西河旧事》云北方有焉支山，山多红蓝，北人采其染绯，取其英鲜者作燕脂。"⑤敦煌文献中也保留了许多种植红蓝的簿册，如，S.10547《乙未年二月十四日法弁等合种蓝契》、P.3396《年代未详（公元十世纪）沙州诸渠诸人粟田历》等都是关于敦煌地区种植红蓝的典型文书，其中 P.3396 中把"蓝"写成了"南"，这是受唐五代以来西北方音的影响⑥。甘州、敦煌后来归西夏管辖，到西夏时期已经有了悠久的红花栽培历史。

除河西走廊，灵州地区也是西夏境内重要的红花种植区。《新唐书》载："灵州灵武郡，大都督府。土贡：红蓝，甘草，花苁蓉，代赭，白胶，青虫，雕，鹘，白羽，

---

① 赵丰：《红花在古代中国的传播、栽培和应用》，《中国农史》1987 年第 3 期。

② [晋]张华撰、范宁校证：《博物志校证》，中华书局 1980 年版，第 137 页。

③ [汉]司马迁：《史记》卷一一〇，第 2909 页。

④ 同上，卷一一〇注，第 2889 页。

⑤ [宋]赵彦卫著、傅根清点校：《云麓漫钞》卷七，中华书局 1998 年版，第 126 页。

⑥ 刘进宝：《唐五代敦煌种植"红蓝"研究》，《中华文史论丛》2006 年第 3 辑。

麝，野马，鹿革，野猪黄，吉莫靴，鞯，毡，库利，赤柽，马策，印盐，黄牛臆。"①《元和郡县图志》载灵州贡赋："开元贡：甘草，青虫子，鹿皮，红花，野马皮，鸟翎，鹿角胶，杂筋，麝香，花苁蓉，赤柽，马鞭。"②

红花的用途很广，美国学者劳费尔指出，红花"可做染料、调味品、香料、药物等用，一向很受珍视，在商业历史上起过很大作用"③。在现代生活中，红花的用途有四：一是食用，红花幼苗可食用，秸秆及饼粕可作饲料；二是榨油，红花籽榨油可作油漆、树脂的生产原料，更可作食用油；三是药用，红花性温，味辛，有活血通经、散瘀止痛之效；四是染色用，可作纺织品、食品、化妆品中的染料。通过现有资料，并参照敦煌文献、宋代史料来看，西夏时期的应用主要在药材和染料两个方面，而且作为植物染料的作用更大于药用。

汉文《杂字·药物部第十》共记载了 144 种常见药的名称④，《天盛律令·物离库门》记载了 231 种常见药的名称，都没有"红花"⑤，黑水城出土的诸多药方中，也没有出现"红花"，反而在《杂字》的颜色部中出现，可推测，红花在西夏时期更多地用于染色。同时期的宋朝，红花也多作为植物染料。天禧四年（1020）"诏诸州所须酝酒黄糯米、染色红花、紫草等，自今乘时收买，无以抑贫民"⑥。庆历二年（1042）"三司每岁买红花、紫草各十万斤，民不能供。诏止买五万斤，禁中及外人应给红、紫罗帛者，给染价。"⑦因为红花的需求量太大，"知安州滕甫言：'内供奉谢裡奉旨买红花万斤，今又继买五万斤，而一州所产止二万斤耳，恐不足数。'上亟诏寝之"⑧。

供应不足，国家大幅度的征收，给百姓的生活带来了负担。农业门中提到，无官方谕文，不得摊派红花，可知官府对红花的获取，除了土贡以外，就是赋税，《天盛律令》载："一无官方谕文，不许擅自于税户家主收取钱物、红花、麻皮等种种及摊派杂事。若违律摊派时，已纳官库内，则依纳租法判断，自食之则与枉法贪赃罪比较，从

---

① [宋]欧阳修：《新唐书》卷三七，第 972 页。

② [唐]李吉甫：《元和郡县图志》，第 93 页。

③ [美]劳费尔著、林筠因译：《中国伊朗编》，商务印书馆 2000 年版，第 133 页。

④ 《杂字》，《俄藏黑水城文献》第六册，第 141~142 页。

⑤ 《天盛改旧新定律令》（甲种本），《俄藏黑水城文献》第八册，第 338~339 页。

⑥ [宋]李焘：《续资治通鉴长编》卷九五，天禧四年正月壬寅条，第 2183 页。

⑦ 同上，卷一三五，庆历二年三月丙寅条，第 3229 页。

⑧ 同上，卷三二九，元丰五年八月癸亥条，第 7922 页。

重判断。"①周太祖广顺三年（953）正月敕："其课额内有红花、紫草、菜淀麻等，据时估纳钱，折丝绢亦不得，其系官桑土牛具什物并赐见佃人为永业。"②宋神宗元丰四年都大提举汴河堤岸宋用臣言："本司沿汴及京城所房廊地并召人僦，纳官课，纸、红花、麻布、酵行皆隶本所，为堆垛场，令冯景拘拦卖纸及送纸。行班文昌于开封府侵夺课额，欲乞据本司已立逐行外，余令冯景拘拦，所贵课额各办。"③俄藏敦煌文献Дх.2168《敦煌县孟受渠康章六等瓜粟田纳蓝历》为交纳瓜田蓝、粟田蓝的账册，瓜田蓝、粟田蓝是指在瓜田、粟田的地边上或空隙中种植红蓝，并以此作为赋税征收的作物④。

张骞出使西域带回了红花，甘州等地地处中原与西域交通、贸易的中转站上，是我国较早种植红花的区域之一，到西夏时期，河西走廊、灵州已经有了悠久的栽培历史，与宋朝在榷场贸易中互通有无，作为一种重要的植物染料，红花不仅在西夏，而且在同时期的宋朝，也是供不应求，政府通过土贡、赋税的形式征收。

第四节　蓬子考

西夏文"𦀳𦃃"，汉译"蓬子"。

𦀳，音"扎"，《夏汉字典》意"草"。𦃃，音"吴"。

𦀳𦃃，音译"扎吴"。《同音》释"草名"⑤，西夏文《杂字》作"棘草"⑥，汉译本意"蓬子"。

夏译汉籍《类林研究》和西夏文谚语《新集锦合辞》中有"𦀳𦃃"的相关记载。《类林研究》卷二《孝友篇》中载："鲍山又名文才，京兆地方人也。兄弟三人鲍山最长，侍母甚孝。值汉末饥荒，兄弟在田畴中，蓬子余一斗时，使弟执归与母。母被贼

---

① 史金波、聂鸿音、白滨译注：《天盛改旧新定律令》，第491页。

② ［宋］王钦若：《册府元龟》卷四八八，第5843页。

③ ［宋］李焘：《续资治通鉴长编》卷三一五，元丰四年八月已巳条，第7627页。

④ 刘进宝：《唐五代敦煌种植"红蓝"研究》。

⑤ 李范文：《同音研究》，第362页。

⑥ 李范文、中岛干起：《电脑处理西夏文杂字研究》，第80页。

缚持走，弟见后，欲走告鲍山，鲍山持刀追贼，张弓箭待贼。"[1]句中"篷子余一斗时"，西夏文以"𗄴□□□𗖫𗘅𗙴"相对，遗憾的是中间部分内容残损，但从仅存文字可以判断，最后面三个西夏文对译汉文"斗余时"，与句中"余一斗时"大致对应，前面两个西夏文"𗄴□"应该对应句中的"篷子"，其中"𗄴"与《天盛律令》中"𗄴𘊞"的第一个字相同，第二个字缺。

《新集锦合辞》中也有 "𗧫𗰖𗭽𗢑𗘅𗙴𗄴𘊞𗤵𗦲𗤀𗏁"[2]，句中"𗄴𘊞"作为草名出现，说明"𗄴𘊞"是固定搭配，但是"𗄴𘊞"一词，《夏汉字典》和《西夏谚语》中并未翻译出来，《夏汉字典》中意"骆驼吃刺，不怕刺颚，皆因习惯"，《西夏谚语》中意"草料已切，骆驼吃（萨胡），不刺颚"[3]，可见"𗄴𘊞"是一种带刺的草，而蓬子叶上的确有刺，《救荒本草》云"蓬子菜，生田野中，所在处处有之。其苗嫩时，茎有红紫线楞，叶似碱蓬叶微细，苗者结子，叶则生出叉刺，其子如独扫子大，苗叶味甜"。所以《新集锦合辞》、《类林研究》相互补充，前者当改为"蓬子"，后者缺少的字可补为"𗄴𘊞"。

蓬子，文献中常称"蓬子菜"，别名"黄牛衣"、"铁尺草"、"月经草"、"黄米花"、"柳夫绒蒿"、"疗毒蒿"、"鸡肠草"、"喇嘛黄"、"土苗草"、"白茜草"等，可食用，味微苦，生于山坡灌丛及旷野草地，广泛分布于我国的东北、西北至长江流域。蓬子在《杂字》、《新集锦合辞》、《天盛律令》等文献中多次出现，说明它在西夏时期是比较普遍的。到明朝时，这种情况仍旧。《明史》记齐之鸾曾在宁夏做官，遇饥民以蓬子为食。"屡迁宁夏佥事。饥民采蓬子为食"[4]。

蓬子还具有植物染料的功效。契丹妇女分娩前须拜日，居住在专门搭制的毡帐中。分娩时卧于甘草苗上，用手帕蒙住医生双眼。生男，产妇饮调酥杏油，其夫用蓬子胭脂涂面；生女，产妇饮加盐的黑豆汤，其夫以炭涂面。以蓬子、胭脂涂面，因为蓬子的茎可提取绛红色染料，有胭脂的效果。

《宋史》和《长编》中李元昊点兵于蓬子山，似与蓬子有些关联，"宋宝元元年，表遣使诣五台山供佛宝，欲窥河东道路。与诸豪歃血约先攻鄜延，欲自德靖、塞门砦、赤城路三道并入，遂筑坛受册，即皇帝位，时年三十。遣潘七布、昌里马乞点兵集蓬

---

① 史金波、黄振华、聂鸿音：《类林研究》，第 33 页。
②《新集锦合辞》（甲种本），《俄藏黑水城文献》第一〇册，第 337 页。
③ 陈炳应：《西夏谚语》，第 18 页。
④ [清]张廷玉：《明史》卷二〇八，第 5492 页。

子山，自诣西凉府祠神。"①

西夏地产碱蓬子与蓬子名称相似，而且都可食用，但并非同属。宋人著作中西夏物资匮乏，常以碱蓬子等充饥，"西北少五谷，军兴，粮馈止于大麦、荜豆、青麻子之类。其民则春食鼓子蔓、碱蓬子，夏食苁蓉苗、小芜夷，秋食席鸡子、地黄叶、登厢草，冬则畜沙葱、野韭、拒霜、灰条子、白蒿、碱松子，以为岁计"②。《辽史》在记录西夏物产时提到，"（夏）土产大麦、荜豆、青稞、床子、古子蔓、咸地蓬实、苁蓉苗、小芜荑、席鸡草子、地黄叶、登厢草、沙葱、野韭、拒灰条、白蒿、咸地松实"③。两条史料中的碱蓬子、咸地蓬实为同一种植物，但是与蓬子不同，碱蓬叶比蓬子叶更肥壮且稀疏。"其苗嫩时，叶似碱蓬叶微细"，"碱蓬生水傍下湿地。茎似落藜，亦有线楞，叶似蓬而肥壮，比蓬叶亦稀疏，茎叶间结青子极细小"。二者从植物属性上严格区分并不同属，蓬子菜为茜草科。碱蓬为藜科植物，俗称"盐蓬"、"碱蒿子"、"盐蒿子"、"老虎尾"、"和尚头"、"猪尾巴"、"盐蒿"、"黄须菜"、"皇席菜"等。它是一种高耐盐碱的野生植物，生于海滩、河谷、路旁、田间等处盐碱地上。它在生长的过程中能够从盐碱地里吸取盐碱，改良土壤，进而引来其它草生长，使盐碱地转化成新草原。二者都可入药，在药性上，蓬子有清热解毒、活血通经、祛风止痒之功效。碱蓬有清热、消积的作用。

---

① [元]脱脱等：《宋史》卷四八五，第 13995 页。
② [宋]曾巩：《隆平集》卷二〇，第 199 页。
③ [元]脱脱等：《辽史》卷一一五，第 1524 页。

结　语

作为西夏国家修订颁布的法典，《天盛律令》涵盖了方方面面的内容，其分类方法和部分条文深受唐宋律令的影响，有些条文甚至照搬《唐律疏议》和《宋刑统》，但其中也有许多体现西夏特色的条文，农业门就属于此类，在以往文献中鲜有涉及，既可以把它作为法律条文来看，也可以从政策制度层面来分析，其价值不言而喻。

囿于西夏文的限制，在汉译本《天盛律令》出版前，相关农业门的研究并没有开展，汉译本的出版，不仅是《天盛律令》翻译史上的重要里程碑，而且为西夏社会的研究提供了珍贵的参考资料，这些开创性的工作，为我们进一步深入给予了极大的帮助。

本书主要从西夏文译释和考论两部分展开，改变了以往只有翻译不进行研究，或者以他人翻译成果为研究底本的状况，目的有二：一是可以了解翻译的过程，二是试图寻求更为合适的译文，为考论开辟新的方向。

译释部分由释文和校勘组成。释文针对《天盛律令》只有总译，而没有详细的注解考释，以致学界在使用过程中往往存疑的问题，利用《掌中珠》《类林》和部分佛经等夏汉对译文献，以及《同音》《文海》等西夏文编写的语音、语义字典，对《天盛律令》农业门的西夏文进行逐一注解考释。校勘是对《俄藏黑水城文献》中《天盛律令》影印件和汉译本中的缺漏的校正勘误。

考论部分根据新补充和译释的资料，利用唐、宋、辽、金史，《册府元龟》《续资治通鉴长编》《宋会要》，敦煌吐鲁番出土文书等文献资料，针对西夏基层组织、基本赋役制度、仓粮存储、区划设置等问题进行分析。

本书主要解决了这几个问题：通过已公布的黑水城文献，缀合、归位了俄藏影印件中页面排列中的问题，补充了以往译本中的缺漏，再现了农业门的面貌，为接下来的研究提供了相对完整、准确的底本；通过逐字、逐词的注解，让大家看到译文的同时，明白翻译的过程，为接下来的研究提供了更为可信、有据的译文；在考释、校勘的基础上，针对农业门中长期被忽视或有重要意义的问题展开研究，为赋役、政区等问题的深入增加了新的信息。

尽管如此，文中仍有诸多不足，如在西夏文的译释中一些字、词仅作了标音注义等基础性工作，没有确切的译法；意文均照搬汉译本，只在个别处有所修改；农业门中主要反映的土地、水利等问题，在下篇没有体现，将另文刊出。甚至在一些问题的翻译和考论中可能存有错误，还请各位专家不吝赐教，多多提携。

参考文献

一、出土文献

《俄藏黑水城文献》第六、七、八、一○、一三册，上海古籍出版社，1998~2000年。

《中国藏西夏文献》第三、一六册，甘肃人民出版社、敦煌文艺出版社，2006年。

《俄藏敦煌文献》第一六册，上海古籍出版社，2001年。

《中国藏黑水城出土汉文文献》第二册，国家图书馆出版社，2008年。

二、古代典籍

[南朝宋]范晔：《后汉书》，中华书局，1983年。

[北齐]魏收：《魏书》，中华书局，1984年。

[后晋]刘昫：《旧唐书》，中华书局，1995年。

[唐]长孙无忌撰、刘俊文点校：《唐律疏议》，法律出版社，1999年。

[唐]李吉甫：《元和郡县图志》，中华书局，1983年。

[宋]欧阳修：《新唐书》，中华书局，1987年。

[宋]欧阳修：《新五代史》，中华书局，1992年。

[宋]王钦若：《册府元龟》，中华书局影印本，1982年。

[宋]李焘：《续资治通鉴长编》，中华书局，1992年。

[宋]王溥：《五代会要》，中华书局，1998年。

[宋]吕祖谦编、齐治平点校：《宋文鉴》，中华书局，1992年。

[宋]曾巩：《隆平集》，台北商务印书馆，1986年。

［宋］窦仪撰、薛梅卿点校：《宋刑统》，法律出版社，1999 年。

［元］脱脱等：《宋史》，中华书局，1990 年。

［元］脱脱等：《辽史》，中华书局，1983 年。

［元］脱脱等：《金史》，中华书局，1975 年。

［明］宋濂等：《元史》，中华书局，1976 年。

［清］吴广成撰、龚世俊等校：《西夏书事校证》，甘肃文化出版社，1995 年。

［清］徐松辑：《宋会要辑稿》，中华书局影印本，1957 年。

《番汉合时掌中珠》（甲、乙种本），《俄藏黑水城文献》第一○册，上海古籍出版社，1999 年。

《文海宝韵》（甲种本），《俄藏黑水城文献》第七册，上海古籍出版社，1997 年。

《新集锦合辞》（甲种本），《俄藏黑水城文献》第一○册，上海古籍出版社，1999 年。

《音同》（甲种本），《俄藏黑水城文献》第七册，上海古籍出版社，1997 年。

中国社会科学院历史研究所校证：《天一阁藏明钞本天圣令校证附唐令复原研究》，中华书局，2006 年。

三、研究著作

王静如：《西夏研究》第一、二、三辑，中研院历史语言研究所，1932~1933 年。

《国立北平图书馆馆刊》第四卷第三号《西夏文专号》，北平京华印书局，1932 年。

史金波、白滨、黄振华：《文海研究》，中国社会科学出版社，1984 年。

白滨编：《西夏史论文集》，宁夏人民出版社，1984 年。

李范文：《同音研究》，宁夏人民出版社，1986 年。

韩国磐主编：《敦煌吐鲁番出土经济文书研究》，厦门大学出版社，1986 年。

张泽咸：《唐五代赋役史草》，中华书局，1986 年。

［俄］克恰诺夫俄译、李仲三汉译、罗矛昆校对：《西夏法典——〈天盛改旧新定律令〉》（1~7 章），宁夏人民出版社，1988 年。

李蔚：《西夏史研究》，宁夏人民出版社，1989 年。

史金波、黄振华、聂鸿音：《类林研究》，宁夏人民出版社，1993 年。

陈炳应：《西夏谚语》，山西人民出版社，1993 年。

史金波、聂鸿音、白滨译：《天盛律令译注》，科学出版社，1994 年。

林英津：《夏译〈孙子兵法〉研究》，中研院历史语言研究所，1994 年。

郑学檬：《中国赋役制度史》，厦门大学出版社，1994 年。

陈炳应：《贞观玉镜将研究》，宁夏人民出版社，1995 年。

李范文：《夏汉字典》，中国社会科学出版社，1997 年。

李范文、中岛干起：《电脑处理西夏文杂字研究》，日本国立亚非语言文化研究所，1997 年。

杜建录：《西夏经济史研究》，甘肃文化出版社，1998 年。

王天顺：《西夏天盛律令研究》，甘肃文化出版社，1998 年。

韩小忙：《西夏道教初探》，甘肃文化出版社，1998 年。

张晋藩等：《中国法制通史》，法律出版社，1999 年。

陈国灿、陆庆夫：《中国敦煌学百年文库》，甘肃文化出版社，1999 年。

史金波、聂鸿音、白滨译注：《天盛改旧新定律令》，法律出版社，2000 年。

钱大群：《唐律研究》，法律出版社，2000 年。

雷绍锋：《归义军赋役制度初探》，台湾洪叶文化事业有限公司，2000 年。

杜建录：《西夏经济史》，中国社会科学出版社，2002 年。

聂鸿音：《西夏文德行集研究》，甘肃文化出版社，2002 年。

陈国灿：《敦煌学史事新证》，甘肃教育出版社，2002 年。

杨积堂：《法典中的西夏文化——西夏天盛改旧新定律令研究》，法律出版社，2003 年。

姜歆：《西夏法律制度研究——〈天盛改旧新定律令〉初探》，兰州大学出版社，2005 年。

杜建录：《〈天盛律令〉与西夏法制研究》，宁夏人民出版社，2005 年。

吴天墀：《西夏史稿》，广西师范大学出版社，2006 年。

陈永胜：《西夏法律制度研究》，民族出版社，2006 年。

林英津：《西夏语译〈真实名经〉注释研究》，中研院语言学研究所，2006 年。

[俄]聂历山：《西夏语文学》，李范文主编《西夏研究》第六辑，中国社会科学出版社，2007 年。

史金波：《西夏社会》，上海人民出版社，2007 年。

李范文主编:《西夏研究》,中国社会科学出版社,2007年。

李范文:《西夏通史》,宁夏人民出版社,2007年。

高敏:《魏晋南北朝经济史》,经济日报出版社,2007年。

宁可:《隋唐经济史》,经济日报出版社,2007年。

漆侠:《宋代经济史》,经济日报出版社,2007年。

漆侠、乔幼梅:《辽夏金经济史》,经济日报出版社,2007年。

韩小忙:《〈同音文海宝韵合编〉整理与研究》,中国社会科学院出版社,2008年。

彭向前:《西夏文〈孟子〉整理研究》,上海古籍出版社,2012年。

索罗宁著、粟瑞雪译:《十二国》,宁夏人民出版社,2012年。

李范文主编:《西夏语比较研究》,宁夏人民出版社,2004年。

杜建录主编:《二十世纪西夏学》,宁夏人民出版社,2004年。

四、论文

黄振华:《西夏天盛廿二年卖地文契考释》,白滨编《西夏史论文集》,宁夏人民出版社,1984年。

杨际平:《现存我国四柱结算法的最早实例——吐蕃时期沙州仓曹状上勾覆所牒研究》,韩国磐主编《敦煌吐鲁番出土经济文书研究》,厦门大学出版社,1986年。

杨际平:《吐蕃时期沙州社会经济研究》,韩国磐主编《敦煌吐鲁番出土经济文书研究》,厦门大学出版社,1986年。

韩国磐:《也谈四柱结帐法》,韩国磐主编《敦煌吐鲁番出土经济文书研究》,厦门大学出版社,1986年。

郑学檬:《从敦煌文书看唐代河西地区的商品货币经济》,韩国磐主编《敦煌吐鲁番出土经济文书研究》,厦门大学出版社,1986年。

罗矛昆:《研究西夏社会制度的珍贵史料——西夏法典〈天盛改旧定新律令〉》,《宁夏社科通讯》1989年第5期。

王静如:《西夏法典序》,《宁夏大学学报》1990年第1期。

李范文:《西夏法典》,《宁夏大学学报》1990年第1期。

李温:《西夏法典述评》,《法律科学》1990年第2期。

杜建录:《西夏农业生产述论》,《西北第二民族学院学报》1990年第3期。

史金波：《西夏〈天盛律令〉略论》，《宁夏社会科学》1993 年第 1 期。

史金波：《西夏语的"买""卖"和"嫁""娶"》，《民族语文》1995 年第 4 期。

李凭：《再论北魏宗主督护制》，《晋阳学刊》1995 年第 6 期。

杜建录：《西夏的农田水利开发与管理》，《中国经济史研究》1996 年第 4 期。

杜建录：《西夏仓库制度研究》，《中国史研究》1998 年第 2 期。

刘菊湘：《从〈天盛律令〉看西夏京畿地区的经济状况》，《宁夏社会科学》1998 年第 3 期。

刘菊湘：《关于〈天盛律令〉的成书年代》，《固原师专学报》1998 年第 4 期。

杜建录：《西夏的赋役制度》，《中国经济史研究》1998 年第 4 期。

聂鸿音：《西夏〈天盛律令〉成书年代辨析》，《寻根》1998 年第 6 期。

聂鸿音：《西夏水利制度》，《民族研究》1998 年第 6 期。

杜建录：《西夏水利法初探》，《青海民族学院学报》1999 年第 1 期。

刘菊湘：《西夏的库及管理制度》，《固原师专学报》1999 年第 4 期。

郑炳林：《唐五代敦煌粟特人与归义军政权》，陈国灿、陆庆夫编《中国敦煌学百年文库》（历史卷 2），甘肃文化出版社，1999 年。

唐耕耦：《8—10 世纪敦煌的物价》，陈国灿、陆庆夫编《中国敦煌学百年文库》（历史卷 2），甘肃文化出版社，1999 年。

雷绍锋：《唐末宋初归义军时期之"地子"、"地税"浅论》，陈国灿、陆庆夫编《中国敦煌学百年文库》（历史卷 2），甘肃文化出版社，1999 年。

李蔚：《略论西夏统治时期的西北屯田》，《固原师专学报》2000 年第 1 期。

李蔚：《略论西夏的小农土地制度》，《中国经济史研究》2000 年第 2 期。

杜建录：《论西夏的土地》，《中国农史》2000 年第 3 期。

杜建录：《论党项宗族》，《民族研究》2001 年第 4 期。

李并成：《西夏时期河西走廊的农牧业开发》，《中国经济史研究》2001 年第 4 期。

陈国灿：《从敦煌吐鲁番文书看唐五代地子的演变》，《敦煌学史事新证》，甘肃教育出版社，2002 年。

刘进宝：《唐五代"税草"所用计量单位考释》，《中国史研究》2003 年第 1 期。

史金波：《西夏农业租税考——西夏文农业租税文书译释》，《历史研究》2005 年第 1 期。

杜建录：《西夏〈天盛律令〉的历史文献价值》，《西北民族研究》，2005 年第 1 期。

杜建录：《论西夏〈天盛律令〉的特点》，《宁夏社会科学》2005 年第 1 期。

景永时：《西夏农田水利开发与管理制度考论》，《宁夏社会科学》2005 年第 6 期。

姜歆：《论西夏法律制度对中国传统法律文化的传承与创新——以西夏法典〈天盛律令〉为例》，《固原师专学报》2006 年第 3 期。

崔红芬：《西夏寺院僧人赋役问题初探》，《首都师范大学学报》2008 年第 1 期。

潘洁：《黑水城出土赋税文书研究》，《西夏学》（第四辑），宁夏人民出版社，2009 年。

苏建文：《西夏文〈大方广佛华严经普贤行愿品〉释文》，宁夏大学硕士研究生论文，2009 年。

贾常业：《西夏文译本〈六韬〉解读》，《西夏研究》2011 年第 2 期。

附　录

一、夏汉词语对照表

——每条词语按照西夏文词条首字的四角号码排序，以《夏汉字典》为准。

——词条出处通常选择文献中首次出现的用例，以"叶-面-行"形式标注，A 为右面，B 为左面，如 39-10-A-02，为 39-10 右面第二行。

四角号码	西夏文	汉译	出处
102121	𗼨……𘗣	自……至	39-10-A-02
102224	𗁾𗤋	广厚	39-36-A-03
104224	𗁾𗹟	谷物	39-12-B-01
112222	𗙫𗲲	鸣沙	39-8-A-05
114114	𗠋𗦠	虚枉	39-32-B-05
114525	𗤋𗤋	等同	39-32-B-01
115100	𗾫𗖻	注销	39-30-A-04
117145	𗫂𗏁	长短	39-23-B-01
117440	𗰜𗧎	交接	39-32-A-04
117900	𗵒𗧎	催促	39-8-A-05
122422	𗧎𗬩	大小	39-12-A-08

122450	𗰸	治	39-8-B-07
122457	𗰸𗥻	承旨	39-8-A-06
	𗰸𗫸	指挥	39-9-B-02
124172	𗮰𗨵	实行	39-8-B-03
134120	𗪉𗬜	出行	39-20-B-06
134222	𗪌𗫷	优劣	39-6-B-08
	𗪌𗪌	好好	39-10-A-01
134400	𗫔𗫔	投掷	39-18-A-01
134420	𗫔𗫼	寻求	39-6-B-03
134420	𗫔𗬤	灌水	39-10-A-02
137222	𗪷𗰸	举赏	39-7-A-09
144120	𗇁𗦁	边中	39-35-A-03
144122	𗦲𗫕	人情	39-7-A-07
144125	𗫛𗰸	乘马	39-9-A-06
144140	𗣿𗦽	日限	39-8-B-01
	𗣿𗨁	期满	39-13-B-09
144520	𗯤𗦢	立即	39-20-B-02
152500	𗲜𗫥	斤斧	39-26-B-02
172122	𗪺𗪺	所有	39-28-B-04
172125	𗥖𗥆𗥆𗤊	大都督府	39-8-A-05
172140	𗥃𗆀	碱地	39-12-A-04
172140	𗥃𗥃	诸处	39-21-A-01
172220	𗾫𗫸	牧监	39-16-B-07
172250	𗱾𗥇	实话	39-6-B-04
	𗱾𗥻𗫷	出言掩饰	39-7-A-02
	𗱾𗨵	说辞	39-7-A-03
172252	𗡜𗤊	财产	39-20-A-07
172422	𗰘𗦽	注册	39-6-B-09
	𗰘𗄴	准备	39-28-A-03

	𗾰𗥦	三司	39-37-B-05
174000	𗿟𗧓	剥皮	39-26-B-02
174000	𗿟𗥛	出纳	39-32-A-03
174125	𗷛𗫸	辅主	39-38-A-04
	𗷛𗣽	板簿	39-38-B-08
174142	𗷛𗅆	闸口	39-16-B-08
	𗷛𗴾	垫草	39-19-B-08
174222	𗠔𗵐	各自	39-8-A-08
	𗠔𗠔	自己	39-11-B-02
	𗠔𗣿	自相	39-19-B-07
	𗠔𗵐	自己	39-22-A-05
174240	𗢳𗥧	收敛	39-28-B-08
174420	𗒓𗣈	顶底	39-32-B-04
174424	𗐯𗤋	其余	39-22-A-08
175254	𗥃𗤭	场路	39-17-A-03
175452	𗲲𗦀𗒓𗒹𗿒𗩑	比……减一等	39-7-A-09
175459	𗸧𗅯	习判	39-34-B-08
177144	𗼃𗠂	冬草	39-22-A-01
177240	𗢳𗫩	和尚	39-12-B-09
177422	𗿲𗵐	互换	39-22-B-04
177442	𗾦𗵚𗅯	监军司	39-35-A-03
	𗾦𗣼	正军	39-38-A-04
179200	𗫗𗤺	中书	39-14-A-03
182152	𗅢𗳈	牲畜	39-26-A-04
182242	𗺔𗾰	皇城	39-37-B-05
184400	𗤻𗣜	局分	39-7-A-05
	𗤻𗳒	管事	39-8-A-09
	𗤻𗣜	职人	39-14-B-02
184420	𗤻𗤋	参差	39-37-A-05

184525	𗈁𗉛𗉻	前内侍	39-9-B-08
192124	𗄴𗒹	案头	39-29-A-05
194225	𗀔𗋕𗰗	低入高	39-12-B-06
194274	𗦺𗁶	仔细	39-6-B-03
210124	𗨁𗔇	阁门	39-9-B-08
210124	𗨁𗅋	以后	39-20-B-07
210127	𗨁𗧀	以外	39-12-A-08
	𗨁�374𗨁𗬊	不得已有	39-38-B-01
	𗨁𗲲	临时	39-19-A-04
	𗨁𗪍	不果	39-28-B-09
212150	𗏁𗤻	其中	39-8-B-01
	𗏁𗐫𗨁𗲆	不听其言	39-18-B-03
212240	𗣗𗵑	清洁	39-38-B-01
214100	𗟁𗿒	断土	39-27-A-01
214120	��	射箭	39-18-A-01
214120	𗰙𗦅	告晓	39-37-B-01
214121	𗬉𗤻	何时	39-9-A-08
214122	𗬚𗬚	先前	39-13-B-09
	𗬚𗤻	先前	39-18-A-07
	𗬚𗋽	前述	39-22-B-02
214125	𗮾𗾷	畿内	39-13-B-03
214142	𗭉𗽍	泽地	39-12-A-05
214142	𗭇𗲆	分明	39-23-B-07
214142	𗰵𗲧	稗草	39-36-A-03
214222	𗆍𗒹𗅋𗎬	无主贫子	39-27-B-05
214420	𗎾𗲚	检校	39-18-A-03
214550	𗼨𗾮	寺舍	39-16-B-01
217142	𗺄𗺄	紧紧	39-8-A-09
217442	𗣜𗣘	凭据	39-28-B-02

220422	𗥻 𘙡	领单	39-33-B-08
222442	𘚦 𘚗	朽瘦	39-32-A-06
224000	𘜨 𘝞	干果	39-32-A-02
224028	𘝀 𗱴	日夜	39-17-A-06
224422	𘞬 𘞦	坚固	39-10-A-01
	𘞬 𘟜	坚固	39-36-A-02
224440	𘟛 𘟡	培口	39-27-A-09
224570	𘠵 𘡇	小心	39-16-B-07
	𘠵 𘡇 𘡵	粗心	39-16-B-09
225000	𘢴 𘣊	急速	39-13-A-08
229400	𗴾 𘤟 𘤠 𘤵	杂锦上衣	39-9-A-04
230242	𗵔 𘦁	同判	39-35-A-06
230252	𘧉 𘧿	屋舍	39-17-A-02
231000	𘨍 𘨵	提举	39-9-B-02
232140	𘩜 𘩿	有罪	39-10-B-01
234122	𘪝 𘪞	知晓	39-7-A-03
234122	𘪟 𘫏 𘫿	提议	39-9-B-06
234220	𘬐 𘬗	闲地	39-6-A-08
	𘬐 𘬛	生地	39-6-B-01
	𘬐 𘭑	地册	39-6-B-09
	𘬐 𘭲 𘮍	地主人	39-11-A-01
	𘬐 𘮞	拓地	39-11-B-04
	𘬐 𘯃	旧地	39-12-A-07
	𘬐 𘯹	地方	39-19-B-05
	𘬐 𘰒	熟地	39-21-A-08
	𘬐 𘰻	田地	39-27-A-07
	𘬐 𘱆	地边	39-32-A-01
	𘬐 𘱱	地中	39-35-B-09
234250	𘲉 𘲊	名字	39-19-B-04

234422	𗋡𗹰	放松	39-20-A-01
240122	𗆘𗫉	知觉	39-11-A-05
240125	𗆘𗡛	司吏	39-21-A-02
	𗆘𗪚	司衙	39-32-B-02
240142	𗁬𗁬	每年	39-8-A-07
240144	𗆘𗡼	梁土	39-19-B-08
240152	𗁬𗱇	白册	39-28-B-01
	𗁬𗻝	新簿	39-37-A-04
	𗁬𗼺	清册	39-37-A-05
244122	𗡜𗏉𗆟	不过问	39-7-A-07
	𗡜𗵉	头监	39-9-B-07
	𗡜𗵷	头项	39-21-B-07
244125	𗡚𗵮	担保	39-30-A-05
244140	𗱴𗵯	道士	39-12-B-09
244142	𗱳𗹻	垛口	39-26-B-09
244142	𗵍𗵓	计谋	39-32-B-03
254122	𗥃𗥤	沿渠	39-19-B-08
254125	𗥄𗳆	家主	39-6-B-03
254440	𗾿𗷻	柳条	39-22-B-01
254900	𗷻	大人	39-8-A-06
270425	𗡪𗽡	体工	39-14-B-06
272140	𗵗𗑱	降雨	39-21-B-07
272200	𗃛𗻸	分析	39-29-A-01
272420	𗃱𗽙	垫板	39-10-A-01
272440	𗘟𗼗𗄻	水浇地	39-8-A-05
	𗘟𗥃𗳏	灌水户	39-16-B-01
	𗘟𗺵	水断	39-17-A-02
	𗘟𗕿	决水	39-19-A-06
	𗘟𗽋	涨水	39-21-B-07

274122	𗦮𗸲	夫役	39-9-B-07
274220	𗤳𗸅𗤫	六个月	39-8-B-07
274242	𗤴𗣼	多数	39-28-A-04
274244	𗦎𗣼	蓬子	39-22-A-08
274274	𗤴𗵒	尘土	39-32-A-06
274274	𗴂𗵒	空闲	39-38-A-04
274400	𗵤𗤴	摊派	39-27-B-09
274420	𗴩𗴩	每年	39-16-B-02
274440	𗴨𗣼	夏蒡	39-22-A-08
277240	𗸲𗣼	取状	39-12-B-02
	𗸲𗤦	告状	39-21-A-01
277442	𗀾𗤴	富贵	39-20-A-05
280124	𗤰𗤰	来	39-14-B-06
280151	𗴤𗤽𗤽	识信人	39-24-A-07
280400	𗴣𗤑𗤴	手记	39-28-B-03
280440	𗴣𗤑	登簿	39-6-B-05
280440	𗴣𗴣𗤑𗤑	大小臣僚	39-12-B-09
282140	𗤾𗤰	然后	39-37-A-05
282274	𗤴𗤰	支头	39-14-B-02
282422	𗤴𗤰	遮掩	39-18-A-01
284100	𗤴𗤰	计算	39-23-B-03
284129	𗤴𗤰	时节	39-10-A-02
	𗤴𗤰	依时	39-25-B-09
284140	𗤴𗤰	丢弃	39-32-A-07
284142	𗤴𗤰𗤰	察量者	39-12-B-06
	𗤴𗤰	检验	39-26-A-02
	𗤴𗤰	检校	39-37-A-01
284221	𗤴𗤰𗤰	偷盗	39-7-A-09
284400	𗤴𗤰	农主	39-11-B-02

	夏字	汉译	编号
	𗫨𗿢	耕地	39-12-A-05
	𗫨𘃕𗿢	农迁溜	39-38-A-03
284420	𗫨𗳝	打拷	39-20-A-06
284440	𗫨𗯩	扔弃	39-6-A-09
284450	𗫨𗴤	断破	39-25-A-02
287420	𗫺𗤄𗄼（𗫺𗤄）	枉法贪赃	39-7-A-03
	𗫺𗦎	律令	39-20-A-01
294144	𗼮	围	39-22-A-09
294225	𗺉𗿒	高低	39-6-B-07
294544	𗺉𗥹	蒲苇	39-22-B-01
294574	𗺉𗟻	虚杂	39-12-B-07
	𗺉𗾖	虚枉	39-23-B-08
302422	𗾱𗫨	只关	39-35-B-02
305200	𗈆𗫠𗫢	定远县	39-16-A-01
307520	𗷆	束	39-22-A-09
385424	𗩱𗨟	分等	39-9-B-04
410112	𘃕𗫨𗅲	典迟法	39-13-A-07
412112	𘊝𗫨	住滞	39-8-A-01
447142	𗓑𘟙	结冰	39-10-A-02
474240	𗣀𗫨	劝救	39-13-A-09
502124	𘚗𗓜	外逃	39-38-A-09
502244	𘚗𗓜	侵扰	39-28-B-05
502400	𗴚𗀓	做错	39-22-A-07
502574	𘚗𘚗	梦萝	39-22-B-01
504140	𘜶𗫢	林场	39-30-B-06
	𘜶𗫠	木植	39-36-A-01
	𘜶𘈈	木牌	39-38-A-06
504150	𘜶𘈈	牛工	39-27-B-02
504545	𘜶𗧓	树木	39-25-B-08

587450	[illegible]	计量	39-24-A-07
589121	[illegible]	刺史	39-32-B-02
604222	[illegible]	使军	39-32-B-04
710150	[illegible]	头字	39-14-B-07
712140	[illegible]	导助者	39-10-B-08
712142	[illegible]	高上	39-12-B-04
762140	[illegible]	分别	39-21-A-09
775000	[illegible]	采薪	39-27-A-01
782420	[illegible]	和众	39-14-B-01
784442	[illegible]	放火	39-19-A-09
792245	[illegible]	低下	39-33-A-02
802122	[illegible]	郡县	39-8-A-06
802140	[illegible]	京师	39-8-A-05
802150	[illegible]	库主	39-34-B-09
	[illegible]	库房	39-36-A-01
802190	[illegible]	节亲主	39-13-A-01
802400	[illegible]	写文书者	39-11-A-04
802422	[illegible]	当职	39-17-A-06
804120	[illegible]	无理相恶	39-19-A-05
804122	[illegible]	绞刑	39-17-B-09
804124	[illegible]	转运司	39-6-B-02
804140	[illegible]	谕文	39-6-B-04
804440	[illegible]	邻近	39-6-B-03
805520	[illegible]	受纳	39-37-B-05
807441	[illegible]	决断	39-7-A-04
812120	[illegible]	登记凭据	39-29-A-08
812454	[illegible]	本罪	39-20-B-05
	[illegible]	免罪	39-26-A-09
814100	[illegible]	农田监	39-11-A-01

	𗟲𗠰	农田司	39-12-B-09
814222	𗣜𗠰	宰相	39-9-B-09
822122	𗣩𗣑	转院	39-10-B-09
822141	𗣩𗤧	庶人	39-8-A-03
822150	𗣩𗏆𗤓	敛者	39-22-B-05
824020	𗣠𗠇	假若	39-13-A-09
824080	𗣠𗢭	势力	39-20-A-06
832142	𗧊𗣄	此后	39-16-A-05
834170	𗧤𗣷	依次	39-16-B-02
842120	𗟡𗢸	修盖	39-10-A-01
842122	𗟢𗣠	众多	39-12-A-07
	𗟢𗤅	多少	39-26-A-09
842140	𗟱𗠰	往来	39-24-B-07
872142	𗣑𗣠	凿渠	39-9-B-06
	𗣑𗤵𗣖𗠰	渠水巡检	39-10-A-04
	𗣑𗤄	渠主	39-10-A-04
	𗣑𗠾	渠干	39-14-A-03
	𗣑𗢸	渠口	39-16-B-07
	𗣑𗤓	渠破	39-17-A-02
	𗣑𗢩	新渠	39-19-B-02
	𗣑𗠰	渠程	39-25-B-07
872220	𗣗𗔀	不许	39-8-A-02
872420	𗤵𗤾	唐徕	39-19-A-04
874150	𗠼𗣗	行为	39-11-A-02
874200	𗢭𗢭𗣒	租役草	39-6-A-09
	𗢭𗤧	税户	39-8-A-08
874400	𗢭𗣱	无力	39-6-A-09
	𗢭𗣗	无理	39-20-B-03
874440	𗤹𗤾	下臣	39-38-A-03

875450	𗿛𗿜𗿝	门下人	39-29-B-05
882442	𗿞𗿟	独诱	39-16-A-03
884420	𗿠𗿡	中间	39-26-A-02
912170	𗿢𗿣	偷盗	39-24-B-04
915141	𗿤𗿥	变换	39-38-A-09
917242	𗿦𗿧	稀少	39-31-B-04
922420	𗿨𗿩	深宽	39-29-B-08
925400	𗿪𗿫𗿬𗿭	为卖方传语	39-11-A-04
932420	𗿮𗿯	广博	39-7-A-06
935450	𗿰𗿱	条椽	39-22-A-01
942124	𗿲𗿳	治谷	39-11-A-01
945140	𗿴𗿵	小甲	39-38-A-02
947144	𗿶𗿷	汉延	39-19-A-04
955122	𗿸𗿹	死亡	39-38-A-08
972452	𗿺𗿻	种种	39-8-A-08
985240	𗿼𗿽	总	39-9-A-08
	𗿼𗿽𗿾𗿿𘀀	都转运司	39-9-B-01
	𗿼𘀁	一律	39-10-B-04
	𗿼𘀂	一共	39-17-A-04
	𗿼𘀃	一律	39-21-B-05
	𗿼𗿽𗿾𘀀	都转运司	39-21-B-05
	𗿼𘀄	一面	39-21-B-09
	𗿼𘀅	都案	39-29-A-04
985545	𘀆𘀇	巡检	39-9-B-08
992224	𘀈𘀉	穗	39-11-B-04

二、俄藏《天盛律令》农业门图版

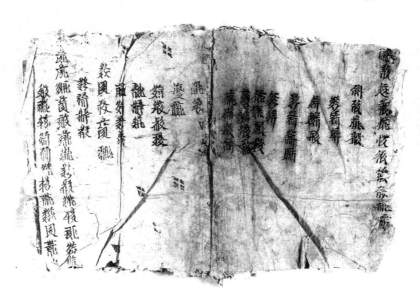

39-1

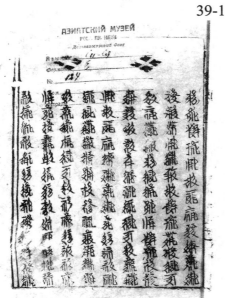

39-2

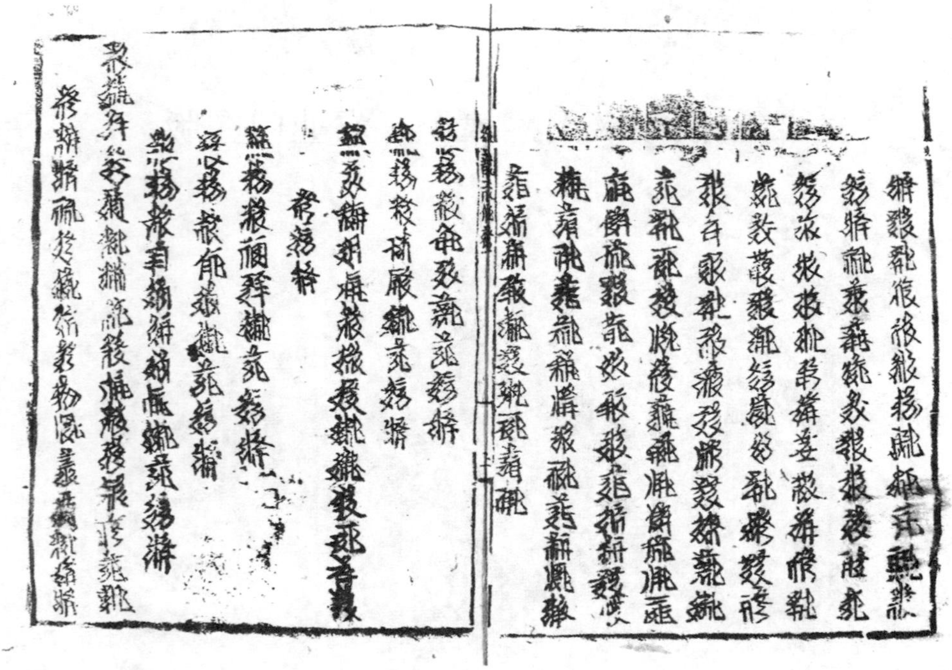

39-3

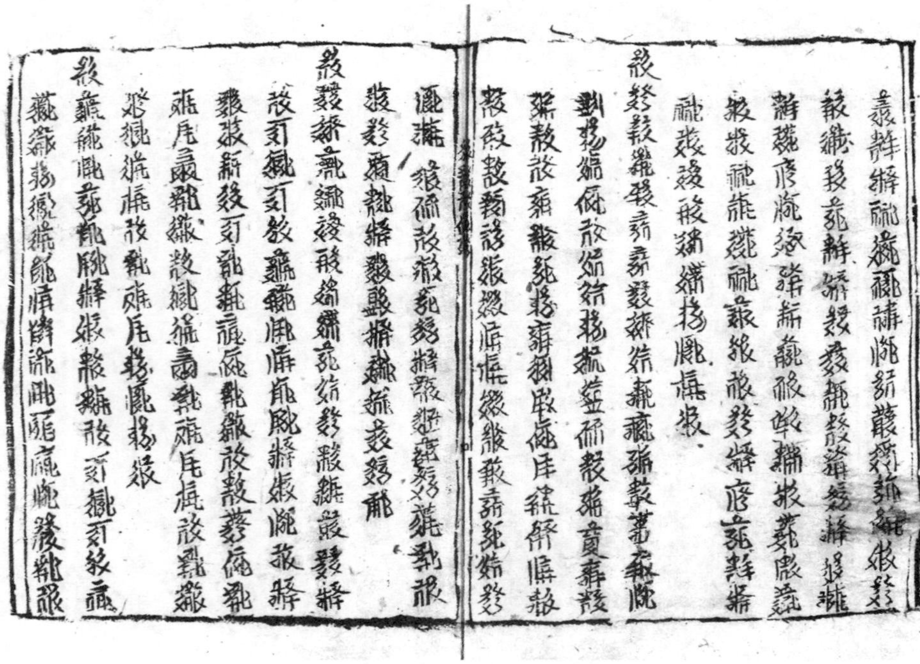

39-4

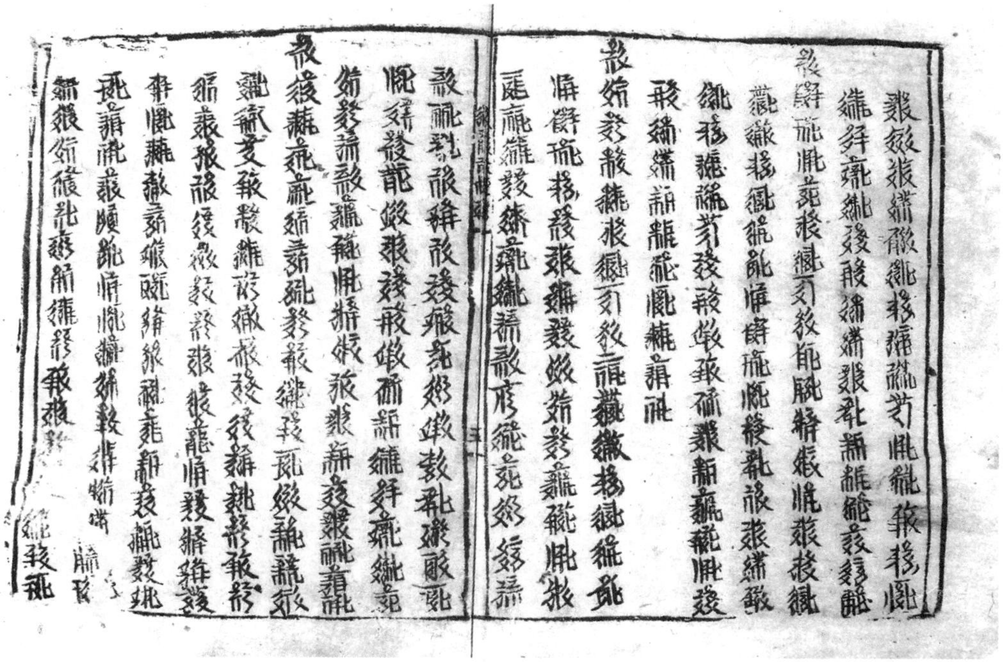

39-5

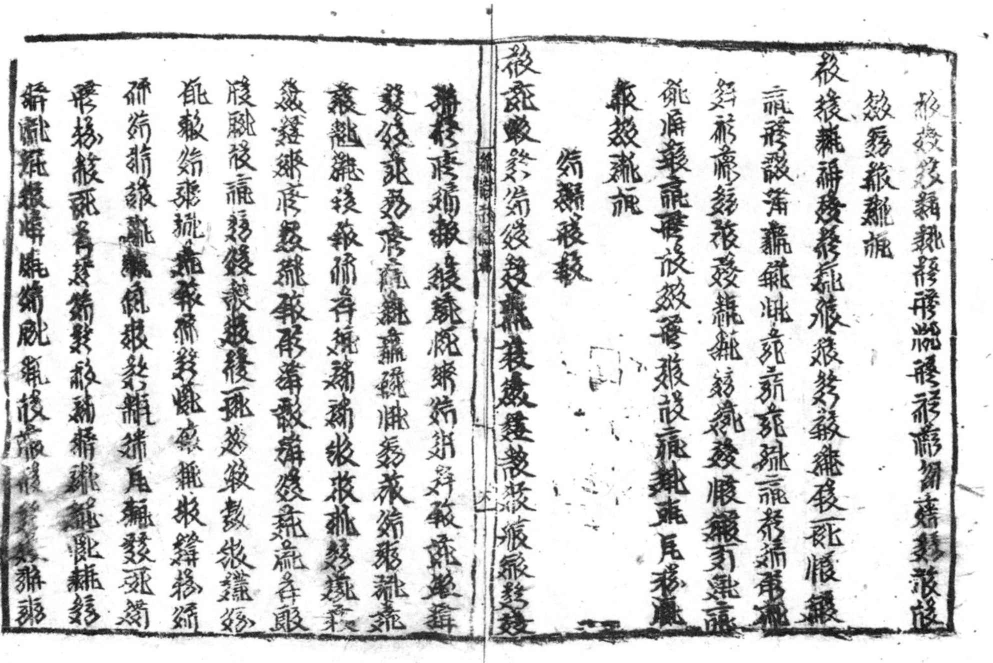

39-6

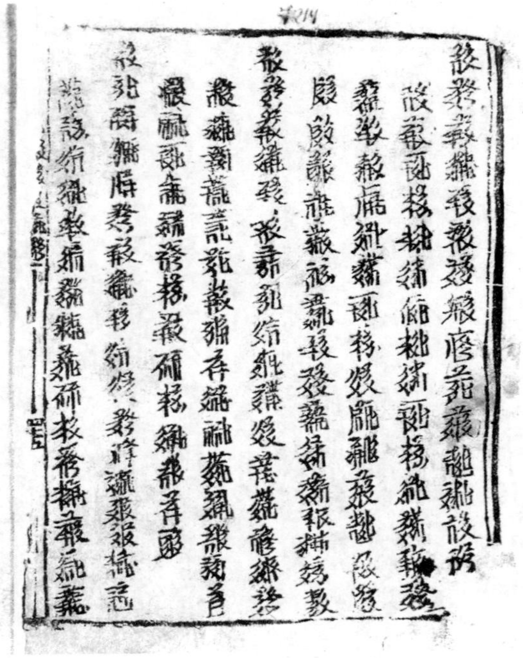

39-7

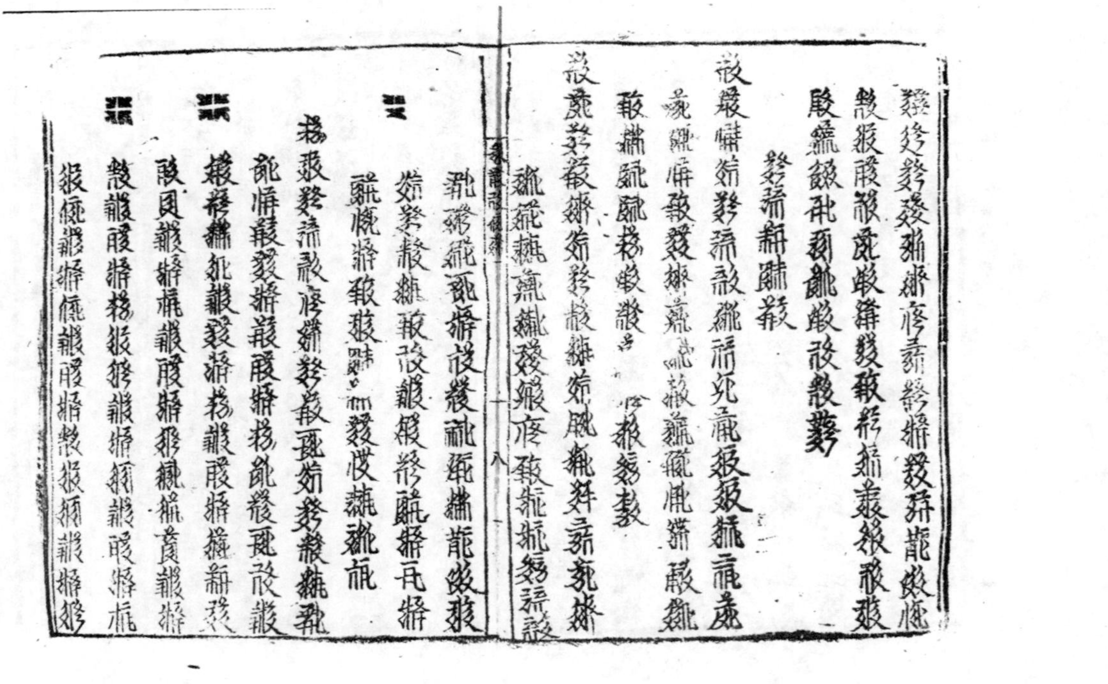

39-8

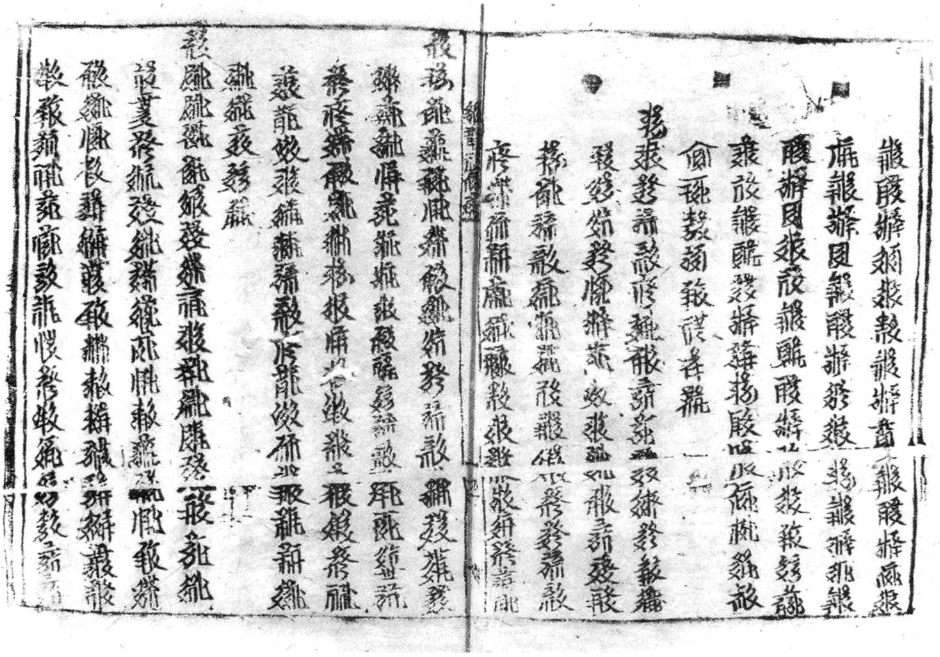

39-9

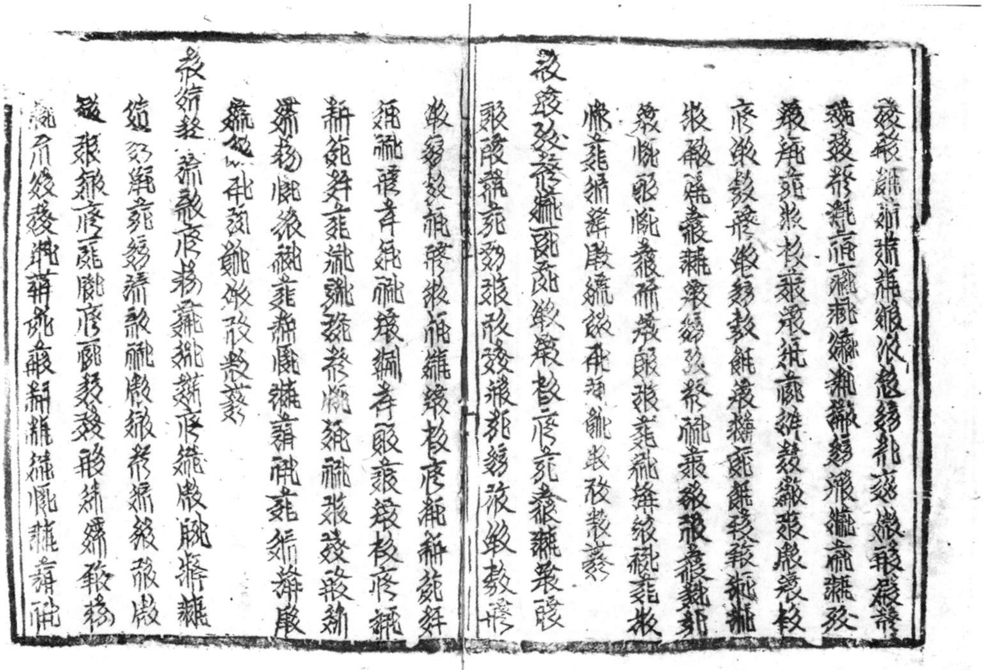

39-10

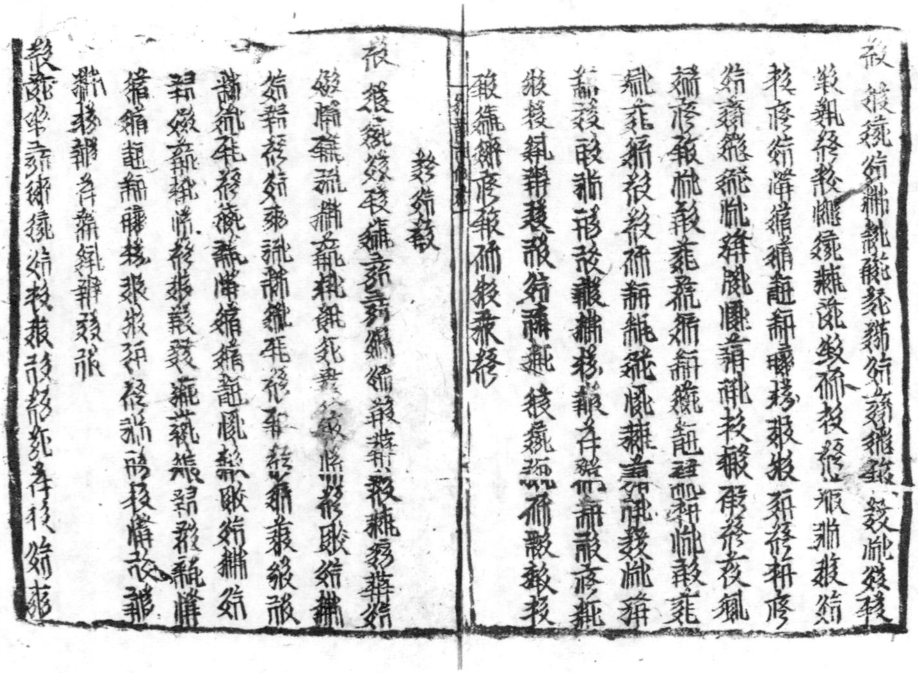

39-11

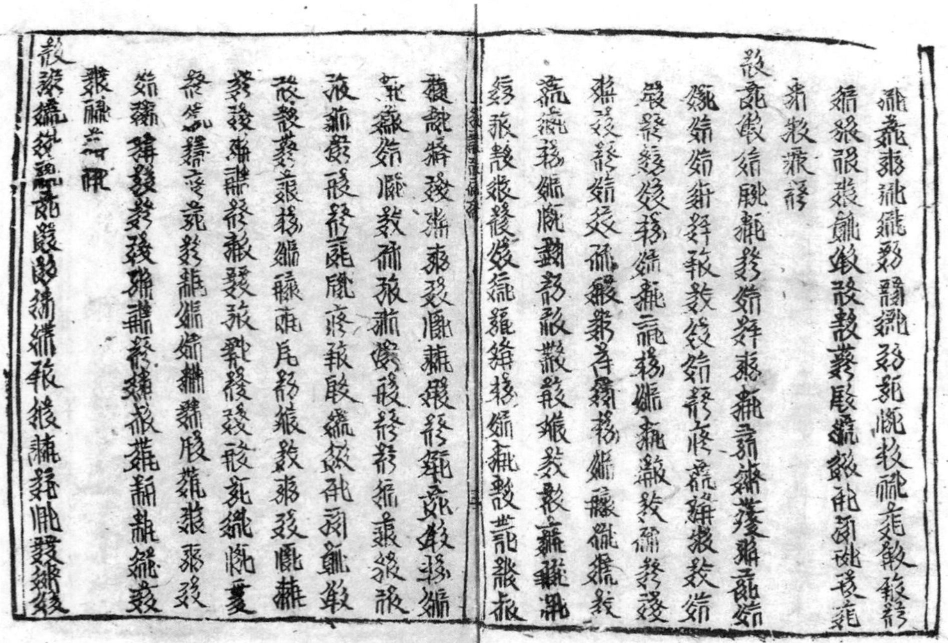

39-12

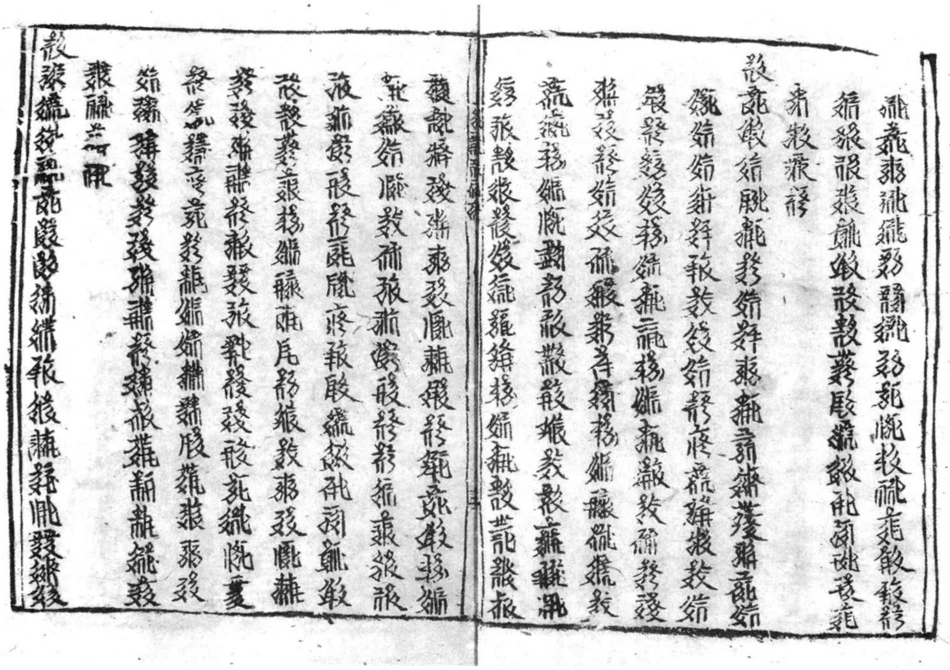

39-13

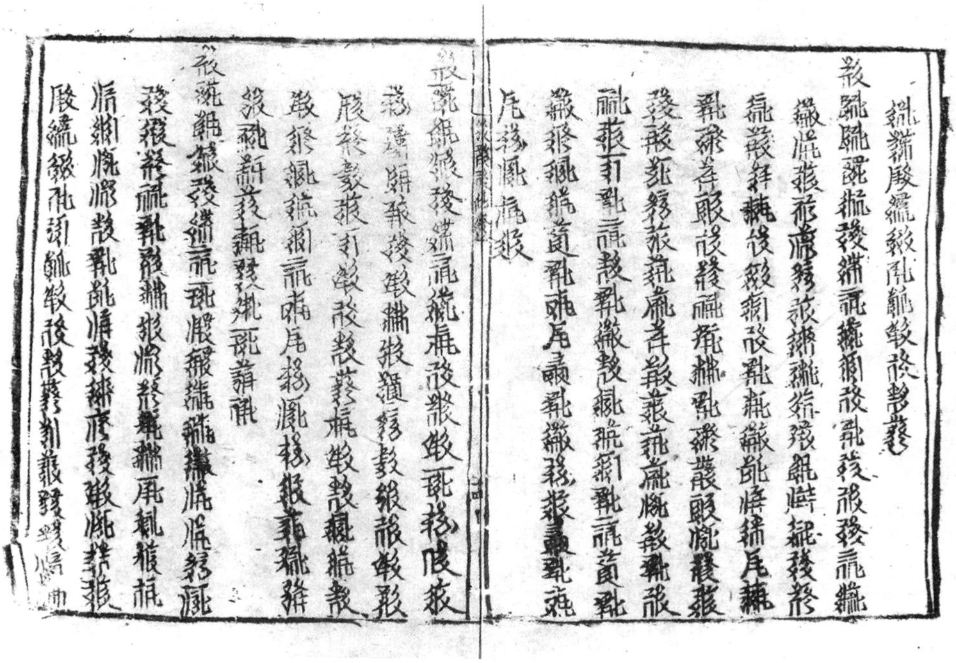

39-14

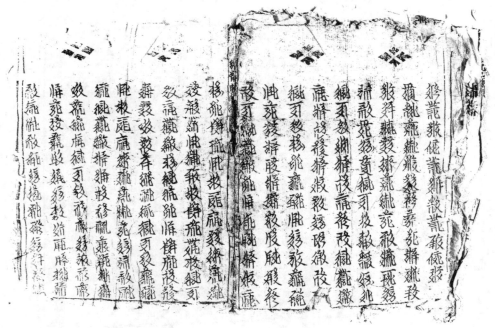

39-15

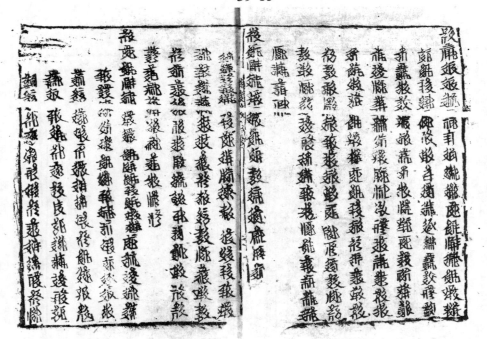

39-16

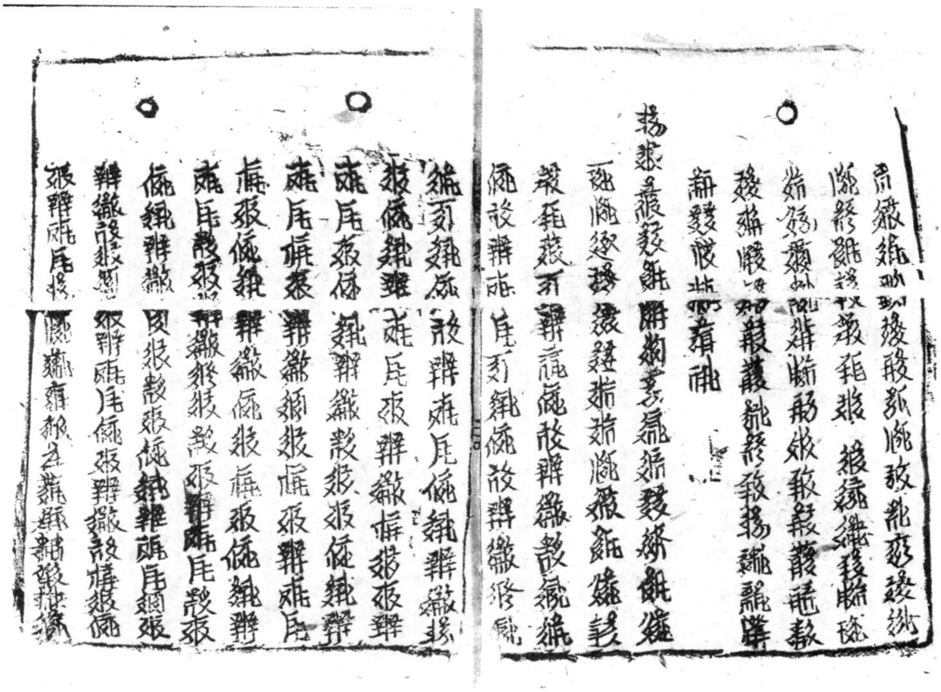

39-17

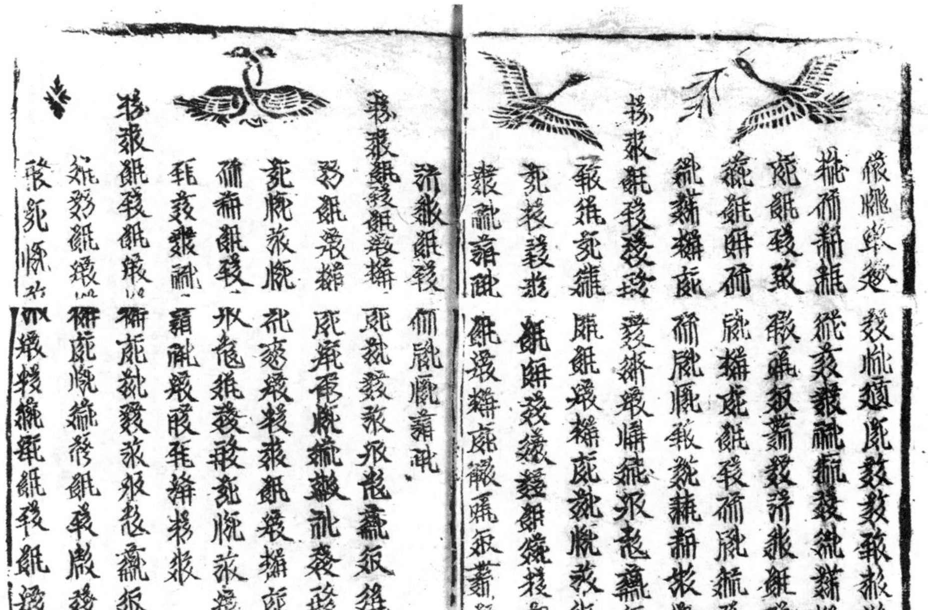

39-18

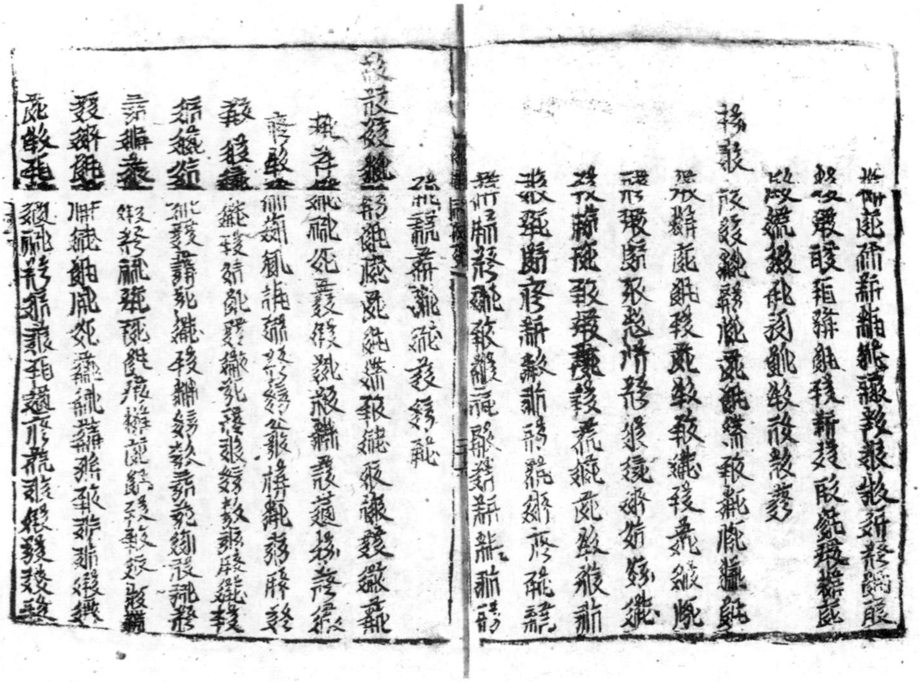

39-19

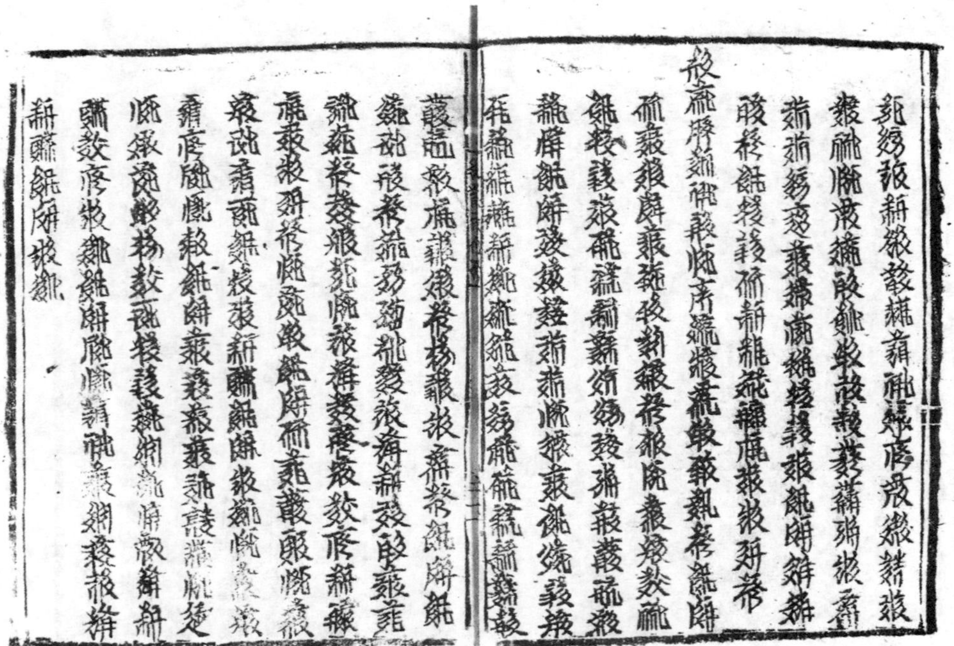

39-20

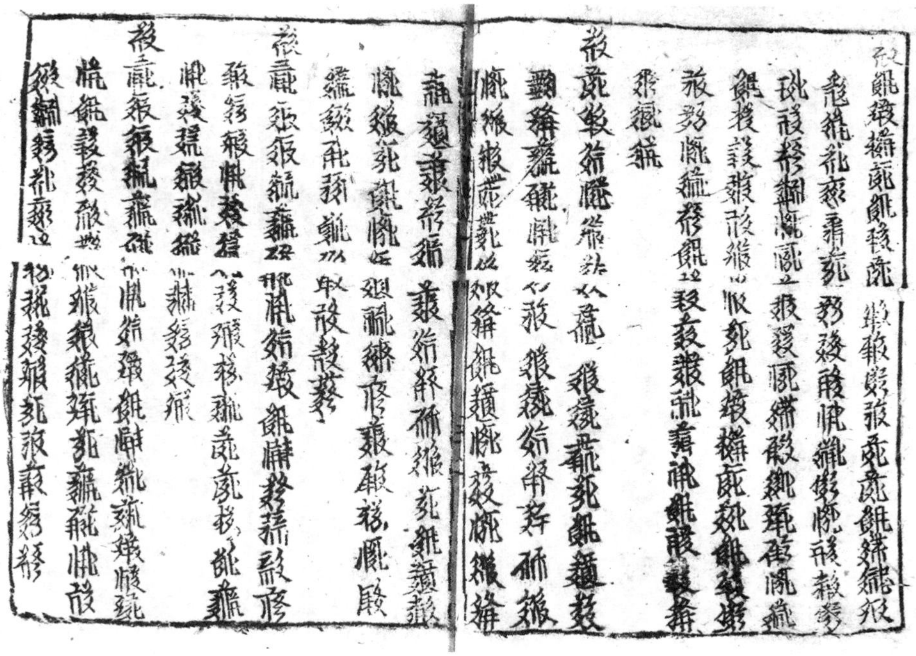

39-21

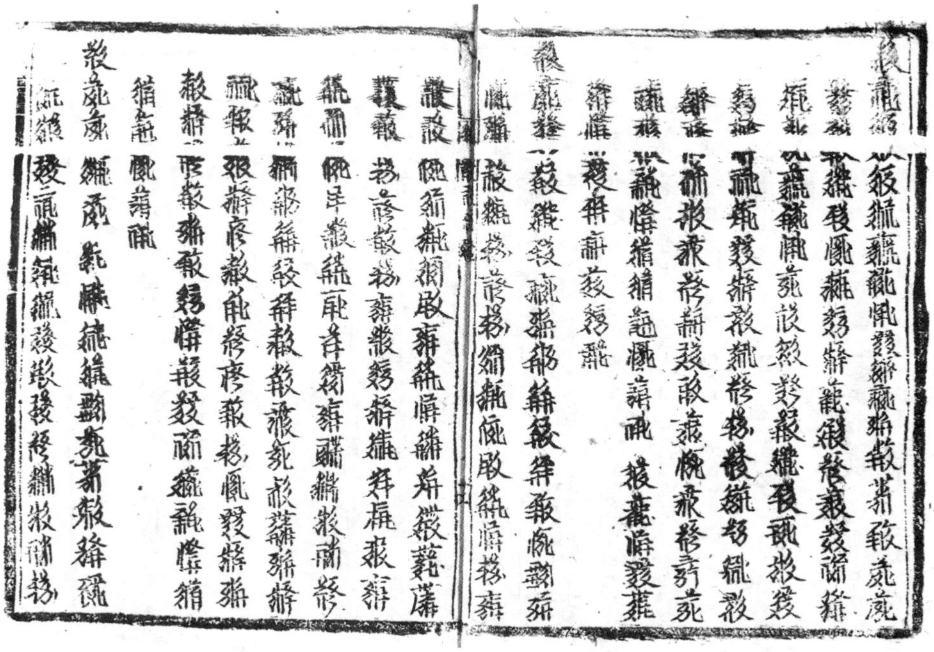

39-22

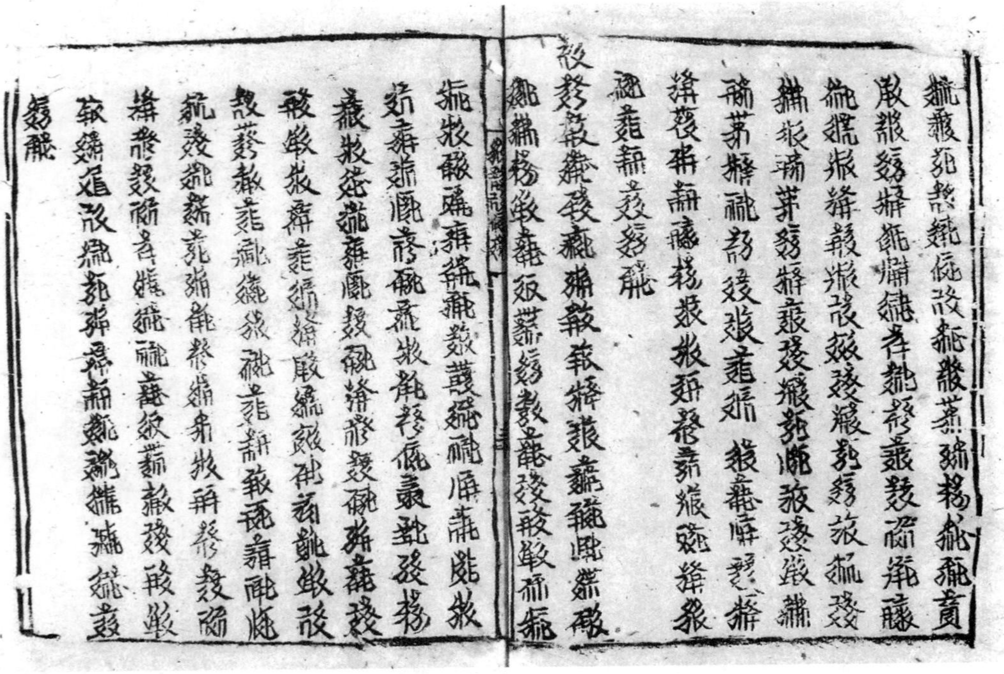

39-23

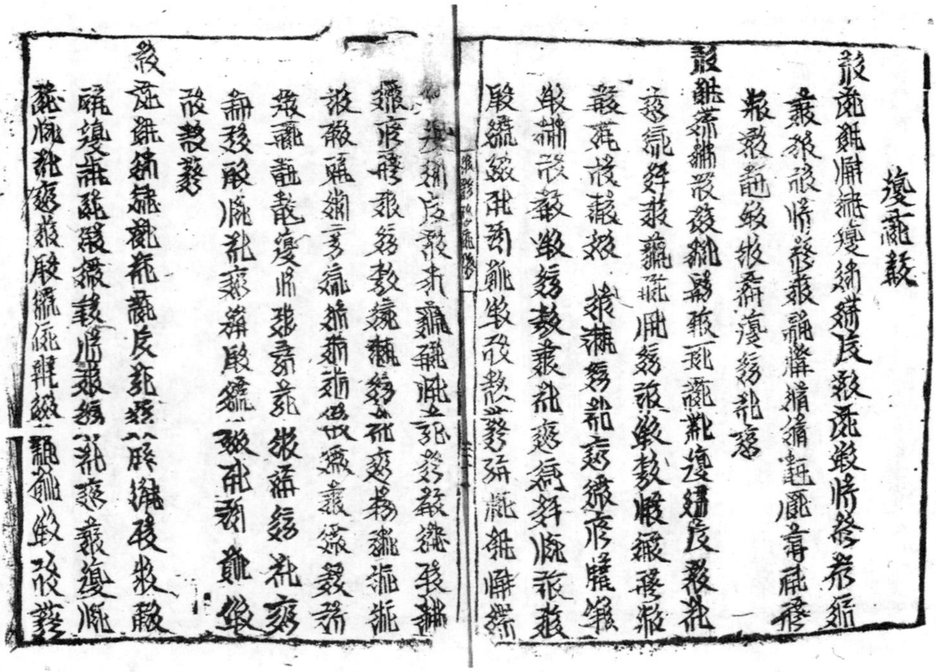

39-24

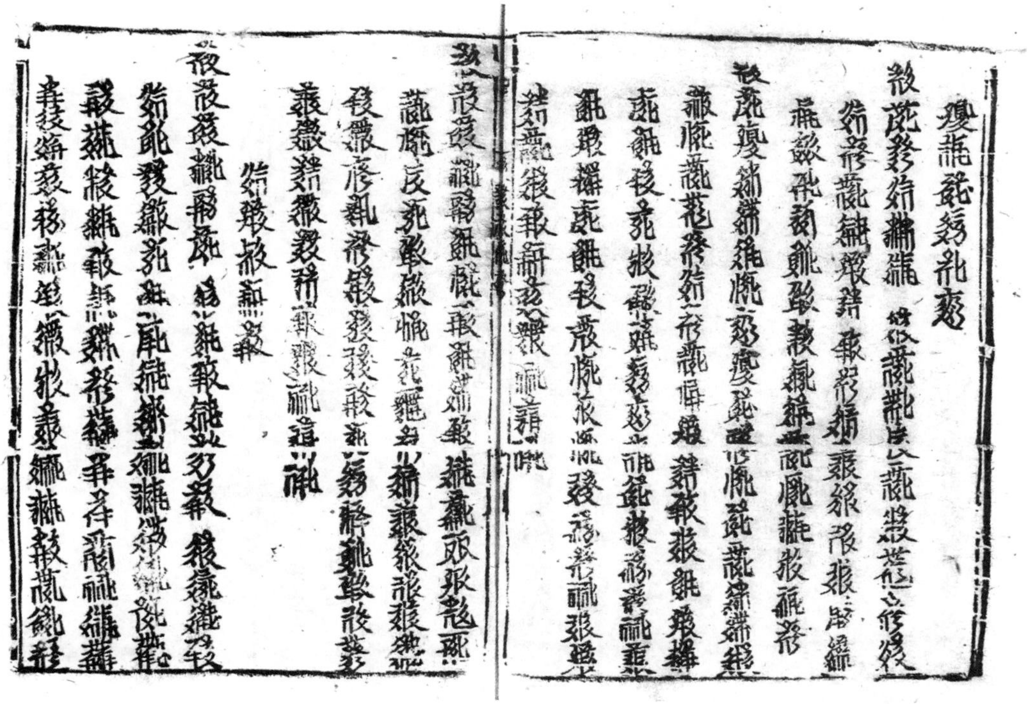

39-25

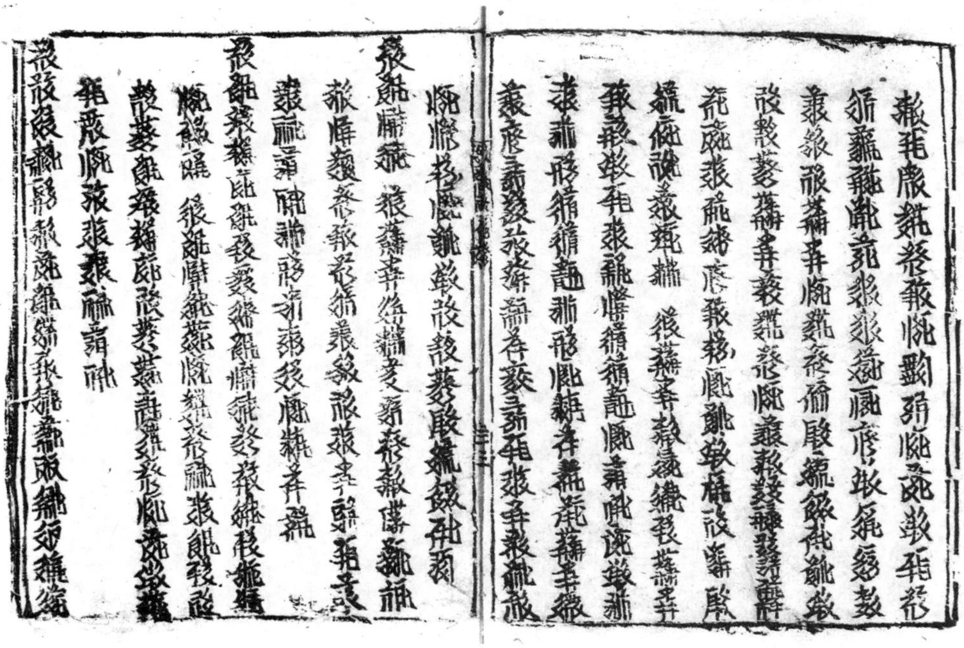

39-26

39-27

39-28

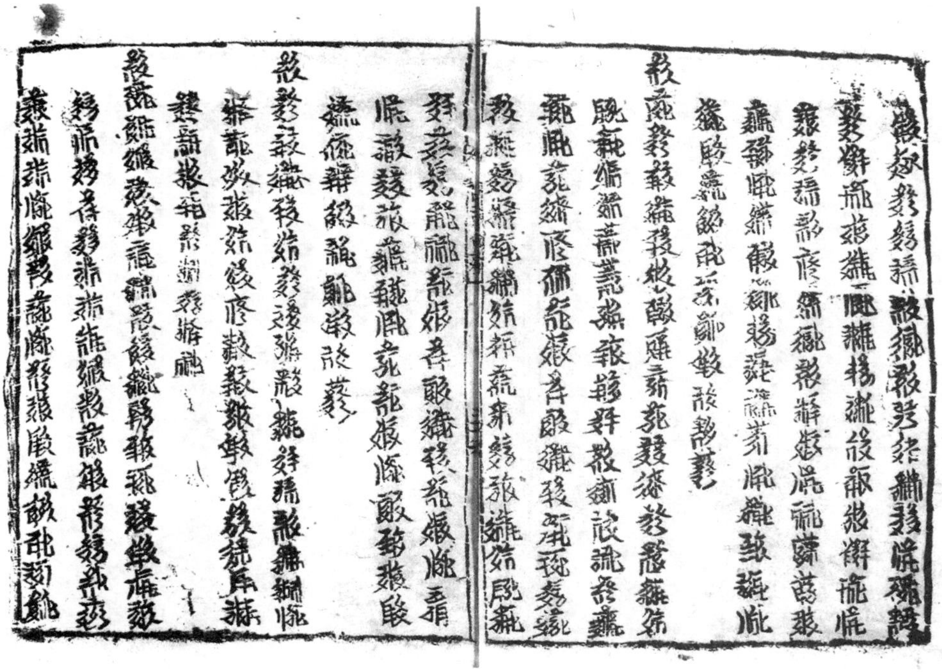

39-29

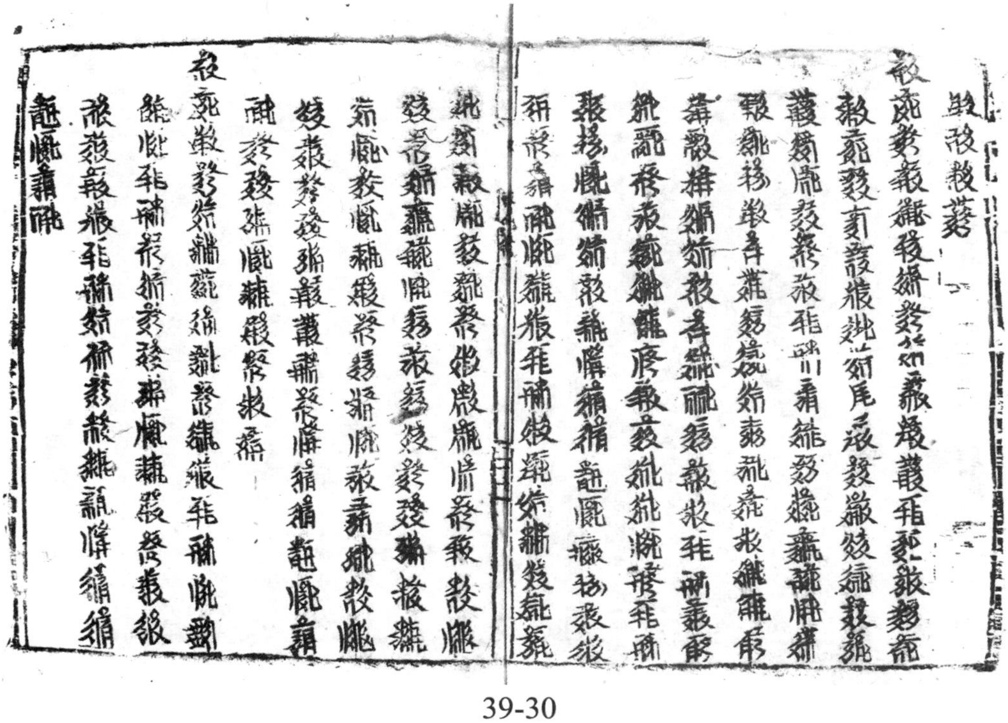

39-30

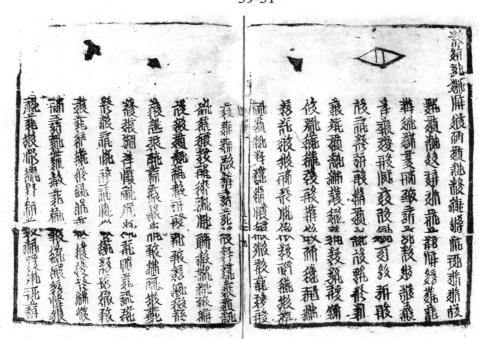

39-31

39-32

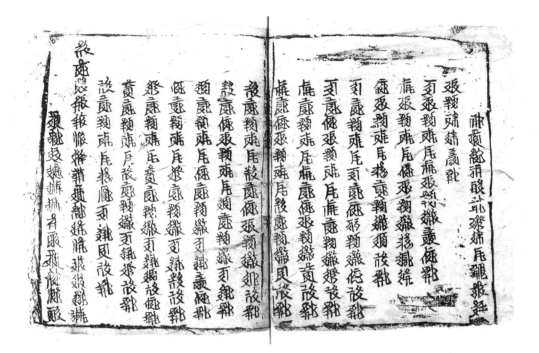

39-33

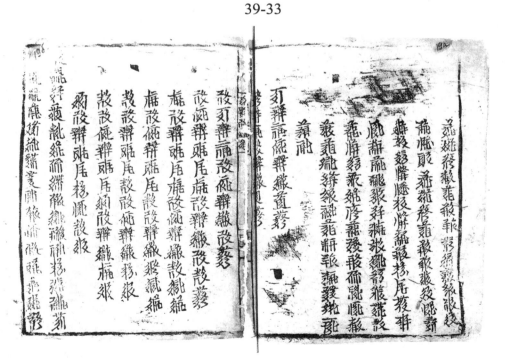

39-34

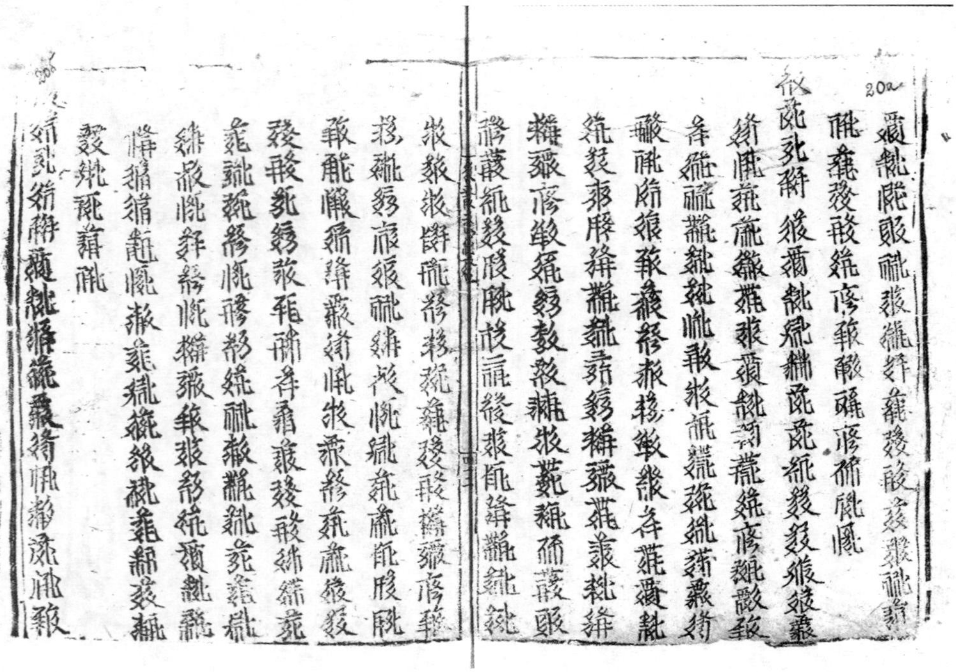

39-35

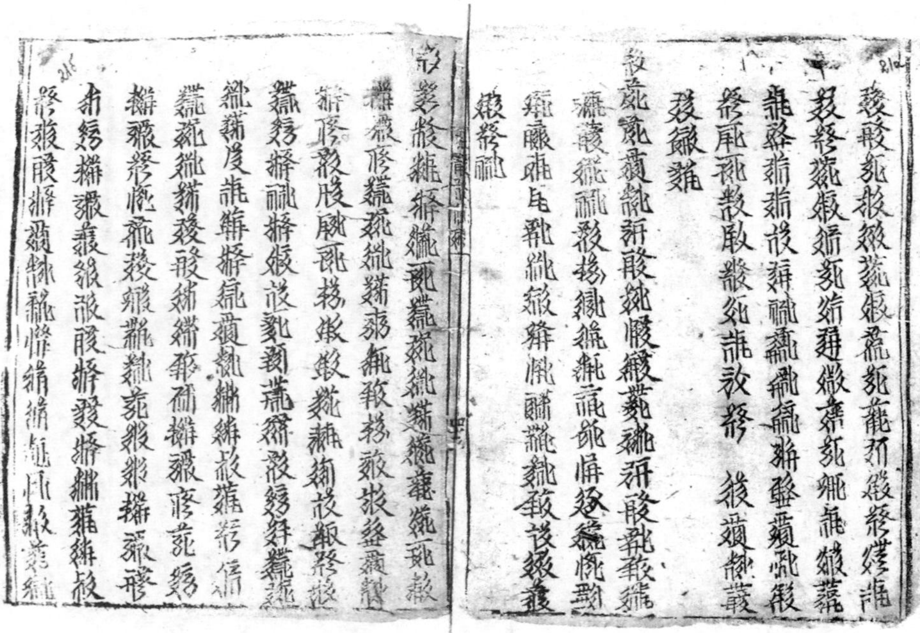

39-36

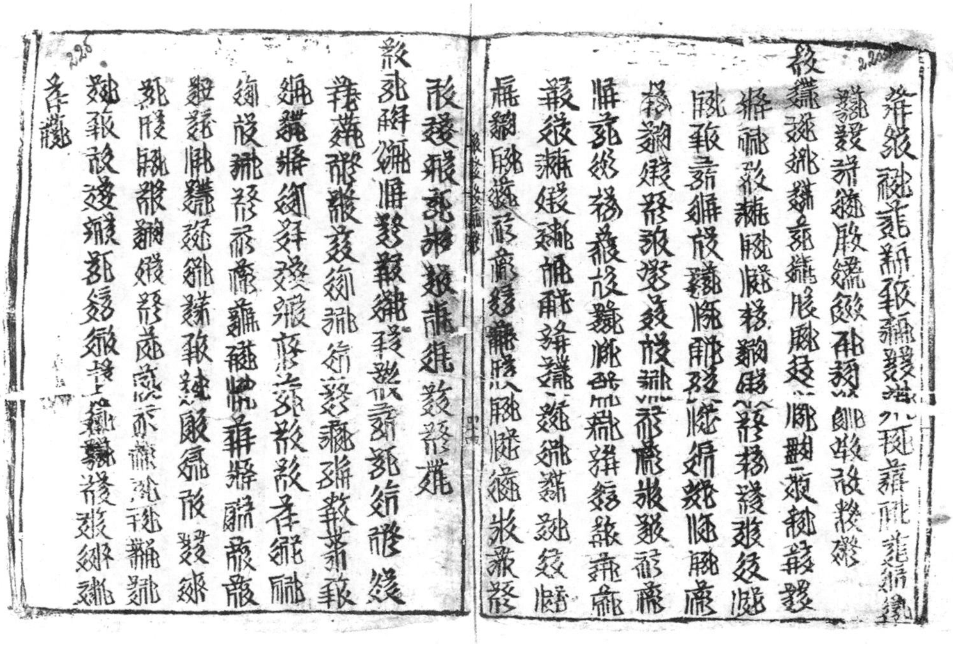

39-37

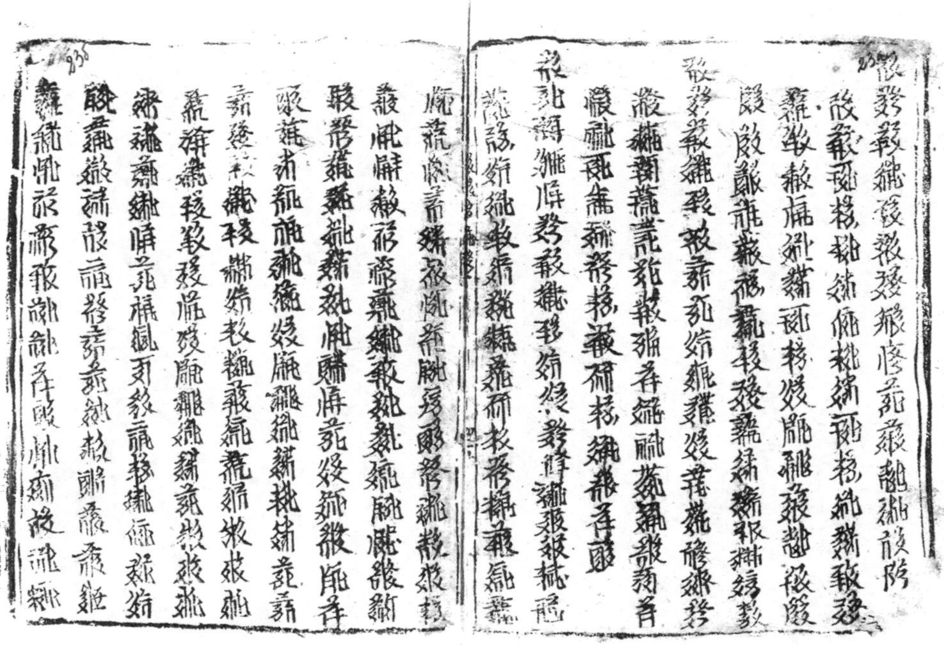

39-38

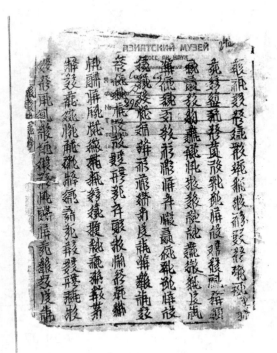

39-39

后 记

　　二十世纪九十年代以来，随着《俄藏黑水城文献》、《英藏黑水城文献》、《中国藏西夏文献》、《中国藏黑水城汉文文献》、《斯坦因第三次中亚考古所获汉文文献》（非佛经部分）、《法藏敦煌西夏文献》、《俄藏敦煌文献》、《日本藏西夏文献》等大型文献的出版，为全面深入研究西夏与黑水城文献奠定了坚实的基础。为此，宁夏大学西夏学研究院展开系列研究，在组织重大重点项目的同时，编纂出版《西夏文献研究丛刊》，由杜建录教授主编。2013年，又将中俄人文合作研究课题"西夏法律文献研究"、"西夏文献专题研究"纳入《西夏文献研究丛刊》出版计划，由中俄西夏学联合研究所中方所长杜建录教授和俄方所长波波娃教授共同主编。

　　《西夏文献研究丛刊》自2010年推出后，目前已出版杜建录、史金波《西夏社会文书研究》、聂鸿音《西夏文献论稿》、杜建录编著《中国藏西夏文献研究》、彭向前《西夏文〈孟子〉整理研究》、杜建录、波波娃主编《〈天盛律令〉研究》、胡进杉《西夏佛典探微》、段玉泉《西夏〈功德宝集偈〉跨语言对勘研究》、杜建录《党项西夏碑石整理研究》，即将出版的有潘洁的《〈天盛律令〉农业门整理研究》、于光建的《〈天盛律令〉典当借贷门整理研究》、翟丽萍的《〈天盛律令〉职官门整理研究》等。该文献研究丛刊的出版，得到中俄人文合作委员会秘书处（教育部）、教育部国际合作与交流司、社会科学司、宁夏回族自治区教育厅、宁夏大学、俄罗斯科学院东方文献研究所以及上海古籍出版社的大力支持，教育部副部长、中俄人文合作委员会教育合作分委会中方主席郝平拨冗作序，在此一并表示衷心的感谢！

编者

二〇一六年三月七日

图书在版编目(CIP)数据

《天盛律令》农业门整理研究／潘洁著.—上海：
上海古籍出版社，2016.11
（西夏文献研究丛刊）
ISBN 978-7-5325-8168-9

Ⅰ.①天… Ⅱ.①潘… Ⅲ.①《天盛律令》—研究
Ⅳ.①D929.463

中国版本图书馆 CIP 数据核字(2016)第 169613 号

西夏文献研究丛刊

书　　　名　《天盛律令》农业门整理研究
作　　　者　潘　洁　著
责任编辑　颜晨华
出版发行　上海世纪出版股份有限公司
　　　　　　上海古籍出版社
　　　　　　（上海瑞金二路 272 号　邮政编码 200020）
(1)网　　址：www.guji.com.cn
(2)E-mail：guji1@guji.com.cn
(3)易文网网址：www.ewen.co
印　　　刷　金坛古籍印刷有限公司
版　　　次　2016 年 11 月第 1 版
　　　　　　2016 年 11 月第 1 次印刷
规　　　格　开本 787×1092　1/16
印　　　张　21　字数 380,000
国际书号　ISBN 978-7-5325-8168-9/K·2227
定　　　价　88.00 元